【제3판】

사회복지법제와 실천

김양미

KNOWLEDGE COMMUNITY 공동체

개정3판 머리말

사회복지는 끊임없이 변하는 사회와 그에 따른 다양한 문제에 대응하며 발전하여 왔다. 최근 4차 산업혁명 도래와 함께 팬데믹 사태가 더해져 미래의 시간이 좀 더 현실감 있게 앞당겨지면서 사회 도처에서 사회적 약자들의 불안이 커지고 있다. 대학생을 포함한 우리의 청년들도 사회적 변화 앞에서 미래에 대한 희망보다는 불안을 더 깊이 느끼는 듯하다. 매 학기 강의를 시작하는 첫날 학생들에게 자기소개와 함께 해당 학기 강의에서 다루어지기를 희망하는 사회복지와 관련된 법을 적어 내도록 하는데 최근 학생들로부터 '청년'을 지원하는 사회복지법에 대해 알고 싶다는 요청이 있었다. 물론 보편적 측면에서 보면 사회복지의 대상은 국민 누구라도 해당이 되겠지만 패기와 열정으로 창창한 꿈을 꾸는 세대인 청년층에서 공적인 지원에 관심을 가지는 모습에서 그들의 현재와 미래에 대한 불안감이 느껴져 안타까웠다.

인간의 삶을 위협하는 다양한 문제와 이를 해결하려는 우리 사회의 노력에서 사회복지법이 가지는 위상을 다시 한번 생각하고, 사회복지법의 변화된 부분을 반영하여 또 한번의 개정판을 내고자 한다.

3판의 개정 내용은 다음과 같다.

첫째, 지방자치제도 시행과 지방분권화가 확대되는 시대적 흐름 속에 중앙정부의 획일적인 정책 속에서 반영되기 어려웠던 지역주민의 특수한 욕구를 반영하고, 새롭게 발생하는 문제에 대한 즉응성을 높일 수 있는 지방자치법인 사회복지조례에 관한 부분을 보강하여 지역형 복지제도에 대한 이해를 높이고자 하였다.

둘째, 사회복지에 대한 사회적 수요의 확대 속에 사회복지 현장에서 고군분투하고 있는 사회복지사의 권리와 의무에 대한 내용을 추가하였다. 사회복지 현장의 일선에서 활동하고 있는 사회복지사에 대한 처우는 사회복지서비스의 질과 밀접한 관계가 있다. 사회복지사에게 합당한 법적 지위를 보장해 주는 것은 사회복지사가 전문가로서의 역량을 최대한 발휘하고 책임을 다할 수 있도록 할 것이다. 이에 총론 부분에는 '사회복지사의 권리와 의무', 각론 부분에는 관련 법률인 '사회복지사 등의 처우 및 지위 향상을 위한 법률'을 수록하였고, 더불어 사회복지사의 핵심적 의무규정이 명시된 '사회복지사 윤리강령' 전문을 부록에 추가하였다.

셋째, 학생들의 뜻을 반영하여 청년을 대상으로 하는 사회복지 관련법으로 '청년기본법'을 추가하였다. 청년기본법은 2020년 제정 · 시행되어 전체 조문이 28조에 불과하고 시행규칙도 없는 신생법이지만 정치 · 경제 · 사회 · 문화에 걸친 사회 환경 변화 속에 다양한 어려움을 겪고 있는 청년의 복지에 대한 국가와 지방자치단체의 책무를 명시하고 청년에 대한 체계적이고 종합적인 지원방안의 기본방향을 제시한다는 측면에서 의미가 있다.

넷째, 각론에 제시된 법들의 내용 중 그간 개정 · 삭제 · 추가된 부분을 반영하여 수정 · 정리하였다.

마지막으로 사회복지의 궁극적인 목적인 인간다운 삶의 보장과 삶의 질 향상이 합당한 정책과 법을 통해 이 시대에도 적절하게 실현되기를 바라며, 교육현장에서 사회복지법이 가져야 할 이러한 본질이 잘 전달되기를 바란다.

언제나 변함없는 지지와 성원으로 개정판 출간에 도움을 주신 공동체 가족 여러분에게 진심으로 감사를 드린다.

2022년 1월

김양미

개정판 머리말

사회는 늘 변화해 왔지만 최근 인류가 겪고 있는 전혀 예기치 못한 경험으로 인해 어쩌면 예전과는 전혀 다른 세상을 맞이하게 될지도 모르겠다는 불안과 기대가 우리 안에 동시에 공존하고 있는 듯하다. 이런 과도기에는 무엇보다 사회 구성원들의 연대감에 기초한 협력이 중요함을 우리는 안다. 새로운 사회문제 앞에서 사회복지 또한 문제의 해결과 구성원들의 삶의 질 향상을 위해 부단히 변화하고 있으며, 이러한 흐름은 당연히 사회복지법에 반영된다.

사회복지법제는 사회복지의 이념과 정신이 현장에서 실현되는 데 중요한 역할을 한다. 어떤 정책, 어떤 실천도 법의 영역을 비켜 가기는 어렵다. 이런 점을 반영하듯 교과목 명칭이 2019년 8월 사회복지사업법 시행규칙의 일부개정을 통하여 '사회복지법제와 실천'으로 변경되었다. 2년 전 처음 사회복지법제론을 출간할 때 필자가 가장 원한 것은 학생들이 법에 대해 가지고 있는 막연한 선입견을 걷어내고, 사회복지법과 한걸음 더 가까워지는 것이었다. 이러한 의도를 가지고 나름 노력하여 소기의 성과도 거두었으나 기대에 못 미치는 아쉬운 부분도 있었다. 이에 초판에 언급되었던 사회복지법제들의 내용 중 크고 작게 개정된 부분과, 초판에서 다루지 않았지만 고찰하고 싶었던 법들을 추가하여, 새로 변경된 교과목인 '사회복지법제와 실천'의 이름으로 증보하여 개정하고자 한다.

전체적인 구성은 총론과 각론의 틀을 그대로 유지하여 크게 변함이 없다. 개정의 주요 내용은 다음과 같다. 첫째, 법의 기초적 이해와 관련 이론들로 구성되어 있는 총론 부분에서는 초판에서 미비했던 부분들을 보완하였다. 둘째, 각론 중 기존에 기술했던 각 법들은 법제처의 최신 자료를 바탕으로 개정·삭제·추가된 부분을 반영하여 정리하였다. 셋째, 기존에 다루지 않았던 법들 중 사회보험에서는 국민건강보험법, 고용보험법, 노인장기요양보험법을 추가하여 5대 보험을 모두 기재하였다. 공공부조법에서는 의료급여법과 기초연금법을 추가하였으며, 사회복지 관련법에서는 최근 우리 사회의 큰 화두가 되고 있는 인구문제와 관련된 저출산·고령사회기본법을 추가로 기재하여 고찰해 보았다.

부족함 속에 노력이 더해져 나날이 완성되어 가기를 바라며, 항상 변함없는 배려로 책이 출간되기까지 도움을 주신 공동체 가족 여러분께 감사의 인사를 드린다.

2020년 여름

김양미

머리말

현대사회에서 사회복지는 더 이상 특정인을 위한 제도가 아니다. 특히 사회 전반에 걸쳐 압축적인 성장기를 보낸 우리나라에서는 사회복지 분야 또한 급속히 발전하였으며, 국민들은 사회복지를 과거의 시혜적 관점이 아니라 사회 구성원이 적극적으로 누려야 할 하나의 보편적 권리로 인식하기 시작하였다. 이러한 사회변화 속에서 사회복지의 현실적 실현의 틀을 제공하는 사회복지법 또한 그 내용과 체계에 있어 끊임없는 변화를 보이고 있다.

수년간 강단에서 사회복지법제 과목을 강의하면서 느낀 어려움 중 하나는 법에 대한 기초지식의 부재로 인해 막연한 두려움을 가진 학생들에게 사회변화에 따라 시시각각 관련 입법과 개정이 이루어지는 사회복지법의 근본적인 의의와 합리적인 변화의 방향성을 어떻게 효과적으로 전달할 것인가에 대한 고민이었다. 이를 해결하기 위한 방안으로 첫째, 법과 우리의 삶과의 긴밀한 관계에 대한 이해를 통해 법에 대한 거리감을 줄이고자 강의 첫 부분을 인간과 사회에 대한 이해로 시작하였다. 둘째, 법률 용어와 기술 방식의 낯섦을 극복시키기 위해 실제 법 조항의 사례를 들어 이해력을 높이고자 하였다. 셋째, 학생들의 최대 관심사인 사회복지사 1급 시험에 자주 출제되는 핵심 부분을 강조하였다. 이 책은 저자의 이런 경험을 반영하여 구성되었다.

이 책은 크게 총론과 각론으로 구성되어 있다. 총론에서는 인간과 사회에 대한 이해를 포함한 법의 기초적 이해, 사회복지법이 가지는 법적 성격, 사회복지수급권의 권리성과 근대적 사회복지법의 형성 과정, 그리고 국제법과 우리나라 사회복지 입법 역사에 대해 살펴보았다. 각론에서는 총론에서의 지식을 바탕으로 실제 주요 사회복지법을 제시하였다. 먼저 사회보장기본법을 위시하여 사회보험, 공공부조, 사회서비스의 각 영역에 대한 개요와 특징을 정리하고 영역에 해당하는 대표적인 사회복지법을 수록하였다.

Preface

이 책을 통해 학생들이 사회복지법에 대한 거시적인 이해와 각 세부 법들에 대한 분석력을 길러 실정법상의 사회복지를 이해하고, 사회복지 발전을 위한 더 나은 방안을 이끌어 낼 수 있는 안목을 키우는 데 도움이 되기를 바란다.

마지막으로 책의 출간을 위해 애써주신 공동체 가족 여러분께 감사드린다.

2018년 1월

새해를 시작하며

김양미

차 례

Contents

차 례

PART 01

총 론

CHAPTER 01 법의 기초적 이해

1. 인간, 사회, 사회규범으로서의 법

법이 무엇인지 이해하기 위해서는 기본적으로 인간에 대한 이해가 전제되어야 할 것이다. 인간은 법의 주체인 동시에 객체이며, 인간의 전 생애는 법의 구속하에 있기 때문이다.

인간은 존엄[1]한 존재이다. 인간의 존엄성은 천부적이며 보편적인 인간의 특징이다. 인간은 자신만의 독특한 개성을 지닌 개별적인 자립 존재로서 그 누구도 범할 수 없는 존엄한 지위를 가진다. 그러나 이러한 인간의 특징이 인간의 완전성을 뜻하지는 않는다. 인간은 합리적인 동시에 비합리적이고, 이성적인 동시에 비이성적인 불완전한 존재이다. 그럼에도 불구하고 인간은 자신을 둘러싼 상황과 관계를 지각하고, 무엇이 잘못인지 분별하고 이에 대한 반성과 대안을 강구하는 존재(서미경 외, 2015)이다.

인간은 더불어 살아가는 존재이다. 인간은 타인과의 관계를 통해 성장하는 존재이다. 이러한 특징으로 인해 인간은 '다른 사람들과의 관계 속에서 사회적 역할을 하고 있는 누구(someone)(R. Dahrendorf, 1929~2009)', '관계의 덩어리(Saint Exupery, 1900~1944)' 등으로 묘사되고 있다. 이는 인간이 비록 생물학적으로는 개별적인 인간으로 탄생하더라도 자신을 실현함에 있어서는 타인을 절실히 필요로 하는 존재라는 의미이다. 이러한 인간의 특징으로 인해 인간은 더불어 함께 살아가는데 이를 '사회'라고 한다.

---

1) 존엄의 사전적 의미는 인물이나 지위 따위가 감히 범할 수 없을 정도로 높고 엄숙하다는 뜻이다(표준국어대사전).

인간은 타인과 함께 살아가며 성장하는 사회적인 존재이다. 더불어 함께 사는 인간의 사회생활에는 필연적으로 사회규범이 요구된다. 행위의 기준이자 준칙인 사회규범을 통해 사회 구성원은 일정한 지위와 역할을 부여받게 되고, 이기심으로 인해 타인에게 피해를 주는 것도 방지하게 되고 다양한 이해관계에 따른 갈등해결도 가능하기 때문이다(성정엽 외, 2008). 규범에는 도덕, 관습, 종교, 법 등이 있으며, 그중 '법'은 가장 강력한 영향력을 가진 규범이다.

법은 사회생활을 하는 특정 공동체의 질서를 유지하기 위해 적용되는 사회규범의 일종으로 다른 사회규범들과는 공통점을 공유하는 부분도 있고 서로 구별되는 특징도 있다. 법과 타 사회규범과의 관계를 살펴보면, 먼저 **도덕**은 법의 본질과 범위설정에 따라 법과 구분 짓기 어려운 특징이 있는데 법 규정 중에는 도덕에서 연유한 규정이 많기 때문이다. 특정 공동체 내에서 장시간에 걸쳐 반복된 집단적 행위 유형이 공동체 구성원들의 행위기준으로 구속력을 가지게 되는 **관습**은 성립과 효력 측면에서 법과 차별적 특성을 보인다. 법의 경우 국가라는 권력에 의해 성립되고 강행되는 반면, 관습은 특정 사회에서 자생적이고 무의식적으로 성립되고 위반 시에도 제재가 아닌 비난 감수 정도의 불이익을 받는다는 점에서 다르다. **종교**는 초월적 존재에 대한 숭배와 그에 따른 계율을 지킴으로써 결과적으로 사회 구성원의 사회생활을 규율하기 때문에 사회규범으로서의 역할을 수행한다. 종교와 법을 비교해 보면, 법은 국가권력을 근거로 구성원 모두가 그 적용 대상이 되지만 종교의 경우 신앙을 바탕으로 해당 종교를 믿지 않는 구성원에게는 구속력을 가지지 못한다는 점에서 차이가 있다(김치영 외, 2010).

2. 법의 규범성

법은 정치적으로 조직된 특정 사회에서 사회질서 유지를 위해 국가 권력에 의해 제정, 집행되는 강제규범이라 할 수 있다. 법의 규범성을 종합하여 정리하면 다음과 같다.

1) 사회규범

인간은 타인과 어울려 공동생활을 하는 존재이다. 사회규범은 이러한 공동생활에서 발생할 수 있는 여러 갈등과 이해관계를 조정하고 해결하는 역할을 한다. 복잡한 사회관계 속에서 분쟁을 해결하고 질서를 유지하며 평안한 일상을 보장해 주는 것이 사회규범이다.

사회규범에는 '제1차 사회규범'과 '제2차 사회규범'이 있다. '제1차 사회규범'은 법이 등장하기 전 사회질서를 유지하기 위해 자연적으로 발생한 규범으로 관습, 도덕, 종교 등이 이에 속한다. '제2차 사회규범'은 '제1차 사회규범'을 바탕으로 국가라는 권력에 의해 강제성과 실효성을 담보하게 된 사회규범으로 법은 여기에 해당한다(이명남, 2008).

법은 사회생활에서 인간이 당연히 해야 할 것(예 부모에게 효도하라)과 하지 말아야 할 것(예 살인하지 말라)을 정해놓은 당위(sollen)[2] 법칙으로서의 규범이다.

2) 행위규범

법은 인간의 행위를 그 대상으로 하는 규범이다. 즉, 인간의 의사가 외부로 발현된 '행위'를 대상으로 규율한다. 법은 일정한 행위에 대한 허용과 금지를 통해 사회 구성원들의 행위 방향을 지시하는 근거가 된다. 여기서 행위란 의식적인 의사에 따른 적극적 행위인 작위(作爲, commission)와 마땅히 해야 하는 행위를 하지 않는 부작위(不作爲, omission)를 모두 포함한다. 예를 들면, 지역 주민들이 자신들이 거주하는 지역에 사회복지시설이 설치되는 것을 알고 이를 막기 위해 단체행동을 하는 경우 사회복지사업법 제6조 시설 설치의 방해 금지 조항인 '누구든지 정당한 이유 없이 사회복지시설의 설치를 방해하여서는 아니 된다'에 해당되며(작위), 아동학대 신고의무자인 사회복지시설 종사자가 이를 신고하지 않은 경우 「아동학대범죄의 처벌 등에 관한 특례법」 제10조 제

2) 당위(sollen)와 대비되는 개념으로 존재(sein)가 있다. 당위(sollen)가 '~해야 한다' 혹은 '~하지 말아야 한다'를 의미한다면, 존재(sein)는 인간의 의사와 무관한 자연법칙으로 '~이다', '~아니다', 즉 "모든 인간은 죽는다"와 같이 인간의 의사에 따른 위반이 있을 수 없는 법칙이다.

2항 아동학대범죄 신고의무자 조항에 의거 법률 위반 상태에 놓이게 된다(부작위).

3) 강제규범

법은 국가에 의해 제정되고 집행되는 강제규범[3]이다. 법의 강제적 속성은 타 규범들과 구별되는 대표적인 특징으로 법 이외에 타 규범들이 공동체에서 자생적 혹은 종교단체 등 독립된 조직에서 독자적으로 형성되는 규범인 반면, 법은 국가라는 정치적이고 공식적인 조직이 독점적인 강제력을 바탕으로 특정 절차에 따라 제정·승인·집행하는 규범으로 위법한 행위에 대해 물리적 강제력으로 제재를 가하여 자신의 요구를 관철시킨다(성정엽 외, 2008).

4) 명령규범과 제재규범

법은 원칙적으로 대상자에게 특정행위를 할 것을 명령하거나 금지하는 명령규범과 이를 위반했을 시 제재를 가하는 제재규범의 이중구조로 이루어져 있다. 이는 법 준수의 실효성을 위한 것으로 명령규범만 존재하고 그에 따른 제재규범이 없을 시 발생할 수 있는 법 준수 약화에 대한 조치라 할 수 있다. 예를 들면, 앞서 행위규범의 예에서 살펴본 사회복지사업법 제6조 시설 설치의 방해 금지 조항인 '누구든지 정당한 이유 없이 사회복지시설의 설치를 방해하여서는 아니 된다'는 명령규범을 어긴 경우 해당 조항의 제제규범인 동법 제54조(벌칙) 조항에 의해 '1년 이하의 징역 또는 1천만 원 이하의 벌금' 처벌받게 된다. 그러나 모든 법이 명령규범과 제재규범의 이중구조를 가지는 것은 아니며 명령규범만 있거나 제제규범만 있는 경우[4]도 있다.

---

3) 법의 강제성은 법의 특징의 중요한 요소이기는 하지만 모든 법이 직접적으로 강제력을 행사하는 것은 아니며, 경우에 따라 준수 여부가 당사자의 자유의사에 맡겨지는 임의규정도 있다(김기진, 2009).

4) 살인죄의 경우 명령규범은 없고 제재규범만 존재한다. 형법 제250조 '사람을 살해한 자는 사형, 무기 또는 5년 이상의 징역에 처한다'.

5) 조직규범

법은 법의 제정·적용·집행 등의 실현을 위해 다양한 조직을 구성하고 해당 조직의 구성기관과 구성원들에게 일정한 지위와 역할을 부여하는 조직규범이다. 사회 구성원의 포괄적인 지위와 국가기관의 기본적인 권한과 역할은 헌법과 헌법으로부터 위임받은 관련법에 의해 결정된다.

6) 문화규범

법은 해당 사회가 지향하는 가치에 의해 산출된다. 법은 정의를 추구하고 실현하고자 하는 노력의 산물이면서 동시에 각 사회의 고유한 특성과 문화에 따라 달라지는 문화규범이다. 따라서 각 사회의 법은 그 사회의 독특한 문화적 특징이 반영되어 있다.

이상에서의 다양한 법의 규범성들은 개별적이고 독립적인 것이 아니라 서로 유기적인 관련성을 갖고 법의 집행 전 과정에 영향을 미치므로 법의 규범성은 종합적으로 이해될 필요가 있다.

3. 법의 이념과 목적

법은 그 사회가 추구하는 일정한 가치를 실현하여 공공선을 위한 사회질서 유지를 그 목적으로 한다. 법이 실현하고자 하는 궁극의 목적과 가치를 법의 이념이라고 한다. 법의 이념은 법 존재의 정당성을 제시해 주는 기준인 동시에 법의 준수의 근거가 된다. 여기서 말하는 법의 이념이란 개별법이 해당 법의 해석·집행을 통해 구현하고자 하는 목적이 아니라 일반적인 법이 지향하는 목적이나 가치를 말한다. 먼저 법의 이념과 이를 실현하는 법의 일반적 목적을 살펴본 다음, 개별법의 목적에 대해 알아보면 다음과 같다.

1) 법의 이념과 법의 일반적 목적

법의 이념에 대한 다양한 견해가 있지만 일반적으로 독일의 법학자 라드브루흐(G. Radbruch)가 제시한 정의(正義), 합목적성(合目的性), 법적 안정성(法的 安定性)이 주요한 법이념의 요소로 인정된다. 따라서 법의 일반적인 목적은 법의 이념인 정의, 합목적성, 법적 안정성을 통해 사회질서를 유지하는 것이라 할 수 있다.

(1) 정의

법과 정의는 분리될 수 없는 밀접한 관계를 가지고 있다. 법의 존재 이유가 정의의 실현을 위한 것으로 인식될 정도이다. 법과 정의의 불가분성은 어원의 동일성에서도 드러난다. 그리스에서는 Dike, 로마에서는 Jus가 각각 법을 의미하는데, 이는 정의를 뜻하는 Dikaion과 Justitia와 같은 어원을 가지고 있으며 이것이 다시 영어에서의 정의 Justice의 어원이 된 것에서 법과 정의의 관계를 알 수 있다(김 욱, 2007).

토마스 아퀴나스(Thomas Aquinas, 1225~1274)에 의하면 정의란 '확고하고 변함 없는 의지로 각자에게 각자의 권리를 돌려주는 태도'라고 할 수 있는데, 이는 고대 로마 법학자 울피아누스(Domitius Ulpianus, 170?~228)에 의해 알려진 정의의 개념이다. 오늘날 정의의 개념 규정으로 널리 인정받고 있는 아리스토텔레스(Aristoteles, BC 384~322)는 니코마코스 윤리학 제5편에서 정의를 '사람들로 하여금 올바른 일을 하게끔 하는 상태'로 정의한 다음 광의적 의미의 보편적 정의(합법성)와 협의의 의미의 특수적 정의(공정성)로 구분하였다. 그는 특수적 정의를 다시 배분적 정의와 시정적 정의로 나누었다. 배분적 정의(distributive justice)는 기하학적 비례와 같은 의미로 배분받아야 할 사람의 가치, 즉 능력, 공적 등에 비례하여 재산이나 명예가 배분됨을 의미한다. 시정적 정의(rectificatory justice)는 수리적 급수와 같은 것으로 당사자의 가치에 상관없이 이해관계를 조절함을 의미한다. 예를 들면, 판매, 대출 등과 같은 자발적 거래(隨意的)나 폭력, 절도, 성폭력 등 비자발적 거래(不隨意的)에서 불의가 발생한 경우 법적 판결을 통해 부당함을 시정하는 것을 말한다. 즉, 손해배상과 같이 각자의 재화가 타인에게 침해당한 경우 이를 돌려주도록 하여 원상회복하도록 하는 것이다.

아리스토텔레스나 토마스 아퀴나스의 정의론에서 보듯 정의는 본질적으로 형식적 혹은 실질적 평등과 관련이 있다. 그러나 정의는 추상적 개념으로 평등이 정의의 명확한 개념 규정의 기준으로 적용되기에는 한계가 있어 정의의 실체적·구체적 내용을 결정하는 과정이 필요하게 되었고, 이에 합목적성의 이념이 제시되었다.

(2) 합목적성

합목적성이란 목적에 부합한다는 뜻으로, 법에서의 합목적성이란 한 국가의 법이 제정·실시되는 과정에서 해당 국가가 선택한 가치관과 목적에 부합하여야 한다는 법의 목적지향성을 의미한다.

한 사회가 선택한 가치관은 시대적·정치적·문화적 배경에 따라 그 내용이 결정되는 상대적인 개념이다. 국가 혹은 법체계가 선택하는 가치관으로는 개인의 자유와 행복을 강조하는 '개인주의', 민족이나 국가와 같은 단체의 복리를 최고의 가치로 삼는 '단체주의' 등이 있다(김기진, 2009). 사회주의를 지향하는 사회에서는 법의 목적이 사회불평등 제거에 있으므로 배분적 정의 실현이 중요할 것이고, 개인주의적 세계관을 지향하는 사회에서는 국가로부터 개인의 자유를 수호하는 것이 법의 목적이 될 것이다.

현대사회에서 법의 합목적성은 개인의 자유와 권리를 중요시하는 개인주의와 공공의 복리를 추구하는 단체주의의 두 가치관 중 어느 하나를 절대시하지 말고 상대적인 관점에서 개인의 권리를 보장하면서 동시에 공익을 실현하는 방향으로 조절할 필요가 있다. 법의 목적으로서 합목적성은 공공복리를 추구하는 것이라 할 수 있다. 법이 개인의 기본적인 인권을 최대한 보장하면서 공공의 이익을 실현하는 공익과 사익 간의 조화가 실현될 때 법의 합목적성으로서의 공공복리도 가능하다(김 훈, 2012).

(3) 법적 안정성

법적 안정성이란 합목적성을 달성하기 위해 제정된 법이 현실적으로 모든 사람들에 의해 준수되는 상태를 말한다. 안정된 사회질서 확보를 위해서는 법 자체가 안정된 사회질서를 유지하는 데 적합해야 하는데 이것이 바로 법적 안정성이다(김치영 외, 2010; 성정엽 외, 2008).

법적 안정성을 보장하기 위해서는 첫째, 법의 존재와 법규범 내용과 보장이 명확하게 확정되어야 하고, 둘째, 현실적으로 시행될 수 있어야 하며, 셋째, 지나치게 자주 개정되지 않아야 하고, 넷째, 법 내용이 국민의 법의식과 일치하여야 하며 국민들 또한 법을 준수하고자 하는 도덕심과 준법정신을 갖추어야 한다.

(4) 사회질서 유지

법의 목적은 법의 이념인 정의, 합목적성, 법적 안정성을 통해 사회질서를 유지하는 것이다. 사회질서를 '사회적 과업을 성취하기 위하여 사회규범을 기준으로, 사회구성원들과 그들의 사회적 관계를 유형지워 습관적으로 순조롭게 사회적 행동을 하게 하는 체계'(서울대학교 교육연구소, 1995)라고 한다면 법은 사회질서 유지에 강력한 영향력을 행사하는 중요한 규범이라 할 수 있다. 사회질서는 사회구성원의 자발적 의지에 의해 생성·유지되는 부분도 있지만 강제적인 통제력을 지닌 규범들에 의해 유지되는 것이 일반적이다.

2) 개별법의 목적

일반적으로 개별법의 목적은 해당 법의 모두(冒頭), 즉 제1조에 명시되는 경우가 많다. 개별법의 목적 조항에는 해당 법규범의 제정 이유와 운용 기준을 제시하고 있으며, 이를 기준으로 해당 법규를 해석하고 적용하며 때로는 개정하기도 한다.

사회보장기본법

제1조(목적)
이 법은 사회보장에 관한 국민의 권리와 국가 및 지방자치단체의 책임을 정하고 사회보장정책의 수립·추진과 관련 제도에 관한 기본적인 사항을 규정함으로써 국민의 복지증진에 이바지하는 것을 목적으로 한다.

국민기초생활 보장법

제1조(목적)
이 법은 생활이 어려운 사람에게 필요한 급여를 실시하여 이들의 최저생활을 보장하고 자활을 돕는 것을 목적으로 한다.

4. 법의 분류

1) 법의 존재 양식(법원)에 따른 분류

법의 존재 양식, 즉 법원(法源)은 법이 존재하는 형태 또는 법의 인식근거를 말하며, 재판의 근거가 된다. 법의 존재 양식은 크게 성문법과 불문법으로 나눌 수 있다.

(1) 성문법

성문법(written law)은 입법권을 가진 국가가 일정한 형식과 절차에 따라 제정·공포된 법으로 문서화된 형식의 법규범으로 제정법이라고도 한다. 성문법의 제정 주체는 입법권을 가진 국가 기관에 한정되며 일정한 형식과 절차를 따라야 하는데, 이는 성문법의 형식적 정당성과 합법성을 보장하기 위한 것이다(성정엽 외, 2008). 성문법은 문서화를 통해 법의 내용을 명확하게 제시할 수 있으며, 법 이념을 구체화할 수 있고, 국민에게 예측 가능성과 법적 안정성을 보장한다는 장점이 있으나, 문자로 고정된다는 점에서 사회변화에 따른 현실적 수요 충족에는 한계가 있다. 성문법에는 헌법, 법률, 명령, 자치법규(조례, 규칙), 국제조약과 국제법규가 있다.

① 헌법

한 국가의 성격, 조직, 국민의 권리와 책임, 국가와 국민의 관계, 국가 운영의 기본 원리 등을 규정한 기본법으로, 해당 국가의 모든 법의 우위에 있는 최고규범(상위법)이다. 따라서 하위 법들은 헌법에 위배될 경우 그 효력을 상실한다.

사회복지적 측면에서 볼 때 헌법은 국가의 복지이념을 선언할 뿐 아니라 사회복지 관계 법규들의 존립근거로서 의미가 있다. 역사적으로 사회복지에 대한 국가의 의무인 생존권 조항을 최초로 규정한 헌법은 1919년 독일의 바이마르 헌법이며, 이후 여러 나라의 헌법의 생존권 규정 명시에 영향을 주었다(김치영 외, 2010).

헌법

제10조

모든 국민은 인간으로서의 존엄과 가치를 가지며, 행복을 추구할 권리를 가진다. 국가는 개인이 가지는 불가침의 기본적 인권을 확인하고 이를 보장할 의무를 진다.

제34조

① 모든 국민은 인간다운 생활을 할 권리를 가진다.
② 국가는 사회보장·사회복지의 증진에 노력할 의무를 진다.
③ 국가는 여자의 복지와 권익의 향상을 위하여 노력하여야 한다.
④ 국가는 노인과 청소년의 복지향상을 위한 정책을 실시할 의무를 진다.
⑤ 신체장애자 및 질병·노령 기타의 사유로 생활능력이 없는 국민은 법률이 정하는 바에 의하여 국가의 보호를 받는다.
⑥ 국가는 재해를 예방하고 그 위험으로부터 국민을 보호하기 위하여 노력하여야 한다.

② 법률

법률은 광의적 의미에서는 법 전체를 말하지만, 협의적 의미로는 국민의 대표기관으로 입법권을 부여받은 국회가 제정하고 대통령이 서명·공포한 성문법을 가리킨다. 법률은 헌법의 범위 내에서 헌법에 근거하여 제정되어야 하고 이에 위배될 경우 그 효력을 상실한다.

사회보장기본법, 사회복지사업법, 국민기초생활 보장법, 국민연금법, 노인복지법 등 사회복지와 관련한 법들은 국민의 생존권 실현을 목적으로 사회복지의 구체적·실질적 내용을 규정하고 있다.

③ 명령

법률의 근거에 따라 국회의 의결 없이 국회로부터 위임받은 다른 국가기관(행정기관)이 법률을 집행하기 위한 세부사항을 정한 법규범을 명령이라 한다. 명령은 제정 주체에 따라 대통령령, 총리령, 부령 등에 있으며, 대통령이 발하는 명령(대통령령)은 시행령[5]이라 하고 총리와 각 부 장관이 발하는 명령(총리령, 부령)[6]은 시행규칙 혹은 시행세칙이라 한다. 총리령이나 부령은 서로 동렬이고 대통령령보다는 하위이다. 일반적으로 총리령은 드물고 대통령령과 부령이 주류를 이루고 있다.

사회복지와 관련한 법들도 해당법의 일반적인 내용을 담은 법률과 함께 구체적인 행위 지침을 제시한 시행령(대통령령), 시행규칙(부령)으로 구성된 경우가 많다. 따라서 해당법에 대한 정확한 이해를 위해서는 법률과 함께 시행령과 시행규칙을 모두 살펴볼 필요가 있다.

장애인복지법

본문	시행령	시행규칙
제2조(장애인의 정의 등) ① "장애인"이란 신체적·정신적 장애로 오랫동안 일상생활이나 사회생활에서 상당한 제약을 받는 자를 말한다.	제2조(장애인의 종류 및 기준) ① 「장애인복지법」(이하 "법"이라 한다) 제2조 제2항 각 호 외의 부분에서 "대통령령으로 정하는 장애의 종류 및 기준에 해당하는 자"란 별표 1에서 정한 자를 말한다.	제2조(장애인의 장애등급 등) ① 「장애인복지법 시행령」(이하 "영"이라 한다) 제2조 제2항에 따른 장애인의 장애등급은 별표 1과 같다.

④ 자치법규(조례, 규칙)

지방자치단체는 법률에 근거해 해당 지방의 자치권 범위 안에서 지방자치에 대한 일정한 법규를 정할 수 있으며 이를 자치법규라 한다. 자치법규에는

5) 헌법 제75조 : 대통령은 법률에서 구체적으로 범위를 정하여 위임받은 사항과 법률을 집행하기 위하여 필요한 사항에 관하여 대통령령을 발할 수 있다.

6) 헌법 제95조 : 국무총리 또는 행정각부의 장은 소관사무에 관하여 법률이나 대통령령의 위임 또는 직권으로 총리령 또는 부령을 발할 수 있다.

지방의회가 제정하는 조례와 지방자치단체장이 정하는 규칙이 있다. 조례와 규칙은 지방자치단체의 자치법규이므로 해당 지역 내에서만 구속력을 갖는다.

조례

조례는 헌법 제117조 제1항과 지방자치법 제22조에 의거하여 지방자치 단체가 법령의 범위 안에서 그 사무에 관한 사항을 제정하는 규범이다. 지역 주민의 대표기관인 지방의회가 제정한다는 점에서 법률과 유사하나 국가가 제정한 법규범(헌법, 법률, 명령, 시행규칙 등)에 위배될 경우 효력을 상실한다.

사회복지조례는 지방자치단체가 해당 지역의 사회복지와 관련된 사항을 지방의회 의결을 통해 제정하는 사회복지에 관한 지방자치법이라고 할 수 있다. 사회복지조례의 기능을 살펴보면 첫째, 사회복지조례는 지역적 특성과 지역주민의 의사를 최대한 반영하여 해당 지역이 당면한 문제와 주민의 욕구를 능동적으로 해결할 수 있는 사회복지 제공을 가능하게 한다. 둘째, 사회복지조례는 전국 단위로 적용되어 국민들의 일상 중에 발생하는 모든 위험과 새롭게 대두되는 문제에 즉각적으로 대응할 수 없는 사회복지법령의 한계를 보완한다.

사회복지조례는 지역민의 욕구와 지역사회의 문제를 해결하는 실질적이고 구체적인 근거리 복지를 실현할 수 있는 법적 근거가 되기에 지역사회복지와 밀접한 관계를 가진다. 따라서 향후 사회복지조례는 해당 지역사회에 맞는 지역사회복지가 실현될 수 있도록 지역민의 최저수준 보장, 급여와 서비스의 다양성 확보, 서비스대상자의 특수성 고려, 서비스에 대한 접근성 증진 등과 함께 조례의 실효성을 담보하기 위한 재정 관련 사항이 명시되는 방향으로 전개될 필요가 있다(한국사회복지교육협의회, 2018).

규칙

규칙은 지방자치단체의 장이 법령이나 조례가 위임한 범위에서 그 권한에 속하는 사무에 관하여 규칙을 제정하는 것으로(지방자치법 제23조) 훈령, 예규, 지침, 고시, 기준 등이 있다.

지방자치 관련 법규

헌법(제8장 지방자치)

제117조 제1항

지방자치단체는 주민의 복리에 관한 사무를 처리하고 재산을 관리하며, 법령의 범위 안에서 자치에 관한 규정을 제정할 수 있다.

지방자치법(제3장 조례와 규칙)

제22조(조례) 지방자치단체는 법령의 범위 안에서 그 사무에 관하여 조례를 제정할 수 있다. 다만, 주민의 권리 제한 또는 의무 부과에 관한 사항이나 벌칙을 정할 때에는 법률의 위임이 있어야 한다.

제23조(규칙) 지방자치단체의 장은 법령이나 조례가 위임한 범위에서 그 권한에 속하는 사무에 관하여 규칙을 제정할 수 있다.

⑤ 국제조약과 국제법규

조약은 국제법상 국가 간 권리와 의무를 발생시키는 문서에 의한 합의로서, 국회의 동의와 대통령의 비준·공포의 과정을 거치면 국내법과 동일한 법적 효력을 갖는다.

> **헌법**
>
> 제6조
>
> ① 헌법에 의하여 체결·공포된 조약과 일반적으로 승인된 국제법규는 국내법과 같은 효력을 가진다.
>
> ② 외국인은 국제법과 조약이 정하는 바에 의하여 그 지위가 보장된다.

(2) 불문법

불문법(unwritten law)은 입법절차나 문자의 형식을 갖추지 않은 법원을 말하며, 성문법이 부재한 경우 성문법을 대신하는 보충적 효력을 가진다. 불문법은 문자가 발생하기 전 법을 성문화할 수 없었던 시기에 일반적으로 존재하였을 뿐만 아니라, 성문법 등장 후에도 현실과 법규범 사이에 괴리나 지체가 발생하는 경우 성문법의 결함과 한계를 보완하는 역할을 한다(성정엽 외, 2008). 불문법에는 관습법, 판례법, 조리가 있다.

① 관습법

관습법은 일정한 사회에서 구성원들의 사회적 행동이 반복적으로 누적되면서 그 사회 안에서 규범화된 것을 말한다. 관습법이 성립하려면 첫째, 관행이 연속적으로 이루어져야 하며, 둘째, 국민 다수가 관습을 법이라 확신해야 하고, 셋째, 관행이 일반적인 가치나 법원리에 부합하는 정당성이 있어야 하며, 넷째, 국가의 법이 이를 승인(재판에 의한 채택)해야 한다.

② 판례법

판례법(case law)은 특정 사안에 대한 법원의 판결 내용이나 취지가 유사 판결에서 반복적으로 확인된 경우 그 내용이 성문화되지 않았더라도 법적인 효력을 갖게 되는 것을 말한다. 영미법계에서는 '판례기속의 원칙'에 따라 판례가 법으로서 성문법과 동등한 구속력을 가지지만, 대륙법계에서는 성문법이 중심이 되기 때문에 판례는 보충적인 법원의 역할을 한다(강원대학교 비교법학연구소, 2005).

③ 조리

조리(條理)는 신의성실, 사회통념 등 건전한 상식과 이성, 양심으로 인정되는 도리를 말한다. 조리는 성문법, 관습, 판례도 없는 경우 인정되는 법원이다.

민법

제1조(법원)
민사에 관하여 법률에 규정이 없으면 관습법에 의하고 관습법이 없으면 조리에 의한다.

2) 법체계에 따른 분류

(1) 자연법과 실정법

자연법은 시대별로 고대에는 우주질서의 원리, 중세에는 신의 뜻을 따르는 원리로 이해되는 등 시간과 공간을 초월하는 영구불멸의 이상적인 원칙으로 우주의 존재를 규율하는 보편타당한 원칙이다. 이에 반해 실정법은 인간의 이성과 본성에 입각한 합리적 질서로서 인간에 의해 제정된 법을 말한다.

(2) 국내법과 국제법

국내법은 해당 국가의 주권이 미치는 범위 안에서만 효력이 인정되는 법을 의미한다. 국제법은 국제질서 유지를 위해 국가 간 혹은 국제기구가 주체가 되어 상호 간 권리와 의무 관계를 규율하는 법을 말한다. 국제법은 명시적인 조약(협약)과 묵시적인 국제관습법이 있다. 국가 간 명시적 합의에 의거한 조약은 조약에 참여한 당사국에 대해서만 효력을 갖는다. 반면 묵시적 형태를 띠는 국제사회의 불문법인 국제관습법은 모든 국가를 구속한다(성정엽 외, 2008).

(3) 공법 · 사법 · 사회법

법은 규율 대상의 사회생활 영역에 따라 공법, 사법, 사회법으로 구분할 수 있다. 공법과 사법은 역사적으로 독자적인 법원리로 구분되어 발전해 왔기에 이를 구분하는 학설도 다양하다.

공법은 국가와 국민 간의 관계를 규율하는 법규범으로 정치적인 생활관계, 즉 수직적 관계의 성격을 띤다. 공법에는 헌법, 형법, 행정법(정부조직법, 국가공무원법 등), 민사소송법 등이 있다.

사법은 개인과 개인 간의 생활관계를 규율하는 법규범이다. 대표적인 사법에는 민법과 상법이 있다. 사법의 대상인 개인은 원칙적으로 합리적인 법적 주체로서 당사자 간 자유롭고 대등한 생활관계를 바탕으로 하기에 당사자 간 자율성을 중시하는 사적 자치 혹은 계약 자유의 원칙이 허용된다.

사회법은 자본주의 발전 과정에서 발생한 불평등을 개선하고 경제적 약자를 보호하기 위하여 사법영역에 공법적인 통제를 혼합한 법규범이다. 즉, 독점자본주의하에서 힘의 불균형으로 인해 발생하는 사회경제적 폐해를 막고, 실질적으로 예속관계에 놓이게 되는 사회적 약자를 보호하기 위해, 경제적 강자의 소유권과 계약의 자유 원칙에 제한을 두는 법 영역이다. 사회법에 해당하는 법으로 노동법(근로기준법, 노동조합법 등), 사회보장법(사회보장기본법, 국민기초생활보장법, 국민연금법, 노인복지법 등), 경제법(공정거래법, 소비자보호법 등) 등이 있다.

(4) 실체법과 절차법

법은 법의 규정 내용에 따라 실체법과 절차법으로 나눌 수 있다. 실체법은 권리와 의무의 실체, 즉 실질적인 내용을 규정하는 법을 말하며 헌법, 민법, 상법, 형법 등이 해당된다. 절차법은 권리와 의무의 실질적인 내용을 실현할 수 있는 방법과 절차를 규정한 법으로 민사소송법, 형사소송법, 행정소송법 등이 있다. 실체법은 절차법을 통해 법적 실효성을 가지게 되고, 절차법은 실체법이 전제되어야 기능한다는 점에서 실체법과 절차법은 긴밀하게 연관되어 있다.

(5) 상위법과 하위법

법규범은 수직적인 체계로 위계가 있어 하위법 제정에 있어 상위법을 위반하여 제정하여서는 안 되는 '상위법 우선의 원칙'이 적용된다. 즉, 법규범의 위계질서상 하위법이 상위법에 위반이 되면 위헌 또는 위법이 된다. 법의 수직적 체계는 헌법－법률－명령(시행령, 시행규칙)－조례－규칙 순이다.

(6) 일반법과 특별법

법이 효력을 미치는 범위를 기준으로 일반법과 특별법으로 나눌 수 있다. 일정한 인적 범위, 지역범위, 적용사항이 규정된 '특별법'이 특정한 제한이 없는 '일반법'에 우선 적용되며 이를 '특별법 우선의 원칙'이라 한다.

먼저 인적 범위에 있어 일반국민에게 적용되는 법과 특정 인적 대상에 적용되는 법이 있는 경우, 특정 대상에 적용되는 경우가 우선 적용된다. 예를 들면, 국민건강보험법은 전 국민을 대상으로 하는 일반법이고, 의료급여법은 특별법이 된다. 둘째, 지역범위에 있어 특정 지역에 적용되는 법이 특별법, 전국에 적용되는 법이 일반법이 된다. 예를 들면, 전국에 적용되는 국민기초생활 보장법은 일반법이고, 「대구광역시 저소득 주민의 생활 안정 지원을 위한 조례」는 특별법이다. 셋째, 적용사항에 있어 일반적인 사항에 적용하는 법은 일반법, 특별한 사항에 적용하는 법은 특별법인데, 예를 들면 사회복지사업법과 노인복지법의 경우 사회복지사업법은 일반법이고, 노인복지법은 특별법이 된다.

일반법과 특별법은 상대적인 개념으로 비교 대상에 따라 일반법이 특별법이 되기도 하고 특별법이 일반법이 되기도 한다(남기민 외, 2016). 예를 들면, 아동복지법은 사회복지사업법에 대해서는 특별법이 되고, 입양특례법에 대해서는 일반법이 된다.

(7) 강행법과 임의법

강행법은 당사자의 의견과 상관없이 강제적으로 적용되는 법이고, 임의법은 당사자의 의사에 따라 적용 여부가 결정되는 법이다. 일반적으로 공적 질서와 관련 있는 법규(공법-헌법, 형법, 행정법)가 강행법인 경우가 많고, 개인 간의 자율성을 존중해 주는 법규(사법-민법, 상법)는 임의법에 해당하는 경우가 많다.

(8) 원칙법과 예외법

원칙법은 일정한 사항에 대해 일반적으로 적용되는 법을 말하고, 예외법은 원칙법의 일정한 사항에 관해 특별한 사정이 있는 경우 예외를 인정하여 원칙법의 내용을 배제하여 적용하는 것을 말한다. 보통 법령의 단서 규정이 예외법에 해당한다. 일반법과 특별법의 관계는 서로 보충적 관계인 데 반해 원칙법과 예외법은 예외법이 원칙법에서 완전히 배제된다는 차이점이 있다(남기민 외, 2016).

국민연금법

제6조(가입 대상)
국내에 거주하는 국민으로서 18세 이상 60세 미만인 자는 국민연금 가입 대상이 된다.
다만, 「공무원연금법」, 「군인연금법」, 「사립학교교직원 연금법」 및 「별정우체국법」을 적용받는 공무원, 군인, 교직원 및 별정우체국 직원, 그 밖에 대통령령으로 정하는 자는 제외한다.

(9) 신법과 구법

신법은 구법을 폐지하고 새로 제정된 법을 말하고, 구법은 새로 제정된 법에 의해 폐지되는 법을 말한다. 신법과 구법이 충돌할 경우 신법이 우선 적용되어 효력을 발휘하는 '**신법 우선의 원칙**'이 적용된다. 보통 신법의 효력 발생 시기(시행일)는 신법의 경과규정 혹은 부칙에 명시하거나, 특별한 규정이 없을 경우 공포한 날로부터 20일 경과 후 효력이 발생한다.

사회보장급여의 이용 · 제공 및 수급권자 발굴에 관한 법률

부칙 <제14696호>

제1조(시행일) 이 법은 공포 후 6개월이 경과한 날부터 시행한다.

헌법

제53조

⑦ 법률은 특별한 규정이 없는 한 공포한 날로부터 20일을 경과함으로써 효력을 발생한다.

'신법 우선 원칙'과 '특별법 우선 원칙'이 충돌할 경우 특별법 우선의 원칙이 적용되는 것이 판례이다(김 훈, 2012). 따라서 신법이 일반법이고 구법이 특별법인 경우 일반법인 신법이 특별법인 구법을 개폐하지 못한다.

CHAPTER 02 사회복지법의 법적 성격

사회복지법은 근대 산업혁명 이후 사회변동에 의해 발생한 다양한 사회문제에 대해 국가가 개입할 필요성이 생기면서 변화·발전하였다. 일반적으로 법의 권리성은 인간에 대한 기본적인 권리를 표방한 기본권을 기초로 한다. 기본권의 유형 중 사회권적 기본권에 해당하는 생존권은 자본주의 발달 과정과 밀접한 관계를 가지는 권리로, 자유권을 강조하는 시민법의 한계에 대응해 등장한 사회법의 기본 이념, 즉 사회복지법의 이념이다.

1. 사회복지법의 개념

사회복지법의 개념 정의는 사회복지의 명확한 정체성 설정이라는 측면에서 중요하다. 그러나 사회복지가 급속히 변화하는 사회 환경 속에서 발생하는 다양한 사회문제에 대응하는 영역이라고 볼 때 사회복지의 체계적 개념 정의는 간단하지 않다. 사회복지법의 개념을 어의적 측면, 법의 존재형식적 측면으로 구분해 정의해 보면 다음과 같다.

어의적인 측면에서 사회복지법은 사회 구성원의 인간다운 삶과 만족스러운 상태를 유지하기(사회복지) 위해 국가가 마련한 제반 법규(법)라 할 수 있다. 즉, 법의 일반적인 특성과 형식의 틀 안에 국민의 인간다운 삶의 보장이라는 사회복지의 궁극적 목적 달성을 내용으로 하는 행위규범이 사회복지법인 것이다.

법의 존재형식 측면에서 보면 사회복지법은 형식적 의미와 실질적 의미로 구분해 볼 수 있다. 형식적 의미에서 볼 때 사회복지법은 사회복지법전이라는 외적 형식을 갖춘 성문법규를 가리키는 것으로, 주로 실정법상 사회복지와 연관된 법규를 말한다. 독일의 사회법전이 대표적인 경우인데, 우리나라의 경우 독일과 같은 독립된 총괄 법전은 없지만 사회복지와 관련된 개별 실정법들이 존재하므로 이를 사회복지법으로 보아야 한다(남기민 외, 2016).

2. 사회복지법의 이념

사회복지법의 이념은 사회복지법이 궁극적으로 추구하는 목표와 가치를 말한다. 헌법상 보장된 국민의 기본권은 다양한 권리를 포괄하고 있는데 산업화 초기에는 국가의 간섭을 배제하는 자유권이 강세였다면 20세기 이후부터는 국가의 적극적인 개입을 강조하는 생존권이 강조되고 있다. 사회복지법의 핵심 이념인 생존권을 이해하기 위해 먼저 기본권에 대한 전반적인 이해가 필요하다.

1) 기본권

(1) 기본권의 개념

기본권(fundamental rights)은 인간이 인간이기에 갖는 권리인 '인권' 개념을 바탕으로 한 국민의 기본적 권리로서 헌법에 보장된 권리이다. 인권이 인간이 갖는 천부적 권리라면 기본권은 헌법이 보장하는 국민의 기본적인 모든 권리로서 법적으로 보장된 실정법적 성격을 띤다(김 훈, 2012). 따라서 해당 국가에 따라 규정 내용과 효력이 제한될 수도 있다. 우리나라 헌법의 기본권 개념은 독일에서 유래하였다. 미국에서는 권리장전에 기본권이 기술되어 있고, 프랑스에서는 기본권 대신 공적 자유라는 용어를 쓰고 있다(김기진, 2009).

(2) 기본권의 유형

기본권의 유형에는 포괄적 기본권인 인간의 존엄과 가치존중, 행복 추구권이 있으며, 개별적 기본권으로 평등권, 자유권, 참정권, 사회권, 청구권이 있다.

① 포괄적 기본권

포괄적 기본권은 여타 기본권의 기반이 되는 기본권으로 인간존엄과 가치존중, 행복추구권(헌법 제10조)이 있다. 인간존엄과 가치존중은 모든 기본권 보장의 전제가 되며, 어떤 경우라도 침해당하지 않을 기본적 인권으로, 국가는 이를 보장할 의무가 있다.

행복추구권은 물질적 풍요와 정신적 만족을 추구할 수 있는 권리로서(성정엽 외, 2008), 일반적 인격권과 일반적 행동의 자유권 등 다양한 권리를 포함하고 있다. 그러나 행복추구권에 포함되는 행위라 하더라도 공공복리와 사회질서를 위협하는 경우 그 권리를 제한받을 수 있다(김기진, 2009).

② 개별적 기본권

개별적 기본권은 포괄적 기본권인 인간존엄과 가치존중 및 행복추구권을 실현하기 위해 명시된 기본권으로 평등권, 자유권, 정치권, 청구권, 사회권 등이 있다.

평등권(헌법 제11조)은 모든 국민은 법 앞에 평등하며 누구든지 성별·종교 또는 사회적 신분에 의하여 정치적·경제적·사회적·문화적 생활의 모든 영역에 있어서 차별을 받지 아니하는 것을 내용으로 한다.

자유권은 국가의 간섭을 받지 않고 자유롭게 생활할 수 있는 권리로, 누구나 법률에 의하지 않고는 체포 구속되지 않는다는 신체의 자유권(헌법 제12조), 종교의 자유(헌법 제20조), 언론·출판의 자유(헌법 제21조) 등과 같은 정신적 자유권, 거주이전의 자유(헌법 제14조), 주거의 자유(헌법 제16조)와 같은 사생활 관련 자유권, 재산보장의 자유(헌법 제23조), 직업선택의 자유(헌법 제15조)와 같은 사회·경제적 자유권 등이 있다.

정치권은 참정권이라고도 하며, 국가의 중요한 의사결정 과정에 참여할 수 있는 권리이다. 정치권에는 선거권(헌법 제24조)과 공무 담임권(헌법 제25조)이 포함된다.

사회권은 생존권이라고도 하며, 국가에게 인간다운 생활을 할 권리를 요구할 수 있는 권리(헌법 제34조)이다. 사회권에는 근로의 권리(헌법 제32조), 교육을 받을 권리(헌법 제31조), 환경권(헌법 제35조) 등이 있다.

청구권은 기본권이 침해당했을 경우 국가에 대해 일정한 행위를 적극적으로 청구할 수 있는 권리로, 국민의 어려움이나 의견을 문서로 신청할 수 있는 청원권(헌법 제26조)과 공정한 재판을 통해 문제를 해결할 수 있는 재판청구권(헌법 제27조) 등이 있다.

〈표 2-1〉 기본권의 유형

기본권 유형	내 용	
포괄적 기본권	인간존엄과 가치존중, 행복추구권	
개별적 기본권	평등권	법 앞의 평등, 차별금지
	자유권	신체의 자유 정신적 자유 사생활의 자유 사회·경제적 자유
	정치권(참정권)	선거권, 공무담임권
	사회권(생존권)	인간다운 생활을 할 권리 근로권 교육권 환경권
	청구권	청원권 재판청구권

(3) 기본권의 주체

기본권은 인간의 천부적 권리인 인권 사상에 그 바탕이 있으므로 권리의 주체 또한 해당 국가의 국민뿐 아니라 외국인[1]도 포함된다고 볼 수 있다. 그러나 외국인의 경우 인간 존엄과 가치, 행복추구권 등 천부인권 성격의 기본권이 주체가 될 수 있지만 재산권, 참정권 등에서는 제한을 받는다. 외국인뿐 아니라 같은 국민이라 하더라도 연령(선거권)이나 특정 법의 적용 대상(모성보호 조항, 노동삼권 조항)에 따라 기본권 제한이 있을 수 있다.

2) 생존권

(1) 생존권의 개념과 형성 과정

생존권은 사회권적 기본권으로 국가에게 국민의 인간다운 최저한의 생활보장에 필요한 조건을 요구할 수 있는 권리를 말한다. 이는 국민의 생활에 국가가 적극적으로 관여할 책임이 있음을 요구하는 권리로, 국민이 어떠한 상황에 처하더라도 인간으로서 생존을 유지하는 데 필요한 기본적 의·식·주 등 생활 자원을 확보할 권리가 있음을 의미한다.

국민의 인간다운 생활 보장을 국가의 책임으로 요구하는 생존권의 특징은 첫째, 생존권은 사회적 약자에 대한 국가의 은혜가 아니라 사회에서 생을 향유하는 자의 당연한 권리로서의 권리성을 지닌다는 것이며, 둘째, 생존권은 단지 살아간다는 정도가 아니라 문화적인 인간에 상응하는 정도의 것이라야 한다는 것이다(신섭중 외, 1989; 현외성, 2013).

생존권의 대두는 근대 자본주의 전개 과정과 밀접한 관계가 있다. 18세기 구체제 타파에 따라 정립된 자유권은 사유재산의 소유권과 계약자유의 원칙을 바탕으로 국가의 개입을 배제하고 자유경쟁과 독립된 시민 간 계약의 자유를 강조하였다. 그러나 현실적으로는 불평등한 관계에서 정의롭지 못한 불평등한 분배가 초래되었고 이에 현실적인 인간의 실질적인 자유와 평등을 보장해 줄 생존권이 주장되었다. 이러한 배경에 따라 생존권과 관련된 내용들은 주로 노동시장에서의 노동자의 권리와 관련된 내용으로 시작되었다.

---

1) 우리나라 헌법(제6조 제2항)은 외국인의 기본권에 대해 '상호주의'에 입각하여 인정하고 있다(정현태 외, 2016).

그러나 노동자의 권리 보장만으로는 노동자의 생존권을 온전히 확보할 수 없었다. 노동자는 노동시장에서는 노동자로서의 인간이면서 동시에 생활의 장에서는 생활인으로서의 인간이라는 양면성을 갖기에 노동자로서 맞닥뜨리는 문제에 대응한 노동권 보장만으로는 생활인으로서 직면하는 문제 해결에는 한계가 있었기 때문이다. 이에 생존권은 노동법의 영역뿐 아니라 생활문제에 대응한 사회보장법을 통한 실현이 시도되었다. 생존권 이념 실현을 위한 사회보장법은 1·2차 세계대전과 국제인권사상에 힘입어 노동법 영역에서 전 국민을 대상으로 확대되었다(현외성, 2013).

이후 생존권은 더욱 확장되어 시민들의 실질적인 자립을 보장하는 영역까지 포괄적으로 확대되었고 이를 실현하기 위한 제도로 사회복지서비스법이 등장하였다.

역사적으로 생존권이 헌법에 최초로 명시된 것은 1919년 독일의 바이마르 헌법[2]이다. 바이마르 헌법은 자유권적 기본권을 기초로 삼으면서 동시에 최초로 국민의 인간다운 생활 보장에 대한 국가의 책임과 개인 소유 재산의 공공성 및 사회성을 규정하여 이후 세계 각국의 헌법의 전형이 되었고, 우리나라도 헌법에 생존권 실현 관련 조항들을 명시[3]하고 있다.

(2) 생존권의 법적 성격

생존권은 국가가 국민의 생활에 적극적으로 개입하여 국민의 인간다운 삶을 보장한다는 궁극적인 목적을 가지고 있으며 구체적인 제도를 통해 이를 실현하고자 한다. 이때 헌법상의 생존권 관련 법 조항들이 가지는 법적 성격,

---

2) 제151조【경제상의 자유보장】

① 경제생활의 질서는 각자로 하여금 인간의 가치에 타당한 생활을 하게 하는 것을 목적으로 하고 정의의 원칙에 적합하여야 한다. 각자의 경제상의 자유는 이 한계 내에서 보장된다.

제153조【소유권의 보장과 공용징수】

③ 소유권은 의무를 포함한다. 소유권의 행사는 동시에 공공의 복리에 적합하여야 한다.

제157조【노동력의 보호】

① 노동력은 제국의 특별한 보호를 받는다.

3) 제10조 인간 존엄과 가치, 행복을 추구할 권리, 제31조 교육, 제32조 근로, 제34조 생존권의 원칙, 국가의 책임, 제35조 환경권 등 명시

즉 법적 효력의 정도는 현실에서의 생존권 실현에 관건이 된다는 점에서 중요하다.

생존권의 법적 성격은 크게 프로그램 규정설과 법적 권리설로 나눌 수 있으며, 법적 권리설은 다시 추상적 권리설과 구체적 권리설로 나누어 볼 수 있다.

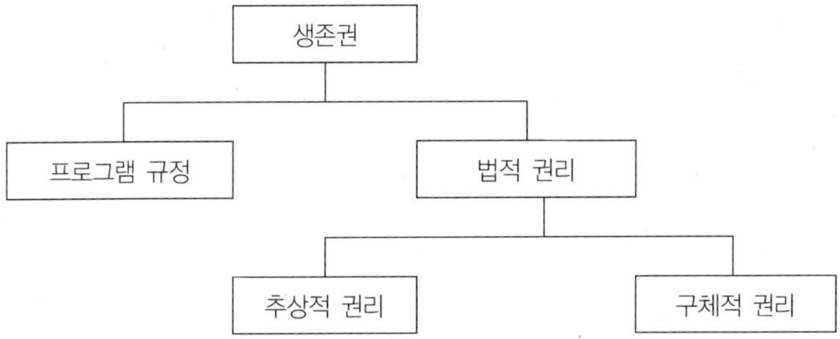

| 그림 2-1 | 생존권의 법적 성격

① 프로그램 규정설

프로그램 규정설은 헌법상 규정된 생존권이 구체적 청구권을 갖지 않는다고 보는 입장이다. 즉, 생존권은 단지 한 국가의 사회정책의 목표와 강령을 선언한 것에 불과하기에 구체적 입법 사항이 없는 한 헌법 조항만으로 국가에게 의무이행을 청구할 수 없다는 학설이다.

프로그램 규정설의 논리적 근거는 첫째, 생존권의 실현 가능성은 해당 국가의 사회·경제적 능력과 밀접한 관련이 있기에 현실적 재정 능력이 부족한 경우 정치적 공약을 선언한 것에 불과한 결과가 초래된다는 것, 둘째, 생존권의 법적 권리 형성에 필요한 입법제안자, 입법 조건, 구체적 내용, 입법 절차 및 방법 등에 관한 명확한 규정이 존재하지 않기에 단지 프로그램 규정에 불과하다는 것이다(권영성, 2000).

② 법적 권리설

법적 권리설은 생존권이 헌법에 명시되었다는 사실만으로 법적 효력을 갖는다고 보고 국가가 이에 대해 법적 의무를 이행해야 한다는 입장이다. 법적 권리설에는 추상적 권리설과 구체적 권리설이 있다.

• 추상적 권리설

추상적 권리설은 생존권이 헌법에 명시적으로 규정되면서 추상적인 성격을 가지기는 하지만 법적 권리이며, 이에 국가는 국민의 생존권 보장을 위한 입법 등을 강구할 추상적 의무를 진다고 보는 학설이다(남기민 외, 2016). 추상적 권리설에 따르면 국민은 국가에 대해 인간다운 생활을 요구할 추상적인 권리를 가지며, 비록 국가의 의무 이행이 재판에 의해 강제될 수는 없을지라도 국가에 관련 입법 등 조치를 요청할 권리는 있다는 것이다. 프로그램 규정설이 생존권을 개인의 권리가 아닌 단순한 입법방침으로 본 것과는 대조적이다. 추상적 권리설은 현재 우리나라의 다수설이다.

• 구체적 권리설

구체적 권리설은 생존권을 헌법에 보장된 완전한 권리로 보며, 생존권과 관련된 구체적인 입법이 존재하지 않을 경우에도 현실적인 효력을 갖는다고 보는 학설이다. 따라서 구체적 권리설에 의하면 생존권은 국가의 의무이기에 국민은 국가에 직접적으로 생존권 보장을 청구할 수 있으며, 국가는 이에 적극적으로 응해야 할 의무가 있고, 생존권 실현에 관한 부작위는 현실적·구체적 권리의 침해가 되므로 이와 관련한 소송을 제기할 수 있다는 것이다(현외성, 2013; 김 구, 2016).

구체적 권리설은 생존권의 법적 권리성에 대한 적극적인 입장 표명으로 오늘날 그 중요성을 인정받고 있으나 생존권은 자유권과는 달리 구체적인 하위 입법이 없이는 그 권리가 법적 강제력을 가지기 어렵다는 측면에서 한계가 있다.

3. 사회복지법의 체계

사회복지법은 법의 위계구조상 인간에 의해 제정된 '실정법'이며, 한 국가의 주권이 미치는 범위 안에서 효력을 발생하는 '국내법'이고, 공법과 사법이 혼재된 '사회법'에 속한다. 사회법에는 노동법, 경제법, 사회복지법이 있는데 우리나라 사회복지법을 총괄하는 법은 사회보장기본법이다.

사회보장기본법에 의하면 사회보장을 '사회보험', '공공부조', '사회서비스'로 규정하고 있다. 이를 기준으로 사회복지법을 분류하면 ❙그림 2-2❙와 같다.

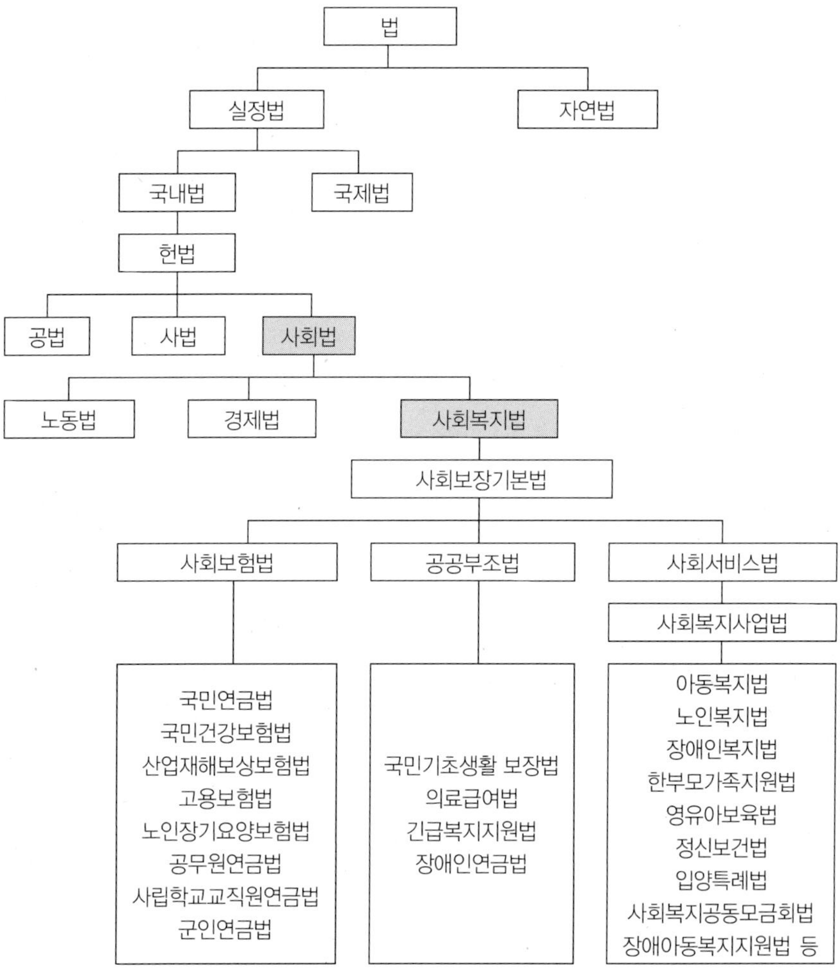

❙그림 2-2❙ 사회복지법의 체계

1) 사회보장기본법

사회보장기본법은 1995년 제정된 법으로 우리나라 사회복지를 총괄하는 법이다. 사회보장기본법은 사회보장에 관한 국민의 권리와 국가 및 지방자치단체의 책임을 정하고 사회보장정책의 수립·추진과 관련 제도에 관한 기본적인 사항을 규정함으로써 국민의 복지증진에 이바지하는 것을 목적으로 한다(제1조). 사회보장기본법에 따르면 "사회보장"이란 출산, 양육, 실업, 노령, 장애, 질병, 빈곤 및 사망 등의 사회적 위험으로부터 모든 국민을 보호하고 국민 삶의 질을 향상시키는 데 필요한 소득·서비스를 보장하는 사회보험, 공공부조, 사회서비스를 말하며(제3조 제1항), 사회보장에 관한 다른 법률을 제정하거나 개정하는 경우에는 이 법에 부합되도록(제4조) 명시하고 있다.

2) 사회보험법

사회보장기본법에 따르면 "사회보험"이란 국민에게 발생하는 사회적 위험을 보험의 방식으로 대처함으로써 국민의 건강과 소득을 보장하는 제도를 말한다(제3조 제2항).

우리나라의 대표적인 사회보험법으로는 국민연금법, 국민건강보험법, 산업재해보상보험법, 고용보험법, 노인장기요양보험법 등이 있다.

3) 공공부조법

사회보장기본법에 의하면 "공공부조(公共扶助)"란 국가와 지방자치단체의 책임하에 생활 유지 능력이 없거나 생활이 어려운 국민의 최저생활을 보장하고 자립을 지원하는 제도를 말한다(제3조 제3항). 공공부조와 관련된 법으로는 국민기초생활 보장법, 의료급여법, 긴급복지지원법, 기초연금법, 장애인연금법 등이 있다.

4) 사회서비스법

사회보장기본법에는 "사회서비스"를 국가·지방자치단체 및 민간부문의 도움이 필요한 모든 국민에게 복지, 보건의료, 교육, 고용, 주거, 문화, 환경 등의 분야에서 인간다운 생활을 보장하고 상담, 재활, 돌봄, 정보의 제공, 관련 시설의 이용, 역량 개발, 사회참여 지원 등을 통하여 국민의 삶의 질이 향상되도록 지원하는 제도(제3조 제4항)로 규정하고 있다. 사회서비스와 관련된 법률은 사회복지사업법에 명시되어 있는데, 국민기초생활 보장법, 의료급여법, 긴급복지지원법 등 공공부조 관련법과 함께 아동복지법, 노인복지법, 장애인복지법, 한부모가족지원법, 영유아보육법, 「성매매방지 및 피해자보호 등에 관한 법률」 등이 해당된다.

4. 사회복지 주체와 법률관계[4)]

법률관계란 법에 의하여 규율되는 생활관계로 권리와 의무의 관계이다(이병태, 2011). 사회복지법상 법률관계는 법률행위의 주체와 객체 간의 권리와 의무의 관계를 말하며, 이때 사회복지주체는 공적사회복지주체와 민간사회복지주체로 나누어진다. 공적사회복지주체로는 국가, 지방자치단체, 공공단체, 공법인 등이 있고, 민간사회복지주체로는 사법인, 종교단체, 개인 등이 있다.

1) 공적사회복지주체

공적사회복지주체는 사회복지의 재정, 운영 등과 관련하여 국가나 지방자치단체가 법률의 주체가 되어 국민과 권리와 의무의 관계를 형성한다. 공적사회복지주체로는 국가, 지방자치단체, 공공단체 등이 있으며, 공공단체에는 공공조합, 영조물법인, 공재단, 무자산 특수공법인 등이 해당된다.

4) 사회복지 주체와 법률적으로 권리와 의무의 관계를 맺고 있는 사회복지 객체는 사회복지급여 대상자로 사회복지 관련 각 법마다 해당 법의 급여 요건을 충족시키는 자를 말한다.

(1) 국가(중앙정부)

국가는 일정한 영토와 해당 지역에 거주하는 다수인으로 이루어지고, 주권에 의해 통치되는 사회집단을 말하며, 하나의 공법인으로 법률관계에서 주체가 된다. 국가가 행정주체가 되는 경우 그 권한은 국가행정조직에 의해 행사가 되며, 실제 행정업무는 행정기관에서 담당한다. 행정기관은 권한 행사 내용에 따라 행정관청, 집행기관, 의결기관, 자문기관, 보조기관으로 분류된다(김기원, 2007). 때로는 독립된 공법인을 설치하여 이를 통해 일정한 범위의 행정을 행하기도 하는데 국민연금관리공단, 국민건강보험공단 등이 그 예이다.

국가(중앙정부)가 사회복지주체인 경우 타 주체에 비해 안정성, 지속성, 평등성, 소득재분배 등에 있어 유리하다.

(2) 지방자치단체(지방정부)

지방자치단체는 국가 영토의 일부 지역과 주민을 구성요소로 국가로부터 부여받은 일정 권한을 자치적으로 제정・행사하는 단체이다. 헌법 제117조 제1항에 의하면 지방자치단체는 주민의 복리에 관한 사무를 처리하고 재산을 관리하며, 법령의 범위 안에서 자치에 관한 규정을 제정할 수 있다고 명시하고 있으며, 지방자치법 제8조 제1항에는 지방자치단체는 그 사무를 처리할 때 주민의 편의와 복리증진을 위하여 노력하여야 한다고 규정하고 있다. 오늘날 지방자치가 발전하면서 공적 사회복지주체로서 지방자치단체의 역할이 커지고 있으며, 공공부조나 사회복지서비스 집행에 중요한 역할을 담당하고 있다(조원탁 외, 2015).

지방자치단체가 사회복지주체인 경우 지역주민의 욕구를 대변하고, 지역 내 문제를 효율적으로 해결할 수 있으며, 지방자치단체 간의 경쟁이 유발되어 서비스 질이 향상된다는 장점이 있으나, 지방정부 간 재정 능력의 격차로 인하여 지역 간 서비스 격차가 발생할 우려도 있다.

(3) 공공단체

① 공공조합

공공조합은 사원(조합원)에 의하여 구성된 공법상의 사단법인으로, 국가적 목적을 위하여 존재하고 국가적 임무를 담당한다는 점에서 사법상의 사단법인과 구별된다(이병태, 2011). 공공조합은 일반적 공공사무 처리가 목적이 아니라 과거 의료보험법상의 의료조합과 같이 한정된 특수 사업을 수행함을 목적으로 한다.

② 영조물법인

영조물법인이란 공익적 성격의 법인으로 영조물이 독립된 법인격을 취득한 공공단체이다. 영조물이란 국가나 지방자치단체 등 공공단체가 공익을 위해 세운 인적·물적 시설의 집합체를 말한다. 사회복지 분야의 영조물로는 서울대학교 부설 국가중앙병원인 서울대학교병원, 대한적십자에서 경영하는 적십자병원, 법무부 산하 특수교육기관인 소년원 등 교정시설, 도서관, 박물관 등이 있다(조원탁 외, 2015).

③ 공재단

공재단은 공법상의 재단법인으로 재단설립자에 의해 출연된 재산(기금, 물건 등)을 관리하기 위해 설립된 공공단체이다. 사회복지 분야의 공재단으로는 한국노동연구원, 한국보건사회연구원, 한국학술진흥재단 등이 있다(김기원, 2007; 이명남, 2008).

④ 무자산 특수공법인

국가가 공익을 목적으로 특별법을 제정하여 비영리로 운영되는 법인이다. 출연된 재산을 전제로 설립되는 공재단과 달리 무자산으로 설립되는 특징이 있다. 설립 후 운영과정에서 해당법의 목적에 따라 기금을 조성하거나 자산을 취득·운영하는 것이 일반적이며, 대표적인 예로 국민연금공단, 국민건강보험공단, 근로복지공단 등이 있다(조원탁 외, 2015).

2) 민간사회복지주체

민간사회복지주체에는 법인, 종교단체, 개인 등이 해당되며, 민간사회복지주체의 장점으로는 효율성, 다양성, 창의성, 경쟁성 등이 있다. 민간사회복지의 대표적인 주체로는 법인이 있다. 법인은 자연인 이외의 것에 법인격(권리능력)이 인정된 것으로, 사람의 결합인 단체(사단 또는 조합)나 특정 목적을 위해 조성된 재산(재단)에 대하여 자연인과 마찬가지로 법률관계의 권리와 의무의 주체로서 지위를 인정한 것이다(이병태, 2011). 법인 중에서 공공목적으로 설립된 공법인을 제외한 법인이 민간사회복지주체에 해당 된다. 공법인을 포함한 법인에 대한 일반적인 사항을 살펴보면 다음과 같다.

(1) 법인의 특징

① 법인은 권리와 의무의 주체가 될 수 있지만 자연인처럼 스스로 행동할 수 없기에 대표이사와 같은 기관을 설정하고 기관의 행위는 곧 법인의 행위로 간주한다.

② 법인은 구성원의 가입과 탈퇴에 영향을 받지 않고 그 동일성이 유지된다.

③ 법인의 재산은 구성원의 재산과 독립된 법인 자체의 재산이다(정현태 외, 2016).

(2) 법인의 종류

① 공법인과 사법인

공법인은 특정한 공공목적을 위하여 법적 근거에 따라 설립된 법인으로, 목적 달성에 필요한 한도에서 행정권이 부여되고, 국가의 특별한 지도·감독을 받는다. 대표적인 예로 국민연금공단, 국민건강보험공단, 한국장애인고용촉진공단 등이 있다.

사법인은 사법(私法)에 의하여 설립되고 규율되는 법인으로 대부분의 사회복지법인은 사법인에 속하며, 한국사회복지사협회, 한국복지재단 등이 이에 해당된다(김 구, 2016).

② 영리법인과 비영리법인

영리법인은 사원의 경제적 이익을 도모하기 위하여 설립된 법인이고, 비영리법인은 공익을 위한 사업이나 학술, 종교, 자선, 기예, 사교 기타 영리가 아닌 사업을 목적으로 하는(민법 제32조) 법인이다. 사단법인만 영리법인이 될 수 있고, 재단법인은 영리법인이 될 수 없다. 사회복지법인은 대부분 비영리법인이나 일부 유료노인복지시설(실버산업)의 경우 영리법인이 될 수 있다.

③ 사단법인과 재단법인

사단법인은 일정한 목적을 위하여 결합한 사람의 집단에 법인격이 인정된 법인으로 한국사회복지사협회 등이 이에 속한다. 재단법인은 일정한 목적에 바쳐진 재산(재단)에 법적 인격이 부여된 법인으로 한국복지재단, 삼성복지재단 등이 이에 해당된다. 사회복지법인은 민법상 비영리법인에 해당하는 사단법인과 재단법인을 모두 포함하고 있다.

④ 사회복지법인

사회복지법인은 사회복지사업을 행할 목적으로 설립된 법인을 말한다.[5] 사회복지사업법에서 규정한 사회복지사업(제2조)을 수행하기 위해 설립된 비영리·공익·특수·사법인(私法人)으로 민간사회복지사업의 공공성과 안정성을 높이기 위한 법인이다.

사회복지법인의 종류는 크게 사회복지사업법 제2조의 사회복지시설을 설치·운영할 목적으로 설립된 시설법인과, 시설의 설치·운영을 목적으로 하지 않고 사회복지사업을 지원할 목적으로만 설립된 지원법인이 있다(보건복지부, 2020).

5) 법인은 민법 제31조에 명시된 바에 따라 법률의 규정에 의해서만 성립되므로, 사회복지법인도 사회복지사업법에 따라서만 성립된다(보건복지부, 2020)

5. 사회복지사의 권리와 의무

사회복지사는 사회복지에 관련된 전문지식과 기술을 가진 사람으로서 소정의 자격기준을 충족하여 보건복지부장관으로부터 자격증을 교부받은 사람을 말한다. 사회복지사의 등급은 1급 · 2급이며, 정신건강 · 의료 · 학교 영역에 대해서는 영역별로 정신건강사회복지사 · 의료사회복지사 · 학교사회복지사의 자격이 부여될 수 있다. 사회복지사 1급 자격은 국가시험에 합격한 사람에게 부여하고, 정신건강사회복지사 · 의료사회복지사 · 학교사회복지사의 자격은 1급 사회복지사의 자격이 있는 사람 중에서 보건복지부령으로 정하는 수련기관에서 수련을 받은 사람에게 부여한다(사회복지사업법 제11조).

1) 사회복지사의 법적 지위 및 권한

사회복지사의 법적 지위는 공공기관에 종사하는 경우와 민간기관에 근무하는 경우로 나누어 볼 수 있다. 사회복지사가 공적 전달체계에서 사회복지사업에 관한 업무를 담당하는 경우에는 사회복지공무원으로서의 법적 지위를 가지게 되며, 사회복지사업을 행할 목적으로 설립된 사회복지법인 및 시설 등 민간기관에서 근로를 제공하는 경우에는 민간기관 종사자로서 근로자의 지위와 전문가의 지위를 가지게 된다.

(1) 공공기관 사회복지사(사회복지공무원)의 법적 지위 및 권한

공공기관에 근무하는 사회복지사는 주로 사회복지공무원을 의미하며, 따라서 국가공무원법에 의한 법적 지위를 가진다. 우리나라 공무원은 크게 경력직 공무원과 특수경력직 공무원으로 구분되는데 사회복지공무원은 이 중 경력직 공무원[6]에 해당되며, 경력직 공무원의 종류 중 일반직 공무원에 속한다.

6) 국가공무원법 제2조 제2항 : "경력직 공무원"이란 실적과 자격에 따라 임용되고 그 신분이 보장되며 평생 동안(근무기간을 정하여 임용하는 공무원의 경우에는 그 기간 동안을 말한다) 공무원으로 근무할 것이 예정되는 공무원을 말하며, 그 종류는 다음 각 호와 같다.

사회복지공무원은 지방자치단체에 속하는 지방공무원이다. 「사회보장급여의 이용·제공 및 수급권자 발굴에 관한 법률」 제43조에 의하면 사회복지사업에 관한 업무를 담당하게 하기 위하여 시·도, 시·군·구, 읍·면·동 또는 사회보장사무 전담기구에 사회복지전담공무원을 둘 수 있으며, 사회복지전담공무원은 사회복지사업법 제11조에 따른 사회복지사의 자격을 가진 사람으로 하며, 그 임용 등에 필요한 사항은 대통령령으로 정한다. 사회복지전담공무원은 사회보장급여에 관한 업무 중 취약계층에 대한 상담과 지도, 생활실태의 조사 등 보건복지부령으로 정하는 사회복지에 관한 전문적 업무를 담당한다.

사회복지공무원의 법적 권한은 크게 신분상의 권리와 직무집행과 관련된 권리 그리고 재산상의 권리로 나눌 수 있다.

① 신분상의 권리

사회복지공무원은 직업공무원으로서 공무원 제도에 따른 법적 권리가 있다. 따라서 공무원에 대하여 징계처분 등을 할 때나 강임·휴직·직위해제 또는 면직처분을 할 때에는 그 공무원에게 그 사유를 기재한 설명서를 교부해야 한다. 설명서를 받은 공무원이 그 처분에 불복할 때에는 설명서를 받은 날부터 30일 이내 또는 공무원이 제1항에서 정한 처분 외에 본인의 의사에 반하는 불이익처분을 받았을 때에는 그 처분이 있은 것을 안 날부터 30일 이내에 심사위원회에 그 처분에 대한 심사를 청구할 수 있다. 이 경우 변호사를 대리인으로 선임할 수 있다(지방공무원법 제67조). 사회복지공무원은 징계처분 등에 대한 소청심사위원회의 심사청구를 제기할 수 있는 소청제기권과 함께 공무원 신분에 관한 위법한 처분에 행정소송을 제기할 수 있는 소송제기권을 가진다.

② 직무집행과 관련된 권리

사회복지전담공무원은 취약계층 발굴 및 상담과 지도, 사회복지에 대한 욕

---

1. 일반직 공무원 : 기술·연구 또는 행정 일반에 대한 업무를 담당하는 공무원
2. 특정직 공무원 : 법관, 검사, 외무공무원, 경찰공무원, 소방공무원, 교육공무원, 군인, 군무원, 헌법재판소 헌법연구관, 국가정보원의 직원, 경호공무원과 특수 분야의 업무를 담당하는 공무원으로서 다른 법률에서 특정직공무원으로 지정하는 공무원

구조사, 서비스 제공 계획의 수립, 서비스 제공 및 점검, 사후관리 등 통합사례관리에 관한 업무와 사회복지사업 수행을 위한 취약계층의 소득·재산 등 생활실태의 조사 및 가정환경 등 파악 업무, 그리고 사회복지에 대한 종합적인 정보제공, 안내, 상담 업무 등 사회복지에 관한 전문적 업무를 담당한다(사회보장급여의 이용·제공 및 수급권자 발굴에 관한 법률 시행규칙 제8조). 또한 공무원으로서 자신의 직무를 집행할 수 있는 직무수행권과 지방자치단체 사회복지사업에 관한 업무를 담당할 직위를 부여받고 일정한 이유와 절차에 의하지 아니하고는 부여된 직위가 박탈당하지 않을 직위보유권도 가진다.

③ 재산상의 권리

사회복지공무원은 관련법에 명시된 보수규정에 따라 보수를 지급받을 권리가 있고, 공무원으로 재직한 기간에 대한 연금을 청구할 수 있으며, 직무수행에 소요되는 실비를 변상받을 권리가 있다.

④ 법적 권한의 한계

사회복지공무원은 공무원으로서 헌법이 보장한 노동자가 가지는 기본권인 단결권, 단체교섭권, 단체행동권 중 일부를 제한받아 노동조합과 그 조합원은 파업, 태업 또는 그 밖에 업무의 정상적인 운영을 방해하는 어떠한 행위도 하여서는 아니 된다(공무원의 노동조합 설립 및 운영 등에 관한 법률 제11조).

(2) 민간기관 사회복지사의 법적 지위 및 권한

민간기관 사회복지사의 법적 지위는 근로자로서의 지위와 전문가로서의 지위로 나누어 볼 수 있다.

① 근로자로서의 사회복지사

민간 사회복지 관련 기관에서 근무하는 사회복지사는 근로기준법 제2조에 의하면 임금을 목적으로 근로를 제공하는 근로자이다. 따라서 근로계약에 따른 임금을 지급받으며 근로자로서의 법적 지위를 가지게 된다. 근로자로서의 사회복지사는 사회복지 관련 사업장과 노사관계를 형성한다.

② 전문가로서의 사회복지사

사회복지사는 사회복지사업법의 규정에 따라 사회복지에 관한 전문지식과 기술을 가진 사람으로 일정한 기준에 따라 국가로부터 자격을 부여받은 사람이다. 사회복지법인 및 사회복지시설을 설치·운영하는 자는 대통령령으로 정하는 바에 따라 사회복지사를 그 종사자로 채용하여야 한다(사회복지사업법 제13조).

민간기관 사회복지사의 법적 권한으로는 신분상의 권리, 직무집행상의 권리, 재산상의 권리, 근로권 등이 있다.

• 신분상의 권리

민간 사회복지사는 국가 차원의 법이 아닌 주로 해당 법인의 정관이나 운영 규정 등에 따른 법적 보장을 받는다. 각 법인이나 시설의 내부 규정이 다르고 법률에 의한 완전한 보장이 어려워 법적 권리 측면에서 취약하다.

• 직무집행상의 권리

민간 사회복지사는 기관 내에서 자신에게 적합한 일정한 직무와 지위를 부여받고, 부여받은 직무를 수행할 권리를 가진다.

• 재산상의 권리

민간 사회복지사는 자신이 제공한 직무수행의 대가로 보수를 청구할 권리를 가지며, 직무 수행에 소요되는 실비를 변상받을 수 있고, 근로자로서 5대 보험에 가입할 수 있다.

• 근로권

민간 사회복지사는 근로자로서 헌법에 명시된 근로권을 가진다. 따라서 근로조건의 향상을 위하여 자주적인 단결권·단체교섭권 및 단체행동권을 행사할 수 있다(헌법 제33조).

2) 사회복지사의 의무

(1) 공공기관 사회복지사(사회복지공무원)의 의무

사회복지공무원은 국가공무원법에 따라 공무원 신분으로서의 의무를 가진다. 이에 따라 성실의 의무, 복종의 의무, 직장 이탈 금지의 의무, 친절 공정의 의무, 종교 중립의 의무, 비밀 엄수의 의무, 청렴의 의무, 품위 유지의 의무 등을 지켜야 한다. 사회복지공무원은 공무원으로서의 의무 이외에 사회복지와 관련하여 사회복지사업법에서 규정하고 있는 의무 규정과 함께 사회복지윤리강령[7]에서 제시하고 있는 의무도 성실히 이행해야 한다.

(2) 민간기관 사회복지사의 의무

민간기관 사회복지사는 사회복지사업법에서 제시하고 있는 사회복지사의 의무 관련 규정과 소속된 사회복지기관의 내부 규정을 준수하여야 하며, 여기에 더해 사회복지사 윤리강령에 명시된 사회복시사의 의무에 대한 책임도 있다.

7) 사회복지사윤리강령 내용은 <부록> 참조

CHAPTER 03

사회복지수급권

1. 사회복지수급권의 개념과 법적 성격

사회복지수급권이란 사회복지법에 의해 인정되는 각종 사회서비스를 받을 권리를 말한다. 국민의 생존권을 구체적으로 보장하기 위한 법적 권리인 사회복지수급권은 사회복지수급권자가 사회복지급여의 지급을 청구할 수 있는 적극적인 권리이다. 사회복지수급권은 국민의 인간다운 생활을 보장하기 위한 수단으로 중요한 의미가 있다(이중엽, 2016). 사회보장기본법 제9조에 의하면 모든 국민은 사회보장 관계 법령에서 정하는 바에 따라 사회보장급여를 받을 권리, 즉 사회보장수급권이 있음을 명시하고 있다.

2. 사회복지수급권의 규범적 구조

사회복지수급권의 규범적 구조란 사회복지서비스를 받을 권리인 사회복지법상의 수급권의 내용과 형식의 체계를 말한다. 사회복지수급권의 내용과 실현방식은 역사적으로 해당국가의 정치·경제·사회·문화의 성숙도에 따라 다르게 나타난다. 대체로 발전된 국가일수록 사회복지수급권의 내용과 구조도 다양하며, 시간적 흐름에 따라 구조와 형식이 발전한다고 볼 수 있다. 사회복지수급권의 규범적 구조를 살펴보면 크게 실체적 권리, 수속적 권리, 절차적 권리로 체계화할 수 있다(현외성, 2013).

1) 실체적 권리

실체적 권리는 사회복지 대상자들이 해당 사회복지법에 의거하여 실체적인 사회복지급여를 청구할 수 있는 구체적 권리인 사회복지급여청구권을 말한다. 실체적 권리는 수급권자, 수급요건, 급여종류, 급여수준, 재원, 수급권의 보호와 제한 등의 내용을 포함한다. 사회복지급여를 청구할 수 있는 권리에는 사회보험청구권, 공공부조청구권, 사회복지서비스청구권이 있다.

2) 수속적 권리

수속적 권리는 사회복지급여를 받기 위하여 급여청구권 실현을 위한 일련의 수속과정이 본래의 수급권 보장의 목적에 맞게 진행되어야 할 것을 요구하는 권리이다. 즉, 사회복지급여 신청, 조사, 급여 결정, 급여 실시 등의 전 과정이 적절하게 진행되도록 요구하는 권리이다. 수속적 권리는 수속 전 단계와 수속 단계로 나누어 볼 수 있는데, 수속 전 단계의 권리로는 정보 제공 요구권, 상담 및 조언 요구권, 사회복지기관 이용 요구권이 포함된다. 수속 단계의 권리는 신청, 조사, 결정, 실시 단계마다 인간의 존엄성, 생명, 자유, 행복추구의 권리, 사생활 존중 등의 권리를 포함하여 사회복지대상자의 권리가 침해되지 않고 적법하게 진행될 것을 요구하는 권리이다.

3) 절차적 권리

절차적 권리는 실체적 권리의 실현이 보장되지 않는 경우 이를 보전, 이행, 강제를 구체적으로 실현하는 절차와 관련되는 권리를 말한다. 절차적 권리에는 사회복지급여쟁송권, 사회복지행정참여권, 사회복지입법청구권 등이 있다.

사회복지급여쟁송권은 실체적 권리인 사회복지급여 청구권이 침해되었을 때 이의 구제를 신청하는 권리를 말한다. 예를 들면, 사회복지급여 자격요건이나 급여수준과 관련한 조치에 불복하여 심사요청을 하는 경우가 이에 해당한다.

사회복지행정참여권은 사회복지 행정과정에 사회복지 대상자나 국민이 참여할 권리를 말한다. 국민연금법 제5조 국민연금심의위원회 구성에 사용자, 근로자, 지역가입자 등 피보험자 대표를 참여하도록 규정한 것을 그 예로 들 수 있다.

사회복지입법청구권은 생존권 보장을 위한 사회복지급여 제공의 구체적인 법률이 제정되지 않았거나, 제정이 되었어도 해당 법률이 불충분한 경우 사회복지입법을 추진하거나 개정을 요구할 수 있는 권리를 말한다.

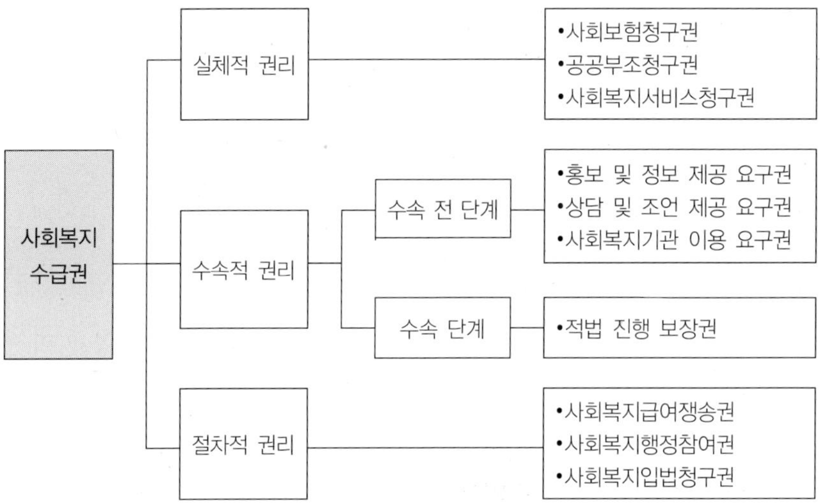

❙그림 3-1❙ 사회복지수급권의 규범적 구조

3. 사회복지수급권의 보호 및 제한

1) 사회복지수급권의 취약성

사회복지수급권은 기본권적 권리이면서 생존권 보장을 위한 헌법에 규정된 구체적인 권리이지만 그 실현성에 있어 권리성이 취약하다. 사회복지수급권의 법적 효력, 사회복지급여의 특징, 사회복지수급에 대한 인식 등에서 그 원인을 찾을 수 있다.

(1) 사회복지수급권의 법적 효력 문제

사회복지수급을 하나의 권리로 인식하기보다 국가 행정행위의 반사적 이익 혹은 구빈적인 자선의 결과로 인식하는 경향이 있다. 반사적 이익이란 법이 공익의 보호 증진을 위하여 법을 집행하였음에도 불구하고 그 결과로 인해 어떤 개인이 반사적 효과로서 누리게 되는 일정한 이익을 말한다. 이처럼 반사적 이익으로 간주된 경우에는 그것이 침해된 경우 사실상 이익에 불과하므로 재판상의 보호를 받을 수 없다.

사회복지수급권을 입법방침 정도의 프로그램 규정설에 근거한 권리로 간주할 경우 권리로서의 인식은 어렵고 이로 인해 사회복지수급권의 권리성은 인정받기 어렵다.

(2) 사회복지급여의 특징

사회복지급여의 특징도 사회복지수급권의 권리적 취약성에 영향을 미친다. 사회복지급여의 형태는 현금, 현물뿐 아니라 사례관리, 상담, 훈련 등 다양한 비금전적·비물질적 서비스 유형을 포함한다. 또한 끊임없이 발생하는 새로운 사회문제에 대응해야 하므로 개별적이고 유동적인 특징도 갖는다. 이로 인해 사회복지와 관련하여 제공되는 급여는 계량화와 표준화가 곤란하고 법문항으로 명문화하는 것에도 한계가 있어 법적인 권리로 보장받기 어려운 측면이 있다.

(3) 사회복지수급권의 이중적 권리성

사회복지수급권은 국가에 의한 생존권 보장이라는 공적인 성격과 개인의 생활유지라는 사적 이익 측면을 동시에 지니고 있다는 점 또한 사회복지수급권의 권리적 취약성의 요인이 된다. 사회복지급여 제공 책임이 국가에게 있다는 공법적 성격에 따르면 사회복지수급권의 권리성이 공고해지겠지만, 개인의 자치적인 측면을 부각하는 사법적 성격이 공존하면서 그 권리성 담보에 한계가 발생한다.

2) 사회복지수급권의 보호

사회복지수급권의 취약성으로부터 사회복지급여 대상자의 권리 보호를 위하여 다양한 법적 규정을 명시하여 수급자의 권리가 적극적으로 실현되도록 지원한다.

(1) 수급권의 처분(양도, 담보) · 압류 금지

민법상의 채권은 일반적으로 법률행위에 의하여 양도할 수 있지만 공법상의 권리는 법률행위에 의하여 양도할 수 없음이 원칙이며, 이는 공법상의 권리의무의 일신전속성에 기인한다(현외성, 2013). 일신전속권이란 권리가 특정한 주체와의 사이에 특별히 긴밀한 관계가 있기 때문에 그 주체만이 향유 · 행사할 수 있는 권리이다(이병태, 2011). 사회복지수급권도 공법적 성격을 지니므로 일신전속권적 특징으로 인해 양도, 담보제공, 압류 등이 금지되어 있다.

사회보장기본법 제12조에 따르면 '사회보장수급권은 관계 법령에서 정하는 바에 따라 다른 사람에게 양도하거나 담보로 제공할 수 없으며, 이를 압류할 수 없다'라고 명시되어 있으며, 국민연금법 제58조, 산업재해보상보험법 제88조 2항 등 각종 사회복지 관련법들이 양도, 담보제공, 압류 등을 금지하고 있다.

국민연금법

제58조(수급권 보호)
① 수급권은 양도 · 압류하거나 담보로 제공할 수 없다. <개정 2016. 5. 29.>
② 수급권자에게 지급된 급여로서 대통령령으로 정하는 금액 이하의 급여는 압류할 수 없다.
③ 급여수급전용계좌에 입금된 급여와 이에 관한 채권은 압류할 수 없다.

산업재해보상보험법

제88조(수급권의 보호)
② 보험급여를 받을 권리는 양도 또는 압류하거나 담보로 제공할 수 없다.

사회복지사업법

제48조(압류 금지)
이 법 및 제2조 제1호 각 목의 법률에 따라 지급된 금품과 이를 받을 권리는 압류하지 못한다.

(2) 불이익 변경 금지

불이익 변경 금지란 이미 사회복지급여가 결정된 경우 정당한 이유 없이 불이익하게 그 내용을 변경하는 것은 기득권을 침해하는 행위가 되므로 이를 금지한다는 것이다.

국민기초생활 보장법

제34조(급여 변경의 금지)
수급자에 대한 급여는 정당한 사유 없이 수급자에게 불리하게 변경할 수 없다.

제47조(반환명령)
① 보장기관은 급여의 변경 또는 급여의 정지・중지에 따라 수급자에게 이미 지급한 수급품 중 과잉지급분이 발생한 경우에는 즉시 수급자에 대하여 그 전부 또는 일부의 반환을 명하여야 한다. 다만, 이미 이를 소비하였거나 그 밖에 수급자에게 부득이한 사유가 있을 때에는 그 반환을 면제할 수 있다.

(3) 조세 및 기타 공과금 부과 금지

사회복지급여와 관련하여 다수 국가에서 조세나 기타 공과금 부과를 금지하고 있는데 이는 사회복지급여의 목적이 국민의 최소한의 생활 영위를 보장하는 데 목적이 있으므로 조세나 기타 공과금을 부과하는 것은 바람직하지 않다고 보기 때문이다(현외성, 2013). 우리나라의 사회복지입법에서도 사회복지급여에 대해 조세 및 공과금을 금지하고 있다.

국민연금법

제60조(조세와 그 밖의 공과금 면제)
이 법에 따른 급여로 지급된 금액에 대하여는 「조세특례제한법」이나 그 밖의 법률 또는 지방자치단체가 조례로 정하는 바에 따라 조세, 그 밖에 국가 또는 지방자치단체의 공과금을 감면한다.

3) 사회복지수급권의 제한과 병급금지 및 조정

사회복지급여는 자해, 범죄 등 고의행위에 기인하거나, 중대한 과실행위로 인한 경우, 부정한 행위에 근거하여 급여를 수급한 경우 수급권이 제한될 수도 있다. 또한 동일한 급여 수급 사유에 대해 중복 수급을 금하는 병급금지 또는 조정을 통해 중복 급여를 제한하고 있다.

국민건강보험법

제53조(급여의 제한)

① 공단은 보험급여를 받을 수 있는 사람이 다음 각 호의 어느 하나에 해당하면 보험급여를 하지 아니한다.

1. 고의 또는 중대한 과실로 인한 범죄행위에 그 원인이 있거나 고의로 사고를 일으킨 경우
2. 고의 또는 중대한 과실로 공단이나 요양기관의 요양에 관한 지시에 따르지 아니한 경우
3. 고의 또는 중대한 과실로 제55조에 따른 문서와 그 밖의 물건의 제출을 거부하거나 질문 또는 진단을 기피한 경우
4. 업무 또는 공무로 생긴 질병·부상·재해로 다른 법령에 따른 보험급여나 보상(報償) 또는 보상(補償)을 받게 되는 경우

② 공단은 보험급여를 받을 수 있는 사람이 다른 법령에 따라 국가나 지방자치단체로부터 보험급여에 상당하는 급여를 받거나 보험급여에 상당하는 비용을 지급받게 되는 경우에는 그 한도에서 보험급여를 하지 아니한다.

제3자의 불법행위로 인해 사회복지급여 수급권이 발생한 경우 사회보장제도 운영자는 불법행위의 책임이 있는 자에게 관련 법령에 따라 구상권을 행사할 수 있으며, 민법상 손해배상에서 발생한 대위권과 연관된 수급권 제한과 조정 또한 사회복지수급권의 제한 사항에 해당한다.

국민건강보험법

제58조(구상권)

① 공단은 제3자의 행위로 보험급여사유가 생겨 가입자 또는 피부양자에게 보험급여를 한 경우에는 그 급여에 들어간 비용 한도에서 그 제3자에게 손해배상을 청구할 권리를 얻는다.

② 제1항에 따라 보험급여를 받은 사람이 제3자로부터 이미 손해배상을 받은 경우에는 공단은 그 배상액 한도에서 보험급여를 하지 아니한다.

국민연금법

제14조(대위권 등)

① 공단은 제3자의 행위로 장애연금이나 유족연금의 지급 사유가 발생하여 장애연금이나 유족연금을 지급한 때에는 그 급여액의 범위에서 제3자에 대한 수급권자의 손해배상청구권에 관하여 수급권자를 대위(代位)한다.

② 제3자의 행위로 장애연금이나 유족연금의 지급 사유가 발생한 경우 그와 같은 사유로 제3자로부터 손해배상을 받았으면 공단은 그 배상액의 범위에서 제1항에 따른 장애연금이나 유족연금을 지급하지 아니한다.

4) 사회복지수급권의 포기

사회보장기본법 제14조에 의하면 사회복지수급권은 정당한 권한이 있는 기관에 서면으로 통지하여 포기할 수 있으며, 포기를 취소할 수도 있다. 그러나 포기 규정에도 불구하고 사회보장수급권을 포기하는 것이 다른 사람에게 피해를 주거나 사회보장에 관한 관계 법령에 위반되는 경우에는 이를 포기할 수 없다.

4. 사회복지법상 권리구제

1) 권리구제의 개념

사회복지법상 권리구제는 사회복지급여와 관련된 수급자격, 보험료, 급여 등과 관련한 처분에 있어 이의가 있거나 불복하는 경우 사회복지 관련법상 규정에 따라 그 처분의 시정을 구할 수 있는 절차를 말한다. 사회복지법에서 권리구제장치를 마련하는 이유는 급여 대상자인 사회적 약자의 생존권을 신속하게 확보함으로써 인간다운 생활을 보장하려는 것이다. 우리나라 사회복지 관련법들은 대체로 2심제의 심사청구제도를 두어 사회복지수급권자의 권리를 보호하고자 한다. 심사청구에 불복하는 경우 행정소송, 민사소송, 헌법재판 등 법적 쟁송으로 넘어가게 된다. 법적 쟁송은 심사청구, 이의신청 등의 행정적 구제절차와는 달리 법원 등의 사법적 심판에 의한 권리구제를 말한다(현외성, 2013).

2) 권리구제의 절차

(1) 사회보험법의 권리구제 절차

사회보험 중 국민연금법, 산업재해보상보험법, 고용보험법은 심사청구와 재심사청구 규정을 두고 있다.

먼저 국민연금은 국민연금공단 내 국민연금심사위원회 또는 국민건강보험공단 내 징수심사위원회, 산업재해보상보험은 근로복지공단 내 산업재해보상보험심사위원회, 고용보험은 고용보험심사관에게 심사청구를 할 수 있다.

심사청구 결과에 불복하는 경우 국민연금은 보건복지부 내 국민연금재심사위원회, 산업재해보상보험은 고용노동부 내 산업재해보상보험재심사위원회, 고용보험은 고용노동부 내 고용보험심사위원회에 재심사청구를 할 수 있다.

국민건강보험법과 노인장기요양보험법은 이의신청과 심판(심사)청구 규정을 두고 있다. 일차적으로 국민건강보험공단 혹은 건강보험심사평가원(노인장기요양보험의 경우 장기요양심사위원회)에 이의신청을 할 수 있고, 이의신청 결과에 불복하는 경우 보건복지부 내 건강보험분쟁조정위원회(노인장기요양보험의 경우 보건복지부 소속 장기요양심판위원회)에 심판(심사)청구를 할 수 있다.

〈표 3-1〉 사회보험법의 권리구제 절차

구분	심사청구	재심사청구
국민연금법	국민연금심사위원회(국민연금공단) 징수심사위원회(국민건강보험공단)	국민연금재심사위원회(보건복지부)
산업재해 보상보험법	산업재해보상보험심사위원회 (근로복지공단)	산업재해보상보험재심사위원회 (고용노동부)
고용보험법	고용보험심사관 (고용노동부 소속 공무원)	고용보험심사위원회 (고용노동부)
구분	이의 신청	심사(심판)청구
국민건강보험법	국민건강보험공단 건강보험심사평가원	건강보험분쟁조정위원회 (보건복지부)
노인장기요양보험법	장기요양심사위원회 (국민건강보험공단)	장기요양심판위원회 (보건복지부장관 소속)

(2) 공공부조법의 권리구제 절차

국민기초생활 보장법은 2회에 걸친 이의신청 절차를 규정하고 있다. 수급자나 급여 또는 급여 변경을 신청한 사람은 시장・군수・구청장의 처분에 대하여 이의가 있는 경우에는 그 결정의 통지를 받은 날부터 90일 이내에 해당 보장기관을 거쳐 시・도지사에게 서면 또는 구두로 이의를 신청할 수 있다. 1차 이의신청에 불복하는 경우 그 처분 등의 통지를 받은 날부터 90일 이내에 시・도지사를 거쳐 보건복지부장관에게 서면 또는 구두로 이의를 신청할 수 있다.

〈표 3-2〉 공공부조법의 권리구제 절차

구분	1차 이의신청	2차 이의신청
국민기초생활보장법	시・도지사	보건복지부장관

CHAPTER 04

사회복지법의 역사적 형성 과정

1. 시민법의 탄생과 사회법으로의 전환 배경

18세기 시민혁명 이전 전통적인 농경사회에서는 토지를 중심으로 개인의 전 생애주기의 욕구들이 가족집단 안에서 충족되었다. 가장을 중심으로 토지에 기반한 생산과 소비가 이루어지고 지역공동체의 동질성과 연대성을 중심으로 구성원의 생활과 복지를 해결하였다. 이 시기 사회복지제도는 주로 빈민통제의 성격을 지닌 빈민법을 중심으로 시혜적인 제도가 주를 이루었다.

산업혁명 이후 중세 봉건제가 몰락하고 사상적으로는 개인의 자유와 권리를 강조하는 자유주의, 경제적으로는 생산수단의 사유화를 기반으로 이윤 추구를 위한 자본이 지배하는 자본주의, 정치적으로는 민주주의 사회가 도래하면서 시민사회가 형성되었고, 개인의 평등과 자유에 기초한 새로운 법질서인 시민법이 확립되었다.

시민법에 기반을 둔 자본주의 사회하에서 자본을 소유하지 못한 노동자 계층은 자신의 노동력을 팔아 생계를 이어가야 했다. 이러한 사회변화에 따라 다양한 사회문제가 발생하였다. 우선 자본주의 사회에서 노동력의 대가인 임금은 해당 노동력 제공자의 노동에 대한 반대급부일 뿐 그가 부양해야 할 가족 구성원의 생존은 고려되지 않았고, 이로 인해 가족 부양의 책임과 자본주의 분배기제 사이에 모순이 발생하였다(정현태 외, 2016). 또한 생애주기에서 발생하는 다양한 문제(질병, 산재, 실업 등)로 인해 근로능력에 제한을 받거나 상실하는 경우 기본적 생계를 위협하는 상황이 초래되었고, 부의 분배에 있어 불평등이 심화되었다. 이러한 다양한 사회적 문제에 대응하는 새로운 법질서가 요구되었고, 이에 시민법의 한계에 대응하는 새로운 법질서로 사회법이 등장하게 된다.

2. 시민법과 사회법의 원리

1) 시민법

기존 봉건사회의 구체제를 붕괴시키고 시민계급의 혁명을 통해 새롭게 등장한 시민사회를 지배한 시민법은 자유와 평등을 중심 이념으로 시민 개개인의 사적 권리와 의무를 보장하는 법체계이다. 시민법은 다음 세 가지 원칙을 지도원리로 제시했다.

(1) 사유재산 존중의 원칙(소유권 절대의 원칙, 사유재산 불가침의 원칙)

근대시민사회에서 개인은 봉건사회의 신분적 종속관계에서 해방되는 대신 타인의 보호를 받아서 생활할 수 없고 개인 소유의 사유재산에 의지하여 생활함을 원칙으로 한다. 이에 따라 개인은 자신의 사유재산에 대해 절대적 지배권을 가지게 되고 국가나 다른 개인은 이에 간섭하거나 제한을 가하지 못한다. 사유재산권의 가장 전형적인 것이 소유권이므로 이를 '소유권 절대의 원칙'이라고도 한다(김 구, 2016).

(2) 계약자유의 원칙

법적으로 평등한 시민들 간의 자유로운 의사표시에 의한 구체적 합의(계약)에 의하여 법적인 권리·의무 관계가 형성된다는 원칙이다(남기민 외, 2016). 추상적으로 평등하고 합리적인 개인들은 국가의 간섭 없이 자유의지에 의한 계약 체결과 교환관계를 형성하면서 영리를 추구하게 되고, 이러한 자유방임적 허용이 결국은 사회의 조화를 이루게 한다는 것이다.

(3) 과실책임의 원칙

개인이 각자의 행동으로 인해 초래된 결과에 대해 책임을 져야 한다는 원칙이다. 개인이 타인에게 입힌 손해에 대해 그 행위가 위법할 경우뿐 아니라 고의 또는 과실에 기인하는 경우에만 손해배상책임을 지고, 그렇지 않은 경우에는 책임지지 않는다는 것이다. 이때 과실이나 고의의 입증은 피해자가 지게 된다.

시민법의 원리는 전통 봉건사회에서 탈피해 자유와 평등을 근간으로 한 새로운 사회질서가 시작된 자본주의 초기 발전에는 유용하였지만, 자본주의가 발달되면서 여러 측면에서 한계점이 드러났다. 자유 경쟁은 자본의 자기증식 성향으로 인해 독점을 발생시켜 부의 불평등이 심화되었고, 자본을 소유한 유산계층(사용자)과 자본을 가지지 못한 무산계층(노동자) 간의 심각한 빈부격차는 갈등과 대립을 낳았다.

시민법의 원리 중 사유재산존중의 원칙은 애초부터 자본을 소유하지 못한 계층에게는 현실적으로 무의미하였고, 계약자유의 원칙도 법 앞에서 형식적으로 평등할 뿐 현실에서는 불평등한 사용자와 노동자 관계에서 경제적 강자인 사용자에게 유리한 원리로 작동되었다. 과실책임의 원칙도 산업재해처럼 사용자 개인에게 직접적인 고의나 과실이 없거나 이를 입증하기 곤란한 경우는 사용자의 손해배상책임을 면제하는 역할을 하게 되어 결과적으로 산업 활동으로 인한 이익은 사용자 측에 귀속되고, 재해를 입은 근로자만 피해를 보게 되는 문제를 발생시켰다(정현태 외, 2016).

이러한 시민법의 한계로 인해 국가권력이 경제생활에 개입하여 자본주의의 구조적인 문제에 대응하고, 추상적인 인간관이 아니라 현실적인 인간관에 입각한 실질적인 자유와 평등을 제공할 수 있는 새로운 법질서가 요구되었으며 이에 등장한 것이 사회법이다.

2) 사회법

시민법의 현실적 한계로 인해 등장한 사회법은 시민법이 추구한 개인주의적인 자유와 이익 추구에서 벗어나 공동체 구성원의 공존과 공공복리를 추구하는 법 원리로 전환되었다. 이에 기존의 사유재산 존중 원칙은 소유권의 제한을 통해 사회성을 추구하는 방향으로, 계약자유의 원칙은 현실적인 문제점을 고려하여 계약공정성의 원칙으로, 과실책임의 원칙은 집합적 책임원리를 적용한 무과실책임 원칙으로 변화되었다.

(1) 소유권의 사회성

소유권은 시민법에서와 같이 절대적으로 존중받아야 할 것이 아니라 사회적으로 행사될 것을 기대하여 개인에게 맡겨지는 한정적 조건부 권리라는 것이다. 따라서 소유권은 절대적 권리가 아니라 사회적으로 필요한 제한과 구속을 받을 수 있다. 소유의 사회성 원리에 따른 경제법은 국가의 개입을 긍정하고, 국민 경제의 건전성을 보존하고, 국민의 복지증진을 위한 적절한 경제 통제를 수용한다(정현태 외, 2016).

(2) 계약의 공정성

계약의 공정성 원칙은 기존의 계약자유의 원칙이 사용자와 노동자 간의 현실적이고 실질적인 불평등 관계를 고려하지 못한 결과 노동착취와 불평등을 심화시켰다는 점을 보완하기 위한 법 원리이다. 주로 노동법과 관련이 있으며 현대사회에서는 소비자보호법이나 주택임대차보호법 등에도 적용되고 있다.

(3) 무과실 책임(집합적 책임)

자본주의 사회에서 발생하는 다양한 사회문제(산업재해, 빈곤)들의 근본적인 원인은 개인의 결함에 근거하는 것이 아니라 사회의 구조적 문제에서 기인하므로 해당 사회가 공동으로 책임져야 한다는 것이다. 이 원칙에 따른 법제도로 사회보험법이나 공공부조법 등이 있다.

〈표 4-1〉 시민법과 사회법 비교

구 분	시민법	사회법
이념과 사상	개인주의, 자유방임주의	집단주의, 사회민주주의
경제체제	자본주의 초기(상업·산업자본주의)	독점자본주의, 수정자본주의
국가의 역할	• 국가는 시민의 질서유지자 (야경국가, 경찰국가) • 경제생활에는 개입하지 않음	• 경제발전을 위해 사전적 개입·통제 ·조정을 함 • 공공사업을 통한 경기회복 주도
권 리	자유권	사회권(생존권, 복지권)
인간관	평등한 추상적 인간	불평등한 현실적 인간
법원칙 (원리)	• 소유권 절대의 원칙 • 계약자유의 원칙 • 과실책임의 원칙	• 소유의 사회성 : 소유권 행사의 제한 • 계약의 공정성 : 특정 계약행위 금지 • 집합적 책임 : 무과실 책임의 인정
법영역	민법, 상법	사회복지법, 노동법, 경제법

출처 : 남기민 외(2016).

3. 근대 사회복지법의 역사적 기원

각국의 사회복지법은 해당 국가의 정치·경제·사회·문화 등의 특수성을 반영한 고유한 사회 발전의 산물이며 특정 시점의 시대적 맥락과 밀접한 관계성을 갖는다. 근대적 사회복지법의 역사적 형성과정을 이해하기 위해 근대 사회복지법의 태동과 복지국가로의 전환의 경험을 통해 근대적 의미의 사회복지법의 기원이 된 영국, 독일, 미국을 중심으로 사회복지법의 역사적 형성 과정을 살펴보고자 한다.

1) 영국의 사회복지법

근대 산업화 이전 전통적 농경사회에서 빈곤에 대해 국가가 개입한 최초의 빈민법은 1601년 영국에서 제정된 엘리자베스 빈민법(Elizabeth Poor Law)이다. 그러나 엘리자베스 빈민법(구빈법)이 국가의 책임하에 빈민을 선별[1]하고, 각

교구에서 빈민감독관을 파견 하는 등 세금을 통해 빈민의 생활을 지원했다는 점에는 의의가 있으나 실제로는 빈민을 통제하고 억압하는 제도로 평가받고 있다. 이러한 기조는 이후 제정되는 일련의 법들에도 영향을 주게 되어 소수의 인도주의적 사회복지법[2)]을 제외하면 대부분의 법들이 빈민의 거주 이전의 자유를 제한[3)]하고 수용시설에서 강제노역을 강제[4)]하는 등 통제적 면모를 보이며 1834년 신빈민법으로 이어진다.

신빈민법은 열등처우의 원칙, 작업장 수용의 원칙, 작업장 조사의 원칙, 균일처우의 원칙을 기본으로 시행되었다. **열등처우의 원칙**은 구제받는 자의 생활수준은 최하급 극빈 독립노동자의 생활수준보다 낮아야 한다는 원칙으로 정상적인 노동을 권장하기 위한 조치이다. **작업장 수용의 원칙**은 원외구호를 금지하고 작업장 수용으로 한정하는 것이다. **작업장 조사의 원칙**은 빈곤처우의 지나친 다양성과 자격조사에 따른 부패를 해소하기 위하여 단순조사를 실시한 것으로 이를 통해 구제적용의 다양성과 불확실성을 배제하였다. **균일처우의 원칙**(전국 통일의 원칙)은 피구제자에게 주어지는 구제는 중앙행정기관인 빈민법위원회에 의하여 전국적으로 통일한 것을 말한다(김치영 외, 2010).

19세기 후반 불황과 대규모 실업 발생으로 새로운 사회복지 입법이 요구되었고, 1908년 노령연금법(Old Age Pension Act)과 1911년 국민보험법(National Insurance)이 제정되었다. 제1차 세계대전과 1929년 미국에서 시작된 대공황의 여파로 인한 경제적 침체와 사회분열은 새로운 사회개혁 입법의 요구를 발생시켰고, 뒤이은 제2차 세계대전에 이르러 영국은 1942년 현대 복지국가의 토대가 된 베버리지 보고서를 발표한다.

베버리지는 소득 보장을 통한 탈빈곤과 소득 분배에 중점을 두었고, 사회문

1) 엘리자베스 빈민법에서는 빈민을 노동능력이 있는 빈민, 노동능력이 없는 빈민, 빈곤아동으로 구분하여 관리하였다. 노동능력이 있는 빈민은 강제노동을 시키고, 노동능력이 없는 빈민은 구빈원 등에서 원내구호를 받게 하고, 빈곤 아동에게는 강제 도제를 통하여 보호받도록 하였다.

2) 길버트법(Gilbert's Act) : 빈민을 수용한 작업장의 열악하고 비인도적인 문제점을 개선하기 위해 원외구호를 주장한 영국 하원의원 길버트의 발의로 1782년 제정된 법
스핀햄랜드법(Speenhamland Act) : 1795년 제정된 보충급여방식의 임금보조제도

3) 정주법(The Settlement Act) 1662년 제정

4) 작업장법(Workhouse Test Act) 1772년 제정

제 해결에 있어 직접적인 빈곤 정책뿐 아니라 관련된 여타 사회정책과의 연계성에도 관심을 가졌는데, 특히 의료보장의 문제를 중요시하였다.

이에 영향을 받은 노동당 내각은 1946년에 국민보험법, 국민산업재해보험법, 국민보건서비스법, 1948년에 국민부조법을 제정하게 되었다. 영국의 사회복지법은 특히 베버리지 보고서에 의해 기초된 바가 큰데, 베버리지는 전국적으로 통합된 형태의 사회보험 및 공적부조체계로 시행할 것을 제안하였으며, 그에 힘입어 1946년 가족수당제도, 1948년 국민보건서비스제도(NHS : National Health Service System)가 실시되기에 이르렀다(현외성, 2008). 베버리지 보고서는 사회보험 중심의 사회복지 개념을 확립시키는 데 결정적인 영향을 미쳤으며, 사회복지(사회보장) 개념이 노동계급 중심에서 전 국민을 대상으로 하는 보편적 개념으로 변화하는 데 큰 역할을 하였다.

2) 독일의 사회복지법

세계 최초의 사회보험법은 19세기 독일에서 시작되었다. 독일은 다른 유럽 국가들과는 달리 시민혁명이 아닌 왕당파의 개혁을 통해 봉건제에서 자본주의로 이행하였고, 주변국들에 비해 뒤늦게 자본주의적 산업화를 시작했다. 1862년 독일의 재상이 된 비스마르크는 봉건주의적 국가온정주의가 잔존한 상태에서 노동자계급의 정치적 권리의 확대를 억제하기 위한 조치 중 하나로 사회주의 통제법과 함께 사회보험법을 도입하였다. 따라서 세계 최초의 사회보험법은 순수한 사회복지적 이념에 의한 것이 아니라 정치적 맥락에서 태동된 것이다.

전통적인 전제군주제에 위협요소로 등장한 신흥 부르주아 계급을 견제하기 위한 수단으로서 노동계급의 협조가 필요했던 비스마르크는 노동자 중심 소득보장 전략인 사회보험을 선택하였으며, 이에 따라 취업 활동을 한 시기의 생활수준 보장에 중점을 둔 ‘비스마르크식 소득보장전략’이 독일 복지국가 발전의 중요한 흐름이 되었다. 따라서 독일사회복지정책의 초기 입법자들은 영국의 베버리지 계획이나 스칸디나비아 사회민주주의의 보편적 평등주의와 달리 권위주의적이고 국가주의적이며 조합주의적이었다. 가부장적인 전통과 독일 산업화의 반봉건적인 개입주의적 배경은 사회보험 분야에서 독일의 선구자적 역할을 촉진하였다(정재훈, 2007).

독일이 실시한 1883년 의료보험법, 1884년 산업재해보험법, 1889년 노령연금법은 세계 최초로 제정된 사회보험으로서 적용대상이 임금수령자와 소액봉급을 수령하는 근로자로 제한되어 있고, 노동자 중심의 사회보험체계라는 한계점에도 불구하고 독일뿐 아니라 세계 다른 나라 사회보험제도의 초석이 되었다.

3) 미국의 사회복지법[5)]

미국은 영국의 식민지에서 독립한 역사적 경험을 통해 자조, 자립, 개척 정신이 국가의 정신적 기조가 되었고 사회복지법에서도 이러한 전통적 이념이 그대로 반영되었다. 미국은 1783년 영국으로부터 독립하기 이전 식민지 시대에 영국의 빈민법을 모방한 사회복지제도를 실시하였으나 당시에는 전미를 아우르는 연방정부가 없어 각 식민지별로 빈민법을 시행하였다. 또 내용 면에 있어서도 영국 본토와 다른 부분이 많았다. 당시 영국을 비롯한 유럽 각국의 상황과는 달리 미국의 경우 광대한 영토를 보유하고 있는 데다가 실업의 문제가 존재하지 않아 영국과는 달리 노동력 확보를 위한 거주이전의 자유를 제약하지 않았고, 천재지변으로 인한 사고나 질병, 장애, 노령의 문제를 가진 대상자나 아동을 부양해야 하는 미망인에게만 구제를 제공하는 매우 제한적인 규정을 적용하였다(박병현, 2008).

국가 초기 자유주의 사상의 수용은 빈곤에 대한 관점과 그 대책에도 영향을 미쳐 미국의 초기 사회복지는 개인 책임 논리하에 지역과 민간의 역할에 의지하게 된다. 하지만 미국 역사에서 이러한 전통적 사고의 기저를 흔든 대변화의 시기가 있었는데, 바로 1929년 시작된 대공황이다. 대공황을 계기로

5) 미국의 사회복지법의 내용은 김양미(2012). '미국의 사회복지정책의 경과와 특징' 내용을 수정・발췌하였다.

미국인들의 빈곤에 대한 개인의 책임과 도덕적 무장을 강조한 전통적 신념이 흔들리게 되고 새로운 사회적 관점에 눈뜨게 되었다. 대공황은 그간 완고하게 사회복지영역에 있어 정부의 개입을 반대하며 개인적 차원의 극복을 강조하던 미국인들에게 사회문제의 사회구조적 관점을 제공해 미국 역사상 최초로 사회정책에 국가의 대대적인 개입을 허용하게 되는 획기적인 전환점이 된다. 긴스버그(Ginsberg, 2000)의 표현대로 세계적인 경제위기가 새로운 국가사회정책의 발전을 가져오고 미국 정부와 시민과의 관계에서 변화의 추동력이 된 것이다.

1929년 10월 시작된 대공황은 이후 근 10년 이상 미국뿐 아니라 전 세계에 극심한 경제침체를 가져왔다. 하급 노동자들뿐 아니라 안정된 생활을 누리던 중산층마저 하루아침에 실업자가 되어 무료 급식 배급 줄을 서야 했다. 대공황 이후 1930년대 평균 실업률은 18%였으며 한때 29%에 달하기도 했다. 5천여 개의 은행이 도산하였고 수십만 개의 민간 기업이 파산했다. 이에 대량실업과 빈곤이 사회문제화되자 루즈벨트 정부는 뉴딜정책의 일환으로 1935년 사회보장법(Social Security Act)을 제정하였다.

1935년 8월 14일 발효된 사회보장법은 노령연금, 실업보험, 공공부조와 사회복지서비스로 구성되어 있는데, 이는 고용 가능 여부에 따라 고용이 가능한 대상자에게는 실업과 노령이라는 정형화된 위기상황에 대비하기 위해 연방정부가 사회보험 프로그램으로 운영하는 것이고, 고용이 불가능한 대상자에게는 공공부조 프로그램을 만들어 연방정부가 주정부나 지방정부의 프로그램에 보조금을 지급하는 것이다(박병현, 2010). 이 중 노령연금만 재정과 운영 모두 연방정부가 관장하였고, 실업보험은 세금면제에 입각한 연방과 각 주 간의 협력방식으로 연방법에서는 실업보험을 목적으로 하는 세금과 운영기구에 대한 사항만 규정하고, 피용자와 주정부의 갹출료, 실업수당 급여기준, 기금 형태 등 세부사항은 각 주의 입법사항으로 넘겨져 미국의 실업보험은 각 주별로 다양한 형태를 갖게 되었다(원석조, 2001 : 163). 공공부조와 사회복지서비스는 주정부가 관장하고 연방정부가 재정을 보조하는 방식이 채택되었다.

사회보장법은 비록 건강보험, 공공주거정책에 관한 언급이 없고, 적용 대상자에 대한 보편성과 위험에 대한 포괄성에도 한계가 있었으며, 주정부 재량권 부여로 주별 불평등이 내포되어 있는 등 제도 내용상에 있어서는 부적절한 부분도 있었지만 대공황 전 미국의 정책 기조에 근본적인 변화가 시작되었고 사회복지수급권이 법적 권리로 인정되었다는 점에서 사회복지사적으로 큰 의의가 있다.

CHAPTER 05 국제법과 사회복지

세계화의 진전으로 국가 간 교류와 협력이 증가하는 가운데 일국의 사회복지 분야에 미치는 국제법의 영향력도 커지고 있다. 우리나라는 헌법 제6조 제1항에 '헌법에 의하여 체결·공포된 조약과 일반적으로 승인된 국제법규는 국내법과 같은 효력을 가진다'라고 명시함으로써 국제법의 법적 위상을 분명히 하고 있다. 사회복지와 관련된 국제법으로는 조약, 선언, 사회보장 협정 등이 있다.

1. 사회복지 관련 국제조약 및 선언

1) 국제인권규약(International Covenants on Civil and Political Rights)

국제인권규약은 1966년 12월 16일 제21차 국제연합(UN) 총회에서 인권의 국제적 보장을 위하여 채택된 조약이다. 국제인권규약은 경제적·사회적·문화적 권리 등 사회권에 관한 규약인 A규약과, 시민적·정치적 권리 등 자유권과 관련된 B규약, 그리고 A규약과 B규약 각각의 부속 선택의정서(附屬選擇議定書)로 구성되어 있다. A규약은 1976년 1월에, B규약과 그 부속 선택의정서는 같은 해 3월에 각각 발효되었다. 1948년 12월 유엔총회에서 채택된 세계인권선언이 인권에 대한 상징성을 제시했지만 법적 구속력은 없던 데 비해, 국제인권규약은 조약으로서, 체약국(締約國)을 법적으로 구속하는 국제법규이다.

A규약은 사회복지와 사회보장에 관한 구체적인 규정을 많이 포함하고 있는

데, 생존권적 기본권을 전제로 노동기본권, 사회보장권, 생활향상, 교육권 등을 체약국이 각국의 입법조치로 실현하여 달성할 것을 명시하고 실시상황을 유엔에 보고할 것을 의무화하였다.

우리나라는 1990년 4월 비준하고 동년 7월 10일 발효하였는데, B규약 제14조 제5항 형사피고인의 상소권 보장, 제14조 제7항 일사부재리 또는 이중처벌 금지, 제22조 결사의 자유, 제23조 제4항 혼인 및 혼인해소 시 배우자평등 조항 등 4개 조항은 그 적용을 유보하였다.

2) 사회보장 최저기준에 관한 조약 (Social Security Minimum Standards Convention)

1952년 국제노동기구(ILO : International Labor Organization)가 제정한 사회보장 최저기준에 관한 조약(제102호 조약)은, 사회보장급여를 의료급여, 상병급여, 실업급여, 노령급여, 업무상재해급여, 가족급여, 모성(출산)급여, 장해급여, 유족급여 등으로 규정하고 적용될 사고의 종류와 피보험자의 범위 등에 관한 최저기준을 정하였는데, 이는 사회보장급여에 관한 세계 각국의 서로 다른 기준을 일원화하고 사회보장제도의 기준을 발전적으로 제고하고자 함을 목적으로 한다.

3) 유엔아동권리협약(Convention on the Rights of the Child)

1989년 11월 20일 유엔총회에서 채택되고 1990년 9월 2일 발효된 국제적 인권조약인 유엔아동권리협약은 아동을 존엄과 권리를 지닌 주체로 인정하고 아동의 생존, 발달, 보호, 참여에 관한 기본적 권리를 명시한 협약이다. 우리나라에서는 1991년 11월 가입하여 동년 12월 20일부터 발효되었다.

구성은 전문과 54개 조항으로 이루어져 있다. 주요 내용으로 아동의 생존, 발달, 보호, 참여의 권리를 규정하고 있는데, 생존권은 기본적인 삶을 누리는데 필요한 권리로서 적절한 생활수준과 안전한 주거지, 충분한 영양 섭취, 적절한 의료서비스를 받을 권리를 말한다. 발달의 권리는 아동이 가진 잠재 능력을 최대한 발휘하는 데 필요한 권리로서 교육, 놀이, 여가, 종교의 자유 등을 누릴 권리이다. 보호의 권리는 아동이 자신에게 유해한 것으로부터 보호받을 권리로서 차별, 학대, 폭력, 노동으로부터 보호받을 권리이다. 참여의 권리는 아동이 자신의 나라와 지역사회 활동에 적극적으로 참가할 수 있는 권리로 의사표현의 자유와 단체에 가입하거나 모임에 참여할 수 있는 권리를 말한다. 협약 체약국(締約國)은 협약상의 아동의 권리를 실현하기 위해 실행한 조치 내역 및 상황을 보고서로 작성하여 5년마다 제출하여야 한다.

4) **장애인권리협약**(Convention on the Rights of Persons with Disabilities)

장애인권리협약은 1975년 유엔총회에서 채택된 '장애인권리선언'을 바탕으로 2006년 12월 13일 제61차 유엔총회에서 채택되고 2008년 5월 3일에 발효되었다. 장애인권리협약은 신체장애, 정신장애, 지적장애를 포함한 모든 장애가 있는 이들의 존엄성과 권리를 보장하기 위한 협약이다. 우리나라는 2008년 12월 2일 장애인의 보험가입 차별금지 조항 등 일부 조항을 유보하고 비준하였고 2009년 1월 10일 발효하였다.

장애인권리협약은 장애인이 인권과 기본적인 자유를 완전하고 동등하게 누릴 수 있도록 보호하고, 장애인의 고유한 존엄성에 대한 존중을 촉진시키기 위한 목적으로 채택되었으며, 차별금지, 여성장애인과 장애아동에 대한 특별한 보호, 접근성 보장, 적절한 생활수준과 사회적 보호 등을 주요 내용으로 하고 있다.

5) **세계인권선언**(Universal Declaration of Human Rights)

세계인권선언은 제2차 세계대전 종전 직후인 1948년 12월 10일 국제연합총회에서 채택된 선언이다. 구성은 전문(前文)과 본문 30개조로 되어 있으며, 주요 내용은 자유권적 기본권에 관한 규정과 생존권적 기본권에 관한 사항, 사회보장에 대한 권리, 노동권과 공정한 보수를 받을 권리 및 노동자의 단결권 등에 관한 규정을 제시하였다.

세계인권선언 중 사회복지와 관련된 조항은 제22조와 제25조이다. 제22조는 사회보장의 혜택을 누릴 권리에 대한 내용으로 '모든 사람은 사회의 일원으로서 사회보장을 받을 권리를 가지며, 국가적 노력과 국제적 협력을 통하여, 그리고 각 국가의 조직과 자원에 따라서 자신의 존엄과 인격의 자유로운 발전에 불가결한 경제적, 사회적 및 문화적 권리들을 실현할 권리를 가진다'라고 선언하고 있다. 제25조는 생활을 보장받을 권리에 관한 조항으로 '모든 사람은 의식주, 의료 및 필요한 사회복지를 포함하여 자신과 가족의 건강과 안정에 적합한 생활수준을 누릴 권리와, 실업, 질병, 장애, 배우자 사망, 노령 또는 기타 불가항력의 상황으로 인한 생계 결핍의 경우에 보장을 받을 권리를 가진다'고 선언하고 있다.

2. 사회보장협정[1)]

1) 사회보장협정 체결의 목적

사회보장협정은 상호주의 원칙하에 사회보장제도를 시행하고 있는 다른 나라와 양국 간의 연금제도의 다른 점을 상호 조정함으로써 양국 국민에게 이중가입 면제, 가입기간 합산, 동등대우, 급여송금 보장 등의 혜택을 주기 위하여 체결하는 협정이다.

(1) 이중가입 면제

단기간 동안 외국에서 근로하거나 자영업을 하는 사람들은 양국 연금제도에 보험료를 납부해야 했으나 협정이 체결될 경우 본국의 연금제도에만 가입을 하고 상대국 연금제도 가입은 면제받을 수 있어 재정적 부담을 줄일 수 있다.

1) 사회보장협정과 관련된 내용은 국민연금공단 홈페이지(www.nps.or.kr) 자료를 기초로 기술되었다.

(2) 가입기간 합산

이민이나 해외 장기체류로 정해진 연금 가입기간을 충족시키지 못할 경우 가입기간 부족으로 인해 연금을 수급하지 못하는 경우가 발생할 수도 있다. 국가 간 협정이 체결되면 분리된 양국 가입기간을 합산하여 수급권을 결정하므로 해당 국가의 연금을 받을 수 있다.

(3) 동등대우

협정이 체결된 경우 연금수급권이나 급여지급 등 상대국 법령 적용에 있어서 상대국 국민과 동등한 대우를 받아 급여수급권이 개선된다.

(4) 급여송금 보장

협정 체결국 간에는 연금 급여를 해외로 제한 없이 송금할 수 있도록 하여 상대국에 거주하는 경우에도 급여가 삭감되지 않고 지급될 수 있다.

2) 협정 유형

사회보장협정은 대부분 양 당사국의 정부 간에 체결되고 있으며, 그 형태는 협정의 적용범위에 따라 '가입기간 합산협정(totalization agreement)'과 '보험료 면제협정(contributions only agreement)'으로 크게 구분할 수 있다.

(1) 가입기간 합산협정

양국 가입기간 합산규정 및 사회보험료 이중적용 방지를 모두 규정한 사회보장협정 형태로, 양국에 가입기간이 분산되어 있는 장기 해외체류자는 가입기간을 합산하여 양국 모두에서 연금을 수급할 수 있다. 캐나다(1999. 5. 1. 발효), 미국(2001. 4. 1. 발효), 독일(2003. 1. 1. 발효), 헝가리(2007. 3. 1. 발효), 프랑스(2007. 6. 1. 발효) 등이 가입기간 합산협정에 해당된다.

(2) 보험료 면제협정

양국 가입기간 합산규정은 제외하고 사회보험료 이중적용 방지만을 규정한 사회보장협정 형태로, 일반적으로 파견근로자와 같이 단기간 협정당사국을 왕래하면서 근로 또는 자영하는 사람들은 단기 파견기간 동안 한 국가의 연금제도에만 가입할 수 있다. 가입기간 합산 규정, 급여 수급권 보호, 동등대우, 국민연금 반환일시금 지급 등 급여 관련 사항은 규정하지 않는 것이 일반적이다. 대표적인 국가로 영국(2000. 8. 1. 발효), 중국(2003. 2. 28. 잠정조치 발효), 네덜란드(2003. 10. 1) 등과의 협정이 보험료 면제협정에 해당한다.

(3) 협정체결국 현황(2021년 기준)

구 분	국 가	진행상황	협정형태
협정 발효	이란	1977년 5월 11일 서명 1978년 6월 10일 발효	보험료 면제협정
	캐나다	1997년 1월 10일 서명 1999년 5월 1일 발효	가입기간 합산협정 (보험료 면제 포함)
	영국	1999년 4월 20일 서명 2000년 8월 1일 발효	보험료 면제협정
	미국	2000년 3월 13일 서명 2001년 4월 1일 발효	가입기간 합산협정 (보험료 면제 포함)
	독일	2000년 3월 10일 서명 2003년 1월 1일 발효	가입기간 합산협정 (보험료 면제 포함)
	네덜란드	2002년 7월 3일 서명 2003년 10월 1일 발효	보험료 면제협정
	일본	2004년 2월 17일 서명 2005년 4월 1일 발효	보험료 면제협정
	이탈리아	2000년 3월 3일 서명 2005년 4월 1일 발효	보험료 면제협정
	우즈베키스탄	2005년 5월 10일 서명 2006년 5월 1일 발효	보험료 면제협정
	몽골	2006년 5월 8일 서명 2007년 3월 1일 발효	보험료 면제협정

<table>
<tr><td>헝가리</td><td>2006년 5월 12일 서명
2007년 3월 1일 발효</td><td>가입기간 합산협정
(보험료 면제 포함)</td></tr>
<tr><td>프랑스</td><td>2004년 12월 6일 서명
2007년 6월 1일 발효</td><td>가입기간 합산협정
(보험료 면제 포함)</td></tr>
<tr><td>호주</td><td>2006년 12월 6일 서명
2008년 10월 1일 발효</td><td>가입기간 합산협정
(보험료 면제 포함)</td></tr>
<tr><td>체코</td><td>2007년 12월 14일 서명
2008년 11월 1일 발효</td><td>가입기간 합산협정
(보험료 면제 포함)</td></tr>
<tr><td>아일랜드</td><td>2007년 10월 31일 서명
2009년 1월 1일 발효</td><td>가입기간 합산협정
(보험료 면제 포함)</td></tr>
<tr><td>벨기에</td><td>2005년 7월 5일 서명
2009년 7월 1일 발효</td><td>가입기간 합산협정
(보험료 면제 포함)</td></tr>
<tr><td>폴란드</td><td>2009년 2월 25일 서명
2010년 3월 1일 발효</td><td>가입기간 합산협정
(보험료 면제 포함)</td></tr>
<tr><td>슬로바키아</td><td>2009년 2월 9일 서명
2010년 3월 1일 발효</td><td>가입기간 합산협정
(보험료 면제 포함)</td></tr>
<tr><td>불가리아</td><td>2008년 10월 30일 서명
2010년 3월 1일 발효</td><td>가입기간 합산협정
(보험료 면제 포함)</td></tr>
<tr><td>루마니아</td><td>2008년 9월 11일 서명
2010년 7월 1일 발효</td><td>가입기간 합산협정
(보험료 면제 포함)</td></tr>
<tr><td>오스트리아</td><td>2010년 1월 23일 서명
2010년 10월 1일 발효</td><td>가입기간 합산협정
(보험료 면제 포함)</td></tr>
<tr><td>덴마크</td><td>2010년 3월 11일 서명
2011년 9월 1일 발효</td><td>가입기간 합산협정
(보험료 면제 포함)</td></tr>
<tr><td>인도</td><td>2010년 10월 19일 서명
2011년 11월 1일 발효</td><td>가입기간 합산협정
(보험료 면제 포함)</td></tr>
<tr><td rowspan="2">중국(개정협정)</td><td>2012년 10월 29일 서명
2013년 1월 16일 발효</td><td rowspan="2">보험료 면제협정</td></tr>
<tr><td>2003년 2월 28일 잠정조치 협정발효
2013년 1월 17일 종료</td></tr>
<tr><td>스페인</td><td>2011년 7월 14일 서명
2013년 4월 1일 발효</td><td>가입기간 합산협정
(보험료 면제 포함)</td></tr>
<tr><td>터키</td><td>2012년 8월 1일 서명
2015년 6월 1일 발효</td><td>가입기간 합산협정
(보험료 면제 포함)</td></tr>
<tr><td>스웨덴</td><td>2013년 9월 9일 서명
2015년 6월 1일 발효</td><td>가입기간 합산협정
(보험료 면제 포함)</td></tr>
</table>

	스위스	2014년 1월 20일 서명 2015년 6월 1일 발효	보험료 면제협정
	브라질	2012년 11월 22일 서명 2015년 11월 1일 발효	가입기간 합산협정 (보험료 면제 포함)
	핀란드	2015년 9월 9일 서명 2017년 2월 1일 발효	가입기간 합산협정 (보험료 면제 포함)
	칠레	2015년 4월 22일 서명 2017년 2월 1일 발효	보험료 면제협정
	퀘벡	2015년 11월 24일 서명 2017년 9월 1일 발효	가입기간 합산협정 (보험료 면제 포함)
	페루	2017년 3월 2일 서명 2019년 1월 1일 1발효	가입기간 합산협정 (보험료 면제 포함)
협정 서명	뉴질랜드	2019년 10월 29일 서명 미발효	가입기간 합산협정
	필리핀	2019년 11월 25일 서명 미발효	가입기간 합산협정 (보험료 면제 포함)

출처 : 국민연금관리공단(https://www.nps.or.kr) 부분발췌

CHAPTER 06

한국 사회복지 입법 역사

사회복지법은 각 시대의 정치 · 경제 · 사회 · 문화적 배경을 바탕으로 시대적 요구에 부합하여 발전한다. 따라서 사회복지와 관련된 입법을 흐름을 살펴보는 것은 현재의 사회복지를 이해하고 미래의 발전 방향을 전망하는 데 유용하다.

사회복지 입법은 시대적 배경에 따른 사회적 욕구뿐 아니라 해당 사안과 관련된 다양한 이해집단 간의 경쟁과 정치적 영향력과도 연관이 있으며, 때로는 정권 창출이나 정치적 정체성의 합리화의 수단으로 활용되기도 한다.

한국의 사회복지 역사는 서구와 비교해 볼 때 비교적 단기간에 걸쳐 압축적으로 성장해 왔고, 그 과정에서 사회적 요구에 대한 수용보다는 정치적 환경 변화에 따라 사회복지 관련 입법들이 진행되어 온 사례가 많다. 따라서 본 장에서는 한국 사회복지 입법 역사를 근대 이후 각 공화정별로 검토하여 정리하고자 한다.

1. 일제 강점기~미군정기

1) 일제 강점기

일제 강점기는 대한제국이 일본에게 주권을 빼앗긴 1910년 8월 29일 경술국치로부터 1945년 8월 15일 해방되기까지 35년간의 식민통치 시기를 말한다. 이 시기 사회복지 입법은 복지이념에 따른 법령 제정이었다기보다는 식민통치의 일환으로 효율적 지배를 위한 정치적 목적으로 시행되었기에 체계도 부족하고 단편적이며 임시방편적인 특성을 보인다.

일제 강점기에 시행된 대표적인 사회복지 제도로 조선구호령을 들 수 있다. 일제는 1944년 3월 4일 조선구호령을 실시하는데, 이는 일본 본토에서 1929년 제정되어 1932년부터 시행된 구호법을 원용한 법이다. 조선구호령은 형식적인 측면에서 우리나라 사회복지법상 최초의 근대적 실증법이라는 데 의의가 있으며, 광복 후 1961년 생활보호법이 제정되기까지 우리나라 공공부조제도의 근거가 되었다(장동일, 2010).

조선구호령은 전문 33조로 이루어져 있으며, 65세 이상의 노약자, 13세 이하 유아, 임산부, 불구, 폐질, 질병, 상이, 기타 정신 및 신체장애자로 노동이 어려운 자를 대상으로 생활부조, 의료부조, 조산부조, 생업부조 급여를 실시한다. 운영 원칙은 신청주의와 자산조사, 거택보호를 원칙으로 하되 구호시설 수용과 위탁수용을 예외적으로 할 수 있다.

2) 미군정기

1945년 8월 15일 일제 강점기가 끝나고 대한민국 정부가 수립되기까지 3년 동안 미군정이 실시되었다. 미군정하의 구호행정의 법적·제도적 근거는 형식상 일제 강점기 관계법을 계승하였으나, 군정법령 및 업무처리 준칙에 의해 시행되었다(정현태 외, 2016). 1946년 '후생국보 제3호'를 발표하여 조선구호령과 함께 시행하였고, 이후 재해민과 피난민 구호를 위한 '후생국보 제3A호'와, 이재민과 고아 등의 임시구호를 위한 '후생국보 제3C호'를 발표·실시하였다.

미군정 시기 사회복지 입법은 요구호빈민을 대상으로 임시적인 구호사업에 치중하여 응급적이고 단편적인 성격을 보인다.

2. 제1~2공화국

1948년 5월 총선 실시, 동년 7월 17일 제헌헌법 제정·공포, 8월 15일 대한민국 정부 수립 과정을 거쳐 제1공화국이 출범되었다. 제1공화국은 제헌헌법 제19조[1]에 근거하여 보건사회부와 같은 공적 조직을 신설하고 공적 조직을 통해 사회복지와 관련된 업무를 시행하였으나 주로 월남 피난민과 전쟁고아 및 피해자 긴급구호에 급급하였다(신복기 외, 2010). 제2공화국은 1960년 4·19혁명으로 제1공화국이 붕괴된 후 1960년 8월 19일 출범하여 1961년 5·16 군사쿠데타가 발생하기 전까지 집권하였다. 대통령중심제였던 제1공화국과는 달리 내각책임제를 채택하여 민주적인 개혁을 시도하였으나 집권당의 한계 등으로 약 9개월 만에 막을 내렸다.

- 군사원호법(1950)·경찰원호법(1951)

6·25전쟁으로 인한 상이군경과 전몰군경, 유가족의 생활을 지원하기 위하여 제정되었다. 이후 1961년 군사원호보상법으로 대체되었다.

- 후생설치기준령(1950)

당시 모자시설과 아동시설의 설비와 운영의 적절성을 기하기 위하여 제정되었다.

- 후생시설운영요령(1952)

급증하는 전쟁고아 수용시설을 비롯한 각종 구호시설의 운영과 지도감독의 준칙으로 제정되었다.

- 근로기준법(1953)

근로자의 근로조건 향상과 보호를 위하여 제정되었으며, 특히 제28조에 퇴직금제도를 명시하여 고용주 책임제의 사회보장대책을 마련하였다.

---

1) 제헌헌법 제19조 "노령, 질병, 기타 근로능력의 상실로 인하여 생활유지의 능력이 없는 자는 법률이 정하는 바에 의하여 국가의 보호를 받는다."

• 공무원연금법(1960)

공무원의 퇴직, 사망, 질병 및 부상, 폐질, 재해 시 본인과 유족에게 적절한 급여를 제공하여 생활안정과 복지향상에 기여하기 위하여 제정되었다.

3. 제3~4공화국

1) 제3공화국

제2공화국의 정치적·사회적 혼란을 청산한다는 명목하에 1961년 5월 16일 박정희 군수사령관이 일으킨 군사쿠데타가 성공한 후 1년 7개월간 군정이 실시되었다. 이어 1962년 12월 국민투표로 개정헌법이 확정되고, 1963년 12월 17일 우리나라의 3번째 공화헌정체제인 제3공화국이 출범하였다. 이 시기에 경제개발에 국가의 총력을 기울이면서 그로 인한 도시빈민, 비행청소년, 주택부족 등 다양한 사회문제가 대두되었으나 이에 대처하는 사회복지정책에는 소극적이었다. 다만, 국민의 새로운 신뢰를 얻고 이전 정부와의 차별성을 부각시키기 위해 다양한 사회복지 관련법들을 제정하였는데, 내용상으로는 장기적인 안목이나 효율적인 합리성이 결여되어 있기는 하지만 형식적인 면에서는 근대적인 사회복지법제를 마련하였다고 볼 수 있다(남기민 외, 2016).

• 군사원호보상법(1961)

6·25전쟁으로 인한 상이군경과 전몰군경, 유가족을 보호하기 위하여 제정되었다.

• 생활보호법(1961)

생활을 유지할 능력이 없거나 생활이 어려운 자에게 필요한 보호를 제공하여 최저생활을 보장하고 사회복지 향상에 기여하기 위하여 제정되었다. 이 법의 제정으로 1944년 제정된 조선구호령이 폐지되었고, 이후 1999년 국민기초생활 보장법이 제정될 때까지 우리나라 최초의 공공부조법으로서의 역할을 하였다.

• 아동복리법(1961)

아동이 건전하게 출생하여 행복하고 건강하게 육성되도록 하기 위하여 제정된 법이다. 1981년 아동복지법으로 법률명이 개정되었다.

• 군인연금법(1963)

공무원연금법에서 분리되어 군인이 상당한 연한을 성실히 복무하고 퇴직하거나 심신의 장애로 인하여 퇴직 또는 사망한 때 또는 공무상의 질병·부상으로 요양하는 때에 본인이나 그 유족에게 급여를 지급함으로써 본인 및 그 유족의 생활안정과 복리향상에 기여함을 목적으로 제정되었다.

• 산업재해보상보험법(1963)

근로자의 업무상의 재해를 신속하고 공정하게 보상하고 근로자 본인의 치료나 부양가족의 생계를 보장하기 위하여 제정되었다. 이 법 제정 이전에는 근로자의 업무상 재해에 대한 보상은 근로기준법의 적용을 받았다. 당시 근로기준법상 근로자의 업무상 재해는 사용자가 보상하도록 되어있어 현실성이 없었다. 산업재해보상보험법의 제정으로 업무상 재해를 입은 근로자에게는 신속한 보상이 가능해졌고, 사용자에게도 위험을 분산하여 부담을 경감시켜 줄 수 있게 되었다.

• 사회보장에 관한 법률(1963)

사회보장제도의 확립과 발전을 위하여 기본법으로 제정되었으나 전문 7개에 불과해 사회복지 관련 기본법으로서는 미흡하였고, 시행령을 제정하지 않아서 시행도 되지 않다가 1995년 12월 사회보장기본법이 제정되면서 폐지되었다.

• 의료보험법(1963)

국민의 질병·부상·분만 또는 사망 등에 대하여 보험급여를 실시함으로써 국민보건을 향상시키고 사회보장의 증진을 도모함을 목적으로 제정되었다. 제정 당시 의료보험 가입을 임의적용을 허용하여 사회보험의 의미가 퇴색되었다. 1977년 7월부터 500인 이상 사업장은 강제가입을 의무화하였고, 2001년 7월부터는 국민건강보험법으로 개정되었다.

• 사회복지사업법(1970)

사회복지사업에 대한 기본적인 사항을 규정하여 공정한 운영을 기함으로써 사회복지 증진을 도모하고자 제정되었다. 사회복지서비스 영역의 기본법적 성격을 지닌다.

2) 제4공화국

제4공화국은 1972년 10월 유신으로 수립되어 1981년 3월까지 지속된 우리나라 네 번째 공화체제이다. 이 시기는 장기집권을 위한 유신헌법 제정으로 대통령의 권한은 더욱 강화되었고 이에 맞서는 체제 도전도 심화되었다. 따라서 체제의 정당성을 합리화할 수 있는 대국민 유인책이 필요하였고, 제3공화국부터 이어져 온 급속한 산업화에 따른 사회문제도 심화되어 이러한 필요성에 따라 새로운 사회복지입법이 제정·시행되었다.

• 국민복지연금법(1973)

국민의 노령, 폐질, 사망 등의 사회적 위험에 대하여 연금급여를 실시하여 국민의 생활안정과 복지증진에 기여하는 것을 목적으로 제정되었다. 그러나 당시 세계적으로 불어닥친 경제적 불황으로 인해 시행이 보류되다가 결국 1986년 국민연금법이 제정되면서 폐기되었다.

• 사립학교교원연금법(1973)

사립학교 교원의 사망, 직무상 부상, 질병, 퇴직 등에 대하여 급여를 제공하여 교원과 그 가족의 생활안정과 복리향상에 기여하기 위하여 제정되었다.

• 개정 의료보험법(1976)

기존의 임의적용 방식의 의료보험법을 500인 이상 사업장은 강제 가입하도록 개정하여 1977년 7월부터 시행하였다.

• 의료보호법(1977)

생활유지의 능력이 없거나 생활이 어려운 자에게 의료보호를 실시하여 국민보건향상과 사회복지의 증진에 기여하기 위하여 제정되었다. 2001년 제정된 의료급여법에 의해 대체되었다.

• 공무원 및 사립학교교직원 의료보험법(1977)

기존의 의료보험이 직장인에게만 적용되었기 때문에 공무원과 사립학교 교직원 그리고 그 부양가족의 의료에 대한 보험급여를 위해 제정되었다.

4. 제5공화국

1979년 10·26사태와 같은 해 12·12군사반란, 1980년 5월 광주민주화운동 등 일련의 사태를 통해 탄생한 제5공화국은 태생적으로 정치적 정통성에 문제를 안고 있었고, 이를 극복하기 위한 방안으로 다양한 사회복지입법을 단행하였다.

• 아동복지법(1981)

기존의 아동복리법(1961)을 전면 개정하여, 아동의 건전한 출생과 행복하고 건강한 성장을 지원하기 위한 목적으로 제정되었다.

• 심신장애자복지법(1981)

심신장애자의 재활 및 보호와 복지증진을 위하여 제정되었다. 이후 1989년 장애인복지법으로 전면 개정되었다.

• 노인복지법(1981)

증가하는 노인인구와 핵가족화, 조기퇴직, 수명연장 등 다양한 노인문제에 대한 제도적 지원을 위해 제정되었다.

• 국민연금법(1986)

제정만 되고 시행은 계속 보류되었던 국민복지연금법(1973)을 폐지하고, 국민연금법을 1986년 제정하고 1988년 시행하였다.

• 최저임금법(1986)

근로자 임금의 최저수준을 보장하여 근로자의 생활안정과 노동력의 질적 향상을 도모하고자 1986년 제정되었고, 1988년 시행되었다.

5. 제6공화국

1987년 6·29선언으로 직선제 개헌이 이루어지고 1988년 2월 제6공화국이 출범하였다. 제6공화국은 1기인 노태우 정부 이후 1993년 김영삼 정부, 1998년 김대중 정부, 2003년 노무현 정부, 2008년 이명박 정부를 거쳐 2013년 집권한 박근혜 정부가 촛불 민심에 의해 탄핵되었고, 뒤이어 2017년 문재인 정부로 이어졌다.

제6공화국 초기인 1990년대는 신자유주의 기조가 정치·경제·문화 전반을 지배하면서 신자유주의에 기초한 정책 방향이 우위를 차지하게 된다. 그 여파로 1997년 말 우리나라는 IMF 구제금융 지원에 따른 외환위기를 겪게 되고 이러한 사회적 위기가 사회복지입법에도 영향을 미친다. 가장 대표적인 예가 국민기초생활 보장법의 제정이다.

1) **노태우 정부**(1988. 2.~1993. 2)

• 모자복지법(1989)

모자가정의 건강하고 문화적인 생활 지원을 통해 생활안정과 복지증진에 기여하기 위하여 제정되었다.

• 장애인고용촉진 등에 관한 법률(1989)

100명 이상 근로자를 고용하는 사업자는 근로자 총수의 1/100에서 5/100의 범위 안에서 의무적으로 장애인을 고용하도록 하였다.

• 장애인복지법(1989)

심신장애자복지법(1981)을 전면 개정하여 장애인 대책에 대한 국가와 지방자치단체의 책무를 명백히 하고, 장애발생 예방과 장애인의 복지대책의 기본사업을 정하고 장애인 복지대책의 종합적 추진을 도모하여 장애인의 생활안정과 복지증진에 기여하기 위하여 제정되었다.

• 영유아보육법(1991)

영유아의 건전하게 보육할 책임이 국가와 지방자치단체를 비롯한 모든 국민에게 있음을 규정하여 영유아보육의 중요성을 부각시켰다.

2) 김영삼 정부(1993. 2.~1998. 2)

• 고용보험법(1993)

고용보험을 통해 실업을 예방하고 고용을 촉진시키고 노동자의 직업능력을 향상시켜 근로자의 생활안정과 구직활동을 촉진하여 경제·사회 발전에 아바지함을 목적으로 제정되었다.

• 사회보장기본법(1995)

제정 後 내용의 빈약함으로 형식적인 법이었던 「사회보장에 관한 법률」(1963)을 폐지하고 제정된 우리나라 사회복지의 기본법이다. 사회보장에 관한 국민의 권리와 국가 및 지방자치단체의 책임을 정하고 사회보장정책의 수립·추진과 관련 제도에 관한 기본적인 사항을 규정함으로써 국민의 복지증진에 이바지하는 것을 목적으로 제정되었다.

• 정신보건법(1995)

정신질환의 예방과 정신질환자의 의료 및 사회복귀에 관하여 필요한 사항을 규정하여 국민의 정신건강에 이바지하기 위하여 제정되었다. 2016년 「정신건강증진 및 정신질환자 복지서비스 지원에 관한 법률」로 전면 개정되었다.

- 사회복지공동모금회법(1997)

사회복지공동모금회의 공동모금을 통하여 국민이 사회복지를 이해하고 참여하도록 함과 아울러 국민의 자발적인 성금으로 조성된 재원(財源)을 효율적이고 공정하게 관리·운용함으로써 사회복지 증진에 이바지함을 목적으로 제정되었다.

- 청소년보호법(1997)

청소년에게 유해한 매체물과 약물 등이 청소년에게 유통되는 것과 청소년이 유해한 업소에 출입하는 것 등을 규제하고 청소년을 유해한 환경으로부터 보호·구제함으로써 청소년이 건전한 인격체로 성장할 수 있도록 함을 목적으로 제정되었다.

3) 김대중 정부(1998. 2.~2003. 2)

- 국민건강보험법(1999)

국민의 질병·부상에 대한 예방·진단·치료·재활과 출산·사망 및 건강증진에 대하여 보험급여를 실시함으로써 국민보건 향상과 사회보장 증진에 이바지함을 목적으로 제정되었다.

- 국민기초생활 보장법(1999)

IMF 구제금융 여파로 절대빈곤층이 대량 발생하여 사회적 위기가 초래되었는데, 기존의 공공부조 제도인 생활보호법(1961)으로는 이러한 위기에 대처하는데 한계가 있어 이를 폐지하고 새로 제정한 공공부조법이다. 이 법은 생활이 어려운 사람에게 필요한 급여를 실시하여 이들의 최저생활을 보장하고 자활을 돕는 것을 목적으로 한다.

• 의료급여법(2001)

기존의 의료보호법(1977)을 대체하여 제정된 법으로, 생활이 어려운 사람에게 의료급여를 함으로써 국민보건의 향상과 사회복지의 증진에 이바지함을 목적으로 한다.

4) 노무현 정부(2003. 2.~2008. 2)

• 건강가정기본법(2004)

건강한 가정생활의 영위와 가족의 유지 및 발전을 위한 국민의 권리・의무와 국가 및 지방자치단체 등의 책임을 명백히 하고, 가정문제의 적절한 해결방안을 강구하며 가족 구성원의 복지증진에 이바지할 수 있는 지원정책을 강화함으로써 건강가정 구현에 기여하는 것을 목적으로 제정되었다.

• 저출산・고령사회기본법(2005)

저출산 및 인구의 고령화에 따른 변화에 대응하는 저출산・고령사회정책의 기본 방향과 그 수립 및 추진체계에 관한 사항을 규정함으로써 국가의 경쟁력을 높이고 국민의 삶의 질 향상과 국가의 지속적인 발전에 이바지함을 목적으로 제정되었다.

• 긴급복지지원법(2005)

생계곤란 등의 위기상황에 처하여 도움이 필요한 사람을 신속하게 지원함으로써 이들이 위기상황에서 벗어나 건강하고 인간다운 생활을 하게 함을 목적으로 제정되었다.

• 기초노령연금법(2007)

노인이 후손의 양육과 국가 및 사회 발전에 이바지하여 온 점을 고려하여 생활이 어려운 노인에게 기초노령연금을 지급함으로써 노인의 생활안정을 지원하고 복지를 증진하려는 목적으로 제정되었다.

• 노인장기요양보험법(2007)

고령이나 노인성 질병 등의 사유로 일상생활을 혼자서 수행하기 어려운 노인 등에게 제공하는 신체활동 또는 가사활동 지원 등의 장기요양급여에 관한 사항을 규정하여 노후의 건강증진 및 생활안정을 도모하고 그 가족의 부담을 덜어줌으로써 국민의 삶의 질을 향상하도록 함을 목적으로 제정되었다.

5) 이명박 정부(2008. 2~2013. 2)

• 다문화가족지원법(2008)

다문화가족 구성원이 안정적인 가족생활을 영위하고 사회 구성원으로서의 역할과 책임을 다할 수 있도록 함으로써 이들의 삶의 질 향상과 사회통합에 이바지함을 목적으로 제정되었다.

• 국민연금과 직역연금의 연계에 관한 법률(2009)

국민연금의 가입기간과 공무원연금, 사립학교교직원연금, 군인연금 및 별정우체국직원연금의 재직기간·복무기간을 연계하여 연계급여를 지급함으로써 국민의 노후생활 안정과 복지증진에 이바지함을 목적으로 제정되었다.

• 장애인연금법(2010)

장애로 인하여 생활이 어려운 중증장애인에게 장애인연금을 지급함으로써 중증장애인의 생활안정 지원과 복지증진 및 사회통합을 도모하는 데 이바지함을 목적으로 제정되었다.

• 장애인활동 지원에 관한 법률(2011)

신체적·정신적 장애 등의 사유로 혼자서 일상생활과 사회생활을 하기 어려운 장애인에게 제공하는 활동지원급여 등에 관한 사항을 규정하여 장애인의 자립생활을 지원하고 그 가족의 부담을 줄임으로써 장애인의 삶의 질을 높이는 것을 목적으로 제정되었다.

• 사회복지사 등의 처우 및 지위 향상을 위한 법률(2011)

사회복지사 등에 대한 처우를 개선하고 신분보장을 강화하여 사회복지사 등의 지위를 향상하도록 함으로써 사회복지 증진에 이바지하는 것을 목적으로 제정되었다.

• 치매관리법(2011)

치매의 예방, 치매환자의 진료·요양 및 치매퇴치를 위한 연구 등에 관한 정책을 종합적으로 수립·시행함으로써 치매로 인한 개인적 고통과 피해 및 사회적 부담을 줄이고 국민건강 증진에 이바지함을 목적으로 제정되었다.

• 사회서비스 이용 및 이용권 관리에 관한 법률(2011)

사회서비스 이용 및 이용권(利用卷) 관리에 필요한 사항을 정함으로써 사회서비스의 이용을 활성화하고 이용자의 선택권을 보장하도록 하여 국민의 복지증진에 이바지하는 것을 목적으로 제정되어, 2012년 2월 5일 시행되었다.

6) 박근혜 정부(2013. 2.~2017. 3)

• 기초연금법(2014)

기존의 기초노령연금법(2007)을 대체하여 노인에게 기초연금을 지급하여 안정적인 소득기반을 제공함으로써 노인의 생활안정을 지원하고 복지를 증진함을 목적으로 제정되었다.

• 아동학대범죄의 처벌 등에 관한 특례법(2014)

아동학대범죄의 처벌 및 그 절차에 관한 특례와 피해아동에 대한 보호절차 및 아동학대행위자에 대한 보호처분을 규정함으로써 아동을 보호하여 아동이 건강한 사회 구성원으로 성장하도록 함을 목적으로 제정되었다.

• 발달장애인 권리보장 및 지원에 관한 법률(2014)

발달장애인의 의사를 최대한 존중하여 그들의 생애주기에 따른 특성 및 복지 욕구에 적합한 지원과 권리옹호 등이 체계적이고 효과적으로 제공될 수 있도록 필요한 사항을 규정함으로써 발달장애인의 사회참여를 촉진하고, 권리를 보호하며, 인간다운 삶을 영위하는 데 이바지함을 목적으로 제정되었다.

• 정신건강증진 및 정신질환자 복지서비스 지원에 관한 법률(2016)

기존의 정신보건법(1995)을 전면 개정하여 2016년 5월 제정하고, 2017년 5월 30일부터 시행되고 있는 법이다. 내용을 보면 법 적용 대상인 정신질환자의 정의를 '독립적으로 일상생활을 영위하는 데 중대한 제약이 있는 사람'으로 한정하고, 복지서비스 개발, 고용 및 직업재활 지원, 평생교육 지원, 문화·예술·여가·체육활동 지원, 지역사회 거주·치료·재활 등 통합지원, 가족에 대한 정보제공과 교육 등 정신질환자에 대한 복지서비스 제공 근거 등을 마련하였다.

7) 문재인 정부(2017. 5.~2022. 5)

• 아동수당법(2018)

아동수당법은 아동에게 아동수당을 지급하여 아동 양육에 따른 경제적 부담을 경감하고 건강한 성장 환경을 조성함으로써 아동의 기본적 권리와 복지를 증진함을 목적으로 2018년 3월 27일 제정되어 동년 9월 1일부터 시행되었다. 제정 당시 수급아동 가구의 경제적 기준이 하위 90%였으나, 2019년 7세 미만 전체 아동을 대상으로 지급되도록 개정되어 우리나라 최초의 사회수당법이 되었다. 이후 2021년 개정을 통해 대상 아동의 나이와 급여 내용이 확대되었다(8세 미만 아동 - 10만 원 지급, 2세 미만 아동 - 50만 원 추가 지급).

PART 02

각 론

CHAPTER 07

사회보장기본법

1. 이념과 목적

사회보장기본법은 모든 국민이 다양한 사회적 위험으로부터 벗어나 행복하고 인간다운 생활을 향유할 수 있도록 자립을 지원하며, 사회참여·자아실현에 필요한 제도와 여건을 조성하여 사회통합과 행복한 복지사회를 실현하는 것을 기본 이념으로(제2조), 사회보장에 관한 국민의 권리와 국가 및 지방자치단체의 책임을 정하고 사회보장정책의 수립·추진과 관련 제도에 관한 기본적인 사항을 규정함으로써 국민의 복지증진에 이바지하는 것을 목적(제1조)으로 제정되었다.

사회보장기본법은 우리나라사회복지 관련법의 기본 원칙과 기준이 제시된 법으로 사회보장에 관한 다른 법률을 제정하거나 개정하는 경우에는 사회보장기본법에 부합되도록 하여야 한다(제4조).

2. 연 혁

사회보장기본법은 1963년 11월 5일 제정된 「사회보장에 관한 법률」을 대체하여 1995년 12월 30일 제정, 1996년 7월 1일 시행되었다. 기존의 「사회보장에 관한 법률」은 전문7개조에 불과한 상징적이고 형식적인 법으로 사회보장사업에 대한 최소한의 규정도 없고 주관부처도 없어 제대로 시행되지 않았다.

추상적이고 단편적인 특징의 「사회보장에 관한 법률」이 사회보장에 관한 기본법으로서의 역할을 하지 못하자 이러한 한계점을 보완할 새로운 법의 필요성이 대두되었고 1995년 35개의 조문과 2개의 부칙으로 구성된 사회보장기본법이 제정되었다.

3. 주요 내용

1) 용어 정의

사회보장기본법에서 사용하는 용어의 뜻은 다음과 같다(제3조).

(1) 사회보장

"사회보장"이란 출산, 양육, 실업, 노령, 장애, 질병, 빈곤 및 사망 등의 사회적 위험으로부터 모든 국민을 보호하고 국민 삶의 질을 향상시키는 데 필요한 소득·서비스를 보장하는 사회보험, 공공부조, 사회서비스를 말한다.

(2) 사회보험

"사회보험"이란 국민에게 발생하는 사회적 위험을 보험의 방식으로 대처함으로써 국민의 건강과 소득을 보장하는 제도를 말한다.

(3) 공공부조

"공공부조(公共扶助)"란 국가와 지방자치단체의 책임하에 생활 유지 능력이 없거나 생활이 어려운 국민의 최저생활을 보장하고 자립을 지원하는 제도를 말한다.

(4) 사회서비스

"사회서비스"란 국가・지방자치단체 및 민간부문의 도움이 필요한 모든 국민에게 복지, 보건의료, 교육, 고용, 주거, 문화, 환경 등의 분야에서 인간다운 생활을 보장하고 상담, 재활, 돌봄, 정보의 제공, 관련 시설의 이용, 역량 개발, 사회참여 지원 등을 통하여 국민의 삶의 질이 향상되도록 지원하는 제도를 말한다.

(5) 평생사회안전망

"평생사회안전망"이란 생애주기에 걸쳐 보편적으로 충족되어야 하는 기본욕구와 특정한 사회위험에 의하여 발생하는 특수욕구를 동시에 고려하여 소득・서비스를 보장하는 맞춤형 사회보장제도를 말한다.

(6) 사회보장 행정데이터

"사회보장 행정데이터"란 국가, 지방자치단체, 공공기관 및 법인이 법령에 따라 생성 또는 취득하여 관리하고 있는 자료 또는 정보로서 사회보장 정책 수행에 필요한 자료 또는 정보를 말한다.

2) 사회보장정책의 기본 방향

(1) 평생사회안전망의 구축 및 운영(제22조)

① 국가와 지방자치단체는 모든 국민이 생애 동안 삶의 질을 유지・증진할 수 있도록 평생사회안전망을 구축하여야 한다.
② 국가와 지방자치단체는 평생사회안전망을 구축・운영함에 있어 사회적 취약계층을 위한 공공부조를 마련하여 최저생활을 보장하여야 한다.

(2) 사회서비스 보장(제23조)

① 국가와 지방자치단체는 모든 국민의 인간다운 생활과 자립, 사회참여,

자아실현 등을 지원하여 삶의 질이 향상될 수 있도록 사회서비스에 관한 시책을 마련하여야 한다.

② 국가와 지방자치단체는 사회서비스 보장과 소득보장이 효과적이고 균형적으로 연계되도록 하여야 한다.

(3) 소득보장(제24조)

① 국가와 지방자치단체는 다양한 사회적 위험하에서도 모든 국민들이 인간다운 생활을 할 수 있도록 소득을 보장하는 제도를 마련하여야 한다.

② 국가와 지방자치단체는 공공부문과 민간부문의 소득보장제도가 효과적으로 연계되도록 하여야 한다.

3) 사회보장제도의 운영원칙(제25조)

(1) 보편성의 원칙

국가와 지방자치단체가 사회보장제도를 운영할 때에는 이 제도를 필요로 하는 모든 국민에게 적용하여야 한다.

(2) 형평성의 원칙

국가와 지방자치단체는 사회보장제도의 급여 수준과 비용 부담 등에서 형평성을 유지하여야 한다.

(3) 민주성의 원칙

국가와 지방자치단체는 사회보장제도의 정책 결정 및 시행 과정에 공익의 대표자 및 이해관계인 등을 참여시켜 이를 민주적으로 결정하고 시행하여야 한다.

(4) 효율성 · 연계성 · 전문성의 원칙

국가와 지방자치단체가 사회보장제도를 운영할 때에는 국민의 다양한 복지 욕구를 효율적으로 충족시키기 위하여 연계성과 전문성을 높여야 한다.

(5) 공공성의 원칙

사회보험은 국가의 책임으로 시행하고, 공공부조와 사회서비스는 국가와 지방자치단체의 책임으로 시행하는 것을 원칙으로 한다. 다만, 국가와 지방자치단체의 재정 형편 등을 고려하여 이를 협의 · 조정할 수 있다.

4) 사회보장의 주체와 책임

사회보장기본법에서는 사회보장의 주체와 책임을 국가와 지방자치단체뿐 아니라 모든 국민에게 있음을 명시하고 있다. 먼저 국가와 지방자치단체는 모든 국민의 인간다운 생활을 유지 · 증진하는 책임을 가지고, 사회보장에 관한 책임과 역할을 합리적으로 분담하여야 하며, 국가 발전수준에 부응하고 사회환경의 변화에 선제적으로 대응하며 지속가능한 사회보장제도를 확립하고 매년 이에 필요한 재원을 조달하여야 하고, 국가는 사회보장제도의 안정적인 운영을 위하여 중장기 사회보장 재정추계를 격년으로 실시하고 이를 공표하여야 한다(제5조).

모든 국민은 자신의 능력을 최대한 발휘하여 자립 · 자활(自活)할 수 있도록 노력하여야 하고, 경제적 · 사회적 · 문화적 · 정신적 · 신체적으로 보호가 필요하다고 인정되는 사람에게 지속적인 관심을 가지고 이들이 보다 나은 삶을 누릴 수 있는 사회환경 조성에 서로 협력하고 노력하여야 한다. 또한 관계 법령에서 정하는 바에 따라 사회보장급여에 필요한 비용의 부담, 정보의 제공 등 국가의 사회보장정책에 협력하여야 한다(제7조).

5) 사회보장수급권

(1) 사회보장의 대상

사회보장기본법에 의하면 사회보장급여를 받을 수 있는 권리, 즉 사회보장수급권은 모든 국민에게 있으며(제9조), 외국인의 경우 상호주의 원칙에 의해 적용받아야 함(제8조)을 명시하고 있다.

(2) 사회보장급여의 신청 및 급여수준

사회보장급여를 받으려는 사람은 관계 법령에서 정하는 바에 따라 국가나 지방자치단체에 신청하여야 한다(당사자 신청주의). 다만, 관계 법령에서 따로 정하는 경우에는 국가나 지방자치단체가 신청을 대신할 수 있다. 사회보장급여를 신청하는 사람이 다른 기관에 신청한 경우에는 그 기관은 지체 없이 이를 정당한 권한이 있는 기관에 이송하여야 한다. 이 경우 정당한 권한이 있는 기관에 이송된 날을 사회보장급여의 신청일로 본다(제11조).

사회보장급여의 수준과 관련한 내용은 다음과 같다(제10조).

① 국가와 지방자치단체는 모든 국민이 건강하고 문화적인 생활을 유지할 수 있도록 사회보장급여의 수준 향상을 위하여 노력하여야 한다.

② 국가는 관계 법령에서 정하는 바에 따라 최저보장수준과 최저임금을 매년 공표하여야 한다.

③ 국가와 지방자치단체는 최저보장수준과 최저임금 등을 고려하여 사회보장급여의 수준을 결정하여야 한다.

(3) 수급권의 보호 · 제한 · 포기 · 구상권

① 사회보장수급권의 보호

사회보장수급권은 관계 법령에서 정하는 바에 따라 다른 사람에게 양도하거나 담보로 제공할 수 없으며, 이를 압류할 수 없다(제12조).

② 사회보장수급권의 제한 및 포기

사회보장수급권은 제한되거나 정지될 수 없다. 다만, 관계 법령에서 따로 정하고 있는 경우에는 그러하지 아니하다. 만약 사회보장수급권이 제한되거나 정지되는 경우에는 제한 또는 정지하는 목적에 필요한 최소한의 범위에 그쳐야 한다(제13조).

사회보장수급권은 정당한 권한이 있는 기관에 서면으로 통지하여 포기할 수 있다. 사회보장수급권의 포기는 취소할 수 있다. 그러나 사회보장수급권을 포기하는 것이 다른 사람에게 피해를 주거나 사회보장에 관한 관계 법령에 위반되는 경우에는 사회보장수급권을 포기할 수 없다(제14조).

③ 구상권

제3자의 불법행위로 피해를 입은 국민이 그로 인하여 사회보장수급권을 가지게 된 경우 사회보장제도를 운영하는 자는 그 불법행위의 책임이 있는 자에 대하여 관계 법령에서 정하는 바에 따라 구상권(求償權)을 행사할 수 있다(제15조).

6) 사회보장기본계획

(1) 사회보장기본계획의 수립

보건복지부장관은 관계 중앙행정기관의 장과 협의하여 사회보장 증진을 위하여 사회보장에 관한 기본계획을 5년마다 수립하여야 한다. 기본계획은 사회보장위원회와 국무회의의 심의를 거쳐 확정한다(제16조).

(2) 기본계획의 내용

- 국내외 사회보장환경의 변화와 전망
- 사회보장의 기본 목표 및 중장기 추진방향
- 주요 추진과제 및 추진방법
- 필요한 재원의 규모와 조달방안
- 사회보장 관련 기금 운용방안

- 사회보장 전달체계
- 그 밖에 사회보장정책의 추진에 필요한 사항

(3) 연도별 시행계획의 수립 · 시행

보건복지부장관 및 관계 중앙행정기관의 장은 기본계획에 따라 사회보장과 관련된 소관 주요 시책의 시행계획을 매년 수립 · 시행하여야 한다. 관계 중앙행정기관의 장은 수립한 소관 시행계획 및 전년도의 시행계획에 따른 추진실적을 대통령령으로 정하는 바에 따라 매년 보건복지부장관에게 제출하여야 한다. 보건복지부장관은 받은 관계 중앙행정기관 및 보건복지부 소관의 추진실적을 종합하여 성과를 평가하고, 그 결과를 사회보장위원회에 보고하여야 한다(제18조).

(4) 사회보장에 관한 지역계획의 수립 · 시행

특별시장 · 광역시장 · 특별자치시장 · 도지사 또는 특별자치도지사 · 시장 · 군수 · 구청장은 관계 법령으로 정하는 바에 따라 사회보장에 관한 지역계획을 수립 · 시행하여야 하며, 지역계획은 기본계획과 연계되어야 한다(제19조).

7) 사회보장위원회

(1) 설치목적 및 역할

사회보장에 관한 주요 시책을 심의 · 조정하기 위하여 국무총리 소속으로 사회보장위원회를 두며, 위원회는 다음의 사항을 심의 · 조정한다(제20조).

- 사회보장 증진을 위한 기본계획
- 사회보장 관련 주요 계획
- 사회보장제도의 평가 및 개선
- 사회보장제도의 신설 또는 변경에 따른 우선순위

- 둘 이상의 중앙행정기관이 관련된 주요 사회보장정책
- 사회보장급여 및 비용 부담
- 국가와 지방자치단체의 역할 및 비용 분담
- 사회보장의 재정추계 및 재원조달 방안
- 사회보장 전달체계 운영 및 개선
- 사회보장통계
- 사회보장정보의 보호 및 관리
- 중앙행정기관의 장과 지방자치단체의 장이 신청한 조정 사항
- 그 밖에 위원장이 심의에 부치는 사항

(2) 사회보장위원회 구성

사회보장위원회의 구성은 위원장 1명, 부위원장 3명과 행정안전부장관, 고용노동부장관, 여성가족부장관, 국토교통부장관을 포함한 30명 이내의 위원으로 구성하고, 위원장은 국무총리가 되고 부위원장은 기획재정부장관, 교육부장관 및 보건복지부장관이 된다. 위원의 임기는 2년으로 한다. 다만, 공무원인 위원의 임기는 그 재임 기간으로 하고, 위원이 기관·단체의 대표자 자격으로 위촉된 경우에는 그 임기는 대표의 지위를 유지하는 기간으로 한다.

사회보장위원회를 효율적으로 운영하고 위원회의 심의·조정 사항을 전문적으로 검토하기 위하여 위원회에 실무위원회를 두며, 실무위원회에 분야별 전문위원회를 둘 수 있다. 실무위원회에서 의결한 사항은 위원장에게 보고하고 위원회의 심의를 거쳐야 한다. 다만, 대통령령으로 정하는 경미한 사항에 대하여는 실무위원회의 의결로써 위원회의 의결을 갈음할 수 있다. 위원회의 사무를 효율적으로 처리하기 위하여 보건복지부에 사무국을 둔다(제21조).

8) 사회보장제도의 운영

(1) 협의 및 조정

국가와 지방자치단체는 사회보장제도를 신설하거나 변경할 경우 기존 제도와의 관계, 사회보장 전달체계에 미치는 영향, 재원의 규모·조달방안을 포함한 재정에 미치는 영향 및 지역별 특성 등을 사전에 충분히 검토하고 상호협력하여 사회보장급여가 중복 또는 누락되지 아니하도록 하여야 한다. 중앙행정기관의 장과 지방자치단체의 장은 사회보장제도를 신설하거나 변경할 경우 신설 또는 변경의 타당성, 기존 제도와의 관계, 사회보장 전달체계에 미치는 영향, 지역복지 활성화에 미치는 영향 및 운영방안 등에 대하여 대통령령으로 정하는 바에 따라 보건복지부장관과 협의하여야 하며, 협의가 이루어지지 아니할 경우 위원회가 이를 조정한다.

중앙행정기관의 장과 지방자치단체의 장은 업무를 효율적으로 수행하기 위하여 필요하다고 인정하는 경우에는 관련 자료의 수집·조사 및 분석에 관한 업무를 정부출연연구기관, 사회보장정보원, 그 밖에 대통령령으로 정하는 전문기관 또는 단체에 위탁할 수 있다. 보건복지부장관은 사회보장급여 관련 업무에 공통적으로 적용되는 기준을 마련할 수 있다.(제26조).

(2) 민간의 참여

국가와 지방자치단체는 사회보장에 대한 민간부문의 참여를 유도할 수 있도록 정책을 개발·시행하고 그 여건을 조성하여야 한다. 국가와 지방자치단체는 사회보장에 대한 민간부문의 참여를 유도하기 위하여 다음 각 호의 사업이 포함된 시책을 수립·시행할 수 있다.

- 자원봉사, 기부 등 나눔의 활성화를 위한 각종 지원 사업
- 사회보장정책의 시행에 있어 민간 부문과의 상호협력체계 구축을 위한 지원사업
- 그 밖에 사회보장에 관련된 민간의 참여를 유도하는 데에 필요한 사업

국가와 지방자치단체는 개인 · 법인 또는 단체가 사회보장에 참여하는 데에 드는 경비의 전부 또는 일부를 지원하거나 그 업무를 수행하기 위하여 필요한 지원을 할 수 있다(제27조).

(3) 비용 부담

사회보장 비용의 부담은 각각의 사회보장제도의 목적에 따라 국가, 지방자치단체 및 민간부문 간에 합리적으로 조정되어야 한다(제28조).

- **사회보험** : 사회보험에 드는 비용은 사용자, 피용자(被傭者) 및 자영업자가 부담하는 것을 원칙으로 하되, 관계 법령에서 정하는 바에 따라 국가가 그 비용의 일부를 부담할 수 있다.
- **공공부조** : 공공부조 및 관계 법령에서 정하는 일정 소득 수준 이하의 국민에 대한 사회서비스에 드는 비용의 전부 또는 일부는 국가와 지방자치단체가 부담한다.
- **사회서비스** : 부담 능력이 있는 국민에 대한 사회서비스에 드는 비용은 그 수익자가 부담함을 원칙으로 하되, 관계 법령에서 정하는 바에 따라 국가와 지방자치단체가 그 비용의 일부를 부담할 수 있다.

(4) 전달체계

국가와 지방자치단체는 모든 국민이 쉽게 이용할 수 있고 사회보장급여가 적시에 제공되도록 지역적 · 기능적으로 균형 잡힌 사회보장 전달체계를 구축하여야 하고, 사회보장 전달체계의 효율적 운영에 필요한 조직, 인력, 예산 등을 갖추어야 한다. 또한 공공부문과 민간부문의 사회보장 전달체계가 효율적으로 연계되도록 노력하여야 한다(제29조).

(5) 사회보장급여의 관리

국가와 지방자치단체는 국민의 사회보장수급권의 보장 및 재정의 효율적

운용을 위하여 다음에 관한 사회보장급여의 관리체계를 구축·운영하여야 한다(제30조 제1항).

- 사회보장수급권자 권리구제
- 사회보장급여의 사각지대 발굴
- 사회보장급여의 부정·오류 관리
- 사회보장급여의 과오지급액의 환수 등 관리

(6) 사회보장제도 운영에 관한 기타 규정

① 전문인력 양성

국가와 지방자치단체는 사회보장제도의 발전을 위하여 전문인력의 양성, 학술 조사 및 연구, 국제 교류의 증진 등에 노력하여야 한다(제31조).

② 사회보장통계

국가와 지방자치단체는 효과적인 사회보장정책의 수립·시행을 위하여 사회보장에 관한 통계를 작성·관리하여야 하며, 관계 중앙행정기관의 장과 지방자치단체의 장은 소관 사회보장통계를 대통령령으로 정하는 바에 따라 보건복지부장관에게 제출하여야 한다. 보건복지부장관은 제출된 사회보장통계를 종합하여 위원회에 제출하여야 한다 사회보장통계의 작성·관리에 필요한 사항은 대통령령으로 정한다(제32조).

③ 정보의 공개

국가와 지방자치단체는 사회보장제도에 관하여 국민이 필요한 정보를 관계 법령에서 정하는 바에 따라 공개하고, 이를 홍보하여야 한다(제33조).

④ 사회보장에 관한 설명

국가와 지방자치단체는 사회보장 관계 법령에서 규정한 권리나 의무를 해당 국민에게 설명하도록 노력하여야 한다(제34조).

⑤ 사회보장에 관한 상담

국가와 지방자치단체는 사회보장 관계 법령에서 정하는 바에 따라 사회보장에 관한 상담에 응하여야 한다(제35조).

⑥ 사회보장에 관한 통지

국가와 지방자치단체는 사회보장 관계 법령에서 정하는 바에 따라 사회보장에 관한 사항을 해당 국민에게 알려야 한다(제36조).

9) 사회보장정보의 관리

(1) 사회보장정보시스템의 구축 · 운영

국가와 지방자치단체는 국민편익의 증진과 사회보장업무의 효율성 향상을 위하여 사회보장업무를 전자적으로 관리하도록 노력하여야 하며, 국가는 관계 중앙행정기관과 지방자치단체에서 시행하는 사회보장수급권자 선정 및 급여 관리 등에 관한 정보를 통합 · 연계하여 처리 · 기록 및 관리하는 시스템(사회보장정보시스템)을 구축 · 운영할 수 있다.

보건복지부장관은 사회보장정보시스템의 구축 · 운영을 총괄하며, 사회보장정보시스템 구축 · 운영의 전 과정에서 개인정보 보호를 위하여 필요한 시책을 마련하여야 한다. 또한 보건복지부장관은 관계 중앙행정기관, 지방자치단체 및 관련 기관 · 단체에 사회보장정보시스템의 운영에 필요한 정보의 제공을 요청하고 제공받은 목적의 범위에서 보유 · 이용할 수 있다. 이 경우 자료의 제공을 요청받은 자는 정당한 사유가 없으면 이에 따라야 한다.

관계 중앙행정기관 및 지방자치단체의 장은 사회보장정보와 관련하여 사회보장정보시스템의 활용이 필요한 경우 사전에 보건복지부장관과 협의하여야 한다. 이 경우 보건복지부장관은 관련 업무에 필요한 범위에서 정보를 제공할 수 있고 정보를 제공받은 관계 중앙행정기관 및 지방자치단체의 장은 제공받은 목적의 범위에서 보유 · 이용할 수 있다(제37조).

(2) 개인정보 등의 보호

사회보장 업무에 종사하거나 종사하였던 자는 사회보장업무 수행과 관련하여 알게 된 개인·법인 또는 단체의 정보를 관계 법령에서 정하는 바에 따라 보호하여야 한다. 국가와 지방자치단체, 공공기관, 법인·단체, 개인이 조사하거나 제공받은 개인·법인 또는 단체의 정보는 이 법과 관련 법률에 근거하지 아니하고 보유, 이용, 제공되어서는 아니 된다(제38조).

CHAPTER 08

사회보장급여의 이용·제공 및 수급권자 발굴에 관한 법률

1. 입법 배경 및 목적

2014년 발생한 이른바 송파 세 모녀 사건은 기존 복지제도의 한계점을 드러내고, 복지사각지역 발굴의 필요성에 대한 사회적 관심을 불러일으켰다. 이에 복지사각지역에 대한 능동적 발굴과 공정한 지원을 위하여 관계 법령들의 입법과 개정이 진행되었다.

「사회보장급여의 이용·제공 및 수급권자 발굴에 관한 법률」은 사회보장기본법에 따른 사회보장급여의 이용 및 제공에 관한 기준과 절차 등 기본적 사항을 규정하고 지원을 받지 못하는 지원대상자를 발굴하여 지원함으로써 사회보장급여를 필요로 하는 사람의 인간다운 생활을 할 권리를 최대한 보장하고, 사회보장급여가 공정하고 효과적으로 제공되도록 하며, 사회보장제도가 지역사회에서 통합적으로 시행될 수 있도록 그 기반을 구축하는 것을 목적(제1조)으로 2014년 12월 30일 제정되어 2015년 7월 1일부터 시행되었다. 사회보장급여의 이용 및 제공에 필요한 기준, 방법, 절차와 지원대상자의 발굴 및 지원 등에 관하여는 다른 법률에 특별한 규정이 있는 경우를 제외하고는 이 법에 따른다(제3조).

2. 주요 내용

1) 용어 정의

「사회보장급여의 이용·제공 및 수급권자 발굴에 관한 법률」에서 사용하는 용어의 뜻은 다음과 같다(제2조).

- **사회보장급여** : 보장기관이 사회보장기본법 제3조 제1호에 따라 제공하는 현금, 현물, 서비스 및 그 이용권을 말한다.
- **수급권자** : 사회보장기본법 제9조에 따른 사회보장급여를 제공받을 권리를 가진 사람을 말한다.
- **수급자** : 사회보장급여를 받고 있는 사람을 말한다.
- **지원대상자** : 사회보장급여를 필요로 하는 사람을 말한다.
- **보장기관** : 관계 법령 등에 따라 사회보장급여를 제공하는 국가기관과 지방자치단체를 말한다.

2) 기본 원칙

「사회보장급여의 이용·제공 및 수급권자 발굴에 관한 법률」에 따른 기본원칙은 다음과 같다(제4조).

① 사회보장급여가 필요한 사람은 누구든지 자신의 의사에 따라 사회보장급여를 신청할 수 있으며, 보장기관은 이에 필요한 안내와 상담 등의 지원을 충분히 제공하여야 한다.

② 보장기관은 지원이 필요한 국민이 급여대상에서 누락되지 아니하도록 지원대상자를 적극 발굴하여 이들이 필요로 하는 사회보장급여를 적절하게 제공받을 수 있도록 노력하여야 한다.

③ 보장기관은 국민의 다양한 복지욕구를 충족시키고 생애주기별 필요에 맞는 사회보장급여가 공정·투명·적정하게 제공될 수 있도록 노력하여

야 한다.

④ 보장기관은 사회보장급여와 사회복지사업법 제2조 제3호 및 제4호의 사회복지법인, 사회복지시설 등 사회보장 관련 민간 법인 · 단체 · 시설이 제공하는 복지혜택 또는 서비스를 효과적으로 연계하여 제공할 수 있도록 노력하여야 한다.

⑤ 보장기관은 국민이 사회보장급여를 편리하게 이용할 수 있도록 사회보장 정책 및 관련 제도를 수립 · 시행하기 위하여 노력하여야 한다.

⑥ 보장기관은 지역의 사회보장 수준이 균등하게 실현될 수 있도록 노력하여야 한다.

3) 사회보장급여의 이용

(1) 사회보장급여의 신청

지원대상자와 그 친족, 민법에 따른 후견인, 청소년 기본법에 따른 청소년상담사 · 청소년지도사, 지원대상자를 사실상 보호하고 있는 자(관련 기관 및 단체의 장을 포함한다) 등은 지원대상자의 주소지 관할 보장기관에 사회보장급여를 신청할 수 있다. 다만, 중앙행정기관의 장이 지원대상자의 이용 편의, 사회보장급여의 제공 유형 등을 고려하여 필요하다고 결정한 사회보장급여의 경우에는 지원대상자의 주소지 관할이 아닌 보장기관에도 신청할 수 있다.

보장기관의 업무담당자는 지원대상자가 누락되지 아니하도록 하기 위하여 관할 지역에 거주하는 지원대상자에 대한 사회보장급여의 제공을 직권으로 신청할 수 있다. 이 경우 지원대상자의 동의를 받아야 하며, 동의를 받은 경우에는 지원대상자가 신청한 것으로 본다. 보장기관의 업무담당자는 지원대상자가 심신미약 또는 심신상실 등 대통령령으로 정하는 경우에 해당하면 지원대상자의 동의 없이 직권으로 사회보장급여의 제공을 신청할 수 있다. 이 경우 보장기관의 업무담당자는 직권 신청한 사실을 보장기관의 장에게 지체 없이 보고하여야 한다.

보장기관의 장이 지정한 법인·단체·시설·기관 등은 사회보장급여 신청권자의 요청에 따라 신청을 지원할 수 있다. 보장기관의 업무담당자는 신청 시 신청인 또는 지원대상자에 대하여 조사의 목적, 조사 정보의 범위 및 이용방법, 신고의무, 정보의 보유기간 및 파기 사항을 고지하여야 한다. 사회보장급여의 신청, 신청 지원 및 고지 방법 등에 필요한 사항은 대통령령으로 정한다(제5조).

(2) 조사

보장기관의 장은 사회보장급여의 신청을 받으면 지원대상자의 사회보장 요구와 관련된 사항, 지원대상자의 건강상태, 가구 구성 등 생활 실태에 관한 사항, 그 밖에 지원대상자에게 필요하다고 인정되는 사회보장급여에 관한 사항 등을 조사하여야 한다(제6조).

또한 지원대상자와 그 부양의무자(배우자와 1촌의 직계혈족 및 그 배우자)에 대하여 사회보장급여의 수급자격 확인을 위하여 인적사항 및 가족관계 확인에 관한 사항, 소득·재산·근로능력 및 취업상태에 관한 사항, 사회보장급여 수급이력에 관한 사항, 그 밖에 수급권자를 선정하기 위하여 보장기관의 장이 필요하다고 인정하는 사항 등에 해당하는 자료 또는 정보를 제공받아 조사하고 처리할 수 있다. 다만, 부양의무자에 대한 조사가 필요하지 아니하거나 그 밖에 대통령령으로 정하는 사유에 해당하는 경우는 제외한다(제7조 제1항).

(3) 사회보장급여 제공의 결정

보장기관의 장이 조사를 실시한 경우에는 사회보장급여의 제공 여부 및 제공 유형을 결정하되, 제공하고자 하는 사회보장급여는 지원대상자가 현재 제공받고 있는 사회보장급여와 보장내용이 중복되도록 하여서는 아니 된다. 보장기관의 장은 사회보장급여의 제공 결정에 필요한 경우 지원대상자와 그 친족, 그 밖에 관계인의 의견을 들을 수 있다.

보장기관의 장은 결정된 사회보장급여의 제공 여부와 그 유형 및 변경사항

신고의무 등을 서면(신청인의 동의에 의한 전자문서를 포함한다)으로 신청인에게 통지하여야 하며, 필요한 경우 구두 등의 방법을 병행할 수 있다. 보장기관의 장이 사회보장급여의 제공 여부 및 제공 유형을 결정할 때 제공받은 자료 · 정보의 전부 또는 일부를 통해 평가한 지원대상자와 그 부양의무자의 소득 · 재산 수준이 보건복지부장관이 정하는 기준 이하인 경우에는 소득 · 재산 관련 조사의 일부를 생략하고 사회보장급여의 지급을 결정할 수 있다(제9조).

4) 지원대상자 발굴

(1) 위기가구의 발굴과 자료 또는 정보의 제공과 홍보

보장기관의 장은 누락된 지원대상자가 적절한 사회보장급여를 제공받을 수 있도록 지원이 필요한 보장기관의 장이 위기상황에 처하여 있다고 판단한 사람의 가구, 자살자가 발생한 가구 또는 자살시도자가 발생한 가구로서 대통령령으로 정하는 기준에 해당하는 가구(위기가구)를 발굴하기 위하여 노력하여야 한다. 보장기관의 장은 발굴한 위기가구의 구성원이 필요로 하는 적절한 사회보장급여를 제공받을 수 있도록 지원하여야 한다(제9조의2).

보장기관의 장은 지원대상자를 발굴하기 위하여 사회보장급여의 내용 및 제공규모, 수급자가 되기 위한 요건과 절차, 그 밖에 사회보장급여 수급을 위하여 필요한 정보 등에 대한 자료 또는 정보의 제공과 홍보에 노력하여야 한다(제10조).

(2) 정보공유 등의 협조 요청

보장기관의 장은 관할 지역에 거주하는 지원대상자를 발굴하기 위하여 다음에 해당하는 관계 기관 · 법인 · 단체 · 시설의 장에게 소관 업무의 수행과 관련하여 취득한 정보의 공유, 지원대상자의 거주지 등 현장조사 시 소속 직원의 동행 등 필요한 사항에 대한 협조를 요청할 수 있다. 이 경우 관계 기관 · 법인 · 단체 · 시설의 장은 정당한 사유가 없으면 이에 따라야 한다(제11조).

① 사회복지사업법 제2조 제3호와 제4호에 따른 사회복지법인 및 사회복지시설
② 국민연금법 제24조에 따른 국민연금공단
③ 국민건강보험법 제13조에 따른 국민건강보험공단
④ 지역보건법 제10조에 따른 보건소
⑤ 초·중등교육법 제2조 각 호의 학교
⑥ 경찰법 제2조에 따른 경찰서
⑦ 소방기본법 제2조 제5호의 소방대, 공공주택 특별법 제4조에 따른 공공주택사업자, 공동주택관리법 제2조 제1항 제10호에 따른 관리주체, 공동주택관리법 제89조 제2항 제8호에 따라 공동주택관리정보시스템을 위탁받아 운영하는 자
⑧ 그 밖에 대통령령으로 정하는 기관·법인·단체·시설

보장기관의 장은 발굴조사를 실시하기 위하여 보장기관이 보유 중인 행정정보 중 대통령령으로 정하는 정보를 활용할 수 있다.

(3) 자료 또는 정보의 처리 등

보건복지부장관은 보장기관이 업무를 효율적으로 수행할 수 있도록 지원하기 위하여 사회보장기본법 제37조에 따른 사회보장정보시스템을 통하여 다음의 자료 또는 정보를 처리할 수 있다.

① 전기사업법 제14조에 따른 단전(전류제한을 포함한다), 수도법 제39조에 따른 단수, 도시가스사업법 제19조에 따른 단가스 가구정보
② 초·중등교육법 제25조에 따른 학교생활기록 정보 중 담당교원이 위기상황에 처하여 있다고 판단한 학생의 가구정보
③ 국민건강보험법 제69조에 따른 보험료를 3개월 이상 체납한 사람의 가구정보
④ 국민기초생활 보장법 또는 긴급복지지원법에 따른 신청 또는 지원 중 탈락가구의 가구정보

⑤ 사회복지사업법 제35조에 따른 시설의 장이 입소 탈락자나 퇴소자 중 위기상황에 처하여 있다고 판단한 사람의 가구정보

⑥ 「신용정보의 이용 및 보호에 관한 법률」 제25조 제2항 제1호에 따른 종합신용정보집중기관과 같은 항 제2호에 따른 개별신용정보집중기관이 보유하고 있는 개인신용정보 중 보건복지부장관이 위기상황에 처하여 있다고 판단한 사람의 대통령령으로 정하는 기준에 해당하는 연체정보(대출금 · 신용카드대금 · 통신요금 등을 말한다)로서 금융위원회 위원장과 협의하여 정하는 개인신용정보

⑦ 「공공주택 특별법」 제4조 제1항에 따른 공공주택사업자가 보유하고 있는 정보로서 같은 법 제49조에 따른 임대료를 3개월 이상 체납한 임차인의 가구정보

⑧ 「공동주택관리법」 제2조 제1항 제10호에 따른 관리주체가 보유하고 있는 정보로서 같은 법 제23조 제1항에 따른 관리비를 3개월 이상 체납한 입주자의 가구정보

⑨ 그 밖에 지원대상자의 발굴을 위하여 필요한 정보로서 대통령령으로 정하는 정보

보건복지부장관은 해당하는 가구 또는 개인이 위기가구에 포함되는지를 판단하기 위하여 「국민건강보험법」 제69조에 따른 보험료 정보를 처리할 수 있다.

보건복지부장관은 관계 중앙행정기관, 지방자치단체 및 관계 기관 · 법인 · 단체 · 시설의 장에게 자료 또는 정보의 제공을 요청할 수 있다. 이 경우 관계 중앙행정기관의 장 등은 정당한 사유가 없으면 이에 따라야 한다.

보건복지부장관은 자료 또는 정보를 사회보장의 사각지대 해소를 위하여 보장기관의 장에게 제공할 수 있으며, 보장기관의 장은 필요한 경우 지원대상자의 동의를 받아 대통령령으로 정하는 법인 · 단체 · 시설의 장이 이를 활용할 수 있도록 지원할 수 있다. 시 · 도의 교육감은 아동복지법 제22조의2에 따른 학생 등에 대한 학대 예방 및 지원을 위하여 보건복지부장관으로부터 제공

받은 자료 또는 정보를 대통령령으로 정하는 바에 따라 유아교육법에 따른 유치원의 장 또는 초·중등교육법에 따른 학교의 장에게 제공할 수 있다. 자료 또는 정보를 취득한 사람은 학생 등에 대한 학대 예방 및 지원을 위한 목적 외로 해당 자료 또는 정보를 사용하거나 다른 사람에게 제공 또는 누설하여서는 아니 된다(제12조).

(4) 발굴조사의 실시 및 실태점검

보장기관의 장은 지원대상자에 대한 발굴조사를 분기마다 정기적으로 실시하여야 한다. 다만, 긴급복지지원법 제7조의2에 따라 발굴조사를 실시한 경우에는 그러하지 아니하다. 보건복지부장관은 지원대상자 발굴체계의 운영 실태를 매년 정기적으로 점검하고 개선방안을 마련하여야 한다. 발굴조사 및 운영 실태 점검에 관한 구체적인 사항은 보건복지부령으로 정한다(제12조의2).

(5) 지원대상자 발견 시 신고의무

누구든지 출산, 양육, 실업, 노령, 장애, 질병, 빈곤 및 사망 등의 사회적 위험으로 인하여 사회보장급여를 필요로 하는 지원대상자를 발견하였을 때에는 보장기관에 알려야 한다. 다음 어느 하나에 해당하는 사람은 그 직무상 사회적 위험으로 인하여 사망 또는 중대한 정신적·신체적 장애를 입을 위기에 처한 지원대상자를 발견한 경우 지체 없이 보장기관에 알리고, 지원대상자가 신속하게 지원을 받을 수 있도록 노력하여야 한다. 보장기관의 장은 신고 등을 통하여 사회보장급여가 필요하다고 인정되는 지원대상자에 대하여 신청이 이루어질 수 있도록 노력하여야 한다(제13조).

- 사회복지사업법 제35조 및 제35조의2에 따른 사회복지시설의 장과 그 종사자
- 「장애인활동 지원에 관한 법률」 제20조에 따른 활동지원기관의 장 및 그 종사자와 같은 법 제16조에 따른 활동지원인력

- 의료법 제2조 및 제3조의 의료인과 의료기관의 장
- 「의료기사 등에 관한 법률」 제1조의2의 의료기사
- 「응급의료에 관한 법률」 제36조의 응급구조사
- 소방기본법 제34조에 따른 구조대 및 구급대의 대원
- 국가공무원법 제2조 제2항 제2호에 따른 경찰공무원
- 지방공무원법 제2조 제2항 제2호에 따른 자치경찰공무원
- 「정신건강증진 및 정신질환자 복지서비스 지원에 관한 법률」 제3조 제3호에 따른 정신건강복지센터의 장과 그 종사자
- 영유아보육법 제10조에 따른 어린이집의 원장 등 보육교직원
- 유아교육법 제20조에 따른 교직원 및 같은 법 제23조에 따른 강사 등
- 초·중등교육법 제19조에 따른 교직원, 같은 법 제19조의2에 따른 전문상담교사 등 및 같은 법 제22조에 따른 산학겸임교사 등
- 「학원의 설립·운영 및 과외교습에 관한 법률」 제6조에 따른 학원의 운영자·강사·직원 및 같은 법 제14조에 따른 교습소의 교습자·직원
- 「성폭력방지 및 피해자보호 등에 관한 법률」 제10조에 따른 성폭력피해상담소의 장과 그 종사자 및 같은 법 제12조에 따른 성폭력피해자보호시설의 장과 그 종사자
- 「성매매방지 및 피해자보호 등에 관한 법률」 제10조에 따른 지원시설의 장과 그 종사자 및 같은 법 제17조에 따른 성매매피해상담소의 장과 그 종사자
- 「가정폭력방지 및 피해자보호 등에 관한 법률」 제5조에 따른 가정폭력 관련 상담소의 장과 그 종사자 및 같은 법 제7조에 따른 가정폭력피해자 보호시설의 장과 그 종사자
- 건강가정기본법 제35조에 따른 건강가정지원센터의 장과 그 종사자
- 노인장기요양보험법 제31조에 따른 장기요양기관의 장과 그 종사자
- 지역보건법 제11조 제1항 제5호 사목에 따른 보건소의 방문간호 업무 종사자

- 다문화가족지원법 제12조에 따른 다문화가족지원센터의 장과 그 종사자
- 지방자치법 제4조의2 제4항에 따른 행정리의 이장 및 같은 조 제5항에 따른 행정동의 하부조직으로 두는 통의 통장
- 「공동주택관리법」 제2조 제1항 제10호에 따른 관리주체

보장기관의 장은 신고 등을 통하여 사회보장급여가 필요하다고 인정되는 지원대상자에 대하여 제5조에 따른 신청이 이루어질 수 있도록 노력하여야 한다.

(6) 민관협력

보장기관과 관계 기관·법인·단체·시설은 지역사회 내 사회보장이 필요한 지원대상자를 발굴하고, 가정과 지역공동체의 자발적인 협조가 이루어질 수 있도록 노력하여야 한다. 특별자치시장 및 시장·군수·구청장은 지원대상자의 발굴 및 지역사회보호체계의 구축을 위하여 필요한 경우 지역사회보장협의체에 관계 기관·법인·단체·시설의 장 및 그 밖에 사각지대 발굴과 관련한 기관·법인·단체·시설의 장 등을 포함시켜 운영할 수 있다. 특별자치시장 및 시장·군수·구청장은 지역사회 내 지원대상자를 발굴하는 활동을 촉진하기 위하여 예산의 범위에서 필요한 비용을 지원할 수 있다(제14조).

5) 지역사회보장에 관한 계획

(1) 지역사회보장에 관한 계획의 수립

특별시장·광역시장·특별자치시장·도지사·특별자치도지사 및 시장·군수·구청장은 지역사회보장에 관한 계획을 4년마다 수립하고, 매년 지역사회보장계획에 따라 연차별 시행계획을 수립하여야 한다. 이 경우 사회보장기본법 제16조에 따른 사회보장에 관한 기본계획과 연계되도록 하여야 한다.

시장·군수·구청장은 해당 시·군·구의 지역사회보장계획을 지역주민 등 이해관계인의 의견을 들은 후 수립하고, 지역사회보장협의체의 심의와 해당 시·군·구 의회의 보고를 거쳐 시·도지사에게 제출하여야 한다.

시 · 도지사는 제출받은 시 · 군 · 구의 지역사회보장계획을 지원하는 내용 등을 포함한 해당 특별시 · 광역시 · 도 · 특별자치도의 지역사회보장계획을 수립하여야 하고, 특별자치시장은 지역주민 등 이해관계인의 의견을 들어 지역사회보장계획을 수립하여야 한다. 시 · 도지사는 지역사회보장계획을 시 · 도 사회보장위원회의 심의와 해당 특별시 · 광역시 · 특별자치시 · 도 · 특별자치도의회의 보고를 거쳐 보건복지부장관에게 제출하여야 한다. 이 경우 보건복지부장관은 제출된 계획을 사회보장위원회에 보고하여야 한다.

시 · 도지사 또는 시장 · 군수 · 구청장은 지역사회보장계획을 수립할 때 필요하다고 인정하는 경우에는 사회보장 관련 기관 · 법인 · 단체 · 시설에 자료 또는 정보의 제공과 협력을 요청할 수 있다.

보장기관의 장은 지역사회보장계획의 수립 및 지원 등을 위하여 지역 내 사회보장 관련 실태와 지역주민의 사회보장에 관한 인식 등에 관하여 필요한 조사를 실시할 수 있으며, 시 · 도지사 및 시장 · 군수 · 구청장은 지역사회보장계획 수립 시 지역사회보장조사 결과를 반영할 수 있다.

보건복지부장관 또는 시 · 도지사는 지역사회보장계획의 내용이 대통령령으로 정하는 사유에 해당하는 경우에는 시 · 도지사 또는 시장 · 군수 · 구청장에게 그 조정을 권고할 수 있다. 이 경우 보건복지부장관은 관계 중앙행정기관의 장의 의견을 들을 수 있다(제35조).

(2) 지역사회보장에 관한 계획의 내용

시 · 군 · 구 지역사회보장계획은 다음 사항을 포함하여야 한다.

① 지역사회보장 수요의 측정, 목표 및 추진전략

② 지역사회보장의 목표를 점검할 수 있는 지표(지역사회보장지표)의 설정 및 목표

③ 지역사회보장의 분야별 추진전략, 중점 추진사업 및 연계협력 방안

④ 지역사회보장 전달체계의 조직과 운영

⑤ 사회보장급여의 사각지대 발굴 및 지원 방안

⑥ 지역사회보장에 필요한 재원의 규모와 조달 방안

⑦ 지역사회보장에 관련한 통계 수집 및 관리 방안
⑧ 지역 내 부정수급 발생 현황 및 방지대책
⑨ 그 밖에 대통령령으로 정하는 사항

특별시 · 광역시 · 도 · 특별자치도 지역사회보장계획은 다음 사항을 포함하여야 한다.

① 시 · 군 · 구의 사회보장이 균형적이고 효과적으로 추진될 수 있도록 지원하기 위한 목표 및 전략
② 지역사회보장지표의 설정 및 목표
③ 시 · 군 · 구에서 사회보장급여가 효과적으로 이용 및 제공될 수 있는 기반 구축 방안
④ 시 · 군 · 구 사회보장급여 담당 인력의 양성 및 전문성 제고 방안
⑤ 지역사회보장에 관한 통계자료의 수집 및 관리 방안
⑥ 시 · 군 · 구의 부정수급 방지대책을 지원하기 위한 방안
⑦ 그 밖에 지역사회보장 추진에 필요한 사항

특별자치시 지역사회보장계획은 시 · 군 · 구 지역사회보장계획에 해당하는 사항과 함께, 사회보장급여가 효과적으로 이용 및 제공될 수 있는 기반 구축 방안, 사회보장급여 담당 인력의 양성 및 전문성 제고 방안, 그 밖에 지역사회보장 추진에 필요한 사항 등을 포함하여야 한다.

(3) 지역사회보장계획의 시행 · 변경 · 평가

시 · 도지사 또는 시장 · 군수 · 구청장은 지역사회보장계획을 시행하여야 하며, 지역사회보장계획을 시행할 때 필요하다고 인정하는 경우에는 사회보장 관련 민간 법인 · 단체 · 시설에 인력, 기술, 재정 등의 지원을 할 수 있다(제37조). 또한 사회보장의 환경 변화, 사회보장기본법 제16조에 따른 사회보장에 관한 기본계획의 변경 등이 있는 경우에는 지역사회보장계획을 변경할 수 있다(제38조).

보건복지부장관은 시 · 도 지역사회보장계획의 시행결과를, 시 · 도지사는 시 · 군 · 구 지역사회보장계획의 시행결과를 각각 보건복지부령으로 정하는 바에 따라 평가할 수 있다. 시 · 도지사는 평가를 시행한 경우 그 결과를 보건복지부장관에게 제출하여야 한다. 보건복지부장관은 이를 종합 · 검토하여 사회보장위원회에 보고하여야 한다(제39조).

6) 지역사회보장 운영체계

(1) 시 · 도사회보장위원회

시 · 도지사는 시 · 도의 사회보장 증진을 위하여 시 · 도사회보장위원회를 두며, 시 · 도사회보장위원회는 다음 업무를 심의 · 자문한다.

① 시 · 도의 지역사회보장계획 수립 · 시행 및 평가에 관한 사항
② 시 · 도의 지역사회보장조사 및 지역사회보장지표에 관한 사항
③ 시 · 도의 사회보장급여 제공에 관한 사항
④ 시 · 도의 사회보장 추진과 관련한 중요 사항
⑤ 읍 · 면 · 동 단위 지역사회보장협의체의 구성 및 운영에 관한 사항(특별자치시에 한정한다)
⑥ 사회보장과 관련된 서비스를 제공하는 관계 기관 · 법인 · 단체 · 시설과의 연계 · 협력 강화에 관한 사항(특별자치시에 한정한다)
⑦ 그 밖에 위원장이 필요하다고 인정되는 사항

시 · 도사회보장위원회는 다음 사람 중 시 · 도지사가 임명 또는 위촉한 사람으로 구성한다.

① 사회보장에 관한 전문적 지식이나 경험을 가진 사람
② 사회보장 관련 기관 및 단체의 대표자
③ 사회보장을 필요로 하는 사람의 이익 등을 대표하는 사람
④ 제41조 제3항에 따른 지역사회보장협의체의 대표자
⑤ 비영리민간단체지원법 제2조의 비영리민간단체에서 추천한 사람

⑥ 사회복지공동모금회법 제14조에 따른 사회복지공동모금지회에서 추천한 사람

⑦ 읍·면·동 단위 지역사회보장협의체의 위원장(특별자치시에 한정하며, 공동위원장이 있는 경우에는 민간위원 중에서 선출된 공동위원장을 말한다)

⑧ 사회보장에 관한 업무를 담당하는 공무원

다음 각 호의 어느 하나에 해당하는 사람은 시·도사회보장위원회의 위원이 될 수 없다.

① 미성년자

② 피성년후견인, 피한정후견인

③ 파산선고를 받고 복권되지 아니한 사람

④ 법원의 판결에 따라 자격이 상실되거나 정지된 사람

⑤ 금고 이상의 실형을 선고받고 그 집행이 끝나거나(집행이 끝난 것으로 보는 경우를 포함한다) 집행이 면제된 날부터 3년이 지나지 아니한 사람

⑥ 금고 이상의 형의 집행유예를 선고받고 그 유예기간 중에 있는 사람

⑦ 사회복지사업법 제2조 제1호의 사회복지사업 또는 그 직무와 관련하여 아동복지법 제71조, 「보조금 관리에 관한 법률」 제40조부터 제42조까지 또는 형법 제28장·제40장(제360조는 제외한다)의 죄를 범하거나 이 법을 위반하여 다음의 어느 하나에 해당하는 사람

가. 100만 원 이상의 벌금형을 선고받고 그 형이 확정된 후 5년이 지나지 아니한 사람

나. 금고 이상의 형의 집행유예를 선고받고 그 유예기간이 끝난 날부터 7년이 지나지 아니한 사람

다. 금고 이상의 실형을 선고받고 그 집행이 끝나거나(집행이 끝난 것으로 보는 경우를 포함한다) 집행이 면제된 날부터 7년이 지나지 아니한 사람

⑧ 「성폭력범죄의 처벌 등에 관한 특례법」 제2조의 성폭력범죄 또는 「아동·청소년의 성보호에 관한 법률」 제2조 제2호의 아동·청소년대상 성범죄를 저지른 사람으로서 형 또는 치료감호를 선고받고 확정된 후 그 형

또는 치료감호의 전부 또는 일부의 집행이 끝나거나(집행이 끝난 것으로 보는 경우를 포함한다) 집행이 면제되거나 집행의 유예기간이 끝난 날부터 10년이 지나지 아니한 사람

시 · 도사회보장위원회의 조직 · 운영에 필요한 사항은 보건복지부령으로 정하는 바에 따라 해당 시 · 도의 조례로 정한다(제40조).

(2) 지역사회보장협의체

시장 · 군수 · 구청장은 지역의 사회보장을 증진하고, 사회보장과 관련된 서비스를 제공하는 관계 기관 · 법인 · 단체 · 시설과 연계 · 협력을 강화하기 위하여 해당 시 · 군 · 구에 지역사회보장협의체를 두며, 지역사회보장협의체는 다음 각 호의 업무를 심의 · 자문한다.

① 시 · 군 · 구의 지역사회보장계획 수립 · 시행 및 평가에 관한 사항
② 시 · 군 · 구의 지역사회보장조사 및 지역사회보장지표에 관한 사항
③ 시 · 군 · 구의 사회보장급여 제공에 관한 사항
④ 시 · 군 · 구의 사회보장 추진에 관한 사항
⑤ 읍 · 면 · 동 단위 지역사회보장협의체의 구성 및 운영에 관한 사항
⑥ 그 밖에 위원장이 필요하다고 인정하는 사항

지역사회보장협의체의 위원은 다음의 사람 중 시장 · 군수 · 구청장이 임명 또는 위촉한다.

① 사회보장에 관한 학식과 경험이 풍부한 사람
② 지역의 사회보장 활동을 수행하거나 서비스를 제공하는 기관 · 법인 · 단체 · 시설의 대표자
③ 비영리민간단체지원법 제2조의 비영리민간단체에서 추천한 사람
④ 제7항에 따른 읍 · 면 · 동 단위 지역사회보장협의체의 위원장(공동위원장이 있는 경우에는 민간위원 중에서 선출된 공동위원장을 말한다)
⑤ 사회보장에 관한 업무를 담당하는 공무원

지역사회보장협의체의 업무를 효율적으로 수행하기 위하여 지역사회보장협의체에 실무협의체를 둔다. 보장기관의 장은 지역사회보장협의체의 효율적 운영을 위하여 필요한 인력 및 운영비 등 재정을 지원할 수 있다. 규정된 사항 외에 지역사회보장협의체 및 실무협의체의 조직·운영에 필요한 사항은 보건복지부령으로 정하는 바에 따라 해당 시·군·구의 조례로 정한다.

특별자치시장 및 시장·군수·구청장은 읍·면·동 단위로 읍·면·동의 사회보장 관련 업무의 원활한 수행을 위하여 해당 읍·면·동에 읍·면·동 단위 지역사회보장협의체를 둔다. 읍·면·동 단위 지역사회보장협의체의 조직·운영에 필요한 사항은 보건복지부령으로 정하는 바에 따라 해당 특별자치시 및 시·군·구의 조례로 정한다(제41조).

(3) 사회보장사무 전담기구

특별자치시장 및 시장·군수·구청장은 사회보장에 관한 업무를 효율적으로 수행하기 위하여 관련 조직, 인력, 관계 기관 간 협력체계 등을 마련하여야 하며, 필요한 경우에는 사회보장에 관한 사무를 전담하는 기구를 별도로 설치할 수 있다. 사회보장사무 전담기구는 사회보장정보시스템을 활용하여 수급권자에게 필요한 정보를 종합 안내하고, 사회보장급여에 대한 신청 등이 편리하게 이루어질 수 있도록 운영되어야 한다. 사회보장사무 전담기구의 사무 범위, 조직 및 운영 등에 필요한 사항은 해당 특별자치시 및 시·군·구의 조례로 정한다(제42조).

(4) 통합사례관리

보건복지부장관, 시·도지사 및 시장·군수·구청장은 지원대상자의 사회보장 수준을 높이기 위하여 지원대상자의 다양하고 복합적인 특성에 따른 상담과 지도, 사회보장에 대한 욕구조사, 서비스 제공 계획의 수립을 실시하고, 그 계획에 따라 지원대상자에게 보건·복지·고용·교육 등에 대한 사회보장급여 및 민간 법인·단체·시설 등이 제공하는 서비스를 종합적으로 연계·

제공하는 통합사례관리를 실시할 수 있다.

통합사례관리를 실시하기 위하여 필요한 경우에는 특별자치시 및 시 · 군 · 구에 통합사례관리사를 둘 수 있으며, 보건복지부장관은 통합사례관리 사업의 전문적인 지원을 위하여 해당 업무를 공공 또는 민간 기관 · 단체 등에 위탁하여 실시할 수 있다. 통합사례관리사의 자격 · 업무 등 운영에 필요한 사항은 보건복지부령으로 정한다(제42조의2).

(5) 사회복지전담공무원

사회복지사업에 관한 업무를 담당하게 하기 위하여 시 · 도, 시 · 군 · 구, 읍 · 면 · 동 또는 사회보장사무 전담기구에 사회복지전담공무원을 둘 수 있다. 사회복지전담공무원은 사회복지사업법 제11조에 따른 사회복지사의 자격을 가진 사람으로 하며, 그 임용 등에 필요한 사항은 대통령령으로 정한다. 사회복지전담공무원은 사회보장급여에 관한 업무 중 취약계층에 대한 상담과 지도, 생활실태의 조사 등 보건복지부령으로 정하는 사회복지에 관한 전문적 업무를 담당한다.

국가는 사회복지전담공무원의 보수 등에 드는 비용의 전부 또는 일부를 보조할 수 있다. 시 · 도지사 및 시장 · 군수 · 구청장은 지방공무원 교육훈련법 제3조에 따라 사회복지전담공무원의 교육훈련에 필요한 시책을 수립 · 시행하여야 한다(제43조).

7) 지역사회보장 지원 및 균형발전

(1) 지역사회보장의 균형발전

중앙행정기관의 장 및 시 · 도지사는 시 · 도 및 시 · 군 · 구 간 사회보장 수준의 차이를 최소화하기 위하여 예산 배분, 사회보장급여의 제공 기관 등의 배치 등에 필요한 조치를 하여야 한다(제45조).

(2) 지역사회보장균형발전지원센터

보건복지부장관은 시·도 및 시·군·구의 사회보장 추진 현황 분석, 지역사회보장계획의 평가, 지역 간 사회보장의 균형발전 지원 등의 업무를 효과적으로 수행하기 위하여 지역사회보장균형발전지원센터를 설치·운영할 수 있으며, 지역사회보장균형발전지원센터의 운영을 관련 전문기관에 위탁할 수 있다. 지역사회보장균형발전지원센터의 설치·운영과 운영의 위탁 등에 필요한 사항은 보건복지부령으로 정한다(제46조).

(3) 지방자치단체에 대한 지원

중앙행정기관의 장은 시·도지사 및 시장·군수·구청장에게 사회보장 사업의 수행에 필요한 비용을 지원할 수 있으며, 이 경우 평가결과를 반영할 수 있다(제47조).

(4) 사회보장 특별지원구역 운영

중앙행정기관의 장 또는 시·도지사는 공공주택 특별법에 따른 영구임대주택단지, 저소득층 밀집 거주지, 그 밖에 보건, 복지, 고용, 주거, 문화 등 특정 분야의 서비스가 취약한 지역을 사회보장 특별지원구역으로 선정하여 지원할 수 있다. 이 경우 중앙행정기관의 장 또는 시·도지사는 사회보장 특별지원구역을 선정할 때 관계 행정기관의 장과 협의하여야 한다. 사회보장 특별지원구역의 선정 및 지원 등에 필요한 사항은 대통령령으로 정한다(제48조).

CHAPTER 09

사회보험법

1. 사회보험 개요 및 특징

1) 사회보험의 개요

사회보험은 국민에게 발생하는 사회적 위험을 보험의 방식으로 대처함으로써 국민의 건강과 소득을 보장하는 제도를 말한다. 적용대상은 전 국민이며, 관리운영주체는 국가로서 보건복지부는 국민연금, 국민건강보험, 노인장기요양보험을 주관하고, 고용노동부는 산업재해보상보험과 고용보험을 주관하며, 실질적인 운영·관리는 각 주무부처 산하에 국민연금공단, 국민건강보험공단, 근로복지공단 등 공법인을 설립하여 운영하고 있다.[1)]

사회보험의 재원은 사회보험의 종류에 따라 다른데 국민연금, 국민건강보험, 고용보험 등은 사용자와 근로자가 비용을 분담하고 국가가 관리운영비를 부담한다. 산업재해보상보험의 경우 사용자가 보험료 전액을, 국가가 관리운영비를 부담하는 방식으로 운영된다.

2) 사회보험의 특성

사회보험은 미래의 예측 불가능한 사고 위험에 대비하여 공동으로 부담을 분담한다는 점과, 운용에 필요한 충분한 기여금(보험료)이 필요하다는 점, 보험급여를 통해 경제적 안정을 제공하여 사회 전체에 유익한 결과를 가져온다는

1) 이 외에 군인연금, 공무원연금, 사립학교연금 등도 사회보험에 포함된다.

점에서 사보험(민간보험)과 공통적인 특징이 있다. 그러나 사회보험은 공익적 목적을 달성하기 위한 공법적인 특성을 띠며, 가입조건, 운영원칙, 급여내용에 있어 사보험과는 차이점을 보인다. 사보험과 사회보험의 차이점을 정리하면 <표 9-1>과 같다.

〈표 9-1〉 사보험과 사회보험의 차이점

구 분	사회보험(社會保險)	사보험(私保險)
목 적	최저생활보장	개인의 현재 생활수준 유지
갹출과 급여와의 관계	보험료와 보험급여에 일정한 비례 없음 소득재분배를 통한 부의 이전	보험료와 보험급여의 비례성
가 입	강제적	임의적
부담비용	사용자, 근로자, 국가	보험 계약자
운영형태	정부 독점	자유경쟁체제

출처 : 박석돈(2010).

3) 사회보험의 기본 원리

사회보험의 기본 원리는 다음과 같다(정현태 외, 2016).

- 보험성의 원리 : 국민에게 발생하는 질병·장애·노령·사망 등의 사회적 위험을 보험방식에 의하여 공동으로 위험을 분산하는 보험원리를 적용한 제도이다.
- 소득보장의 원리 : 공공부조가 최저생활을 보장하기 위한 2차적 사회안전망이라면, 사회보험은 1차적 사회안전망으로서 사회적 위험 발생 전의 생활수준을 보장하기 위한 제도이다.
- 소득재분배의 원리 : 사회보험은 소득의 재분배원리를 기초로 한다. 보험료의 납부와 급여의 지급 내용에 있어 수직적·수평적 재분배가 발생한다.
- 보편적 적용의 원리 : 전 국민을 대상으로 법적인 강제성을 가져야 한다.
- 비용(보험료)분담의 원리 : 사회보험에 운영에 필요한 재원을 사용자, 근로자, 국가가 분담하는 원리이다. 사용자는 무과실 책임의 원칙, 근로자는

자본주의 특징인 자기책임의 원칙, 국가는 운영주체로서 자본주의 사회자체의 모순에 의한 사회적 사고의 국가책임의 원칙에 따라 각각 보험료(기여금)를 분담한다. 이러한 사회보험의 비용분담 원리는 비용을 전액 국가가 부담하는 공공부조와 구별되는 특성이다.

2. 국민연금법

1) 목적 및 연혁

국민연금법은 국민의 노령, 장애 또는 사망에 대하여 연금급여를 실시함으로써 국민의 생활안정과 복지증진에 이바지하는 것을 목적으로(제1조) 제정된 공적 장기보험이다. 국가는 연금급여가 안정적·지속적으로 지급되도록 필요한 시책을 수립·시행하여야 하며(제3조의2), 국민연금사업은 보건복지부장관이 맡아 주관한다(제2조).

공적연금제도는 산업화로 인한 사회문제 대두와 부양의무에 대한 가치관 변화, 급속한 고령화 현상에 대한 방안으로, 우리나라는 이미 1973년 12월 국민복지연금법을 제정하였으나 당시 미국의 베트남 전쟁, 석유파동 등으로 인한 세계적 경기침체로 보류되면서 유명무실한 제도가 되었다. 이후 1986년 12월 31일 국민연금법이 제정되고, 1988년 1월 1일부터 시행되면서 실질적인 공적연금이 시작되었다.

1987년 9월 국민연금업무의 효율적 수행을 위한 국민연금공단이 설립되었고, 1988년 1월부터 상시근로자 10인 이상 사업장에 적용·시행되었다. 1992년 1월부터는 상시근로자 5인 이상 사업장으로 적용범위가 확대되었으며, 1995년 농어촌지역 연금 적용 과정을 거쳐 1999년 도시지역으로까지 연금이 확대 적용되면서 전 국민연금이 실현되었고, 2003년 7월부터는 근로자 1인 이상 사업장으로까지 확대 적용되었다.

2007년 국민연금제도의 장기적 안정성을 도모하기 위하여 소득대체율을 낮추고 출산 및 복무크레딧을 도입하였으며, 2015년 구직급여 기간을 가입기간으로 합산하는 실업크레딧을 도입하여 공적연금의 사각지대를 해소하고자 하였다.

2) 국민연금가입자

(1) 가입대상 및 가입자의 종류

국내에 거주하는 국민으로서 18세 이상 60세 미만인 자는 국민연금 가입대상이 된다. 다만, 공무원연금법, 군인연금법, 사립학교교직원 연금법 및 별정우체국법을 적용받는 공무원, 군인, 교직원 및 별정우체국 직원, 그 밖에 대통령령으로 정하는 자는 제외한다(제6조).

국민연금가입자의 종류는 사업장가입자, 지역가입자, 임의가입자 및 임의계속가입자로 구분한다(제7조).

① 사업장가입자

사업의 종류, 근로자의 수 등을 고려하여 대통령령으로 정하는 사업장의 18세 이상 60세 미만인 근로자와 사용자는 당연히 사업장가입자가 된다. 다만, 다음의 하나에 해당하는 자는 제외한다(제8조).

- 공무원연금법, 공무원재해보상법, 사립학교교직원 연금법 또는 별정우체국법에 따른 퇴직연금, 장해연금 또는 퇴직연금일시금이나 군인연금법에 따른 퇴역연금, 퇴역연금일시금, 군인 재해보상법에 따른 상이연금을 받을 권리를 얻은 자(퇴직연금등수급권자) 다만, 퇴직연금등수급권자가 「국민연금과 직역연금의 연계에 관한 법률」 제8조에 따라 연계 신청을 한 경우에는 그러하지 아니하다.
- 국민연금에 가입된 사업장에 종사하는 18세 미만 근로자는 사업장가입자가 되는 것으로 본다. 다만, 본인이 원하지 아니하면 사업장가입자가 되지 아니할 수 있다.

- 국민기초생활 보장법의 생계급여 수급자 또는 의료급여 수급자는 본인의 희망에 따라 사업장가입자가 되지 아니할 수 있다.

② 지역가입자

사업장가입자가 아닌 자로서 18세 이상 60세 미만인 자는 당연히 지역가입자가 된다. 다만, 다음의 하나에 해당하는 자는 제외한다(제9조).

- 다음의 하나에 해당하는 자의 배우자로서 별도의 소득이 없는 자
  - 공무원연금법, 군인연금법, 사립학교교직원 연금법 및 별정우체국법을 적용받는 공무원, 군인, 교직원 및 별정우체국 직원 등 국민연금 가입 대상에서 제외되는 자
  - 사업장가입자, 지역가입자 및 임의계속가입자
  - 노령연금 수급권자 및 퇴직연금등수급권자
- 퇴직연금등수급권자. 다만, 퇴직연금등수급권자가 「국민연금과 직역연금의 연계에 관한 법률」 제8조에 따라 연계 신청을 한 경우에는 그러하지 아니하다.
- 18세 이상 27세 미만인 자로서 학생이거나 군 복무 등의 이유로 소득이 없는 자(연금보험료를 납부한 사실이 있는 자는 제외한다)
- 국민기초생활 보장법에 따른 생계급여 수급자 또는 의료급여 수급자
- 1년 이상 행방불명된 자

③ 임의가입자

사업장가입자와 지역가입자 외의 자로서 18세 이상 60세 미만인 자는 보건복지부령으로 정하는 바에 따라 국민연금공단에 가입을 신청하면 임의가입자가 될 수 있으며, 임의가입자는 국민연금공단에 신청하여 탈퇴할 수 있다(제10조).

④ 임의계속가입자(제13조)

연금보험료를 납부한 사실이 없거나, 노령연금 수급권자로서 급여를 지급받고 있거나, 반환일시금을 지급받은 자를 제외하고 국민연금 가입자 또는

가입자였던 자로서 60세가 된 자 중 65세가 될 때까지 보건복지부령으로 정하는 바에 따라 국민연금공단에 가입을 신청하면 임의계속가입자가 될 수 있다. 또한 전체 국민연금 가입기간의 5분의 3 이상을 대통령령으로 정하는 직종의 근로자로 국민연금에 가입하거나 가입하였던 사람 중 노령연금 수급권을 취득한 사람, 특례노령연금 수급권을 취득한 사람으로 노령연금 급여를 지급받지 않는 사람은 국민연금공단에 가입을 신청하면 임의계속가입자가 될 수 있다.

임의계속가입자는 보건복지부령으로 정하는 바에 따라 국민연금공단에 신청하면 탈퇴할 수 있다.

(2) 가입자 자격의 취득 시기

① 사업장가입자는 사업장에 고용된 때 또는 그 사업장의 사용자가 된 때 또는 당연적용사업장으로 된 때 자격을 취득한다(제11조 제1항).

② 지역가입자는 사업장가입자의 자격을 상실한 때, 국민연금 가입 대상 제외자에 해당하지 아니하게 된 때, 배우자가 별도의 소득이 있게 된 때, 18세 이상 27세 미만인 자가 소득이 있게 된 때에 해당하게 된 날에 그 자격을 취득한다. 소득이 있게 된 때를 알 수 없는 경우에는 신고를 한 날에 그 자격을 취득한다(제11조 제2항).

③ 임의가입자는 가입 신청이 수리된 날에 자격을 취득한다(제11조 제3항).

④ 임의계속가입자는 가입 신청이 수리된 날에 그 자격을 취득한다(제13조 제1항).

(3) 가입자 자격의 상실 시기

① 사업장가입자는 사망한 때, 국적을 상실하거나 국외로 이주한 때, 사용관계가 끝난 때, 60세가 된 때에 해당하게 된 날의 다음 날에 자격을 상실한다. 다만, 국민연금 가입 대상 제외자에 해당하게 된 때에는 그에 해당하게 된 날에 자격을 상실한다(제12조 제1항).

② 지역가입자는 사망한 때, 국적을 상실하거나 국외로 이주한 때, 배우자로서 별도의 소득이 없게 된 때, 60세가 된 때 해당하게 된 날의 다음 날에 자격을 상실한다. 다만, 국민연금 가입 대상 제외자에 해당하게 된 때, 사업장가입자의 자격을 취득한 때의 경우에는 그에 해당하게 된 날에 그 자격을 상실한다(제12조 제2항).

③ 임의가입자는 사망한 때, 국적을 상실하거나 국외로 이주한 때, 탈퇴 신청이 수리된 때, 60세가 된 때, 대통령령으로 정하는 기간 이상 계속하여 연금보험료를 체납한 때의 다음 날에 자격을 상실한다. 다만, 사업장가입자 또는 지역가입자의 자격을 취득한 때, 국민연금 가입 대상 제외자에 해당하게 된 때에는 그에 해당하게 된 날에 그 자격을 상실한다(제12조 제3항).

④ 임의계속가입자는 사망한 때, 국적을 상실하거나 국외로 이주한 때, 대통령령으로 정하는 기간 이상 계속하여 연금보험료를 체납한 때의 어느 하나에 해당하게 된 날의 다음 날에 그 자격을 상실한다. 다만, 탈퇴 신청이 수리된 때의 경우 임의계속가입자가 납부한 마지막 연금보험료에 해당하는 달의 말일이 탈퇴 신청이 수리된 날보다 같거나 빠르고 임의계속가입자가 희망하는 경우에는 임의계속가입자가 납부한 마지막 연금보험료에 해당하는 달의 말일에 그 자격을 상실한다(제13조 제3항).

(4) 가입기간 추가 산입

① 군 복무기간에 대한 가입기간 추가 산입

현역병, 전환복무를 한 사람, 상근예비역, 사회복무요원 중 어느 하나에 해당하는 자가 노령연금 수급권을 취득한 때에는 6개월을 가입기간에 추가로 산입한다. 다만, 병역법에 따른 병역의무를 수행한 기간이 6개월 미만인 경우에는 그러하지 아니한다. 가입기간을 추가로 산입하는 데 필요한 재원은 국가가 전부를 부담한다. 병역법에 따른 병역의무를 수행한 기간의 전부 또는 일부가 다음의 어느 하나에 해당하는 기간에 산입된 경우는 적용되지 않는다(제18조).

- 공무원연금법, 사립학교교직원 연금법 또는 별정우체국법에 따른 재직기간
- 군인연금법에 따른 복무기간

② 출산에 대한 가입기간 추가 산입

2명 이상의 자녀가 있는 가입자 또는 가입자였던 자가 노령연금수급권을 취득한 때에는 자녀가 2명인 경우는 12개월, 자녀가 3명 이상인 경우는 둘째 자녀에 대하여 인정되는 12개월에 2자녀를 초과하는 자녀 1명마다 18개월을 더한 개월 수를 가입기간에 추가로 산입한다. 다만, 추가로 산입하는 기간은 50개월을 초과할 수 없으며, 자녀 수의 인정방법 등에 관하여 필요한 사항은 대통령령으로 정한다. 가입기간을 추가로 산입하는 데 필요한 재원은 국가가 전부 또는 일부를 부담한다(제19조).

③ 실업에 대한 가입기간 추가 산입

18세 이상 60세 미만인 사람 중 가입자 또는 가입자였던 사람이면서 대통령령으로 정하는 재산 또는 소득이 보건복지부장관이 정하여 고시하는 기준 이하인 사람이 고용보험법 제37조 제1항에 따른 구직급여를 받는 경우로서 구직급여를 받는 기간을 가입기간으로 산입하기 위하여 국민연금공단에 신청하는 때에는 그 기간을 가입기간에 추가로 산입한다. 다만, 추가로 산입하는 기간은 1년을 초과할 수 없다(제19조의2).

(5) 외국인에 대한 적용

이 법의 적용을 받는 사업장에 사용되고 있거나 국내에 거주하는 외국인으로서 대통령령으로 정하는 자 외의 외국인은 당연히 사업장가입자 또는 지역가입자가 된다. 다만, 이 법에 따른 국민연금에 상응하는 연금에 관하여 그 외국인의 본국 법이 대한민국 국민에게 적용되지 아니하면 그러하지 아니하다(제126조 제1항). 대한민국이 외국과 사회보장협정을 맺은 경우에는 이 법에도 불구하고 국민연금의 가입, 연금보험료의 납부, 급여의 수급 요건, 급여액의 산정, 급여의 지급 등에 관하여 그 사회보장협정에서 정하는 바에 따른다(제127조).

3) 급 여

(1) 급여의 종류

국민연금법에 따른 급여의 종류는 노령연금, 장애연금, 유족연금, 반환일시금 등이 있다(제49조).

① 노령연금

가입기간이 10년 이상인 가입자 또는 가입자였던 자에 대하여는 60세(특수직종근로자는 55세)가 된 때부터 그가 생존하는 동안 노령연금을 지급한다. 가입기간이 10년 이상인 가입자 또는 가입자였던 자로서 55세 이상인 자가 대통령령으로 정하는 소득이있는 업무에 종사하지 아니하는 경우 본인이 희망하면 제1항에도 불구하고 60세가 되기 전이라도 본인이 청구한 때부터 그가 생존하는 동안 일정한 금액의 조기노령연금을 받을 수 있다(제61조).

노령연금의 수급권자로서 60세 이상 65세 미만인 사람(특수직종근로자는 55세 이상 60세 미만인 사람)이 연금지급의 연기를 희망하는 경우에는 1회에 한정하여 65세(특수직종근로자는 60세) 전까지의 기간에 대하여 그 연금의 전부 또는 일부의 지급을 연기할 수 있다(제62조 제1항).

• 분할연금

혼인 기간(배우자의 가입기간 중의 혼인 기간으로서 별거, 가출 등의 사유로 인하여 실질적인 혼인관계가 존재하지 아니하였던 기간을 제외한 기간)이 5년 이상인 자가 배우자와 이혼하였고, 배우자였던 사람이 노령연금 수급권자이고, 60세가 되면 그때부터 그가 생존하는 동안 배우자였던 자의 노령연금을 분할한 분할연금을 받을 수 있다. 분할연금은 각 요건을 모두 갖추게 된 때부터 5년 이내에 청구하여야 한다(제64조).

② 장애연금

가입자 또는 가입자였던 자가 질병이나 부상으로 신체상 또는 정신상의 장애가 있고 다음 각 호의 요건을 모두 충족하는 경우에는 장애 정도를 결정하는 기준이 되는 날(이하 "장애결정 기준일"이라 한다)부터 그 장애가 계속되는 기간 동안 장애 정도에 따라 장애연금을 지급한다.

- 해당 질병 또는 부상의 초진일 당시 연령이 18세(다만, 18세 전에 가입한 경우에는 가입자가 된 날을 말한다) 이상이고 노령연금의 지급 연령 미만일 것
- 다음 각 목의 어느 하나에 해당할 것
  - 해당 질병 또는 부상의 초진일 당시 연금보험료를 낸 기간이 가입대상기간의 3분의 1 이상일 것
  - 해당 질병 또는 부상의 초진일 5년 전부터 초진일까지의 기간 중 연금보험료를 낸 기간이 3년 이상일 것. 다만, 가입대상기간 중 체납기간이 3년 이상인 경우는 제외한다.
  - 해당 질병 또는 부상의 초진일 당시 가입기간이 10년 이상일 것

장애결정 기준일은 다음에서 정하는 날로 한다.

- 초진일부터 1년 6개월이 지나기 전에 완치일이 있는 경우 : 완치일
- 초진일부터 1년 6개월이 지날 때까지 완치일이 없는 경우 : 초진일부터 1년 6개월이 되는 날의 다음 날
- 초진일부터 1년 6개월이 되는 날의 다음 날에 장애연금의 지급 대상이 되지 아니하였으나, 그 후 그 질병이나 부상이 악화된 경우 : 장애연금의 지급을 청구한 날과 완치일 중 빠른 날
- 장애연금의 수급권이 소멸된 사람이 장애연금 수급권을 취득할 당시의 질병이나 부상이 악화된 경우 : 청구일과 완치일 중 빠른 날

장애연금의 지급 대상이 되는 경우에도 불구하고 다음의 어느 하나에 해당되는 경우에는 장애연금을 지급하지 아니한다.

- 초진일이 제6조 단서에 따라 가입 대상에서 제외된 기간 중에 있는 경우
- 초진일이 국외이주·국적상실 기간 중에 있는 경우
- 제77조에 따라 반환일시금을 지급받은 경우

장애 정도에 관한 장애등급은 1급, 2급, 3급 및 4급으로 구분하되, 등급 구분의 기준과 장애 정도의 심사에 관한 사항은 대통령령으로 정한다(제67조).

③ 유족연금

다음의 어느 하나에 해당하는 사람이 사망하면 그 유족에게 유족연금을 지급한다(제72조).

- 노령연금 수급권자
- 가입기간이 10년 이상인 가입자 또는 가입자였던 자
- 연금보험료를 낸 기간이 가입대상기간의 3분의 1 이상인 가입자 또는 가입자였던 자
- 사망일 5년 전부터 사망일까지의 기간 중 연금보험료를 낸 기간이 3년 이상인 가입자 또는 가입자였던 자. 다만, 가입대상기간 중 체납기간이 3년 이상인 사람은 제외한다.
- 장애등급이 2급 이상인 장애연금 수급권자

유족연금을 지급받을 수 있는 유족의 범위는 위의 해당자가 사망할 당시 그에 의하여 생계를 유지하고 있던 배우자, 자녀(다만, 25세 미만이거나 장애등급 2급 이상인 자만 해당), 부모(배우자의 부모를 포함. 다만, 60세 이상이거나 장애등급 2급 이상인 자만 해당), 손자녀(다만, 19세 미만이거나 장애등급 2급 이상인 자만 해당), 조부모(배우자의 조부모를 포함. 다만, 60세 이상이거나 장애등급 2급 이상인 자만 해당)이다. 유족연금은 순위에 따라 최우선 순위자에게만 지급하며, 유족의 수급권이 소멸되거나 정지되면 자녀(다만, 25세 미만이거나 장애등급 2급 이상인 자만 해당)에게 지급하며, 만일 같은 순위의 유족이 2명 이상이면 그 유족연금액을 똑같이 나누어 지급하되, 지급 방법은 대통령령으로 정한다(제73조).

유족연금 수급권자가 사망, 배우자인 수급권자가 재혼한 때, 자녀나 손자녀인 수급권자가 파양한 때, 장애등급 2급 이상에 해당하지 아니한 자녀인 수급권자가 25세가 된 때 또는 장애등급 2급 이상에 해당하지 아니한 손자녀인 수급권자가 19세가 된 때에 해당하게 되면 그 수급권은 소멸한다. 또한 부모, 손

자녀 또는 조부모인 유족의 유족연금 수급권은 가입자 또는 가입자였던 사람이 사망할 당시에 그 가입자 또는 가입자였던 사람의 태아가 출생하여 수급권을 갖게 되면 소멸한다(제75조).

유족연금의 수급권자인 배우자에 대하여는 수급권이 발생한 때부터 3년 동안 유족연금을 지급한 후 55세가 될 때까지 지급을 정지한다. 다만, 그 수급권자가 장애등급이 2급 이상인 경우, 가입자 또는 가입자였던 자의 25세 미만인 자녀 또는 장애등급 2급 이상인 자녀의 생계를 유지한 경우, 대통령령으로 정하는 소득이 있는 업무에 종사하지 아니하는 경우의 어느 하나에 해당하면 지급을 정지하지 아니한다.

유족연금의 수급권자인 배우자의 소재를 1년 이상 알 수 없는 때에는 유족인 자녀의 신청에 의하여 그 소재 불명(不明)의 기간 동안 그에게 지급하여야 할 유족연금은 지급을 정지한다. 배우자 외의 자에 대한 유족연금의 수급권자가 2명 이상인 경우 그 수급권자 중에서 1년 이상 소재를 알 수 없는 자가 있으면 다른 수급권자의 신청에 따라 그 소재 불명의 기간에 해당하는 그에 대한 유족연금의 지급을 정지한다. 유족연금의 지급이 정지된 자의 소재가 확인된 경우에는 본인의 신청에 의하여 지급 정지를 해제한다.

자녀나 손자녀인 수급권자가 다른 사람에게 입양된 때에는 그에 해당하게 된 때부터 유족연금의 지급을 정지하며, 파양된 경우에는 본인의 신청에 의하여 파양된 때부터 지급 정지를 해제한다.

장애로 수급권을 취득한 자가 장애등급 2급 이상에 해당하지 아니하게 된 때에는 그에 해당하게 된 때부터 유족연금의 지급을 정지하며, 유족연금의 지급이 정지된 자가 그 질병이나 부상이 악화되어 장애등급 2급 이상에 해당하게 된 경우에는 본인의 신청에 의하여 장애등급 2급 이상에 해당하게 된 때부터 지급 정지를 해제한다(제76조).

④ 반환일시금

가입자 또는 가입자였던 자가 가입기간이 10년 미만이면서 60세가 된 때, 가입자 또는 가입자였던 자가 사망한 때(다만, 유족연금이 지급되는 경우는 제외),

국적을 상실하거나 국외로 이주한 때의 어느 하나에 해당하게 되면 본인이나 그 유족의 청구에 의하여 반환일시금을 지급받을 수 있다.

반환일시금의 액수는 가입자 또는 가입자였던 자가 납부한 연금보험료(사업장가입자 또는 사업장가입자였던 자의 경우에는 사용자의 부담금을 포함한다)에 대통령령으로 정하는 이자를 더한 금액으로 한다(제77조).

반환일시금을 받은 자로서 다시 가입자의 자격을 취득한 자는 지급받은 반환일시금에 대통령령으로 정하는 이자를 더한 금액(반납금)을 공단에 낼 수 있다. 반납금은 분할하여 납부하게 할 수 있으며, 이 경우 대통령령으로 정하는 이자를 더하여야 한다(제78조 제1항, 제2항).

반환일시금의 수급권은 수급권자가 다시 가입자로 된 때, 수급권자가 노령연금의 수급권을 취득한 때, 수급권자가 장애연금의 수급권을 취득한 때, 수급권자의 유족이 유족연금의 수급권을 취득한 때의 어느 하나에 해당하면 소멸한다(제79조).

⑤ 사망일시금

가입자 또는 가입자였던 사람, 노령연금 수급권자, 장애등급이 3급 이상인 장애연금 수급권자 중 어느 하나에 해당하는 사람이 사망한 때에 제73조에 따른 유족이 없으면 그 배우자·자녀·부모·손자녀·조부모·형제자매 또는 4촌 이내 방계혈족(傍系血族)에게 사망일시금을 지급한다. 다만, 가출·실종 등 대통령령으로 정하는 경우에 해당하는 사람에게는 지급하지 아니하며, 4촌 이내 방계혈족의 경우에는 대통령령으로 정하는 바에 따라 가입자 또는 가입자였던 사람의 사망 당시 가입자 또는 가입자였던 사람에 의하여 생계를 유지하고 있던 사람에게만 지급한다(제80조 제1항).

사망일시금을 받을 자의 순위는 배우자·자녀·부모·손자녀·조부모·형제자매 및 4촌 이내의 방계혈족 순으로 한다. 이 경우 순위가 같은 사람이 2명 이상이면 똑같이 나누어 지급하되, 그 지급 방법은 대통령령으로 정한다(제80조 제3항).

유족연금 수급권자에 대하여는 유족연금수급권이 소멸할 때까지 지급받은 유족연금액이 사망일시금액보다 적을 때에는 그 차액을 일시금으로 지급한다(제81조).

(2) 급여의 지급

급여는 수급권자의 청구에 따라 공단이 지급하며, 연금액은 지급사유에 따라 기본연금액과 부양가족연금액을 기초로 산정한다(제50조). 연금은 지급하여야 할 사유가 생긴 날이 속하는 달의 다음 달부터 수급권이 소멸한 날이 속하는 달까지 지급하며, 매월 25일에 그 달의 금액을 지급하되, 지급일이 토요일이나 공휴일이면 그 전날에 지급한다. 다만, 수급권이 소멸하거나 연금 지급이 정지된 경우에는 그 지급일 전에 지급할 수 있다. 연금은 지급을 정지하여야 할 사유가 생기면 그 사유가 생긴 날이 속하는 달의 다음 달부터 그 사유가 소멸한 날이 속하는 달까지는 지급하지 아니한다(제54조).

(3) 연금의 중복급여의 조정

장애연금 또는 유족연금의 수급권자가 이 법에 따른 장애연금 또는 유족연금의 지급 사유와 같은 사유로 다음의 어느 하나에 해당하는 급여를 받을 수 있는 경우에는 장애연금액이나 유족연금액은 그 2분의 1에 해당하는 금액을 지급한다(제113조).

- 근로기준법 제80조에 따른 장해보상, 같은 법 제82조에 따른 유족보상 또는 같은 법 제84조에 따른 일시보상
- 산업재해보상보험법 제57조에 따른 장해급여, 같은 법 제62조에 따른 유족급여, 같은 법 제91조의3에 따른 진폐보상연금 또는 같은 법 제91조의4에 따른 진폐유족연금
- 선원법 제97조에 따른 장해보상, 같은 법 제98조에 따른 일시보상 또는 같은 법 제99조에 따른 유족보상
- 어선원 및 어선 재해보상보험법 제25조에 따른 장해급여, 같은 법 제26조에 따른 일시보상급여 또는 같은 법 제27조에 따른 유족급여

(4) 수급권 보호

수급권은 양도·압류하거나 담보로 제공할 수 없으며, 수급권자에게 지급된 급여로서 대통령령으로 정하는 금액 이하의 급여와, 급여수급전용계좌에 입금된 급여와 이에 관한 채권은 압류할 수 없다(제58조). 또한 지급된 금액에 대하여는 조세특례제한법이나 그 밖의 법률 또는 지방자치단체가 조례로 정하는 바에 따라 조세, 그 밖에 국가 또는 지방자치단체의 공과금을 감면한다(제60조).

(5) 급여 제한

가입자 또는 가입자였던 자가 고의로 질병·부상 또는 그 원인이 되는 사고를 일으켜 그로 인하여 장애를 입은 경우에는 그 장애를 지급 사유로 하는 장애연금을 지급하지 아니할 수 있다.

가입자 또는 가입자였던 자가 고의나 중대한 과실로 요양 지시에 따르지 아니하거나 정당한 사유 없이 요양 지시에 따르지 아니하여 장애를 입거나 사망한 경우, 장애나 사망의 원인이 되는 사고를 일으킨 경우, 장애를 악화시키거나 회복을 방해한 경우에 해당하게 되면 대통령령으로 정하는 바에 따라 이를 원인으로 하는 급여의 전부 또는 일부를 지급하지 아니할 수 있다.

가입자 또는 가입자였던 자를 고의로 사망하게 한 유족, 유족연금등의 수급권자가 될 수 있는 자를 고의로 사망하게 한 유족, 다른 유족연금등의 수급권자를 고의로 사망하게 한 유족연금 등의 수급권자에 해당하는 사람에게는 사망에 따라 발생되는 유족연금, 미지급급여, 반환일시금 및 사망일시금을 지급하지 아니한다(제82조).

(6) 대위권

공단은 제3자의 행위로 장애연금이나 유족연금의 지급 사유가 발생하여 장애연금이나 유족연금을 지급한 때에는 그 급여액의 범위에서 제3자에 대한 수급권자의 손해배상청구권에 관하여 수급권자를 대위(代位)한다. 제3자의 행위로 장애연금이나 유족연금의 지급 사유가 발생한 경우 그와 같은 사유로 제3자로부터 손해배상을 받았으면 공단은 그 배상액의 범위에서 장애연금이나 유족연금을 지급하지 아니한다(제114조).

4) 비 용

(1) 국고부담

국가는 매년 공단 및 건강보험공단이 국민연금사업을 관리・운영하는 데에 필요한 비용의 전부 또는 일부를 부담한다(제87조).

(2) 연금보험료의 부과・징수

보건복지부장관은 국민연금사업 중 연금보험료의 징수에 관하여 건강보험공단에 위탁하며, 국민연금공단은 국민연금사업에 드는 비용에 충당하기 위하여 가입자와 사용자에게 가입기간 동안 매월 연금보험료를 부과하고, 건강보험공단이 이를 징수한다.

사업장가입자의 연금보험료 중 기여금은 사업장가입자 본인이, 부담금은 사용자가 각각 부담하되, 그 금액은 각각 기준소득월액의 1천분의 45에 해당하는 금액으로 한다. 지역가입자, 임의가입자 및 임의계속가입자의 연금보험료는 지역가입자, 임의가입자 또는 임의계속가입자 본인이 부담하되, 그 금액은 기준소득월액의 1천분의 90으로 한다.

공단은 기준소득월액 정정 등의 사유로 당초 징수 결정한 금액을 다시 산정함으로써 연금보험료를 추가로 징수하여야 하는 경우 가입자 또는 사용자에게 그 추가되는 연금보험료를 나누어 내도록 할 수 있다. 이 경우 분할 납부 신청 대상, 분할 납부 방법 및 납부 기한 등 연금보험료의 분할 납부에 필요한 사항은 대통령령으로 정한다(제88조).

(3) 연금보험료 납부의 예외

납부 의무자는 사업장가입자 또는 지역가입자가 다음의 어느 하나에 해당하는 사유로 연금보험료를 낼 수 없으면 대통령령으로 정하는 바에 따라 그 사유가 계속되는 기간에는 연금보험료를 내지 아니할 수 있으며, 연금보험료를 내지 아니한 기간은 가입기간에 산입하지 아니한다(제91조).

- 사업 중단, 실직 또는 휴직 중인 경우
- 병역의무를 수행하는 경우
- 학교에 재학 중인 경우
- 교정시설에 수용 중인 경우
- 종전의 사회보호법에 따른 보호감호시설이나 치료감호법에 따른 치료감호시설에 수용 중인 경우
- 1년 미만 행방불명된 경우. 이 경우 행방불명의 인정 기준 및 방법은 대통령령으로 정한다.
- 재해·사고 등으로 소득이 감소되거나 그 밖에 소득이 있는 업무에 종사하지 아니하는 경우로서 대통령령으로 정하는 경우

5) 국민연금관리공단

보건복지부장관의 위탁을 받아 국민연금의 목적을 달성하기 위한 사업을 효율적으로 수행하기 위하여 법인으로서 국민연금공단을 설립하며(제24조, 제26조), 공단의 업무는 다음과 같다(제25조).

- 가입자에 대한 기록의 관리 및 유지
- 연금보험료의 부과
- 급여의 결정 및 지급
- 가입자, 가입자였던 자, 수급권자 및 수급자를 위한 자금의 대여와 복지시설의 설치·운영 등 복지사업

- 가입자 및 가입자였던 자에 대한 기금증식을 위한 자금 대여사업
- 가입대상과 수급권자 등을 위한 노후준비서비스 사업
- 국민연금제도 · 재정계산 · 기금운용에 관한 조사연구
- 국민연금기금 운용 전문인력 양성
- 국민연금에 관한 국제협력
- 그 밖에 이 법 또는 다른 법령에 따라 위탁받은 사항
- 그 밖에 국민연금사업에 관하여 보건복지부장관이 위탁하는 사항

공단은 대통령령으로 정하는 바에 따라 회계연도마다 사업 운영 계획과 예산에 관하여 보건복지부장관의 승인을 받아야 한며, 회계연도가 끝나고 2개월 내에 사업 실적과 결산을 보건복지부장관에게 보고하여야 한다. 보건복지부장관은 공단에 대하여 사업에 관한 보고를 명하거나, 사업이나 재산 상황을 검사할 수 있으며, 필요하다고 인정하면 정관의 변경을 명하는 등 감독에 필요한 조치를 할 수 있다(제41조).

6) 국민연금심의위원회

국민연금사업에 관한 국민연금제도 및 재정 계산에 관한 사항, 급여에 관한 사항, 연금보험료에 관한 사항, 국민연금기금에 관한 사항, 그 밖에 국민연금제도의 운영과 관련하여 보건복지부장관이 회의에 부치는 사항 등을 심의하기 위하여 보건복지부에 국민연금심의위원회를 둔다. 국민연금심의위원회는 위원장 · 부위원장 및 위원으로 구성하되, 위원장은 보건복지부차관이 되고, 부위원장은 공익을 대표하는 위원 중에서 호선(互選)하며, 위원은 보건복지부장관이 지명하거나 위촉한다(제5조).

7) 국민연금기금

(1) 기금의 설치 및 조성

보건복지부장관은 국민연금사업에 필요한 재원을 원활하게 확보하고, 이

법에 따른 급여에 충당하기 위한 책임준비금으로서 국민연금기금을 설치한다. 기금은 연금보험료, 기금 운용 수익금, 적립금, 공단의 수입지출 결산상의 잉여금 등으로 조성한다(제101조).

(2) 기금의 관리 및 운용

기금은 보건복지부장관이 관리 · 운용하며, 보건복지부장관은 국민연금 재정의 장기적인 안정을 유지하기 위하여 그 수익을 최대로 증대시킬 수 있도록 국민연금기금운용위원회에서 의결한 바에 따라 기금을 관리 · 운용하되, 가입자, 가입자였던 자 및 수급권자의 복지증진을 위한 사업에 대한 투자는 국민연금 재정의 안정을 해치지 아니하는 범위에서 하여야 한다(제102조).

(3) 국민연금기금운용위원회

기금의 운용에 관한 다음의 사항을 심의 · 의결하기 위하여 보건복지부에 국민연금기금운용위원회를 둔다.

- 기금운용지침에 관한 사항
- 기금을 관리기금에 위탁할 경우 예탁 이자율의 협의에 관한 사항
- 기금 운용 계획에 관한 사항
- 기금의 운용 내용과 사용 내용에 관한 사항
- 그 밖에 기금의 운용에 관하여 중요한 사항으로서 운용위원회 위원장이 회의에 부치는 사항

운용위원회는 위원장인 보건복지부장관, 당연직 위원인 기획재정부차관 · 농림축산식품부차관 · 산업통상자원부차관 · 고용노동부차관과 공단 이사장 및 위원장이 위촉하는 위원으로 구성한다(제103조).

(4) 국민연금기금운용전문위원회 설치 및 구성

국민연금기금운용위원회의 심의 · 의결 사항을 사전에 전문적으로 검토 · 심

의하기 위하여 운용위원회에 국민연금기금투자정책전문위원회, 국민연금기금수탁자책임전문위원회, 국민연금기금위험관리・성과보상전문위원회 등 각 분야별 국민연금기금운용전문위원회를 둔다.

전문위원회는 국민연금기금운용위원회의 심의・의결 사항 중 각 분야에 따른 사항을 검토・심의한다.

- **투자정책전문위원회** : 기금 운용계획에 관한 사항, 기금 투자 기준 및 기금 관리에 관한 사항, 기금 투자정책의 개발 또는 변경에 관한 사항, 그 밖에 기금의 투자정책에 관하여 운용위원회의 위원장, 투자정책전문위원회의 위원장 또는 투자정책전문위원회의 재적위원 3분의 1 이상이 검토・심의를 요구하는 사항
- **수탁자책임전문위원회** : 주주권 행사의 원칙・기준・방법・절차에 관한 사항, 국내외 자산운용사에 위탁하여 운용하는 주식의 의결권 위임에 관한 사항, 증권의 매매 및 대여 대상과 관련한 환경・사회・지배구조 등의 고려에 관한 사항, 그 밖에 기금의 수탁자 책임에 관하여 운용위원회의 위원장, 수탁자책임전문위원회의 위원장 또는 수탁자책임전문위원회의 재적위원 3분의 1 이상이 검토・심의를 요구하는 사항
- **위험관리・성과보상전문위원회** : 기금 운용 위험관리에 관한 사항, 기금 운용 성과에 따른 보상에 관한 사항, 기금 운용 현황의 점검 및 그 결과에 따른 정책제언에 관한 사항, 그 밖에 기금의 위험관리・성과보상에 관하여 운용위원회의 위원장, 위험관리・성과보상전문위원회의 위원장 또는 위험관리・성과보상전문위원회의 재적위원 3분의 1 이상이 검토・심의를 요구하는 사항(제103조의3)

(5) 국민연금기금운용실무평가위원회

국민연금기금의 운용에 관한 다음 사항을 심의・평가하기 위하여 운용위원회에 국민연금기금운용실무평가위원회를 둔다.

- 기금 운용 자산의 구성과 기금의 회계 처리에 관한 사항
- 기금 운용 성과의 측정에 관한 사항
- 기금의 관리·운용과 관련하여 개선하여야 할 사항
- 운용위원회에 상정할 안건 중 실무평가위원회의 위원장이 필요하다고 인정한 사항
- 그 밖에 운용위원회에서 심의를 요청한 사항

실무평가위원회는 위원장인 보건복지부차관, 위원 중에서 호선하는 부위원장 및 위원장이 위촉하는 위원으로 구성한다(제104조).

8) 심사청구와 재심사청구

(1) 심사청구

가입자의 자격, 기준소득월액, 연금보험료, 그 밖의 이 법에 따른 징수금과 급여에 관한 공단 또는 건강보험공단의 처분에 이의가 있는 자는 그 처분을 한 공단 또는 건강보험공단에 심사청구를 할 수 있다. 심사청구는 그 처분이 있음을 안 날부터 90일 이내에 문서(전자문서 포함)로 하야 하며, 처분이 있은 날부터 180일을 경과하면 이를 제기하지 못한다. 다만, 정당한 사유로 그 기간에 심사청구를 할 수 없었음을 증명하면 그 기간이 지난 후에도 심사 청구를 할 수 있다(제108조). 심사청구 사항을 심사하기 위하여 공단에 국민연금심사위원회(이하 "심사위원회"라 한다)를 두고, 건강보험공단에 징수심사위원회를 둔다(제109조).

(2) 재심사청구

심사청구에 대한 결정에 불복하는 자는 그 결정통지를 받은 날부터 90일 이내에 대통령령으로 정하는 사항을 적은 재심사청구서에 따라 국민연금재심사위원회에 재심사를 청구할 수 있다(제110조). 재심사청구 사항을 심사하기 위하여 보건복지부에 국민연금재심사위원회를 둔다(제111조).

3. 국민건강보험법

1) 목적 및 연혁

국민건강보험법은 국민의 질병·부상에 대한 예방·진단·치료·재활과 출산·사망 및 건강증진에 대하여 보험급여를 실시함으로써 국민보건 향상과 사회보장 증진에 이바지함을 목적으로 제정되었으며(제1조), 보건복지부장관이 맡아 주관한다(제2조).

우리나라에서 건강과 관련된 사회보험은 1963년 제정된 의료보험법으로부터 시작된다. 당시 의료보험법은 근로기준법에 근거하여 300인 이상의 사업장의 근로자와 그 부양가족을 대상으로 강제적용 규정이 없는 임의가입 형태로 시행될 예정이었으나 사회적·경제적 여건 등의 사유로 시행을 계속 연기하였다. 이후 1970년 개정을 통해 대상을 군인·공무원·자영업자로 확대하였고, 1977년 7월 500인 이상 사업장 근로자를 당연강제적용 대상으로 하여 실시하였으며, 1989년 제도도입 12년 만에 도시지역자영업자를 포함하는 전국민 대상 의료보험과 약국의료보험도 실시하였다. 그러나 직장의료보험과 지역의료보험으로 운영되어지는 다보험자방식에 여러 가지 문제가 나타나면서 보험 운영의 효율성과 형평성을 높이기 위한 방안으로 1999년 2월 국민건강보험법을 제정하여, 당시 140개 직장의료보험조합과 국민의료보험공단을 통합한 단일보험자인 국민건강보험공단을 출범시키고, 2000년 7월 1일 국민건강보험법을 시행하였다.

2) 용어 정의

국민건강보험법에서 사용하는 용어의 뜻은 다음과 같다(제3조).

- **근로자** : 직업의 종류와 관계없이 근로의 대가로 보수를 받아 생활하는 사람(법인의 이사와 그 밖의 임원을 포함한다)으로서 공무원 및 교직원을 제외한 사람을 말한다.

- **사용자** : 근로자가 소속되어 있는 사업장의 사업주, 공무원이 소속되어 있는 기관의 장으로서 대통령령으로 정하는 사람, 교직원이 소속되어 있는 사립학교를 설립·운영하는 자 중 어느 하나에 해당하는 자를 말한다.
- **사업장** : 사업소나 사무소를 말한다.
- **공무원** : 국가나 지방자치단체에서 상시 공무에 종사하는 사람을 말한다.
- **교직원** : 사립학교나 사립학교의 경영기관에서 근무하는 교원과 직원을 말한다.

3) 국민건강보험종합계획

보건복지부장관은 건강보험의 건전한 운영을 위하여 건강보험정책심의위원회의 심의를 거쳐 5년마다 국민건강보험종합계획을 수립하여야 한다. 종합계획에는 다음 각 호의 사항이 포함되어야 한다(제3조의2).

- 건강보험정책의 기본목표 및 추진방향
- 건강보험 보장성 강화의 추진계획 및 추진방법
- 건강보험의 중장기 재정 전망 및 운영
- 보험료 부과체계에 관한 사항
- 요양급여비용에 관한 사항
- 건강증진 사업에 관한 사항
- 취약계층 지원에 관한 사항
- 건강보험에 관한 통계 및 정보의 관리에 관한 사항
- 그 밖에 건강보험의 개선을 위하여 필요한 사항으로 대통령령으로 정하는 사항

보건복지부장관은 종합계획에 따라 매년 연도별 시행계획을 건강보험정책심의위원회의 심의를 거쳐 수립·시행하여야 하며, 매년 시행계획에 따른 추진실적을 평가하여야 한다. 보건복지부장관은 종합계획의 수립, 시행계획의 수립·시행 및 시행계획에 따른 추진실적의 평가를 위하여 필요하다고 인정

하는 경우 관계 기관의 장에게 자료의 제출을 요구할 수 있다. 이 경우 자료의 제출을 요구받은 자는 특별한 사유가 없으면 이에 따라야 한다.

4) 건강보험정책심의위원회

종합계획 및 시행계획에 관한 사항, 요양급여의 기준, 요양급여비용에 관한 사항, 직장가입자의 보험료율, 지역가입자의 보험료부과점수당 금액 등 건강보험정책에 관한 사항을 심의·의결하기 위하여 보건복지부장관 소속으로 건강보험정책심의위원회를 둔다.

심의위원회는 위원장 1명과 부위원장 1명을 포함하여 25명의 위원으로 구성하며, 심의위원회의 위원장은 보건복지부차관이 되고, 부위원장은 위원 중에서 위원장이 지명하는 사람이 된다. 심의위원회의 위원은 다음 각 호에 해당하는 사람을 보건복지부장관이 임명 또는 위촉한다.

- 근로자단체 및 사용자단체가 추천하는 각 2명
- 시민단체, 소비자단체, 농어업인단체 및 자영업자단체가 추천하는 각 1명
- 의료계를 대표하는 단체 및 약업계를 대표하는 단체가 추천하는 8명
- 대통령령으로 정하는 중앙행정기관 소속 공무원 2명, 국민건강보험공단의 이사장 및 건강보험심사평가원의 원장이 추천하는 각 1명, 건강보험에 관한 학식과 경험이 풍부한 4명 등에 해당하는 8명

심의위원회 위원의 임기는 3년으로 한다. 다만, 위원의 사임 등으로 새로 위촉된 위원의 임기는 전임위원 임기의 남은 기간으로 한다(제4조).

5) 가입자

(1) 적용 대상

국내에 거주하는 국민은 건강보험의 가입자 또는 피부양자가 된다. 다만, 다음 각 호의 어느 하나에 해당하는 사람은 제외한다.

- 「의료급여법」에 따라 의료급여를 받는 사람
- 「독립유공자예우에 관한 법률」 및 「국가유공자 등 예우 및 지원에 관한 법률」에 따라 의료보호를 받는 사람. 다만, 유공자등 의료보호대상자 중 건강보험의 적용을 보험자에게 신청한 사람이나 건강보험을 적용받고 있던 사람이 유공자등 의료보호대상자로 되었으나 건강보험의 적용배제신청을 보험자에게 하지 아니한 사람 중 어느 하나에 해당하는 사람은 가입자 또는 피부양자가 된다.

피부양자는 직장가입자의 배우자, 직장가입자의 직계존속(배우자의 직계존속을 포함), 직장가입자의 직계비속(배우자의 직계비속을 포함)과 그 배우자, 직장가입자의 형제·자매 중 어느 하나에 해당하는 사람으로 직장가입자에게 주로 생계를 의존하는 사람으로서 소득 및 재산이 보건복지부령으로 정하는 기준 이하에 해당하는 사람을 말한다. 피부양자 자격의 인정 기준, 취득·상실시기 및 그 밖에 필요한 사항은 보건복지부령으로 정한다(제5조).

(2) 가입자의 종류

국내가입자는 직장가입자와 지역가입자로 구분한다. 모든 사업장의 근로자 및 사용자와 공무원 및 교직원은 직장가입자가 된다. 다만, 다음 각 호의 어느 하나에 해당하는 사람은 제외한다(제6조).

- 고용 기간이 1개월 미만인 일용근로자
- 「병역법」에 따른 현역병(지원에 의하지 아니하고 임용된 하사를 포함한다), 전환복무된 사람 및 군간부후보생
- 선거에 당선되어 취임하는 공무원으로서 매월 보수 또는 보수에 준하는 급료를 받지 아니하는 사람
- 그 밖에 사업장의 특성, 고용 형태 및 사업의 종류 등을 고려하여 대통령령으로 정하는 사업장의 근로자 및 사용자와 공무원 및 교직원

지역가입자는 직장가입자와 그 피부양자를 제외한 가입자를 말한다.

(3) 자격의 취득

가입자는 국내에 거주하게 된 날에 직장가입자 또는 지역가입자의 자격을 얻는다. 다만, 다음 각 호의 어느 하나에 해당하는 사람은 그 해당되는 날에 각각 자격을 얻는다.

- 수급권자이었던 사람은 그 대상자에서 제외된 날
- 직장가입자의 피부양자이었던 사람은 그 자격을 잃은 날
- 유공자등 의료보호대상자이었던 사람은 그 대상자에서 제외된 날
- 보험자에게 건강보험의 적용을 신청한 유공자등 의료보호대상자는 그 신청한 날

자격을 얻은 경우 그 직장가입자의 사용자 및 지역가입자의 세대주는 그 명세를 보건복지부령으로 정하는 바에 따라 자격을 취득한 날부터 14일 이내에 보험자에게 신고하여야 한다(제8조).

(4) 자격의 변동

가입자는 다음 각 호의 어느 하나에 해당하게 된 날에 그 자격이 변동된다

- 지역가입자가 적용대상사업장의 사용자로 되거나, 근로자・공무원 또는 교직원(이하 "근로자등"이라 한다)으로 사용된 날
- 직장가입자가 다른 적용대상사업장의 사용자로 되거나 근로자등으로 사용된 날
- 직장가입자인 근로자등이 그 사용관계가 끝난 날의 다음 날
- 적용대상사업장에 제7조 제2호에 따른 사유가 발생한 날의 다음 날
- 지역가입자가 다른 세대로 전입한 날

자격이 변동된 경우 직장가입자의 사용자와 지역가입자의 세대주는 다음 각 호의 구분에 따라 그 명세를 보건복지부령으로 정하는 바에 따라 자격이 변동된 날부터 14일 이내에 보험자에게 신고하여야 한다(제9조).

공단은 제공받은 자료를 통하여 가입자 자격의 취득 또는 변동 여부를 확인하는 경우에는 자격 취득 또는 변동 후 최초로 납부의무자에게 보험료 납입 고지를 할 때 보건복지부령으로 정하는 바에 따라 자격 취득 또는 변동에 관한 사항을 알려야 한다(제9조의2).

(5) 자격의 상실

가입자는 다음각 호의 어느 하나에 해당하게 된 날에 그 자격을 잃는다.

- 사망한 날의 다음 날
- 국적을 잃은 날의 다음 날
- 국내에 거주하지 아니하게 된 날의 다음 날
- 직장가입자의 피부양자가 된 날
- 수급권자가 된 날
- 건강보험을 적용받고 있던 사람이 유공자등 의료보호대상자가 되어 건강보험의 적용배제신청을 한 날

자격을 잃은 경우 직장가입자의 사용자와 지역가입자의 세대주는 그 명세를 보건복지부령으로 정하는 바에 따라 자격을 잃은 날부터 14일 이내에 보험자에게 신고하여야 한다(제10조).

6) 국민건강보험공단

(1) 보험자

건강보험의 보험자는 국민건강보험공단으로 한다(제13조).

(2) 업무

국민건강보험공단은 다음의 업무를 관장한다(제14조).

- 가입자 및 피부양자의 자격 관리
- 보험료와 그 밖에 이 법에 따른 징수금의 부과·징수
- 보험급여의 관리
- 가입자 및 피부양자의 질병의 조기발견·예방 및 건강관리를 위하여 요양급여 실시 현황과 건강검진 결과 등을 활용하여 실시하는 예방사업으로서 대통령령으로 정하는 사업
- 보험급여 비용의 지급
- 자산의 관리·운영 및 증식사업
- 의료시설의 운영
- 건강보험에 관한 교육훈련 및 홍보
- 건강보험에 관한 조사연구 및 국제협력
- 이 법에서 공단의 업무로 정하고 있는 사항
- 「국민연금법」, 「고용보험 및 산업재해보상보험의 보험료징수 등에 관한 법률」, 「임금채권보장법」 및 「석면피해구제법」에 따라 위탁받은 업무
- 그 밖에 이 법 또는 다른 법령에 따라 위탁받은 업무
- 그 밖에 건강보험과 관련하여 보건복지부장관이 필요하다고 인정한 업무

(3) 임원

국민건강보험공단공단은 임원으로서 이사장 1명, 이사 14명 및 감사 1명을 둔다. 이 경우 이사장, 이사 중 5명 및 감사는 상임으로 한다. 이사장은 임원추천위원회가 복수로 추천한 사람 중에서 보건복지부장관의 제청으로 대통령이 임명한다. 상임이사는 보건복지부령으로 정하는 추천 절차를 거쳐 이사장이 임명한다. 비상임이사는 다음의 사람을 보건복지부장관이 임명한다.

- 노동조합·사용자단체·시민단체·소비자단체·농어업인단체 및 노인단체가 추천하는 각 1명
- 대통령령으로 정하는 바에 따라 추천하는 관계 공무원 3명

감사는 임원추천위원회가 복수로 추천한 사람 중에서 기획재정부장관의 제청으로 대통령이 임명한다. 비상임이사는 정관으로 정하는 바에 따라 실비변상(實費辨償)을 받을 수 있다. 이사장의 임기는 3년, 이사(공무원인 이사는 제외한다)와 감사의 임기는 각각 2년으로 한다(제20조).

공단의 상임임원과 직원은 그 직무 외에 영리를 목적으로 하는 사업에 종사하지 못한다. 공단의 상임임원이 임명권자 또는 제청권자의 허가를 받거나 공단의 직원이 이사장의 허가를 받은 경우에는 비영리 목적의 업무를 겸할 수 있다(제25조).

7) 보험 급여

(1) 요양급여

가입자와 피부양자의 질병, 부상, 출산 등에 대하여 진찰·검사, 약제(藥劑)·치료재료의 지급, 처치·수술 및 그 밖의 치료, 예방·재활, 입원, 간호, 이송(移送) 등의 요양급여를 실시한다.

요양급여의 방법·절차·범위·상한 등의 기준은 보건복지부령으로 정한다. 보건복지부장관은 요양급여의 기준을 정할 때 업무나 일상생활에 지장이 없는 질환에 대한 치료 등 보건복지부령으로 정하는 사항은 요양급여대상에서 제외되는 사항(비급여대상)으로 정할 수 있다(제41조).

(2) 선별급여

요양급여를 결정함에 있어 경제성 또는 치료효과성 등이 불확실하여 그 검증을 위하여 추가적인 근거가 필요하거나, 경제성이 낮아도 가입자와 피부양자의 건강회복에 잠재적 이득이 있는 등 대통령령으로 정하는 경우에는 예비적인 요양급여인 선별급여로 지정하여 실시할 수 있다.

보건복지부장관은 대통령령으로 정하는 절차와 방법에 따라 선별급여에 대하여 주기적으로 요양급여의 적합성을 평가하여 요양급여 여부를 다시 결정하고, 요양급여의 기준을 조정하여야 한다(제41조의4).

(3) 방문요양급여

가입자 또는 피부양자가 질병이나 부상으로 거동이 불편한 경우 등 보건복지부령으로 정하는 사유에 해당하는 경우에는 가입자 또는 피부양자를 직접 방문하여 요양급여를 실시할 수 있다.

(4) 요양기관

요양급여(간호와 이송은 제외)는 다음의 요양기관에서 실시한다. 이 경우 보건복지부장관은 공익이나 국가정책에 비추어 요양기관으로 적합하지 아니한 대통령령으로 정하는 의료기관 등은 요양기관에서 제외할 수 있다.

- 「의료법」에 따라 개설된 의료기관
- 「약사법」에 따라 등록된 약국
- 「약사법」 제91조에 따라 설립된 한국희귀·필수의약품센터
- 「지역보건법」에 따른 보건소·보건의료원 및 보건지소
- 「농어촌 등 보건의료를 위한 특별조치법」에 따라 설치된 보건진료소

보건복지부장관은 효율적인 요양급여를 위하여 필요하면 보건복지부령으로 정하는 바에 따라 시설·장비·인력 및 진료과목 등 보건복지부령으로 정하는 기준에 해당하는 요양기관을 전문요양기관으로 인정할 수 있다. 이 경우 해당 전문요양기관에 인정서를 발급하여야 한다.

요양기관은 정당한 이유 없이 요양급여를 거부하지 못한다(제42조).

(5) 비용의 일부부담

요양급여를 받는 자는 대통령령으로 정하는 바에 따라 비용의 일부(본인일부부담금)를 본인이 부담한다. 이 경우 선별급여에 대해서는 다른 요양급여에 비하여 본인일부부담금을 상향 조정할 수 있다. 본인이 연간 부담하는 본인일부부담금의 총액이 대통령령으로 정하는 금액(본인부담상한액)을 초과한 경우에

는 공단이 그 초과 금액을 부담하여야 한다. 본인부담상한액은 가입자의 소득수준 등에 따라 정한다.

본인일부부담금 총액 산정 방법, 본인부담상한액을 넘는 금액의 지급 방법 및 가입자의 소득수준 등에 따른 본인부담상한액 설정 등에 필요한 사항은 대통령령으로 정한다(제44조).

(6) 요양비

공단은 가입자나 피부양자가 보건복지부령으로 정하는 긴급하거나 그 밖의 부득이한 사유로 요양기관과 비슷한 기능을 하는 기관으로서 보건복지부령으로 정하는 기관(업무정지기간 중인 요양기관 포함-이하 준요양기관)에서 질병·부상·출산 등에 대하여 요양을 받거나 요양기관이 아닌 장소에서 출산한 경우에는 그 요양급여에 상당하는 금액을 보건복지부령으로 정하는 바에 따라 가입자나 피부양자에게 요양비로 지급한다.

준요양기관은 보건복지부장관이 정하는 요양비 명세서나 요양 명세를 적은 영수증을 요양을 받은 사람에게 내주어야 하며, 요양을 받은 사람은 그 명세서나 영수증을 공단에 제출하여야 한다. 준요양기관은 요양을 받은 가입자나 피부양자의 위임이 있는 경우 공단에 요양비의 지급을 직접 청구할 수 있다. 이 경우 공단은 지급이 청구된 내용의 적정성을 심사하여 준요양기관에 요양비를 지급할 수 있다. 준요양기관의 요양비 지급 청구, 공단의 적정성 심사 등에 필요한 사항은 보건복지부령으로 정한다(제49조).

(7) 부가급여

공단은 이 법에서 정한 요양급여 외에 대통령령으로 정하는 바에 따라 임신·출산 진료비, 장제비, 상병수당, 그 밖의 급여를 실시할 수 있다(제50조).

(8) 급여의 제한

공단은 보험급여를 받을 수 있는 사람이 다음의 어느 하나에 해당하면 보험급여를 하지 아니한다.

- 고의 또는 중대한 과실로 인한 범죄행위에 그 원인이 있거나 고의로 사고를 일으킨 경우
- 고의 또는 중대한 과실로 공단이나 요양기관의 요양에 관한 지시에 따르지 아니한 경우
- 고의 또는 중대한 과실로 문서와 그 밖의 물건의 제출을 거부하거나 질문 또는 진단을 기피한 경우
- 업무 또는 공무로 생긴 질병·부상·재해로 다른 법령에 따른 보험급여나 보상(報償) 또는 보상(補償)을 받게 되는 경우

공단은 보험급여를 받을 수 있는 사람이 다른 법령에 따라 국가나 지방자치단체로부터 보험급여에 상당하는 급여를 받거나 보험급여에 상당하는 비용을 지급받게 되는 경우에는 그 한도에서 보험급여를 하지 아니한다.

공단은 가입자가 대통령령으로 정하는 기간 이상 소득월액보험료, 세대단위의 보험료를 체납한 경우 그 체납한 보험료를 완납할 때까지 그 가입자 및 피부양자에 대하여 보험급여를 실시하지 아니할 수 있다. 다만, 월별 보험료의 총체납횟수(이미 납부된 체납보험료는 총체납횟수에서 제외하며, 보험료의 체납기간은 고려하지 아니한다)가 대통령령으로 정하는 횟수 미만이거나 가입자 및 피부양자의 소득·재산 등이 대통령령으로 정하는 기준 미만인 경우에는 그러하지 아니하다.

공단으로부터 분할납부 승인을 받고 그 승인된 보험료를 1회 이상 낸 경우에는 보험급여를 할 수 있다. 다만, 분할납부 승인을 받은 사람이 정당한 사유 없이 5회(같은 조 제1항에 따라 승인받은 분할납부 횟수가 5회 미만인 경우에는 해당 분할납부 횟수를 말한다. 이하 이 조에서 같다) 이상 그 승인된 보험료를 내지 아니한 경우에는 그러하지 아니하다.

보험급여를 하지 아니하는 기간(급여제한기간)에 받은 보험급여는 다음 각 호의 어느 하나에 해당하는 경우에만 보험급여로 인정한다.

- 공단이 급여제한기간에 보험급여를 받은 사실이 있음을 가입자에게 통지한 날부터 2개월이 지난 날이 속한 달의 납부기한 이내에 체납된 보험료를 완납한 경우
- 공단이 급여제한기간에 보험급여를 받은 사실이 있음을 가입자에게 통지한 날부터 2개월이 지난 날이 속한 달의 납부기한 이내에 분할납부 승인을 받은 체납보험료를 1회 이상 낸 경우. 다만, 분할납부 승인을 받은 사람이 정당한 사유 없이 5회 이상 그 승인된 보험료를 내지 아니한 경우에는 그러하지 아니하다(제53조).

(9) 구상권

공단은 제3자의 행위로 보험급여사유가 생겨 가입자 또는 피부양자에게 보험급여를 한 경우에는 그 급여에 들어간 비용 한도에서 그 제3자에게 손해배상을 청구할 권리를 얻는다. 보험급여를 받은 사람이 제3자로부터 이미 손해배상을 받은 경우에는 공단은 그 배상액 한도에서 보험급여를 하지 아니한다(제58조).

(10) 수급권 보호

보험급여를 받을 권리는 양도하거나 압류할 수 없다. 요양비 등 수급계좌에 입금된 요양비 등은 압류할 수 없다(제59조).

8) 건강보험심사평가원

(1) 설립

요양급여비용을 심사하고 요양급여의 적정성을 평가하기 위하여 건강보험심사평가원을 설립한다(제62조).

(2) 업무

심사평가원은 다음 각 호의 업무를 관장한다.

- 요양급여비용의 심사
- 요양급여의 적정성 평가
- 심사기준 및 평가기준의 개발
- 조사연구 및 국제협력
- 다른 법률에 따라 지급되는 급여비용의 심사 또는 의료의 적정성 평가에 관하여 위탁받은 업무
- 건강보험과 관련하여 보건복지부장관이 필요하다고 인정한 업무
- 그 밖에 보험급여 비용의 심사와 보험급여의 적정성 평가와 관련하여 대통령령으로 정하는 업무

요양급여 등의 적정성 평가의 기준·절차·방법 등에 필요한 사항은 보건복지부장관이 정하여 고시한다(제63조).

(3) 임원

심사평가원에 임원으로서 원장, 이사 15명 및 감사 1명을 둔다. 이 경우 원장, 이사 중 4명 및 감사는 상임으로 한다. 원장은 임원추천위원회가 복수로 추천한 사람 중에서 보건복지부장관의 제청으로 대통령이 임명한다. 상임이사는 보건복지부령으로 정하는 추천 절차를 거쳐 원장이 임명한다. 비상임이사는 공단이 추천하는 1명, 의약관계단체가 추천하는 5명, 노동조합·사용자단체·소비자단체 및 농어업인단체가 추천하는 각 1명 중에서 10명과 대통령령으로 정하는 바에 따라 추천한 관계 공무원 1명을 보건복지부장관이 임명한다. 감사는 임원추천위원회가 복수로 추천한 사람 중에서 기획재정부장관의 제청으로 대통령이 임명한다. 비상임이사는 정관으로 정하는 바에 따라 실비변상을 받을 수 있다. 원장의 임기는 3년, 이사(공무원인 이사는 제외)와 감사의 임기는 각각 2년으로 한다(제65조).

9) 보험료

(1) 보험료

공단은 건강보험사업에 드는 비용에 충당하기 위하여 보험료의 납부의무자로부터 보험료를 징수한다. 보험료는 가입자의 자격을 취득한 날이 속하는 달의 다음 달부터 가입자의 자격을 잃은 날의 전날이 속하는 달까지 징수한다. 다만, 가입자의 자격을 매월 1일에 취득한 경우 또는 건강보험 적용 신청으로 가입자의 자격을 취득하는 경우에는 그 달부터 징수한다.

보험료를 징수할 때 가입자의 자격이 변동된 경우에는 변동된 날이 속하는 달의 보험료는 변동되기 전의 자격을 기준으로 징수한다. 다만, 가입자의 자격이 매월 1일에 변동된 경우에는 변동된 자격을 기준으로 징수한다.

직장가입자의 월별 보험료액은 산정한 보수월액에 보험료율을 곱하여 얻은 금액인 보수월액보험료와, 산정한 소득월액에 보험료율을 곱하여 얻은 금액

다음 각 호에 따라 산정한 금액으로 한다.

지역가입자의 월별 보험료액은 세대 단위로 산정하되, 지역가입자가 속한 세대의 월별 보험료액은 산정한 보험료부과점수에 보험료부과점수당 금액을 곱한 금액으로 한다.

월별 보험료액은 가입자의 보험료 평균액의 일정비율에 해당하는 금액을 고려하여 대통령령으로 정하는 기준에 따라 상한 및 하한을 정한다(제69조).

(2) 보수월액

직장가입자의 보수월액은 직장가입자가 지급받는 보수를 기준으로 하여 산정한다. 휴직이나 그 밖의 사유로 보수의 전부 또는 일부가 지급되지 아니하는 가입자(휴직자 등)의 보수월액보험료는 해당 사유가 생기기 전 달의 보수월액을 기준으로 산정한다.

보수는 근로자 등이 근로를 제공하고 사용자·국가 또는 지방자치단체로부터 지급받는 금품(실비변상적인 성격을 갖는 금품은 제외)으로서 대통령령으로 정

하는 것을 말한다. 이 경우 보수 관련 자료가 없거나 불명확한 경우 등 대통령령으로 정하는 사유에 해당하면 보건복지부장관이 정하여 고시하는 금액을 보수로 본다. 보수월액의 산정 및 보수가 지급되지 아니하는 사용자의 보수월액의 산정 등에 필요한 사항은 대통령령으로 정한다(제70조).

(3) 소득월액

소득월액은 보수월액의 산정에 포함된 보수를 제외한 직장가입자의 소득(보수 외 소득)이 대통령령으로 정하는 금액을 초과하는 경우 다음의 계산식에 따라 산정한다.

(연간 보수 외 소득 - 대통령령으로 정하는 금액) × 1/12

소득월액을 산정하는 기준, 방법 등 소득월액의 산정에 필요한 사항은 대통령령으로 정한다(제71조).

(4) 보험료부과점수

보험료부과점수는 지역가입자의 소득 및 재산을 기준으로 산정한다. 다만, 대통령령으로 정하는 지역가입자가 실제 거주를 목적으로 대통령령으로 정하는 기준 이하의 주택을 구입 또는 임차하기 위하여 「금융실명거래 및 비밀보장에 관한 법률」 제2조 제1호에 따른 금융회사 등으로부터 대출을 받고 그 사실을 공단에 통보하는 경우에는 해당 대출금액을 대통령령으로 정하는 바에 따라 평가하여 보험료부과점수 산정 시 제외한다. 이와 관련하여 지역가입자는 공단에 통보할 때 「금융실명거래 및 비밀보장에 관한 법률」에 따른 금융자산, 금융거래의 내용에 대한 자료・정보 중 대출금액, 그 밖에 대통령령으로 정하는 자료・정보를 공단에 제출하여야 하며, 보험료부과점수 산정을 위하여 필요한 금융정보를 공단에 제공하는 것에 대하여 동의한다는 서면을 함께 제출하여야 한다. 이에 따른 보험료부과점수의 산정방법・산정기준 등에 필요한 사항은 대통령령으로 정한다(2022. 7. 1. 시행).

보험료부과점수의 산정방법과 산정기준을 정할 때 법령에 따라 재산권의 행사가 제한되는 재산에 대하여는 다른 재산과 달리 정할 수 있다(제72조).

(5) 보험료부과제도 개선위원회

보험료부과와 관련된 제도 개선을 위하여 보건복지부장관 소속으로 관계 중앙행정기관 소속 공무원 및 민간전문가로 구성된 보험료부과제도개선위원회를 둔다.

제도개선위원회는 다음 각 호의 사항을 심의한다.

- 가입자의 소득 파악 실태에 관한 조사 및 연구에 관한 사항
- 가입자의 소득 파악 및 소득에 대한 보험료 부과 강화를 위한 개선 방안에 관한 사항
- 그 밖에 보험료부과와 관련된 제도 개선 사항으로서 위원장이 회의에 부치는 사항

보건복지부장관은 제도개선위원회 운영 결과를 국회에 보고하여야 한다. 제도개선위원회의 구성·운영 등에 관하여 필요한 사항은 대통령령으로 정한다(제72조의2).

(6) 보험료 부과제도에 대한 적정성 평가

보건복지부장관은 제5조에 따른 피부양자 인정기준과 보험료, 보수월액, 소득월액 및 보험료부과점수의 산정 기준 및 방법 등 산정기준에 대하여 적정성을 평가하고, 이 법 시행일로부터 4년이 경과한 때 이를 조정하여야 한다.

보건복지부장관은 적정성 평가를 하는 경우에는 다음을 종합적으로 고려하여야 한다.

- 제도개선위원회가 심의한 가입자의 소득 파악 현황 및 개선방안
- 공단의 소득 관련 자료 보유 현황

- 「소득세법」 제4조에 따른 종합소득(종합과세되는 종합소득과 분리과세되는 종합소득을 포함) 과세 현황
- 직장가입자에게 부과되는 보험료와 지역가입자에게 부과되는 보험료 간 형평성
- 인정기준 및 산정기준의 조정으로 인한 보험료 변동
- 그 밖에 적정성 평가 대상이 될 수 있는 사항으로서 보건복지부장관이 정하는 사항

적정성 평가의 절차, 방법 및 그 밖에 적정성 평가를 위하여 필요한 사항은 대통령령으로 정한다(제72조의3).

(7) 보험료율

직장가입자의 보험료율은 1천분의 80의 범위에서 심의위원회의 의결을 거쳐 대통령령으로 정한다.

국외에서 업무에 종사하고 있는 직장가입자에 대한 보험료율은 제1항에 따라 정해진 보험료율의 100분의 50으로 한다.

지역가입자의 보험료부과점수당 금액은 심의위원회의 의결을 거쳐 대통령령으로 정한다(제73조).

(8) 보험료의 부담

직장가입자의 보수월액보험료는 직장가입자와 다음 각 호의 구분에 따른 자가 각각 보험료액의 100분의 50씩 부담한다. 다만, 직장가입자가 교직원으로서 사립학교에 근무하는 교원이면 보험료액은 그 직장가입자가 100분의 50을, 사용자가 100분의 30을, 국가가 100분의 20을 각각 부담한다.

지역가입자의 보험료는 그 가입자가 속한 세대의 지역가입자 전원이 연대하여 부담한다(제76조).

(9) 보험료 납부의무

직장가입자의 보험료는 다음의 구분에 따라 정한 자가 납부한다.

- **보수월액보험료** : 사용자. 이 경우 사업장의 사용자가 2명 이상인 때에는 그 사업장의 사용자는 해당 직장가입자의 보험료를 연대하여 납부한다.
- **소득월액보험료** : 직장가입자

지역가입자의 보험료는 그 가입자가 속한 세대의 지역가입자 전원이 연대하여 납부한다. 다만, 소득 및 재산이 없는 미성년자와 소득 및 재산 등을 고려하여 대통령령으로 정하는 기준에 해당하는 미성년자는 납부의무를 부담하지 아니한다.

사용자는 보수월액보험료 중 직장가입자가 부담하여야 하는 그 달의 보험료액을 그 보수에서 공제하여 납부하여야 한다. 이 경우 직장가입자에게 공제액을 알려야 한다(제77조).

(10) 보험료의 납부기한

보험료 납부의무가 있는 자는 가입자에 대한 그 달의 보험료를 그 다음 달 10일까지 납부하여야 한다. 다만, 직장가입자의 소득월액보험료 및 지역가입자의 보험료는 보건복지부령으로 정하는 바에 따라 분기별로 납부할 수 있다.

공단은 납입 고지의 송달 지연 등 보건복지부령으로 정하는 사유가 있는 경우 납부의무자의 신청에 따라 납부기한부터 1개월의 범위에서 납부기한을 연장할 수 있다. 이 경우 납부기한 연장을 신청하는 방법, 절차 등에 필요한 사항은 보건복지부령으로 정한다(제78조).

10) 이의신청 및 심판청구

(1) 이의신청

가입자 및 피부양자의 자격, 보험료등, 보험급여, 보험급여 비용에 관한 공단의 처분에 이의가 있는 자는 공단에 이의신청을 할 수 있다. 요양급여비용 및 요양급여의 적정성 평가 등에 관한 심사평가원의 처분에 이의가 있는 공단, 요양기관 또는 그 밖의 자는 심사평가원에 이의신청을 할 수 있다. 이의신청은 처분이 있음을 안 날부터 90일 이내에 문서(전자문서를 포함)로 하여야 하며 처분이 있은 날부터 180일을 지나면 제기하지 못한다. 다만, 정당한 사유로 그 기간에 이의신청을 할 수 없었음을 소명한 경우에는 그러하지 아니하다.

요양기관이 심사평가원의 확인에 대하여 이의신청을 하려면 통보받은 날부터 30일 이내에 하여야 한다.

이 외에 이의신청의 방법·결정 및 그 결정의 통지 등에 필요한 사항은 대통령령으로 정한다(제87조).

(2) 심판청구

이의신청에 대한 결정에 불복하는 자는 건강보험분쟁조정위원회에 심판청구를 할 수 있다. 심판청구를 하려는 자는 대통령령으로 정하는 심판청구서를 처분을 한 공단 또는 심사평가원에 제출하거나 건강보험분쟁조정위원회에 제출하여야 한다. 규정한 사항 외에 심판청구의 절차·방법·결정 및 그 결정의 통지 등에 필요한 사항은 대통령령으로 정한다(제88조).

(3) 건강보험분쟁조정위원회

심판청구를 심리·의결하기 위하여 보건복지부에 건강보험분쟁조정위원회를 둔다. 분쟁조정위원회는 위원장을 포함하여 60명 이내의 위원으로 구성하고, 위원장을 제외한 위원 중 1명은 당연직위원으로 한다. 이 경우 공무원이 아닌 위원이 전체 위원의 과반수가 되도록 하여야 한다.

분쟁조정위원회의 회의는 위원장, 당연직위원 및 위원장이 매 회의마다 지정하는 7명의 위원을 포함하여 총 9명으로 구성하되, 공무원이 아닌 위원이 과반수가 되도록 하여야 한다. 분쟁조정위원회는 구성원 과반수의 출석과 출석위원 과반수의 찬성으로 의결한다. 분쟁조정위원회를 실무적으로 지원하기 위하여 분쟁조정위원회에 사무국을 둔다. 규정한 사항 외에 분쟁조정위원회 및 사무국의 구성 및 운영 등에 필요한 사항은 대통령령으로 정한다. 분쟁조정위원회의 위원 중 공무원이 아닌 사람은 「형법」 제129조부터 제132조까지의 규정을 적용할 때 공무원으로 본다(제89조).

(4) 행정소송

공단 또는 심사평가원의 처분에 이의가 있는 자와 이의신청 또는 심판청구에 대한 결정에 불복하는 자는 「행정소송법」에서 정하는 바에 따라 행정소송을 제기할 수 있다(제90조).

4. 산업재해보상보험법

1) 목적 및 연혁

산업재해보상보험법은 산업재해보상보험 사업을 시행하여 근로자의 업무상의 재해를 신속하고 공정하게 보상하며, 재해근로자의 재활 및 사회 복귀를 촉진하기 위하여 이에 필요한 보험시설을 설치·운영하고, 재해 예방과 그 밖에 근로자의 복지 증진을 위한 사업을 시행하여 근로자 보호에 이바지하는 것을 목적으로 제정되었다(제1조).

우리나라에서 산업재해와 관련된 보상 제도는 1915년 조선광업령에 의해 광업종사자에게 발생한 업무상 재해에 대해 부조의무제도를 실시한 것이 그 출발이라 할 수 있다. 이후 1948년 정부수립 후 제정된 제헌헌법에 의해 노동3권의 보장이 명시되고, 근로자의 재해에 대한 보상문제가 단체협약을 통하여 전개되었다. 1953년 5월 노동법상 근로기준법이 제정되면서 산업재해에 대한 개별 사용주책임제도가 확립되었으며, 이어 1963년 11월 5일 산업재해에 대한 근대적인 보상보험인 산업재해보상보험법이 제정되었고 1964년 1월 1일부터 시행되었다.

2) 용어 정의

산업재해보상보험법에서 사용하는 용어의 뜻은 다음과 같다(제5조).

- 업무상의 재해 : 업무상의 사유에 따른 근로자의 부상・질병・장해 또는 사망을 말한다.
- 근로자・임금・평균임금・통상임금 : 각각 근로기준법에 따른 "근로자"・"임금"・"평균임금"・"통상임금"을 말한다. 다만, 근로기준법에 따라 "임금" 또는 "평균임금"을 결정하기 어렵다고 인정되면 고용노동부장관이 정하여 고시하는 금액을 해당 "임금" 또는 "평균임금"으로 한다.
- 유족 : 사망한 사람의 배우자(사실상 혼인 관계에 있는 사람을 포함한다. 이하 같다)・자녀・부모・손자녀・조부모 또는 형제자매를 말한다.
- 치유 : 부상 또는 질병이 완치되거나 치료의 효과를 더 이상 기대할 수 없고 그 증상이 고정된 상태에 이르게 된 것을 말한다.
- 장해 : 부상 또는 질병이 치유되었으나 정신적 또는 육체적 훼손으로 인하여 노동능력이 상실되거나 감소된 상태를 말한다.
- 중증요양상태 : 업무상의 부상 또는 질병에 따른 정신적 또는 육체적 훼손으로 노동능력이 상실되거나 감소된 상태로서 그 부상 또는 질병이 치유되지 아니한 상태를 말한다.
- 진폐(塵肺) : 분진을 흡입하여 폐에 생기는 섬유증식성(纖維增殖性) 변화를 주된 증상으로 하는 질병을 말한다.
- 출퇴근 : 취업과 관련하여 주거와 취업장소 사이의 이동 또는 한 취업장소에서 다른 취업장소로의 이동을 말한다.

3) 보험의 관장과 적용범위

산업재해보상보험 사업은 고용노동부장관이 관장하며(제2조), 고용노동부장관의 위탁을 받아 산업재해보상보험법의 목적을 달성하기 위한 사업을 효율적으로 수행하기 위하여 근로복지공단(이하 "공단"이라 한다)을 설립한다(제10조).

적용 범위는 근로자를 사용하는 모든 사업 또는 사업장이 적용 대상이다. 다만, 위험률·규모 및 장소 등을 고려하여 대통령령으로 정하는 사업에 대하여는 이 법을 적용하지 아니한다(제6조).

4) 보험급여 종류

산업재해보상보험법의 보험급여 종류는 요양급여, 휴업급여, 장해급여, 간병급여, 유족급여, 상병보상연금, 장의비, 직업재활급여 등이 있다. 다만, 진폐에 따른 보험급여의 종류는 요양급여, 간병급여, 장의비, 직업재활급여, 진폐보상연금 및 진폐유족연금으로 한다(제36조).

(1) 요양급여

요양급여는 근로자가 업무상의 사유로 부상을 당하거나 질병에 걸린 경우에 그 근로자에게 지급한다. 요양급여는 산재보험 의료기관에서 요양을 하게 한다. 다만, 부득이한 경우에는 요양을 갈음하여 요양비를 지급할 수 있다. 부상 또는 질병이 3일 이내의 요양으로 치유될 수 있으면 요양급여를 지급하지 아니한다.

요양급여의 범위는 진찰 및 검사, 약제 또는 진료재료와 의지(義肢) 그 밖의 보조기의 지급, 처치, 수술, 그 밖의 치료, 재활치료, 입원, 간호 및 간병, 이송, 그 밖에 고용노동부령으로 정하는 사항 등이 있다. 요양급여의 범위나 비용 등 요양급여의 산정 기준은 고용노동부령으로 정하며, 업무상의 재해를 입은 근로자가 요양할 산재보험 의료기관이 상급종합병원인 경우에는 「응급의료에 관한 법률」 제2조 제1호에 따른 응급환자이거나 그 밖에 부득이한 사유가 있는 경우를 제외하고는 그 근로자가 상급종합병원에서 요양할 필요가 있다는 의학적 소견이 있어야 한다(제40조).

(2) 휴업급여

휴업급여는 업무상 사유로 부상을 당하거나 질병에 걸린 근로자에게 요양으로 취업하지 못한 기간에 대하여 지급하되, 1일당 지급액은 평균임금의 100분의 70에 상당하는 금액으로 한다. 다만, 취업하지 못한 기간이 3일 이내이면 지급하지 아니한다(제52조).

(3) 장해급여

장해급여는 근로자가 업무상의 사유로 부상을 당하거나 질병에 걸려 치유된 후 신체 등에 장해가 있는 경우에 그 근로자에게 지급한다.

장해급여는 장해등급에 따라 장해보상연금 또는 장해보상일시금으로 하되, 그 장해등급의 기준은 대통령령으로 정한다. 장해보상연금 또는 장해보상일시금은 수급권자의 선택에 따라 지급한다. 다만, 대통령령으로 정하는 노동력을 완전히 상실한 장해등급의 근로자에게는 장해보상연금을 지급하고, 장해급여 청구사유 발생 당시 대한민국 국민이 아닌 사람으로서 외국에서 거주하고 있는 근로자에게는 장해보상일시금을 지급한다.

장해보상연금은 수급권자가 신청하면 그 연금의 최초 1년분 또는 2년분의 2분의 1에 상당하는 금액을 미리 지급할 수 있다. 이 경우 미리 지급하는 금액에 대하여는 100분의 5의 비율 범위에서 대통령령으로 정하는 바에 따라 이자를 공제할 수 있다.

장해보상연금 수급권자의 수급권이 소멸한 경우에 이미 지급한 연금액을 지급 당시의 각각의 평균임금으로 나눈 일수(日數)의 합계가 장해보상일시금의 일수에 못 미치면 그 못 미치는 일수에 수급권 소멸 당시의 평균임금을 곱하여 산정한 금액을 유족 또는 그 근로자에게 일시금으로 지급한다(제57조).

(4) 간병급여

간병급여는 요양급여를 받은 사람 중 치유 후 의학적으로 상시 또는 수시로 간병이 필요하여 실제로 간병을 받는 사람에게 지급한다(제61조).

(5) 유족급여

유족급여는 근로자가 업무상의 사유로 사망한 경우에 유족에게 지급한다.

유족급여는 유족보상연금이나 유족보상일시금으로 하되, 유족보상일시금은 근로자가 사망할 당시 유족보상연금을 받을 수 있는 자격이 있는 사람이 없는 경우에 지급한다. 유족보상연금을 받을 수 있는 자격이 있는 사람이 원하면 유족보상일시금의 100분의 50에 상당하는 금액을 일시금으로 지급하고 유족보상연금은 100분의 50을 감액하여 지급한다.

유족보상연금을 받던 자가 그 수급자격을 잃은 경우 다른 수급자격자가 없고 이미 지급한 연금액을 지급 당시의 각각의 평균임금으로 나누어 산정한 일수의 합계가 1,300일에 못 미치면 그 못 미치는 일수에 수급자격 상실 당시의 평균임금을 곱하여 산정한 금액을 수급자격 상실 당시의 유족에게 일시금으로 지급한다(제62조).

유족보상연금 수급자격자의 범위는 근로자가 사망할 당시 그 근로자와 생계를 같이하고 있던 유족(그 근로자가 사망할 당시 대한민국 국민이 아닌 사람으로서 외국에서 거주하고 있던 유족은 제외한다) 중 배우자와 다음의 어느 하나에 해당하는 사람으로 한다. 이 경우 근로자와 생계를 같이하고 있던 유족의 판단 기준은 대통령령으로 정한다.

- 부모 또는 조부모로서 각각 60세 이상인 사람
- 자녀로서 25세 미만인 사람
- 자녀 또는 손자녀로서 각각 19세 미만인 사람
- 형제자매로서 19세 미만이거나 60세 이상인 사람
- 위의 규정 중 어느 하나에 해당하지 아니하는 자녀·부모·손자녀·조부모 또는 형제자매로서 장애인복지법 제2조에 따른 장애인 중 고용노동부령으로 정한 장애 정도에 해당하는 사람

근로자가 사망할 당시 태아(胎兒)였던 자녀가 출생한 경우에는 출생한 때부터 장래에 향하여 근로자가 사망할 당시 그 근로자와 생계를 같이하고 있던

유족으로 본다.

유족보상연금 수급자격자 중 유족보상연금을 받을 권리의 순위는 배우자 · 자녀 · 부모 · 손자녀 · 조부모 및 형제자매의 순서로 한다(제63조).

(6) 상병보상연금

요양급여를 받는 근로자가 요양을 시작한 지 2년이 지난 날 이후에 그 부상이나 질병이 치유되지 아니한 상태이고, 그 부상이나 질병에 따른 중증요양상태의 정도가 대통령령으로 정하는 중증요양상태등급 기준에 해당하며, 요양으로 인하여 취업하지 못하는 경우가 계속되면 휴업급여 대신 중증요양상태등급에 따른 상병보상연금을 그 근로자에게 지급한다(제66조).

(7) 장례비

장례비는 근로자가 업무상의 사유로 사망한 경우에 지급하되, 평균임금의 120일분에 상당하는 금액을 그 장례를 지낸 유족에게 지급한다. 다만, 장례를 지낼 유족이 없거나 그 밖에 부득이한 사유로 유족이 아닌 사람이 장례를 지낸 경우에는 평균임금의 120일분에 상당하는 금액의 범위에서 실제 드는 비용을 그 장례를 지낸 사람에게 지급한다.

장례비가 대통령령으로 정하는 바에 따라 고용노동부장관이 고시하는 최고 금액을 초과하거나 최저 금액에 미달하면 그 최고 금액 또는 최저 금액을 각각 장례비로 한다. 대통령령으로 정하는 바에 따라 근로자가 업무상의 사유로 사망하였다고 추정되는 경우에는 장례를 지내기 전이라도 유족의 청구에 따라 최저 금액을 장례비로 미리 지급할 수 있다(제71조).

(8) 직업재활급여

직업재활급여의 종류에는 장해급여 또는 진폐보상연금을 받은 사람이나 장해급여를 받을 것이 명백한 사람으로서 대통령령으로 정하는 사람 중 취업을 위하여 직업훈련이 필요한 사람에 대하여 실시하는 직업훈련에 드는 비용 및 직업훈련수당과 업무상의 재해가 발생할 당시의 사업에 복귀한 장해급여자에 대하여 사업주가 고용을 유지하거나 직장적응훈련 또는 재활운동을 실시하는 경우에 각각 지급하는 직장복귀지원금, 직장적응훈련비 및 재활운동비가 있다(제72조).

(9) 특별급여

① 장해특별급여

보험가입자의 고의 또는 과실로 발생한 업무상의 재해로 근로자가 대통령령으로 정하는 장해등급 또는 진폐장해등급에 해당하는 장해를 입은 경우에 수급권자가 민법에 따른 손해배상청구를 갈음하여 장해특별급여를 청구하면 제57조의 장해급여 또는 제91조의3의 진폐보상연금 외에 대통령령으로 정하는 장해특별급여를 지급할 수 있다. 다만, 근로자와 보험가입자 사이에 장해특별급여에 관하여 합의가 이루어진 경우에 한정한다.

수급권자가 장해특별급여를 받으면 동일한 사유에 대하여 보험가입자에게 민법이나 그 밖의 법령에 따른 손해배상을 청구할 수 없으며, 공단은 장해특별급여를 지급하면 대통령령으로 정하는 바에 따라 그 급여액 모두를 보험가입자로부터 징수한다(제78조).

② 유족특별급여

보험가입자의 고의 또는 과실로 발생한 업무상의 재해로 근로자가 사망한 경우에 수급권자가 민법에 따른 손해배상청구를 갈음하여 유족특별급여를 청구하면 유족급여 또는 진폐유족연금 외에 대통령령으로 정하는 유족특별급여를 지급할 수 있다(제79조).

5) 업무상의 재해의 인정 기준

근로자가 다음 각 호의 어느 하나에 해당하는 사유로 부상·질병 또는 장해가 발생하거나 사망하면 업무상의 재해로 본다. 다만, 업무와 재해 사이에 상당인과관계(相當因果關係)가 없는 경우에는 그러하지 아니하다.

① 업무상 사고

- 근로자가 근로계약에 따른 업무나 그에 따르는 행위를 하던 중 발생한 사고
- 사업주가 제공한 시설물 등을 이용하던 중 그 시설물 등의 결함이나 관리소홀로 발생한 사고
- 사업주가 주관하거나 사업주의 지시에 따라 참여한 행사나 행사준비 중에 발생한 사고
- 휴게시간 중 사업주의 지배관리하에 있다고 볼 수 있는 행위로 발생한 사고
- 그 밖에 업무와 관련하여 발생한 사고

② 업무상 질병

- 업무수행 과정에서 물리적 인자(因子), 화학물질, 분진, 병원체, 신체에 부담을 주는 업무 등 근로자의 건강에 장해를 일으킬 수 있는 요인을 취급하거나 그에 노출되어 발생한 질병
- 업무상 부상이 원인이 되어 발생한 질병
- 「근로기준법」 제76조의2에 따른 직장 내 괴롭힘, 고객의 폭언 등으로 인한 업무상 정신적 스트레스가 원인이 되어 발생한 질병
- 그 밖에 업무와 관련하여 발생한 질병

③ 출퇴근 재해

- 사업주가 제공한 교통수단이나 그에 준하는 교통수단을 이용하는 등 사업주의 지배·관리 하에서 출퇴근하는 중 발생한 사고
- 그 밖에 통상적인 경로와 방법으로 출퇴근하는 중 발생한 사고

근로자의 고의·자해행위나 범죄행위 또는 그것이 원인이 되어 발생한 부상·질병·장해 또는 사망은 업무상의 재해로 보지 아니한다. 다만, 그 부상·질병·장해 또는 사망이 정상적인 인식능력 등이 뚜렷하게 낮아진 상태에서 한 행위로

발생한 경우로서 대통령령으로 정하는 사유가 있으면 업무상의 재해로 본다.

출퇴근 경로 일탈 또는 중단이 있는 경우에는 해당 일탈 또는 중단 중의 사고 및 그 후의 이동 중의 사고에 대하여는 출퇴근 재해로 보지 아니한다. 다만, 일탈 또는 중단이 일상생활에 필요한 행위로서 대통령령으로 정하는 사유가 있는 경우에는 출퇴근 재해로 본다. 출퇴근 경로와 방법이 일정하지 아니한 직종으로 대통령령으로 정하는 경우에는 출퇴근 재해를 적용하지 아니한다(제37조).

6) 보험급여 지급 및 제한 · 일시중지

(1) 보험급여 지급

보험급여는 지급 결정일부터 14일 이내에 지급하여야 한다(제82조).

공단은 수급권자의 신청이 있는 경우에는 보험급여를 수급권자 명의의 지정된 계좌(보험급여수급계좌)로 입금하여야 한다. 다만, 정보통신장애나 그 밖에 대통령령으로 정하는 불가피한 사유로 보험급여를 보험급여수급계좌로 이체할 수 없을 때에는 대통령령으로 정하는 바에 따라 보험급여를 지급할 수 있다. 보험급여수급계좌의 해당 금융기관은 이 법에 따른 보험급여만이 보험급여수급계좌에 입금되도록 관리하여야 한다. 신청의 방법 · 절차와 보험급여수급계좌의 관리에 필요한 사항은 대통령령으로 정한다(제82조).

(2) 보험급여 지급의 제한

근로복지공단은 요양 중인 근로자가 정당한 사유 없이 요양에 관한 지시를 위반하여 부상 · 질병 또는 장해 상태를 악화시키거나 치유를 방해하거나, 장해보상연금 또는 진폐보상연금 수급권자가 장해등급 또는 진폐장해등급 재판정 전에 자해(自害) 등 고의로 장해 상태를 악화시킨 경우에 해당되면 보험급여의 전부 또는 일부를 지급하지 아니할 수 있다. 근로복지공단은 보험급여를 지급하지 아니하기로 결정하면 지체 없이 이를 관계 보험가입자와 근로자에게 알려야 한다(제83조).

(3) 보험급여 일시 중지

공단은 보험급여를 받고자 하는 사람이 공단의 전원 요양 지시를 정당한 사유 없이 따르지 아니하는 경우, 공단이 직권으로 실시하는 장해등급 또는 진폐장해등급 재판정 요구에 응하지 아니하는 경우, 보고·서류제출 또는 신고를 하지 아니하는 경우, 질문이나 조사에 응하지 아니하는 경우, 진찰 요구에 따르지 아니하는 경우의 어느 하나에 해당되면 보험급여의 지급을 일시 중지할 수 있다(제120조).

7) 보험재정

(1) 국가의 부담 및 지원

국가는 회계연도마다 예산의 범위에서 보험사업의 사무 집행에 드는 비용을 일반회계에서 부담하여야 하며, 예산의 범위에서 보험사업에 드는 비용의 일부를 지원할 수 있다(제3조).

(2) 보험료

산업재해보상보험법에 따른 보험사업에 드는 비용에 충당하기 위하여 징수하는 보험료나 그 밖의 징수금에 관하여는 「고용보험 및 산업재해보상보험의 보험료징수 등에 관한 법률」이 정하는 바에 따른다(제4조).

「고용보험 및 산업재해보상보험의 보험료징수 등에 관한 법률」 제13조 제5항에 따르면 사업주가 부담하여야 하는 산재보험료는 그 사업주가 경영하는 사업에 종사하는 근로자의 개인별 보수총액에 다음 각 호에 따른 산재보험료율을 곱한 금액을 합한 금액으로 한다. 업무상의 재해에 관한 산재보험료율은 매년 6월 30일 현재 과거 3년 동안의 보수총액에 대한 산재보험급여총액의 비율을 기초로 하여, 산업재해보상보험법에 따른 연금 등 산재보험급여에 드는 금액, 재해예방 및 재해근로자의 복지증진에 드는 비용 등을 고려하여 사업의 종류별로 구분하여 고용노동부령으로 정한다(「고용보험 및 산업재해보상보험의 보험료징수 등에 관한 법률」 제14조 제3항).

보험료는 근로복지공단이 매월 부과하고, 건강보험공단이 이를 징수한다(「고용보험 및 산업재해보상보험의 보험료징수 등에 관한 법률」 제16조의2).

8) 산업재해보상보험 및 예방심의위원회

산업재해보상보험 및 예방에 관한 중요 사항을 심의하게 하기 위하여 고용노동부에 산업재해보상보험 및 예방심의위원회를 둔다. 위원회는 근로자를 대표하는 사람, 사용자를 대표하는 사람 및 공익을 대표하는 사람으로 구성하되, 그 수는 각각 같은 수로 한다. 위원회는 그 심의 사항을 검토하고, 위원회의 심의를 보조하게 하기 위하여 위원회에 전문위원회를 둘 수 있다(제8조).

9) 근로복지공단

고용노동부장관의 위탁을 받아 산업재해보상보험 사업을 효율적으로 수행하기 위하여 근로복지공단을 설립한다(제10조). 공단이 수행하는 사업 내용은 다음과 같다(제11조).

- 보험가입자와 수급권자에 관한 기록의 관리・유지
- 보험료징수법에 따른 보험료와 그 밖의 징수금의 징수
- 보험급여의 결정과 지급
- 보험급여 결정 등에 관한 심사 청구의 심리・결정
- 산업재해보상보험 시설의 설치・운영
  - 업무상 재해를 입은 근로자 등의 진료・요양 및 재활
  - 재활보조기구의 연구개발・검정 및 보급
  - 보험급여 결정 및 지급을 위한 업무상 질병 관련 연구
  - 근로자 등의 건강을 유지・증진하기 위하여 필요한 건강진단 등 예방 사업
- 근로자의 복지 증진을 위한 사업
- 그 밖에 정부로부터 위탁받은 사업

10) 수급권의 보호 및 공과금 면제

근로자의 보험급여를 받을 권리는 퇴직하여도 소멸되지 아니하고, 보험급여를 받을 권리는 양도 또는 압류하거나 담보로 제공할 수 없으며, 지정된 보험급여수급계좌의 예금 중 대통령령으로 정하는 액수 이하의 금액에 관한 채권은 압류할 수 없다(제88조). 보험급여로서 지급된 금품에 대하여는 국가나 지방자치단체의 공과금을 부과하지 아니한다(제91조).

11) 구상권과 대위권

근로복지공단은 제3자의 행위에 따른 재해로 보험급여를 지급한 경우에는 그 급여액의 한도 안에서 급여를 받은 사람의 제3자에 대한 손해배상청구권을 대위(代位)한다. 다만, 보험가입자인 둘 이상의 사업주가 같은 장소에서 하나의 사업을 분할하여 각각 행하다가 그중 사업주를 달리하는 근로자의 행위로 재해가 발생하면 그러하지 아니하다. 수급권자가 제3자로부터 동일한 사유로 이 법의 보험급여에 상당하는 손해배상을 받으면 공단은 그 배상액을 대통령령으로 정하는 방법에 따라 환산한 금액의 한도 안에서 이 법에 따른 보험급여를 지급하지 아니한다. 수급권자 및 보험가입자는 제3자의 행위로 재해가 발생하면 지체 없이 공단에 신고하여야 한다(제87조).

보험가입자가 소속 근로자의 업무상의 재해에 관하여 이 법에 따른 보험급여의 지급 사유와 동일한 사유로 민법이나 그 밖의 법령에 따라 보험급여에 상당하는 금품을 수급권자에게 미리 지급한 경우로서 그 금품이 보험급여에 대체하여 지급한 것으로 인정되는 경우에 보험가입자는 대통령령으로 정하는 바에 따라 그 수급권자의 보험급여를 받을 권리를 대위한다(제89조).

12) 심사청구 및 재심사 청구

(1) 심사청구

보험급여에 관한 결정, 진료비에 관한 결정, 약제비에 관한 결정, 진료계획 변경 조치, 보험급여의 일시지급에 관한 결정, 합병증 등 예방관리에 관한 조치, 부당이득의 징수에 관한 결정, 수급권 대위에 관한 결정에 대한 근로복지공단의 결정에 불복하는 자는 공단에 심사청구를 할 수 있다. 심사 청구는 그 보험급여 결정 등을 한 공단의 소속 기관을 거쳐 공단에 제기하여야 하며, 보험급여 결정 등이 있음을 안 날부터 90일 이내에 하여야 한다. 심사 청구서를 받은 공단의 소속 기관은 5일 이내에 의견서를 첨부하여 공단에 보내야 한다. 보험급여 결정 등에 대하여는 행정심판법에 따른 행정심판을 제기할 수 없다(제103조).

심사 청구를 심의하기 위하여 공단에 관계 전문가 등으로 구성되는 산업재해보상보험심사위원회를 둔다(제104조 제1항).

(2) 재심사청구

심사 청구에 대한 결정에 불복하는 사람은 산업재해보상보험재심사위원회에 재심사 청구를 할 수 있다. 다만, 판정위원회의 심의를 거친 보험급여에 관한 결정에 불복하는 사람은 심사 청구를 하지 아니하고 재심사 청구를 할 수 있다. 재심사 청구는 그 보험급여 결정 등을 한 공단의 소속 기관을 거쳐 산업재해보상보험재심사위원회에 제기하여야 한다. 재심사 청구는 심사 청구에 대한 결정이 있음을 안 날부터 90일 이내에 제기하여야 한다. 다만, 심사 청구를 거치지 아니하고 재심사 청구를 하는 경우에는 보험급여에 관한 결정이 있음을 안 날부터 90일 이내에 제기하여야 한다(제106조).

5. 고용보험법

1) 목적 및 연혁

고용보험법은 고용보험의 시행을 통하여 실업의 예방, 고용의 촉진 및 근로자의 직업능력의 개발과 향상을 꾀하고, 국가의 직업지도와 직업소개 기능을 강화하며, 근로자가 실업한 경우에 생활에 필요한 급여를 실시하여 근로자의 생활안정과 구직 활동을 촉진함으로써 경제·사회 발전에 이바지하는 것을 목적으로 제정되었다(제1조).

고용보험은 실직에 대한 소득보전이 최우선 목적이며, 더 나아가 고용조정과 직업능력개발, 실업 예방 등 적극적 고용정책을 도모하려는 제도로서의 의의를 가진다. 실업과 고용문제는 개인의 문제일 뿐만 아니라 사회문제이기도 하다. 사회복지의 주요 재원 중 하나인 사회보험 재정이 구성원의 취업상태를 전제로 한다는 점에서 고용문제는 안정적 복지국가 운영 측면에서도 중요한 의미가 있다.

우리나라는 1970년대부터 고용보험과 관련된 제안이 나타나기는 했으나, 경제개발에 필요한 노동력 양성에 주목하면서 크게 관심을 받지 못하다가, 1980년대 후반에 이르러서야 공식적인 논의가 대두되기 시작하여 1993년 12월 고용보험법이 제정되었고 1995년 7월 1일부터 시행되었다.

고용보험(실업급여)은 시행 초기인 1995년 7월에는 30인 이상 사업장을 대상으로 하였으나, IMF 구제금융에 따른 경제위기 여파로 실업이 급증한 1998년 1월에는 10인 이상 사업장, 1998년 3월부터는 5인 이상 사업장으로 대상이 확대되었으며, 1998년 10월에는 1인 고용사업장까지 적용되어 일부 업종을 제외한 모든 사업장이 적용대상이 되었다.

2) 용어 정의

고용보험법에서 사용하는 용어의 뜻은 다음과 같다(제2조).

- 피보험자 : 「고용보험 및 산업재해보상보험의 보험료징수 등에 관한 법률」에 따라 보험에 가입되거나 가입된 것으로 보는 근로자나 보험료징수법에 따라 고용보험에 가입하거나 가입된 것으로 보는 자영업자에 해당하는 사람을 말한다.
- 이직(離職) : 피보험자와 사업주 사이의 고용관계가 끝나게 되는 것을 말한다.
- 실업 : 근로의 의사와 능력이 있음에도 불구하고 취업하지 못한 상태에 있는 것을 말한다.
- 실업의 인정 : 직업안정기관의 장이 수급자격자가 실업한 상태에서 적극적으로 직업을 구하기 위하여 노력하고 있다고 인정하는 것을 말한다.
- 보수 : 「소득세법」에 따른 근로소득에서 대통령령으로 정하는 금품을 뺀 금액을 말한다. 다만, 휴직이나 그 밖에 이와 비슷한 상태에 있는 기간 중에 사업주 외의 자로부터 지급받는 금품 중 고용노동부장관이 정하여 고시하는 금품은 보수로 본다.
- 일용근로자 : 1개월 미만 동안 고용되는 사람을 말한다.

3) 보험의 관장

고용보험은 고용노동부장관이 관장한다(제3조).

4) 고용보험 사업

고용보험은 목적을 이루기 위하여 고용보험사업으로 고용안정 · 직업능력개발 사업, 실업급여, 육아휴직 급여 및 출산전후휴가 급여 등을 실시한다. 보험사업의 보험연도는 정부의 회계연도에 따른다(제4조).

5) 국고의 부담

국가는 매년 보험사업에 드는 비용의 일부를 일반회계에서 부담하여야 한다. 국가는 매년 예산의 범위에서 보험사업의 관리·운영에 드는 비용을 부담할 수 있다(제5조).

6) 보험료

고용보험사업에 드는 비용을 충당하기 위하여 징수하는 보험료와 그 밖의 징수금에 대하여는 보험료징수법으로 정하는 바에 따른다. 보험료징수법에 따라 징수된 고용안정·직업능력개발 사업의 보험료 및 실업급여의 보험료는 각각 그 사업에 드는 비용에 충당한다. 다만, 실업급여의 보험료는 국민연금 보험료의 지원, 육아휴직 급여의 지급, 육아기 근로시간 단축 급여의 지급 및 출산전후휴가 급여등의 지급에 드는 비용에 충당할 수 있다.

자영업자인 피보험자로부터 보험료징수법에 따라 징수된 고용안정·직업능력개발 사업의 보험료 및 실업급여의 보험료는 각각 자영업자인 피보험자를 위한 그 사업에 드는 비용에 충당한다. 다만, 실업급여의 보험료는 자영업자인 피보험자를 위한 국민연금 보험료의 지원에 드는 비용에 충당할 수 있다(제6조).

7) 고용보험위원회

고용보험법 및 보험료징수법(보험에 관한 사항만 해당)의 시행에 관한 주요 사항을 심의하기 위하여 고용노동부에 고용보험위원회를 둔다.

위원회는 다음의 사항을 심의한다.

- 보험제도 및 보험사업의 개선에 관한 사항
- 보험료징수법에 따른 보험료율의 결정에 관한 사항
- 보험사업의 평가에 관한 사항
- 기금운용 계획의 수립 및 기금의 운용 결과에 관한 사항
- 그 밖에 위원장이 보험제도 및 보험사업과 관련하여 위원회의 심의가 필요하다고 인정하는 사항

위원회는 위원장 1명을 포함한 20명 이내의 위원으로 구성한다. 위원회의 위원장은 고용노동부차관이 되고, 위원은 근로자, 사용자, 공익, 정부를 대표하는 사람 중에서 각각 같은 수(數)로 고용노동부장관이 임명하거나 위촉하는 사람이 된다. 위원회는 심의 사항을 사전에 검토・조정하기 위하여 위원회에 전문위원회를 둘 수 있다. 위원회 및 전문위원회의 구성・운영과 그 밖에 필요한 사항은 대통령령으로 정한다(제7조).

8) 적용 범위 및 적용 제외

고용보험법은 근로자를 사용하는 모든 사업 또는 사업장에 적용한다. 다만, 산업별 특성 및 규모 등을 고려하여 대통령령으로 정하는 사업에 대하여는 적용하지 아니한다(제8조). 외국인에 대한 적용은 「외국인근로자의 고용 등에 관한 법률」의 적용을 받는 외국인근로자에게는 이 법을 적용한다. 다만, 실업급여 및 육아휴직급여는 고용노동부령으로 정하는 바에 따른 신청이 있는 경우에만 적용한다. 그 외 외국인근로자에게는 대통령령으로 정하는 바에 따라 이 법의 전부 또는 일부를 적용한다(제10조의2).

다음 각 호의 어느 하나에 해당하는 사람에게는 이 법을 적용하지 아니한다.

- 소정(所定)근로시간이 대통령령으로 정하는 시간 미만인 사람
- 「국가공무원법」과 「지방공무원법」에 따른 공무원. 다만, 대통령령으로 정하는 바에 따라 별정직공무원, 「국가공무원법」 제26조의5 및 「지방공무원법」 제25조의5에 따른 임기제공무원의 경우는 본인의 의사에 따라 고용보험(실업급여에 한정)에 가입할 수 있다.
- 「사립학교교직원 연금법」의 적용을 받는 사람
- 그 밖에 대통령령으로 정하는 사람

65세 이후에 고용(65세 전부터 피보험 자격을 유지하던 사람이 65세 이후에 계속하여 고용된 경우는 제외한다)되거나 자영업을 개시한 사람에게는 실업급여 및 육아휴직급여를 적용하지 아니한다(제10조).

9) 보험관계의 성립 및 소멸

고용보험법에 따른 보험관계의 성립 및 소멸에 대하여는 보험료징수법으로 정하는 바에 따른다(제9조).

10) 피보험자의 관리

(1) 피보험자격의 취득일

피보험자는 이 법이 적용되는 사업에 고용된 날에 피보험자격을 취득한다. 다만, 적용 제외 근로자였던 사람이 이 법의 적용을 받게 된 경우에는 그 적용을 받게 된 날, 보험관계 성립일 전에 고용된 근로자의 경우에는 그 보험관계가 성립한 날에 피보험자격을 취득한 것으로 본다.

자영업자인 피보험자는 보험관계가 성립한 날에 피보험자격을 취득한다(제13조).

(2) 피보험자격의 상실일

피보험자는 다음의 어느 하나에 해당하는 날에 각각 그 피보험자격을 상실한다.

- 피보험자가 적용 제외 근로자에 해당하게 된 경우에는 그 적용 제외 대상자가 된 날
- 보험료징수법에 따라 보험관계가 소멸한 경우에는 그 보험관계가 소멸한 날
- 피보험자가 이직한 경우에는 이직한 날의 다음 날
- 피보험자가 사망한 경우에는 사망한 날의 다음 날

자영업자인 피보험자는 보험관계가 소멸한 날에 피보험자격을 상실한다(제14조).

11) 고용안정 · 직업능력개발 사업

(1) 고용안정 · 직업능력개발 사업의 실시 및 고용창출의 지원

고용노동부장관은 피보험자 및 피보험자였던 사람, 그 밖에 취업할 의사를 가진 사람에 대한 실업의 예방, 취업의 촉진, 고용기회의 확대, 직업능력개발 · 향상의 기회 제공 및 지원, 그 밖에 고용안정과 사업주에 대한 인력 확보를 지원하기 위하여 고용안정 · 직업능력개발 사업을 실시한다.

고용노동부장관은 고용안정 · 직업능력개발 사업을 실시할 때에는 근로자의 수, 고용안정 · 직업능력개발을 위하여 취한 조치 및 실적 등 대통령령으로 정하는 기준에 해당하는 기업을 우선적으로 고려하여야 한다(제19조).

고용노동부장관은 고용환경 개선, 근무형태 변경 등으로 고용의 기회를 확대한 사업주에게 대통령령으로 정하는 바에 따라 필요한 지원을 할 수 있다 (제20조).

(2) 고용조정의 지원

고용노동부장관은 경기의 변동, 산업구조의 변화 등에 따른 사업 규모의 축소, 사업의 폐업 또는 전환으로 고용조정이 불가피하게 된 사업주가 근로자에 대한 휴업, 휴직, 직업전환에 필요한 직업능력개발 훈련, 인력의 재배치 등을 실시하거나 그 밖에 근로자의 고용안정을 위한 조치를 하면 대통령령으로 정하는 바에 따라 그 사업주에게 필요한 지원을 할 수 있다. 이 경우 휴업이나 휴직 등 고용안정을 위한 조치로 근로자의 임금이 대통령령으로 정하는 수준으로 감소할 때에는 대통령령으로 정하는 바에 따라 그 근로자에게도 필요한 지원을 할 수 있다.

고용노동부장관은 고용조정으로 이직된 근로자를 고용하는 등 고용이 불안정하게 된 근로자의 고용안정을 위한 조치를 하는 사업주에게 대통령령으로 정하는 바에 따라 필요한 지원을 할 수 있다.

고용노동부장관은 지원을 할 때에는 「고용정책 기본법」 제32조에 따른 '국내외 경제사정의 변화 등으로 고용사정이 급격히 악화되거나 악화될 우려가 있는 업종 또는 지역'에 있는 사업주 또는 근로자에게 우선적으로 지원할 수 있다(제21조).

(3) 고용안정 및 취업 촉진

고용노동부장관은 피보험자등의 고용안정 및 취업을 촉진하기 위하여 고용관리 진단 등 고용개선 지원 사업, 피보험자등의 창업을 촉진하기 위한 지원 사업, 그 밖에 피보험자등의 고용안정 및 취업을 촉진하기 위한 사업으로서 대통령령으로 정하는 사업을 직접 실시하거나 이를 실시하는 자에게 필요한 비용을 지원 또는 대부할 수 있다. 사업의 실시와 비용의 지원·대부에 필요한 사항은 대통령령으로 정한다(제25조).

(4) 피보험자 등에 대한 직업능력개발 지원

고용노동부장관은 피보험자등이 직업능력개발 훈련을 받거나 그 밖에 직업능력 개발·향상을 위하여 노력하는 경우에는 대통령령으로 정하는 바에 따라 필요한 비용을 지원할 수 있다. 고용노동부장관은 필요하다고 인정하면 대통령령으로 정하는 바에 따라 피보험자등의 취업을 촉진하기 위한 직업능력개발 훈련을 실시할 수 있다. 고용노동부장관은 대통령령으로 정하는 저소득 피보험자등이 직업능력개발 훈련을 받는 경우 대통령령으로 정하는 바에 따라 생계비를 대부할 수 있다(제29조).

(5) 직업능력개발의 촉진

고용노동부장관은 피보험자등의 직업능력 개발·향상을 촉진하기 위하여 직업능력개발 사업에 대한 기술지원 및 평가 사업, 자격검정 사업 및 「숙련기술장려법」에 따른 숙련기술 장려 사업, 그 밖에 대통령령으로 정하는 사업을 실시하거나 이를 실시하는 자에게 그 사업의 실시에 필요한 비용을 지원할 수 있다.

고용노동부장관은 직업능력 개발·향상과 인력의 원활한 수급(需給)을 위하여 필요하다고 인정하면 대통령령으로 정하는 바에 따라 고용노동부장관이 정하는 직종에 대한 직업능력개발 훈련 사업을 위탁하여 실시할 수 있다(제31조).

(6) 부정 행위에 따른 지원의 제한

고용노동부장관은 거짓이나 그 밖의 부정한 방법으로 이 장의 규정에 따른 고용안정·직업능력개발 사업의 지원을 받은 자 또는 받으려는 자에게는 해당 지원금 중 지급되지 아니한 금액 또는 지급받으려는 지원금을 지급하지 아니하고, 1년의 범위에서 대통령령으로 정하는 바에 따라 지원금의 지급을 제한하며, 거짓이나 그 밖의 부정한 방법으로 지원받은 금액을 반환하도록 명하여야 한다. 고용노동부장관은 제1항에 따라 반환을 명하는 경우에는 이에 추가하여 고용노동부령으로 정하는 기준에 따라 그 거짓이나 그 밖의 부정한 방법으로 지급받은 금액의 5배 이하의 금액을 징수할 수 있다.

고용노동부장관은 고용안정·직업능력개발 사업의 지원을 받은 자에게 잘못 지급된 지원금이 있으면 그 지급금의 반환을 명할 수 있다. 거짓이나 그 밖의 부정한 방법으로 직업능력개발 사업의 지원을 받은 자 또는 받으려는 자에 대한 지원의 제한, 반환 및 추가징수에 관하여는 「근로자직업능력 개발법」 제55조 제1항·제2항, 제56조 제1항부터 제3항까지의 규정을 준용한다. 고용노동부장관은 보험료를 체납한 자에게는 고용노동부령으로 정하는 바에 따라 이 장의 규정에 따른 고용안정·직업능력개발 사업의 지원을 하지 아니할 수 있다(제35조).

12) 실업급여

(1) 실업급여의 종류

실업급여는 구직급여와 취업촉진 수당으로 구분한다.

취업촉진 수당의 종류는 다음과 같다(제37조).

- 조기(早期)재취업 수당
- 직업능력개발 수당
- 광역 구직활동비
- 이주비

(2) 실업급여수급계좌

직업안정기관의 장은 수급자격자의 신청이 있는 경우에는 실업급여를 수급자격자 명의의 지정된 계좌로 입금하여야 한다. 다만, 정보통신장애나 그 밖에 대통령령으로 정하는 불가피한 사유로 실업급여를 실업급여수급계좌로 이체할 수 없을 때에는 현금 지급 등 대통령령으로 정하는 바에 따라 실업급여를 지급할 수 있다. 실업급여수급계좌의 해당 금융기관은 이 법에 따른 실업급여만이 실업급여수급계좌에 입금되도록 관리하여야 한다. 신청 방법・절차와 실업급여수급계좌의 관리에 필요한 사항은 대통령령으로 정한다(제37조의2).

(3) 수급권의 보호 및 공과금의 면제

실업급여를 받을 권리는 양도 또는 압류하거나 담보로 제공할 수 없다. 지정된 실업급여수급계좌의 예금 중 대통령령으로 정하는 액수 이하의 금액에 관한 채권은 압류할 수 없다(제38조).

실업급여로서 지급된 금품에 대하여는 국가나 지방자치단체의 공과금을 부과하지 아니한다(제38조의2).

(4) 구직급여의 수급 요건

구직급여는 이직한 피보험자가 다음의 요건을 모두 갖춘 경우에 지급한다. 다만, ⑤와 ⑥은 최종 이직 당시 일용근로자였던 사람만 해당한다(제40조).

① 기준기간 동안의 피보험 단위기간이 합산하여 180일 이상일 것

② 근로의 의사와 능력이 있음에도 불구하고 취업(영리를 목적으로 사업을 영위

하는 경우를 포함)하지 못한 상태에 있을 것

③ 이직사유가 수급자격의 제한 사유에 해당하지 아니할 것

④ 재취업을 위한 노력을 적극적으로 할 것

⑤ 다음의 어느 하나에 해당할 것

- 수급자격 인정신청일 이전 1개월 동안의 근로일수가 10일 미만일 것
- 건설일용근로자(일용근로자로서 이직 당시에 「통계법」에 따라 통계청장이 고시하는 한국표준산업분류의 대분류상 건설업에 종사한 사람을 말함)로서 수급자격 인정신청일 이전 14일간 연속하여 근로내역이 없을 것

⑥ 최종 이직 당시의 기준기간 동안의 피보험 단위기간 중 다른 사업에서 수급자격의 제한 사유에 해당하는 사유로 이직한 사실이 있는 경우에는 그 피보험 단위기간 중 90일 이상을 일용근로자로 근로하였을 것

기준기간은 이직일 이전 18개월로 하되, 피보험자가 다음의 어느 하나에 해당하는 경우에는 다음의 구분에 따른 기간을 기준기간으로 한다.

- 이직일 이전 18개월 동안에 질병・부상, 그 밖에 대통령령으로 정하는 사유로 계속하여 30일 이상 보수의 지급을 받을 수 없었던 경우: 18개월에 그 사유로 보수를 지급 받을 수 없었던 일수를 가산한 기간(3년을 초과할 때에는 3년으로 한다)
- 다음의 요건에 모두 해당하는 경우: 이직일 이전 24개월
  - 이직 당시 1주 소정근로시간이 15시간 미만이고, 1주 소정근로일수가 2일 이하인 근로자로 근로하였을 것
  - 이직일 이전 24개월 동안의 피보험 단위기간 중 90일 이상을 상기 요건에 해당하는 근로자로 근로하였을 것

(5) 실업의 신고

구직급여를 지급받으려는 사람은 이직 후 지체없이 직업안정기관에 출석하여 실업을 신고하여야 한다. 실업의 신고에는 구직 신청과 수급자격의 인정신

청을 포함하여야 한다. 구직급여를 지급받기 위하여 실업을 신고하려는 사람은 이직하기 전 사업의 사업주에게 피보험 단위기간, 이직 전 1일 소정근로시간 등을 확인할 수 있는 자료(이직확인서)의 발급을 요청할 수 있다. 이 경우 요청을 받은 사업주는 고용노동부령으로 정하는 바에 따라 이직확인서를 발급하여 주어야 한다(제42조).

(6) 수급자격의 인정

구직급여를 지급받으려는 사람은 직업안정기관의 장에게 구직급여의 수급요건을 갖추었다는 사실(수급자격)을 인정하여 줄 것을 신청하여야 한다.

직업안정기관의 장은 수급자격의 인정신청을 받으면 그 신청인에 대한 수급자격의 인정 여부를 결정하고, 대통령령으로 정하는 바에 따라 신청인에게 그 결과를 알려야 한다.

신청인이 다음의 요건을 모두 갖춘 경우에는 마지막에 이직한 사업을 기준으로 수급자격의 인정 여부를 결정한다. 다만, 마지막 이직 당시 일용근로자로서 피보험 단위기간이 1개월 미만인 사람이 수급자격을 갖추지 못한 경우에는 일용근로자가 아닌 근로자로서 마지막으로 이직한 사업을 기준으로 결정한다.

- 피보험자로서 마지막에 이직한 사업에 고용되기 전에 피보험자로서 이직한 사실이 있을 것
- 마지막 이직 이전의 이직과 관련하여 구직급여를 받은 사실이 없을 것

직업안정기관의 장은 신청인에 대한 수급자격의 인정 여부를 결정하기 위하여 필요하면 신청인이 이직하기 전 사업의 사업주에게 고용노동부령으로 정하는 바에 따라 이직확인서의 제출을 요청할 수 있다. 이 경우 요청을 받은 사업주는 고용노동부령으로 정하는 바에 따라 이직확인서를 제출하여야 한다.

수급자격의 인정을 받은 사람(수급자격자)이 수급기간 및 개별 연장 급여 기간에 새로 수급자격의 인정을 받은 경우에는 새로 인정받은 수급자격을 기준으로 구직급여를 지급한다(제43조).

(7) 실업의 인정

구직급여는 수급자격자가 실업한 상태에 있는 날 중에서 직업안정기관의 장으로부터 실업의 인정을 받은 날에 대하여 지급한다. 실업의 인정을 받으려는 수급자격자는 실업의 신고를 한 날부터 계산하기 시작하여 1주부터 4주의 범위에서 직업안정기관의 장이 지정한 날(실업인정일)에 출석하여 재취업을 위한 노력을 하였음을 신고하여야 하고, 직업안정기관의 장은 직전 실업인정일의 다음 날부터 그 실업인정일까지의 각각의 날에 대하여 실업의 인정을 한다. 다만, 다음에 해당하는 사람에 대한 실업의 인정 방법은 고용노동부령으로 정하는 기준에 따른다.

- 직업능력개발 훈련 등을 받는 수급자격자
- 천재지변, 대량 실업의 발생 등 대통령령으로 정하는 사유가 발생한 경우의 수급자격자
- 그 밖에 대통령령으로 정하는 수급자격자

수급자격자가 다음의 어느 하나에 해당하면 직업안정기관에 출석할 수 없었던 사유를 적은 증명서를 제출하여 실업의 인정을 받을 수 있다.

- 질병이나 부상으로 직업안정기관에 출석할 수 없었던 경우로서 그 기간이 계속하여 7일 미만인 경우
- 직업안정기관의 직업소개에 따른 구인자와의 면접 등으로 직업안정기관에 출석할 수 없었던 경우
- 직업안정기관의 장이 지시한 직업능력개발 훈련 등을 받기 위하여 직업안정기관에 출석할 수 없었던 경우
- 천재지변이나 그 밖의 부득이한 사유로 직업안정기관에 출석할 수 없었던 경우

직업안정기관의 장은 실업을 인정할 때에는 수급자격자의 취업을 촉진하기 위하여 재취업 활동에 관한 계획의 수립 지원, 직업소개 등 대통령령으로 정하

는 조치를 하여야 한다. 이 경우 수급자격자는 정당한 사유가 없으면 직업안정기관의 장의 조치에 따라야 한다(제44조).

(8) 급여의 기초가 되는 임금일 액

구직급여의 산정 기초가 되는 임금일액[기초일액(基礎日額)]은 수급자격의 인정과 관련된 마지막 이직 당시 산정된 평균임금으로 한다. 다만, 마지막 이직일 이전 3개월 이내에 피보험자격을 취득한 사실이 2회 이상인 경우에는 마지막 이직일 이전 3개월간(일용근로자의 경우에는 마지막 이직일 이전 4개월 중 최종 1개월을 제외한 기간)에 그 근로자에게 지급된 임금 총액을 그 산정의 기준이 되는 3개월의 총 일수로 나눈 금액을 기초일액으로 한다.

산정된 금액이 「근로기준법」에 따른 그 근로자의 통상임금보다 적을 경우에는 그 통상임금액을 기초일액으로 한다. 다만, 마지막 사업에서 이직 당시 일용근로자였던 사람의 경우에는 그러하지 아니하다.

기초일액을 산정하는 것이 곤란한 경우와 보험료를 보험료징수법 제3조에 따른 기준보수를 기준으로 낸 경우에는 기준보수를 기초일액으로 한다. 다만, 보험료를 기준보수로 낸 경우에도 산정한 기초일액이 기준보수보다 많은 경우에는 그러하지 아니하다.

규정에 따라 산정된 기초일액이 그 수급자격자의 이직 전 1일 소정근로시간에 이직일 당시 적용되던 「최저임금법」에 따른 시간 단위에 해당하는 최저임금액을 곱한 금액(최저기초일액)보다 낮은 경우에는 최저기초일액을 기초일액으로 한다. 이 경우 이직 전 1일 소정근로시간은 고용노동부령으로 정하는 방법에 따라 산정한다.

규정에 따라 산정된 기초일액이 보험의 취지 및 일반 근로자의 임금 수준 등을 고려하여 대통령령으로 정하는 금액을 초과하는 경우에는 대통령령으로 정하는 금액을 기초일액으로 한다(제45조).

(9) 개별연장급여

직업안정기관의 장은 취업이 특히 곤란하고 생활이 어려운 수급자격자로서 대통령령으로 정하는 사람에게는 그가 실업의 인정을 받은 날에 대하여 소정급여일수를 초과하여 구직급여를 연장하여 지급할 수 있다. 연장하여 지급하는 구직급여(개별연장급여)는 60일의 범위에서 대통령령으로 정하는 기간 동안 지급한다(제52조).

(10) 국민연금 보험료의 지원

고용노동부장관은 「국민연금법」 제19조의2 제1항에 따라 구직급여를 받는 기간을 국민연금 가입기간으로 추가 산입하려는 수급자격자에게 국민연금 보험료의 일부를 지원할 수 있다. 지원금액은 연금보험료의 100분의 25의 범위로 한다. 지원 절차·방법, 제2항에 따른 지원금액 등에 필요한 사항은 대통령령으로 정한다(제55조의2).

(11) 훈련 거부 등에 따른 급여의 지급 제한

수급자격자가 직업안정기관의 장이 소개하는 직업에 취직하는 것을 거부하거나 직업안정기관의 장이 지시한 직업능력개발 훈련 등을 거부하면 대통령령으로 정하는 바에 따라 구직급여의 지급을 정지한다. 다만, 다음의 어느 하나에 해당하는 정당한 사유가 있는 경우에는 그러하지 아니하다.

- 소개된 직업 또는 직업능력개발 훈련 등을 받도록 지시된 직종이 수급자격자의 능력에 맞지 아니하는 경우
- 취직하거나 직업능력개발 훈련 등을 받기 위하여 주거의 이전이 필요하나 그 이전이 곤란한 경우
- 소개된 직업의 임금 수준이 같은 지역의 같은 종류의 업무 또는 같은 정도의 기능에 대한 통상의 임금 수준에 비하여 100분의 20 이상 낮은 경우 등 고용노동부장관이 정하는 기준에 해당하는 경우

• 그 밖에 정당한 사유가 있는 경우

수급자격자가 정당한 사유 없이 고용노동부장관이 정하는 기준에 따라 직업안정기관의 장이 실시하는 재취업 촉진을 위한 직업 지도를 거부하면 대통령령으로 정하는 바에 따라 구직급여의 지급을 정지한다. 정당한 사유의 유무(有無)에 대한 인정은 고용노동부장관이 정하는 기준에 따라 직업안정기관의 장이 행한다. 구직급여의 지급을 정지하는 기간은 1개월의 범위에서 고용노동부장관이 정하여 고시한다(제60조).

(12) 부정행위에 따른 급여의 지급 제한

수급거짓이나 그 밖의 부정한 방법으로 실업급여를 받았거나 받으려 한 사람에게는 그 급여를 받은 날 또는 받으려 한 날부터의 구직급여를 지급하지 아니한다. 다만, 그 급여와 관련된 이직 이후에 새로 수급자격을 취득한 경우 그 새로운 수급자격에 따른 구직급여에 대하여는 그러하지 아니하다(제61조).

(13) 반환명령

직업안정기관의 장은 거짓이나 그 밖의 부정한 방법으로 구직급여를 지급받은 사람에게 고용노동부령으로 정하는 바에 따라 지급받은 구직급여의 전부 또는 일부의 반환을 명할 수 있다.

직업안정기관의 장은 반환을 명하는 경우에 고용노동부령으로 정하는 바에 따라 거짓이나 그 밖의 부정한 방법으로 지급받은 구직급여액의 2배 이하의 금액을 추가로 징수할 수 있다. 다만, 사업주(사업주의 대리인·사용인, 그 밖에 사업주를 위하여 행위하는 자를 포함)와 공모(거짓이나 그 밖의 부정한 방법에 사업주의 거짓된 신고·보고 또는 증명 등 사업주의 귀책사유가 포함되어 있는 경우를 말한다)하여 거짓이나 그 밖의 부정한 방법으로 구직급여를 지급받은 경우에는 지급받은 구직급여액의 5배 이하의 금액을 추가로 징수할 수 있다.

거짓이나 그 밖의 부정한 방법으로 구직급여를 지급받은 사람이 사업주와 공모한 경우에는 그 사업주도 그 구직급여를 지급받은 사람과 연대(連帶)하여 책임을 진다.

직업안정기관의 장은 구직급여의 수급자격이 있는 사람 또는 수급자격이 있었던 사람에게 잘못 지급된 구직급여가 있으면 그 지급금의 반환을 명할 수 있다. 직업안정기관의 장은 구직급여 지급금을 반환하거나 추가징수금을 납부하여야 하는 사람이 이 법에 따라 지급받을 구직급여가 있는 경우에는 이를 대통령령으로 정하는 바에 따라 반환금・추가징수금에 충당할 수 있다(제62조).

13) 취업촉진 수당

(1) 조기재취업 수당

조기재취업 수당은 수급자격자(「외국인근로자의 고용 등에 관한 법률」 제2조에 따른 외국인 근로자는 제외한다)가 안정된 직업에 재취직하거나 스스로 영리를 목적으로 하는 사업을 영위하는 경우로서 대통령령으로 정하는 기준에 해당하면 지급한다.

수급자격자가 안정된 직업에 재취업한 날 또는 스스로 영리를 목적으로 하는 사업을 시작한 날 이전의 대통령령으로 정하는 기간에 조기재취업 수당을 지급받은 사실이 있는 경우에는 조기재취업 수당을 지급하지 아니한다.

조기재취업 수당의 금액은 구직급여의 소정급여일수 중 미지급일수의 비율에 따라 대통령령으로 정하는 기준에 따라 산정한 금액으로 한다(제64조).

(2) 직업능력개발 수당

직업능력개발 수당은 수급자격자가 직업안정기관의 장이 지시한 직업능력개발 훈련 등을 받는 경우에 그 직업능력개발 훈련 등을 받는 기간에 대하여 지급한다. 구직급여의 지급이 정지된 기간에 대하여는 직업능력개발 수당을 지급하지 아니한다.

직업능력개발 수당의 지급 요건 및 금액에 필요한 사항은 대통령령으로 정한다. 이 경우 인력의 수급 상황을 고려하여 고용노동부장관이 특히 필요하다고 인정하여 고시하는 직종에 관한 직업능력개발 훈련 등에 대하여는 직업능력개발 수당의 금액을 다르게 정할 수 있다(제65조).

(3) 광역 구직활동비

광역 구직활동비는 수급자격자가 직업안정기관의 소개에 따라 광범위한 지역에 걸쳐 구직 활동을 하는 경우로서 대통령령으로 정하는 기준에 따라 직업안정기관의 장이 필요하다고 인정하면 지급할 수 있다. 광역 구직활동비의 금액은 구직 활동에 통상 드는 비용으로 하되, 그 금액의 산정은 고용노동부령으로 정하는 바에 따른다(제66조).

(4) 이주비

이주비는 수급자격자가 취업하거나 직업안정기관의 장이 지시한 직업능력개발 훈련 등을 받기 위하여 그 주거를 이전하는 경우로서 대통령령으로 정하는 기준에 따라 직업안정기관의 장이 필요하다고 인정하면 지급할 수 있다.

이주비의 금액은 수급자격자 및 그 수급자격자에 의존하여 생계를 유지하는 동거 친족의 이주에 일반적으로 드는 비용으로 하되, 그 금액의 산정은 고용노동부령으로 정하는 바에 따라 따른다(제67조).

(5) 취업촉진 수당의 지급 제한

거짓이나 그 밖의 부정한 방법으로 실업급여를 받았거나 받으려 한 사람에게는 그 급여를 받은 날 또는 받으려 한 날부터의 취업촉진 수당을 지급하지 아니한다. 다만, 그 급여와 관련된 이직 이후에 새로 수급자격을 취득하면 그 새로운 수급자격에 따른 취업촉진 수당은 그러하지 아니하다(제68조).

14) 자영업자인 피보험자에 대한 실업급여 적용의 특례

(1) 자영업자인 피보험자의 실업급여의 종류

자영업자인 피보험자의 실업급여의 종류는 구직급여와 취업촉진수당이 있다. 다만, 연장급여와 조기재취업 수당은 제외한다(제69조의2).

(2) 구직급여의 수급 요건

구직급여는 폐업한 자영업자인 피보험자가 다음 각 호의 요건을 모두 갖춘 경우에 지급한다(제69조의3).

- 폐업일 이전 24개월간 자영업자인 피보험자로서 갖춘 피보험 단위기간이 합산하여 1년 이상일 것
- 근로의 의사와 능력이 있음에도 불구하고 취업을 하지 못한 상태에 있을 것
- 폐업사유가 수급자격의 제한 사유에 해당하지 아니할 것
- 재취업을 위한 노력을 적극적으로 할 것

(3) 폐업사유에 따른 수급자격의 제한

폐업한 자영업자인 피보험자가 다음의 어느 하나에 해당한다고 직업안정기관의 장이 인정하는 경우에는 수급자격이 없는 것으로 본다(제69조의7).

- 법령을 위반하여 허가 취소를 받거나 영업 정지를 받음에 따라 폐업한 경우
- 방화(放火) 등 피보험자 본인의 중대한 귀책사유로서 고용노동부령으로 정하는 사유로 폐업한 경우
- 매출액 등이 급격하게 감소하는 등 고용노동부령으로 정하는 사유가 아닌 경우로서 전직 또는 자영업을 다시 하기 위하여 폐업한 경우
- 그 밖에 고용노동부령으로 정하는 정당한 사유에 해당하지 아니하는 사유로 폐업한 경우

15) 육아휴직 급여

(1) 육아휴직 급여

고용노동부장관은 「남녀고용평등과 일·가정 양립 지원에 관한 법률」 제19조에 따른 육아휴직을 30일(「근로기준법」 제74조에 따른 출산전후휴가기간과 중복되는 기간은 제외한다) 이상 부여받은 피보험자 중 육아휴직을 시작한 날 이전에 피보험 단위기간이 합산하여 180일 이상인 피보험자에게 육아휴직 급여를 지급한다.

육아휴직 급여를 지급받으려는 사람은 육아휴직을 시작한 날 이후 1개월부터 육아휴직이 끝난 날 이후 12개월 이내에 신청하여야 한다. 다만, 해당 기간에 대통령령으로 정하는 사유로 육아휴직 급여를 신청할 수 없었던 사람은 그 사유가 끝난 후 30일 이내에 신청하여야 한다.

피보험자가 육아휴직 급여 지급신청을 하는 경우 육아휴직 기간 중에 이직하거나 고용노동부령으로 정하는 기준에 해당하는 취업을 한 사실이 있는 경우에는 해당 신청서에 그 사실을 기재하여야 한다.

육아휴직 급여액은 대통령령으로 정한다. 육아휴직 급여의 신청 및 지급에 관하여 필요한 사항은 고용노동부령으로 정한다(제70조).

(2) 육아휴직 급여의 지급 제한

피보험자가 육아휴직 기간 중에 그 사업에서 이직한 경우에는 그 이직하였을 때부터 육아휴직 급여를 지급하지 아니한다.

피보험자가 육아휴직 기간 중에 취업을 한 경우에는 그 취업한 기간에 대해서는 육아휴직 급여를 지급하지 아니한다.

피보험자가 사업주로부터 육아휴직을 이유로 금품을 지급받은 경우 대통령령으로 정하는 바에 따라 급여를 감액하여 지급할 수 있다.

거짓이나 그 밖의 부정한 방법으로 육아휴직 급여를 받았거나 받으려 한 사람에게는 그 급여를 받은 날 또는 받으려 한 날부터의 육아휴직 급여를 지급하지 아니한다. 다만, 그 급여와 관련된 육아휴직 이후에 새로 육아휴직 급여 요건을 갖춘 경우 그 새로운 요건에 따른 육아휴직 급여는 그러하지 아니하다.

육아휴직 기간 중 취업한 사실을 기재하지 아니하거나 거짓으로 기재하여 육아휴직 급여를 받았거나 받으려 한 사람에 대해서는 위반횟수 등을 고려하여 고용노동부령으로 정하는 바에 따라 지급이 제한되는 육아휴직 급여의 범위를 달리 정할 수 있다(제73조).

(3) 육아기 근로시간 단축 급여

고용노동부장관은 「남녀고용평등과 일·가정 양립 지원에 관한 법률」 제19조의2에 따른 육아기 근로시간 단축을 30일(「근로기준법」 제74조에 따른 출산전후휴가기간과 중복되는 기간은 제외한다) 이상 실시한 피보험자 중 육아기 근로시간 단축을 시작한 날 이전에 피보험 단위기간이 합산하여 180일 이상인 피보험자에게 육아기 근로시간 단축 급여를 지급한다.

육아기 근로시간 단축 급여를 지급받으려는 사람은 육아기 근로시간 단축을 시작한 날 이후 1개월부터 끝난 날 이후 12개월 이내에 신청하여야 한다. 다만, 해당 기간에 대통령령으로 정하는 사유로 육아기 근로시간 단축 급여를 신청할 수 없었던 사람은 그 사유가 끝난 후 30일 이내에 신청하여야 한다.

육아기 근로시간 단축 급여액은 대통령령으로 정한다. 육아기 근로시간 단축 급여의 신청 및 지급에 필요한 사항은 고용노동부령으로 정한다(제73조의2).

(4) 출산전후휴가 급여

고용노동부장관은 「남녀고용평등과 일·가정 양립 지원에 관한 법률」 제18조에 따라 피보험자가 「근로기준법」 제74조에 따른 출산전후휴가 또는 유산·사산휴가를 받은 경우와 「남녀고용평등과 일·가정 양립 지원에 관한 법률」 제18조의2에 따른 배우자 출산휴가를 받은 경우로서 다음의 요건을 모두 갖춘 경우에 출산전후휴가 급여 등을 지급한다(제75조).

- 휴가가 끝난 날 이전에 피보험 단위기간이 합산하여 180일 이상일 것
- 휴가를 시작한 날[출산전후휴가 또는 유산·사산휴가를 받은 피보험자가 속한 사업장이 우선지원 대상기업이 아닌 경우에는 휴가 시작 후 60일(한 번에 둘 이상의 자녀를 임신한 경우에는 75일)이 지난 날로 본다] 이후 1개월부터 휴가가 끝난 날 이후 12개월 이내에 신청할 것. 다만, 그 기간에 대통령령으로 정하는 사유로 출산전후휴가 급여등을 신청할 수 없었던 사람은 그 사유가 끝난 후 30일 이내에 신청하여야 한다.

(5) 출산전후휴가 급여 등의 수급권 대위

사업주가 출산전후휴가 급여 등의 지급사유와 같은 사유로 그에 상당하는 금품을 근로자에게 미리 지급한 경우로서 그 금품이 출산전후휴가 급여등을 대체하여 지급한 것으로 인정되면 그 사업주는 지급한 금액(상한액을 초과할 수 없다)에 대하여 그 근로자의 출산전후휴가 급여등을 받을 권리를 대위한다(제75조의2).

16) 예술인인 피보험자에 대한 고용보험 특례

(1) 예술인인 피보험자에 대한 적용

근로자가 아니면서 「예술인 복지법」 제2조 제2호에 따른 예술인 등 대통령령으로 정하는 사람 중 「예술인 복지법」 제4조의4에 따른 문화예술용역 관련 계약(이하 "문화예술용역 관련 계약"이라 한다)을 체결하고 다른 사람을 사용하지 아니하고 자신이 직접 노무를 제공하는 사람(이하 "예술인"이라 한다)과 이들을 상대방으로 하여 문화예술용역 관련 계약을 체결한 사업에 대해서는 제8조에도 불구하고 이 장(章)을 적용한다.

예술인이 다음의 어느 하나에 해당하는 경우에는 이 법을 적용하지 아니한다.

- 65세 이후에 근로계약 또는 문화예술용역 관련 계약을(65세 전부터 피보험자격을 유지하던 사람이 65세 이후에 계속하여 근로계약 또는 문화예술용역 관련 계약

을 체결한 경우는 제외한다) 체결하거나 자영업을 개시하는 경우

- 예술인 중 대통령령으로 정하는 소득 기준을 충족하지 못하는 경우. 다만, 예술인 중 계약의 기간이 1개월 미만인 사람(단기예술인)은 제외한다.

사업의 특성 및 규모 등을 고려하여 대통령령으로 정하는 사업이 다음의 어느 하나에 해당하는 경우에는 하수급인이 사용하는 예술인에 대하여 대통령령으로 정하는 바에 따라 발주자 또는 원수급인이 신고를 하여야 한다.

- 하나의 사업에 다수의 도급이 이루어져 원수급인이 다수인 경우
- 하나의 사업이 여러 차례의 도급으로 이루어져 하수급인이 다수인 경우

하수급인인 사업주와 예술인 등은 발주자·원수급인이 피보험자격 취득 등의 신고를 위하여 대통령령으로 정하는 관련 자료, 정보 등을 요청하는 경우 이를 제공하여야 한다.

예술인이 보험관계가 성립되어 있는 둘 이상의 사업에서 동시에 근로계약 또는 문화예술용역 관련 계약을 체결한 경우에는 대통령령으로 정하는 바에 따라 피보험자격을 취득한다.

예술인에 대한 보험관계의 성립·소멸 및 변경, 보험료의 산정·납부 및 징수에 필요한 사항은 보험료징수법에서 정하는 바에 따른다(제77조의2).

(2) 예술인인 피보험자에 대한 구직급여

예술인의 구직급여는 다음의 요건을 모두 갖춘 경우에 지급한다.

- 이직일 이전 24개월 동안의 피보험 단위기간이 통산하여 9개월 이상일 것
- 근로 또는 노무제공의 의사와 능력이 있음에도 불구하고 취업(영리를 목적으로 사업을 영위하는 경우를 포함한다)하지 못한 상태에 있을 것
- 이직사유가 수급자격의 제한 사유에 해당하지 아니할 것. 다만, 예술인이 이직할 당시 대통령령으로 정하는 바에 따른 소득감소로 인하여 이직하였다고 직업안정기관의 장이 인정하는 경우에는 수급자격을 인정한다.

- 이직일 이전 24개월 중 3개월 이상을 예술인인 피보험자로 피보험자격을 유지하였을 것
- 재취업을 위한 노력을 적극적으로 할 것
- 다음의 요건을 모두 갖출 것(단기예술인에만 해당)
  - 수급자격의 인정신청일 이전 1개월 동안의 노무제공일수가 10일 미만이거나 수급자격 인정신청일 이전 14일간 연속하여 노무제공내역이 없을 것
  - 최종 이직일 이전 24개월 동안의 피보험 단위기간 중 다른 사업에서 제58조에 따른 수급자격의 제한 사유에 해당하는 사유로 이직한 사실이 있는 경우에는 그 피보험 단위기간 중 90일 이상을 단기예술인으로 종사하였을 것

피보험 단위기간은 그 수급자격과 관련된 이직 당시의 사업에서의 피보험자격 취득일부터 이직일까지의 기간으로 산정하고, 이직일 이전 24개월 동안 근로자·예술인 중 둘 이상에 해당하는 사람으로 종사한 경우의 피보험 단위기간은 대통령령으로 정하는 바에 따른다.

예술인의 기초일액은 수급자격 인정과 관련된 마지막 이직일 전 1년간의 보험료징수법 제16조의10에 따라 신고된 보수총액을 그 산정의 기준이 되는 기간의 총 일수로 나눈 금액으로 한다. 다만, 그 금액이 이직 당시의 보험료징수법 제3조에 따른 기준보수의 일액 중 가장 적은 금액 미만인 경우에는 가장 적은 기준보수의 일액을 기초일액으로 한다.

예술인의 구직급여일액은 기초일액에 100분의 60을 곱한 금액으로 한다.

구직급여일액의 상한액은 근로자인 피보험자의 구직급여 상한액 등을 고려하여 대통령령으로 정하는 금액으로 한다(제77조의3).

17) 고용보험기금

(1) 기금의 설치 및 조성

고용노동부장관은 보험사업에 필요한 재원에 충당하기 위하여 고용보험기금을 설치한다. 기금은 보험료와 이 법에 따른 징수금·적립금·기금운용 수익금과 그 밖의 수입으로 조성한다(제78조).

(2) 기금의 관리·운용

기금은 고용노동부장관이 관리·운용한다. 기금의 관리·운용에 관한 세부사항은 「국가재정법」의 규정에 따른다.

고용노동부장관은 다음 각 호의 방법에 따라 기금을 관리·운용한다.

- 금융기관에의 예탁
- 재정자금에의 예탁
- 국가·지방자치단체 또는 금융기관에서 직접 발행하거나 채무이행을 보증하는 유가증권의 매입
- 보험사업의 수행 또는 기금 증식을 위한 부동산의 취득 및 처분
- 그 밖에 대통령령으로 정하는 기금 증식 방법

고용노동부장관은 기금을 관리·운용할 때에는 그 수익이 대통령령으로 정하는 수준 이상 되도록 하여야 한다(제79조).

(3) 기금의 용도

기금은 다음의 용도에 사용하여야 한다.

- 고용안정·직업능력개발 사업에 필요한 경비
- 실업급여의 지급
- 국민연금 보험료의 지원

- 육아휴직 급여 및 출산전후휴가 급여등의 지급
- 보험료의 반환
- 일시 차입금의 상환금과 이자
- 이 법과 보험료징수법에 따른 업무를 대행하거나 위탁받은 자에 대한 출연금
- 그 밖에 이 법의 시행을 위하여 필요한 경비로서 대통령령으로 정하는 경비와 사업의 수행에 딸린 경비

기금으로부터 「국민건강보험법」 제13조에 따른 국민건강보험공단에 출연하는 금액은 징수업무(고지 · 수납 · 체납 업무를 말한다)가 차지하는 비율 등을 기준으로 산정한다. 출연금의 지급기준, 사용 및 관리에 관하여 필요한 사항은 대통령령으로 정한다(제80조).

18) 심사 및 재심사 청구

(1) 심사와 재심사

피보험자격의 취득 · 상실에 대한 확인, 실업급여 및 육아휴직 급여와 출산전후휴가 급여등에 관한 처분[원처분(原處分) 등]에 이의가 있는 자는 심사관에게 심사를 청구할 수 있고, 그 결정에 이의가 있는 자는 심사위원회에 재심사를 청구할 수 있다. 심사의 청구는 확인 또는 처분이 있음을 안 날부터 90일 이내에, 재심사의 청구는 심사청구에 대한 결정이 있음을 안 날부터 90일 이내에 각각 제기하여야 한다. 심사 및 재심사의 청구는 시효중단에 관하여 재판상의 청구로 본다(제87조).

(2) 고용보험심사관

심사를 행하게 하기 위하여 고용보험심사관을 둔다. 심사관은 심사청구를 받으면 30일 이내에 그 심사청구에 대한 결정을 하여야 한다. 다만, 부득이한 사정으로 그 기간에 결정할 수 없을 때에는 한 차례만 10일을 넘지 아니하는

범위에서 그 기간을 연장할 수 있다. 심사관의 정원·자격·배치 및 직무에 필요한 사항은 대통령령으로 정한다.

당사자는 심사관에게 심리·결정의 공정을 기대하기 어려운 사정이 있으면 그 심사관에 대한 기피신청을 고용노동부장관에게 할 수 있다. 심사청구인이 사망한 경우 그 심사청구인이 실업급여의 수급권자이면 유족이, 그 외의 자인 때에는 상속인 또는 심사청구의 대상인 원처분등에 관계되는 권리 또는 이익을 승계한 자가 각각 심사청구인의 지위를 승계한다(제89조).

(3) 심사의 청구

심사를 청구하는 경우 피보험자격의 취득·상실 확인에 대한 심사의 청구는 「산업재해보상보험법」 제10조에 따른 근로복지공단을, 실업급여 및 육아휴직 급여와 출산전후휴가 급여등에 관한 처분에 대한 심사의 청구는 직업안정기관의 장을 거쳐 심사관에게 하여야 한다.

직업안정기관 또는 근로복지공단은 심사청구서를 받은 날부터 5일 이내에 의견서를 첨부하여 심사청구서를 심사관에게 보내야 한다(제90조).

(4) 고용보험심사위원회

심사재심사를 하게 하기 위하여 고용노동부에 고용보험심사위원회를 둔다. 심사위원회는 근로자를 대표하는 사람 및 사용자를 대표하는 사람 각 1명 이상을 포함한 15명 이내의 위원으로 구성한다. 위원 중 2명은 상임위원으로 한다.

다음의 어느 하나에 해당하는 사람은 위원에 임명될 수 없다.

- 피성년후견인·피한정후견인 또는 파산의 선고를 받고 복권되지 아니한 사람
- 금고 이상의 형을 선고받고 그 형의 집행이 종료되거나 집행을 받지 아니하기로 확정된 후 3년이 지나지 아니한 사람

위원 중 공무원이 아닌 위원이 다음의 어느 하나에 해당되는 경우에는 해촉(解囑)할 수 있다.

- 심신장애로 인하여 직무를 수행할 수 없게 된 경우
- 직무와 관련된 비위사실이 있는 경우
- 직무태만, 품위손상이나 그 밖의 사유로 인하여 위원으로 적합하지 아니하다고 인정되는 경우
- 위원 스스로 직무를 수행하는 것이 곤란하다고 의사를 밝히는 경우

상임위원은 정당에 가입하거나 정치에 관여하여서는 아니 된다.

심사위원회는 재심사의 청구를 받으면 50일 이내에 재결(裁決)을 하여야 한다. 심사위원회에 사무국을 둔다. 심사위원회 및 사무국의 조직・운영 등에 필요한 사항은 대통령령으로 정한다.

6. 노인장기요양보험법

1) 목적 및 연혁

노인장기요양보험법은 우리나라 인구의 고령화가 세계에서 유례가 없을 정도로 빠르게 진행됨에 따라 치매・중풍 등 일상생활이 어려운 노인들의 수도 날로 증가하고 있으나, 핵가족화・여성의 사회참여 증가 등으로 장기요양이 필요한 노인을 가정에서 돌보는 것이 어렵고 그 가정의 비용부담이 과중하여 노인장기요양 문제는 우리 사회가 시급히 해결해야 할 심각한 사회적 문제로 대두되면서, 노인의 간병・장기요양 문제를 사회적 연대원리에 따라 정부와 사회가 공동으로 해결하는 노인장기요양보험제도를 도입하여 노인의 노후생활 안정을 도모하고 그 가족의 부양부담을 덜어줌으로써 국민의 삶의 질을 향상하려는 취지로 2007년 제정되었다.

노인장기요양보험법은 고령이나 노인성 질병 등의 사유로 일상생활을 혼자서 수행하기 어려운 노인등에게 제공하는 신체활동 또는 가사활동 지원 등의 장기요양급여에 관한 사항을 규정하여 노후의 건강증진 및 생활안정을 도모

하고 그 가족의 부담을 덜어줌으로써 국민의 삶의 질을 향상하도록 함을 목적으로 한다(제1조).

노인장기요양보험제도에 대한 논의는 1999년부터 시작되어 2001년 '노인장기요양보호종합대책'을 수립하였고, 같은 해 8.15 대통령 경축사에서 제도 도입을 제시하였으며, 2002년 대통령선거 공약사항에 포함되었다. 이후 노인요양보장제도 시행에 대한 준비체계 구축의 일환으로 2003년~2005년에 걸쳐 노인요양보장추진기획단과 실행위원회가 설치·운영 되었고, 2007년 4월 27일 노인장기요양보험법이 제정되어 2008년 7월 1일부터 시행되었다.

노인장기요양보험제도는 기존의 노인복지정책과 비교해 볼 때 서비스 대상, 서비스 선택권, 재원, 서비스 내용과 지원방식에 있어 차이점이 있다. 이를 정리하면 <표 9-2>와 같다.

〈표 9-2〉 노인장기요양보험제도와 기존 노인복지서비스 체계와의 차이점

구 분	노인장기요양보험제도	기존 노인복지서비스체계
서비스 대상	보편적 제도 - 장기요양이 필요한 65세 이상 노인 및 치매 등 노인성 질병을 가진 65세 미만의 국민	선택적 제도 - 특정 대상 한정. 국민기초생활보장 수급자를 포함한 저소득층 위주
서비스 선택	수급자 및 부양가족의 선택에 의한 서비스 제공	지방자치단체장의 판단(공급자 위주)
재원	장기요양보험료+국가 및 지방자치단체 부담+이용자 본인 부담	정부 및 지방자치단체의 부담
서비스	시설급여/재가급여(방문요양, 방문목욕, 방문간호, 주·야간보호, 단기보호 등)/특별현금급여(가족요양비)등	시설·재가서비스 제공 - 서비스 질에 대한 관리 미흡
시설에 대한 지원방식	- 시설급여 및 재가급여를 제공한 장기요양기관이 장기요양급여를 국민건강보험공단에 청구 - 국민건강보험공단은 청구된 장기요양급여비용의 적정 여부 심사 후 공단부담금 지급	지방자치단체를 통하여 시설 입소인원 또는 연간 운영비용을 기준으로 정액 지급(사후정산)

출처 : 국민건강보험공단 홈페이지(https://www.nhis.or.kr/)

2) 용어 정의

노인장기요양보험법에서 사용하는 용어의 뜻은 다음과 같다(제2조).

- **노인** : 65세 이상의 노인 또는 65세 미만의 자로서 치매·뇌혈관성질환 등 대통령령으로 정하는 노인성 질병을 가진 자를 말한다.
- **장기요양급여** : 6개월 이상 동안 혼자서 일상생활을 수행하기 어렵다고 인정되는 자에게 신체활동·가사활동의 지원 또는 간병 등의 서비스나 이에 갈음하여 지급하는 현금 등을 말한다.
- **장기요양사업** : 장기요양보험료, 국가 및 지방자치단체의 부담금 등을 재원으로 하여 노인등에게 장기요양급여를 제공하는 사업을 말한다.
- **장기요양기관** : 지정을 받은 기관으로서 장기요양급여를 제공하는 기관을 말한다.
- **장기요양요원** : 장기요양기관에 소속되어 노인의 신체활동 또는 가사활동 지원 등의 업무를 수행하는 자를 말한다.

3) 장기요양급여 제공의 기본원칙

① 장기요양급여는 노인등이 자신의 의사와 능력에 따라 최대한 자립적으로 일상생활을 수행할 수 있도록 제공하여야 한다.

② 장기요양급여는 노인등의 심신상태·생활환경과 노인등 및 그 가족의 욕구·선택을 종합적으로 고려하여 필요한 범위 안에서 이를 적정하게 제공하여야 한다.

③ 장기요양급여는 노인등이 가족과 함께 생활하면서 가정에서 장기요양을 받는 재가급여를 우선적으로 제공하여야 한다.

④ 장기요양급여는 노인등의 심신상태나 건강 등이 악화되지 아니하도록 의료서비스와 연계하여 이를 제공하여야 한다(제3조).

4) 국가 및 지방자치단체의 책무

① 국가 및 지방자치단체는 노인이 일상생활을 혼자서 수행할 수 있는 온전한 심신상태를 유지하는데 필요한 사업(노인성질환예방사업)을 실시하여야 한다.

② 국가는 노인성질환예방사업을 수행하는 지방자치단체 또는 「국민건강보험법」에 따른 국민건강보험공단에 대하여 이에 소요되는 비용을 지원할 수 있다.

③ 국가 및 지방자치단체는 노인인구 및 지역특성 등을 고려하여 장기요양급여가 원활하게 제공될 수 있도록 적정한 수의 장기요양기관을 확충하고 장기요양기관의 설립을 지원하여야 한다.

④ 국가 및 지방자치단체는 장기요양급여가 원활히 제공될 수 있도록 공단에 필요한 행정적 또는 재정적 지원을 할 수 있다.

⑤ 국가 및 지방자치단체는 장기요양요원의 처우를 개선하고 복지를 증진하며 지위를 향상시키기 위하여 적극적으로 노력하여야 한다.

⑥ 국가 및 지방자치단체는 지역의 특성에 맞는 장기요양사업의 표준을 개발·보급할 수 있다(제4조).

5) 장기요양기본계획

보건복지부장관은 노인 등에 대한 장기요양급여를 원활하게 제공하기 위하여 5년 단위로 다음 각 호의 사항이 포함된 장기요양기본계획을 수립·시행하여야 한다.

- 연도별 장기요양급여 대상인원 및 재원조달 계획
- 연도별 장기요양기관 및 장기요양전문인력 관리 방안
- 장기요양요원의 처우에 관한 사항
- 그 밖에 노인등의 장기요양에 관한 사항으로서 대통령령으로 정하는 사항

지방자치단체의 장은 장기요양기본계획에 따라 세부시행계획을 수립·시행하여야 한다(제6조).

6) 실태조사

보건복지부장관은 장기요양사업의 실태를 파악하기 위하여 3년마다 다음 각 호의 사항에 관한 조사를 정기적으로 실시하고 그 결과를 공표하여야 한다.

- 장기요양인정에 관한 사항
- 장기요양등급판정위원회의 판정에 따라 장기요양급여를 받을 사람(수급자)의 규모, 그 급여의 수준 및 만족도에 관한 사항
- 장기요양기관에 관한 사항
- 장기요양요원의 근로조건, 처우 및 규모에 관한 사항
- 그 밖에 장기요양사업에 관한 사항으로서 보건복지부령으로 정하는 사항

실태조사의 방법과 내용 등에 필요한 사항은 보건복지부령으로 정한다(제6조의2).

7) 장기요양보험

장기요양보험사업은 보건복지부장관이 관장하며, 장기요양보험사업의 보험자는 공단으로 한다.

장기요양보험의 가입자는 「국민건강보험법」 제5조 및 제109조에 따른 가입자로 한다. 「외국인근로자의 고용 등에 관한 법률」에 따른 외국인근로자 등 대통령령으로 정하는 외국인이 신청하는 경우 보건복지부령으로 정하는 바에 따라 장기요양보험가입자에서 제외할 수 있다(제7조).

8) 장기요양보험료의 징수

장기공단은 장기요양사업에 사용되는 비용에 충당하기 위하여 장기요양보험료를 징수한다. 장기요양보험료는 「국민건강보험법」 제69조에 따른 보험료(건강보험료)와 통합하여 징수한다. 이 경우 공단은 장기요양보험료와 건강보험

료를 구분하여 고지하여야 한다. 공단은 통합 징수한 장기요양보험료와 건강보험료를 각각의 독립회계로 관리하여야 한다(제8조).

9) 장기요양인정의 신청자격

장기요양인정을 신청할 수 있는 자는 노인으로서 장기요양보험가입자 또는 그 피부양자나, 「의료급여법」 수급권자 중 어느 하나에 해당하는 자격을 갖추어야 한다(제12조).

10) 등급판정

장기요양공단은 장기요양인정 신청 조사가 완료된 때 조사결과서, 신청서, 의사소견서, 그 밖에 심의에 필요한 자료를 등급판정위원회에 제출하여야 한다.

등급판정위원회는 신청인이 신청자격요건을 충족하고 6개월 이상 동안 혼자서 일상생활을 수행하기 어렵다고 인정하는 경우 심신상태 및 장기요양이 필요한 정도 등 대통령령으로 정하는 등급판정기준에 따라 수급자로 판정한다. 등급판정위원회는 심의·판정을 하는 때 신청인과 그 가족, 의사소견서를 발급한 의사 등 관계인의 의견을 들을 수 있다.

공단은 장기요양급여를 받고 있거나 받을 수 있는 자가 다음의 어느 하나에 해당하는 것으로 의심되는 경우에는 관련 사항을 조사하여 그 결과를 등급판정위원회에 제출하여야 한다.

- 거짓이나 그 밖의 부정한 방법으로 장기요양인정을 받은 경우
- 고의로 사고를 발생하도록 하거나 본인의 위법행위에 기인하여 장기요양인정을 받은 경우

등급판정위원회는 제출된 조사 결과를 토대로 다시 수급자 등급을 조정하고 수급자 여부를 판정할 수 있다(제15조).

11) 장기요양 등급판정 기간

등급판정위원회는 신청인이 신청서를 제출한 날부터 30일 이내에 장기요양 등급판정을 완료하여야 한다. 다만, 신청인에 대한 정밀조사가 필요한 경우 등 기간 이내에 등급판정을 완료할 수 없는 부득이한 사유가 있는 경우 30일 이내의 범위에서 이를 연장할 수 있다. 공단은 등급판정위원회가 장기요양인정심의 및 등급판정기간을 연장하고자 하는 경우 신청인 및 대리인에게 그 내용·사유 및 기간을 통보하여야 한다(제16조).

12) 장기요양급여의 종류

장기요양급여의 종류는 다음과 같다(제23조).

(1) 재가급여

- 방문요양 : 장기요양요원이 수급자의 가정 등을 방문하여 신체활동 및 가사활동 등을 지원하는 장기요양급여
- 방문목욕 : 장기요양요원이 목욕설비를 갖춘 장비를 이용하여 수급자의 가정 등을 방문하여 목욕을 제공하는 장기요양급여
- 방문간호 : 장기요양요원인 간호사 등이 의사, 한의사 또는 치과의사의 지시서(방문간호지시서)에 따라 수급자의 가정 등을 방문하여 간호, 진료의 보조, 요양에 관한 상담 또는 구강위생 등을 제공하는 장기요양급여
- 주·야간보호 : 수급자를 하루 중 일정한 시간 동안 장기요양기관에 보호하여 신체활동 지원 및 심신기능의 유지·향상을 위한 교육·훈련 등을 제공하는 장기요양급여
- 단기보호 : 수급자를 보건복지부령으로 정하는 범위 안에서 일정 기간 동안 장기요양기관에 보호하여 신체활동 지원 및 심신기능의 유지·향상을 위한 교육·훈련 등을 제공하는 장기요양급여

- 기타재가급여 : 수급자의 일상생활·신체활동 지원 및 인지기능의 유지·향상에 필요한 용구를 제공하거나 가정을 방문하여 재활에 관한 지원 등을 제공하는 장기요양급여로서 대통령령으로 정하는 것

(2) 시설급여

장기요양기관에 장기간 입소한 수급자에게 신체활동 지원 및 심신기능의 유지·향상을 위한 교육·훈련 등을 제공하는 장기요양급여

(3) 특별현금급여

① 가족요양비 : 가족장기요양급여

공단은 다음의 어느 하나에 해당하는 수급자가 가족 등으로부터 방문요양에 상당한 장기요양급여를 받은 때 대통령령으로 정하는 기준에 따라 해당 수급자에게 가족요양비를 지급할 수 있다(제24조).

- 도서·벽지 등 장기요양기관이 현저히 부족한 지역으로서 보건복지부장관이 정하여 고시하는 지역에 거주하는 자
- 천재지변이나 그 밖에 이와 유사한 사유로 인하여 장기요양기관이 제공하는 장기요양급여를 이용하기가 어렵다고 보건복지부장관이 인정하는 자
- 신체·정신 또는 성격 등 대통령령으로 정하는 사유로 인하여 가족 등으로부터 장기요양을 받아야 하는 자

② 특례요양비 : 특례장기요양급여

공단은 수급자가 장기요양기관이 아닌 노인요양시설 등의 기관 또는 시설에서 재가급여 또는 시설급여에 상당한 장기요양급여를 받은 경우 대통령령으로 정하는 기준에 따라 해당 장기요양급여비용의 일부를 해당 수급자에게 특례요양비로 지급할 수 있다(제25조).

③ 요양병원간병비 : 요양병원장기요양급여

공단은 수급자가 「의료법」 제3조 제2항 제3호 라목에 따른 요양병원에 입원한 때 대통령령으로 정하는 기준에 따라 장기요양에 사용되는 비용의 일부를 요양병원간병비로 지급할 수 있다. 요양병원간병비의 지급절차와 그 밖에 필요한 사항은 보건복지부령으로 정한다(제26조).

장기요양급여를 제공할 수 있는 장기요양기관의 종류 및 기준과 장기요양급여 종류별 장기요양요원의 범위·업무·보수교육 등에 관하여 필요한 사항은 대통령령으로 정한다. 장기요양급여의 제공 기준·절차·방법·범위, 그 밖에 필요한 사항은 보건복지부령으로 정한다.

13) 장기요양급여의 제한

공단은 장기요양급여를 받고 있는 자가 정당한 사유 없이 조사나 요구에 응하지 아니하거나 답변을 거절한 경우 장기요양급여의 전부 또는 일부를 제공하지 아니하게 할 수 있다.

공단은 장기요양급여를 받고 있거나 받을 수 있는 자가 장기요양기관이 거짓이나 그 밖의 부정한 방법으로 장기요양급여비용을 받는 데에 가담한 경우 장기요양급여를 중단하거나 1년의 범위에서 장기요양급여의 횟수 또는 제공기간을 제한할 수 있다. 장기요양급여의 중단 및 제한 기준과 그 밖에 필요한 사항은 보건복지부령으로 정한다(제29조).

14) 장기요양기관의 의무

장기요양기관은 수급자로부터 장기요양급여신청을 받은 때 장기요양급여의 제공을 거부하여서는 아니 된다. 다만, 입소정원에 여유가 없는 경우 등 정당한 사유가 있는 경우는 그러하지 아니하다. 장기요양기관은 장기요양급여의 제공 기준·절차 및 방법 등에 따라 장기요양급여를 제공하여야 한다.

장기요양기관의 장은 장기요양급여를 제공한 수급자에게 장기요양급여비용에 대한 명세서를 교부하여야 한다. 장기요양기관의 장은 장기요양급여 제공에 관한 자료를 기록·관리하여야 하며, 장기요양기관의 장 및 그 종사자는 장기요양급여 제공에 관한 자료를 거짓으로 작성하여서는 아니 된다.

장기요양기관은 면제받거나 감경받는 금액 외에 영리를 목적으로 수급자가 부담하는 재가 및 시설 급여비용(본인부담금)을 면제하거나 감경하는 행위를 하여서는 아니 된다.

누구든지 영리를 목적으로 금전, 물품, 노무, 향응, 그 밖의 이익을 제공하거나 제공할 것을 약속하는 방법으로 수급자를 장기요양기관에 소개, 알선 또는 유인하는 행위 및 이를 조장하는 행위를 하여서는 아니 된다.

장기요양급여비용의 명세서, 기록·관리하여야 할 장기요양급여 제공 자료의 내용 및 보존기한, 그 밖에 필요한 사항은 보건복지부령으로 정한다.

15) 본인부담금

재가 및 시설 급여비용은 다음과 같이 수급자가 부담한다. 다만, 수급자 중 「의료급여법」 제3조 제1항 제1호에 따른 수급자는 그러하지 아니하다.

- **재가급여** : 해당 장기요양급여비용의 100분의 15
- **시설급여** : 해당 장기요양급여비용의 100분의 20

다음 장기요양급여에 대한 비용은 수급자 본인이 전부 부담한다.

- 이 법의 규정에 따른 급여의 범위 및 대상에 포함되지 아니하는 장기요양급여
- 수급자가 장기요양인정서에 기재된 장기요양급여의 종류 및 내용과 다르게 선택하여 장기요양급여를 받은 경우 그 차액
- 장기요양급여의 월 한도액을 초과하는 장기요양급여

다음의 어느 하나에 해당하는 자에 대해서는 본인부담금의 100분의 60의 범위에서 보건복지부장관이 정하는 바에 따라 차등하여 감경할 수 있다.

- 「의료급여법」 제3조 제1항 제2호부터 제9호까지의 규정에 따른 수급권자
- 소득·재산 등이 보건복지부장관이 정하여 고시하는 일정 금액 이하인 자. 다만, 도서·벽지·농어촌 등의 지역에 거주하는 자에 대하여 따로 금액을 정할 수 있다
- 천재지변 등 보건복지부령으로 정하는 사유로 인하여 생계가 곤란한 자

본인부담금의 산정방법, 감경절차 및 감경방법 등에 관하여 필요한 사항은 보건복지부령으로 정한다(제40조).

16) 장기요양위원회

장기요양보험료율, 가족요양비, 특례요양비 및 요양병원간병비의 지급기준, 재가 및 시설 급여비용, 그 밖에 대통령령으로 정하는 주요 사항을 심의하기 위하여 보건복지부장관 소속으로 장기요양위원회를 둔다(제45조).

장기요양위원회는 위원장 1인, 부위원장 1인을 포함한 16인 이상 22인 이하의 위원으로 구성한다. 위원장은 보건복지부차관이 되고, 부위원장은 위원 중에서 위원장이 지명한다. 위원장이 아닌 위원은 다음 중에서 보건복지부장관이 임명 또는 위촉한 자로 하고, 다음에 해당하는 자를 각각 동수로 구성하여야 한다.

- 근로자단체, 사용자단체, 시민단체(「비영리민간단체 지원법」 제2조에 따른 비영리민간단체를 말한다), 노인단체, 농어업인단체 또는 자영자단체를 대표하는 자
- 장기요양기관 또는 의료계를 대표하는 자
- 대통령령으로 정하는 관계 중앙행정기관의 고위공무원단 소속 공무원, 장기요양에 관한 학계 또는 연구계를 대표하는 자, 공단 이사장이 추천하는 자

장기요양위원회 위원의 임기는 3년으로 한다. 다만, 공무원인 위원의 임기는 재임기간으로 한다(제46조).

17) 장기요양요원지원센터

국가와 지방자치단체는 장기요양요원의 권리를 보호하기 위하여 장기요양요원지원센터를 설치·운영할 수 있다.

장기요양요원지원센터는 다음 각 호의 업무를 수행한다.

- 장기요양요원의 권리 침해에 관한 상담 및 지원
- 장기요양요원의 역량강화를 위한 교육지원
- 장기요양요원에 대한 건강검진 등 건강관리를 위한 사업
- 그 밖에 장기요양요원의 업무 등에 필요하여 대통령령으로 정하는 사항

장기요양요원지원센터의 설치·운영 등에 필요한 사항은 보건복지부령으로 정하는 바에 따라 해당 지방자치단체의 조례로 정한다(제47조의2).

18) 관리운영기관

장기요양사업의 관리운영기관은 국민건강보험공단으로 한다.

국민건강보험공단은 다음의 업무를 관장한다.

- 장기요양보험가입자 및 그 피부양자와 의료급여수급권자의 자격관리
- 장기요양보험료의 부과·징수
- 신청인에 대한 조사
- 등급판정위원회의 운영 및 장기요양등급 판정
- 장기요양인정서의 작성 및 개인별장기요양이용계획서의 제공
- 장기요양급여의 관리 및 평가
- 수급자 및 그 가족에 대한 정보제공·안내·상담 등 장기요양급여 관련 이용지원에 관한 사항
- 재가 및 시설 급여비용의 심사 및 지급과 특별현금급여의 지급
- 장기요양급여 제공내용 확인

- 장기요양사업에 관한 조사 · 연구 및 홍보
- 노인성질환예방사업
- 이 법에 따른 부당이득금의 부과 · 징수 등
- 장기요양급여의 제공기준을 개발하고 장기요양급여비용의 적정성을 검토하기 위한 장기요양기관의 설치 및 운영
- 그 밖에 장기요양사업과 관련하여 보건복지부장관이 위탁한 업무

공단은 장기요양기관을 설치할 때 노인인구 및 지역특성 등을 고려한 지역간 불균형 해소를 고려하여야 하고, 설치 목적에 필요한 최소한의 범위에서 이를 설치 · 운영하여야 한다.

「국민건강보험법」 제17조에 따른 공단의 정관은 장기요양사업과 관련하여 장기요양보험료, 장기요양급여, 장기요양사업에 관한 예산 및 결산, 그 밖에 대통령령으로 정하는 사항을 포함 · 기재한다(제48조).

19) 등급판정위원회

장기요양인정 및 장기요양등급 판정 등을 심의하기 위하여 공단에 장기요양등급판정위원회를 둔다. 등급판정위원회는 특별자치시 · 특별자치도 · 시 · 군 · 구 단위로 설치한다. 다만, 인구 수 등을 고려하여 하나의 특별자치시 · 특별자치도 · 시 · 군 · 구에 2 이상의 등급판정위원회를 설치하거나 2 이상의 특별자치시 · 특별자치도 · 시 · 군 · 구를 통합하여 하나의 등급판정위원회를 설치할 수 있다.

등급판정위원회는 위원장 1인을 포함하여 15인의 위원으로 구성한다. 등급판정위원회 위원은 다음의 자 중에서 공단 이사장이 위촉한다. 이 경우 특별자치시장 · 특별자치도지사 · 시장 · 군수 · 구청장이 추천한 위원은 7인, 의사 또는 한의사가 1인 이상 각각 포함되어야 한다.

- 「의료법」에 따른 의료인
- 「사회복지사업법」에 따른 사회복지사

- 특별자치시·특별자치도·시·군·구 소속 공무원
- 그 밖에 법학 또는 장기요양에 관한 학식과 경험이 풍부한 자

등급판정위원회 위원의 임기는 3년으로 하되, 한 차례만 연임할 수 있다. 다만, 공무원인 위원의 임기는 재임기간으로 한다(제52조).

20) 심사청구 및 재심사청구

(1) 심사청구

장기요양인정·장기요양등급·장기요양급여·부당이득·장기요양급여비용 또는 장기요양보험료 등에 관한 공단의 처분에 이의가 있는 자는 공단에 심사청구를 할 수 있다.

심사청구는 그 처분이 있음을 안 날부터 90일 이내에 문서(「전자정부법」 제2조 제7호에 따른 전자문서를 포함)로 하여야 하며, 처분이 있은 날부터 180일을 경과하면 이를 제기하지 못한다. 다만, 정당한 사유로 그 기간에 심사청구를 할 수 없었음을 증명하면 그 기간이 지난 후에도 심사청구를 할 수 있다.

심사청구 사항을 심사하기 위하여 공단에 장기요양심사위원회를 둔다. 심사위원회의 구성·운영 및 위원의 임기, 그 밖에 필요한 사항은 대통령령으로 정한다(제55조).

(2) 재심사청구

심사청구에 대한 결정에 불복하는 사람은 그 결정통지를 받은 날부터 90일 이내에 장기요양재심사위원회에 재심사를 청구할 수 있다.

재심사위원회는 보건복지부장관 소속으로 두고, 위원장 1인을 포함한 20인 이내의 위원으로 구성한다. 재심사위원회의 위원은 관계 공무원, 법학, 그 밖에 장기요양사업 분야의 학식과 경험이 풍부한 자 중에서 보건복지부장관이 임명 또는 위촉한다. 이 경우 공무원이 아닌 위원이 전체 위원의 과반수가 되

도록 하여야 한다. 재심사위원회의 구성·운영 및 위원의 임기, 그 밖에 필요한 사항은 대통령령으로 정한다(제56조).

공단의 처분에 이의가 있는 자와 심사청구 또는 재심사청구에 대한 결정에 불복하는 자는 「행정소송법」으로 정하는 바에 따라 행정소송을 제기할 수 있다(제57조).

CHAPTER 10

공공부조법

1. 공공부조의 개요

1) 공공부조의 개념

공공부조는 국민의 최저생활 보장을 위한 중요한 사회보장제도이다. 사회보장기본법 제3조에서 "공공부조(公共扶助)란 국가와 지방자치단체의 책임하에 생활 유지 능력이 없거나 생활이 어려운 국민의 최저생활을 보장하고 자립을 지원하는 제도"라고 정의하고 있다.

공공부조법의 대표적인 법률은 국민기초생활 보장법, 의료급여법, 긴급복지지원법 등이 있다.

2) 공공부조의 원리 및 원칙

공공부조 관련법의 원리와 원칙은 다음과 같다(남기민, 2010).

(1) 공공부조의 원리

① 국가책임의 원리 : 국민의 생존권 보장에 대한 책임이 국가에 있다는 원리를 말한다.

② 생존권보장의 원리 : 모든 국민은 인간다운 생활을 할 권리를 국가에 청구할 권리가 있고, 국가는 이를 지원해 줄 의무가 있다.

③ 최저생활보장의 원리 : 공공부조 급여 수준은 건강하고 문화적인 생활 수

준을 유지할 수 있는 최저 수준이 보장되어야 한다.

④ **무차별 평등의 원리** : 공공부조 수급자의 성별, 인종, 신분, 종교 등에 관계없이 평등하게 보호받을 권리가 있다.

⑤ **보충성의 원리** : 먼저 공공부조 수급자가 가진 능력과 자산을 최대한 활용한 이후 최종적으로 최저 생활에 부족한 부분을 보충해 준다는 원리이다.

⑥ **자립조장의 원리** : 수급자의 잠재 능력을 개발하여 자립할 수 있도록 지원하여야 한다.

(2) 공공부조의 원칙

① **선 신청보호 및 후 직권보호의 원칙** : 공공부조 수급은 관련 기관에 신청하고 이에 따라 수급이 시작되는 것이 원칙이며, 신청수속에 어려움이 있는 경우 직권보호를 보충적으로 적용한다.

② **급여기준과 정도의 원칙** : 대상자의 연령, 자산, 소득 등 자산조사를 통해 최저생활의 부족분을 보충해 주어야 한다.

③ **필요즉응의 원칙** : 수급자의 여건을 고려하여 개인 또는 세대에 실제로 필요한 급여를 제공하여야 한다.

④ **세대단위의 원칙** : 공공부조는 세대를 단위로 하여 보호의 필요 여부를 결정한다. 그러나 특별한 경우 개인을 단위로 하여 서비스가 제공될 수도 있다.

⑤ **현금부조의 원칙** : 수급자에게 낙인감을 최소화할 수 있는 현금급여를 원칙으로 하고, 예외적인 경우 현물을 제공할 수도 있다.

⑥ **거택보호의 원칙** : 공공부조 수급자가 거주하는 곳에서 지원을 제공받아야 한다.

3) 공공부조와 사회보험의 비교

공공부조 관련법과 사회보험 관련법의 차이점은 <표 10-1>과 같다(정현태 외, 2016).

〈표 10-1〉 공공부조와 사회보험의 비교

구 분	공공부조	사회보험
목 적	구빈, 사후적 대응	빈곤방지, 사전적 대응
이 념	선택주의	보편주의
원 리	무차별평등주의	형평주의
대 상	절대 빈곤층	국민 전체
자격요건	자산조사	기여금 등
재 원	일반조세수입	기여금과 사용자의 부담금
급여수준	사회적 최소한	적정선
수급권의 성격	권리성이 약함	권리성이 비교적 강함

출처 : 정현태 외(2016).

2. 국민기초생활 보장법

1) 목적 및 연혁

국민기초생활 보장법은 생활이 어려운 사람에게 필요한 급여를 실시하여 이들의 최저생활을 보장하고 자활을 돕는 것을 목적으로 한다(제1조). 국민의 생존권 보장을 위한 사회보장수급권을 구체화시킨 법으로 국민의 인간답게 살 권리를 보장한다.

우리나라에서 근대적 구빈정책이 처음 실시된 것은 1944년 일제 강점기에 실시된 조선구호령을 그 시초라 할 수 있다. 해방 이후에도 형식적인 조선구호령이 시행되다가 1961년 12월 31일 비로소 우리정부에 의한 최초의 공공부조법인 생활보호법이 제정되었다. 그러나 생활보호법은 연령기준이나 급여 내용 등이 조선구호령과 유사한 시혜적이고 잔여적인 측면이 있어 사회안전망으로서 기능하기에 여러 한계점이 있었다. 1997년 금융위기로 인한 빈곤 인구 급증과 대량실업사태 등이 발생하자 국가가 적극적으로 대응할 새로운 제도 마련이 필요하였고 이에 1999년 9월 7일 국민기초생활 보장법이 법률 제6024

호로 제정되었고, 2000년 10월 1일부터 시행되었다.

종합적인 빈곤대책으로 국민기초생활 보장법이 시행된 이후, 생활이 어려운 사람에게 최저생계를 보장함으로써 빈곤을 완화하고 자립을 지원해 왔으나, 소득인정액이 최저생계비 이하인 경우에는 각종 급여가 지급되는 반면, 탈수급의 경우 지원이 전무한 상황이 발생하는 등 꾸준히 제기되어 온 제도의 한계로 인하여 다양한 복지욕구에 대응하지 못하여 사각지대가 발생하고 탈수급을 저해하는 문제가 발생하였다. 2014년 2월 발생한 송파 세 모녀 사건 이후 사회보장 사각지역 문제가 주목을 받으면서 복지사각지역 해소와 사회안전망 강화를 골자로 하는 공공부조 관련법들의 개정과 입법이 시행되었다. 이에 2014년 12월 국민기초생활 보장법 또한 상대적 빈곤 개념을 적용한 중위소득 기준 도입, 생계, 의료, 주거, 교육급여 등 네 가지 급여 선정 기준의 다층화를 시도한 맞춤형 급여체계, 급여별 최저보장수준 설정, 부양의무자 기준 완화 등 현행 제도의 운영상 나타난 미비점을 전반적으로 개선·보완한 개정이 이루어졌다.

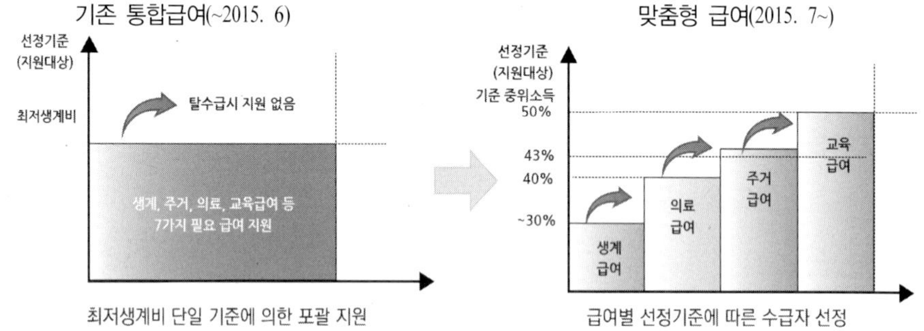

❙그림 10-1❙ 맞춤형 개별급여 도입

출처 : 보건복지부(2017).

2) 용어 정의

국민기초생활 보장법에서 사용하는 용어의 뜻은 다음과 같다(제2조).

- **수급권자** : 이 법에 따른 급여를 받을 수 있는 자격을 가진 사람을 말한다.
- **수급자** : 이 법에 따른 급여를 받는 사람을 말한다.

- **수급품** : 이 법에 따라 수급자에게 지급하거나 대여하는 금전 또는 물품을 말한다.
- **보장기관** : 이 법에 따른 급여를 실시하는 국가 또는 지방자치단체를 말한다.
- **부양의무자** : 수급권자를 부양할 책임이 있는 사람으로서 수급권자의 1촌의 직계혈족 및 그 배우자를 말한다. 다만, 사망한 1촌의 직계혈족의 배우자는 제외한다.
- **최저보장수준** : 국민의 소득·지출 수준과 수급권자의 가구 유형 등 생활실태, 물가상승률 등을 고려하여 급여의 종류별로 공표하는 금액이나 보장수준을 말한다.
- **최저생계비** : 국민이 건강하고 문화적인 생활을 유지하기 위하여 필요한 최소한의 비용으로서 보건복지부장관이 계측하는 금액을 말한다.
- **개별가구** : 이 법에 따른 급여를 받거나 이 법에 따른 자격요건에 부합하는지에 관한 조사를 받는 기본단위로서 수급자 또는 수급권자로 구성된 가구를 말한다. 이 경우 개별가구의 범위 등 구체적인 사항은 대통령령으로 정한다.
- **소득인정액** : 보장기관이 급여의 결정 및 실시 등에 사용하기 위하여 산출한 개별가구의 소득평가액과 재산의 소득환산액을 합산한 금액을 말한다.
- **차상위계층** : 수급권자에 해당하지 아니하는 계층으로서 소득인정액이 대통령령으로 정하는 기준 이하인 계층을 말한다.
- **기준 중위소득** : 보건복지부장관이 급여의 기준 등에 활용하기 위하여 중앙생활보장위원회의 심의·의결을 거쳐 고시하는 국민 가구소득의 중위값을 말한다.

3) 급여의 기본 원칙과 기준

(1) 급여의 기본 원칙

국민기초생활 보장법에 따른 급여의 기본 원칙은 다음과 같다(제3조).

① 급여는 수급자가 자신의 생활의 유지·향상을 위하여 그의 소득, 재산, 근로능력 등을 활용하여 최대한 노력하는 것을 전제로 이를 보충·발전

시키는 것을 기본 원칙으로 한다.

② 부양의무자의 부양과 다른 법령에 따른 보호는 이 법에 따른 급여에 우선하여 행하여지는 것으로 한다. 다만, 다른 법령에 따른 보호의 수준이 이 법에서 정하는 수준에 이르지 아니하는 경우에는 나머지 부분에 관하여 이 법에 따른 급여를 받을 권리를 잃지 아니한다.

(2) 급여의 기준

국민기초생활 보장법에 따른 급여의 기준은 다음과 같다(제4조).

① 급여는 건강하고 문화적인 최저생활을 유지할 수 있는 것이어야 한다.

② 이 법에 따른 급여의 기준은 수급자의 연령, 가구 규모, 거주지역, 그 밖의 생활여건 등을 고려하여 급여의 종류별로 보건복지부장관이 정하거나 급여를 지급하는 중앙행정기관의 장이 보건복지부장관과 협의하여 정한다.

③ 보장기관은 이 법에 따른 급여를 개별가구 단위로 실시하되, 특히 필요하다고 인정하는 경우에는 개인 단위로 실시할 수 있다.

④ 지방자치단체인 보장기관은 해당 지방자치단체의 조례로 정하는 바에 따라 이 법에 따른 급여의 범위 및 수준을 초과하여 급여를 실시할 수 있다. 이 경우 해당 보장기관은 보건복지부장관 및 소관 중앙행정기관의 장에게 알려야 한다.

(3) 외국인에 대한 특례

국내에 체류하고 있는 외국인 중 대한민국 국민과 혼인하여 본인 또는 배우자가 임신 중이거나 대한민국 국적의 미성년 자녀를 양육하고 있거나 배우자의 대한민국 국적인 직계존속(直系尊屬)과 생계나 주거를 같이하고 있는 사람으로서 대통령령으로 정하는 사람이 이 법에 따른 급여를 받을 수 있는 자격을 가진 경우에는 수급권자가 된다(제5조의2).

(4) 최저보장수준의 결정

보건복지부장관 또는 소관 중앙행정기관의 장은 급여의 종류별 수급자 선정기준 및 최저보장수준을 결정하여야 하며, 보건복지부장관 또는 소관 중앙행정기관의 장은 매년 8월 1일까지 중앙생활보장위원회의 심의·의결을 거쳐 다음 연도의 급여의 종류별 수급자 선정기준 및 최저보장수준을 공표하여야 한다(제6조).

(5) 기준 중위소득의 산정

기준 중위소득은 통계법 제27조에 따라 통계청이 공표하는 통계자료의 가구 경상소득(근로소득, 사업소득, 재산소득, 이전소득을 합산한 소득을 말한다)의 중간값에 최근 가구소득 평균 증가율, 가구규모에 따른 소득수준의 차이 등을 반영하여 가구규모별로 산정한다. 그 밖에 가구규모별 소득수준 반영 방법 등 기준 중위소득의 산정에 필요한 사항은 중앙생활보장위원회에서 정한다(제6조의2).

(6) 소득인정액의 산정

개별가구의 소득평가액은 개별가구의 실제소득에도 불구하고 보장기관이 급여의 결정 및 실시 등에 사용하기 위하여 산출한 금액으로 근로소득, 사업소득, 재산소득, 이전소득의 소득을 합한 개별가구의 실제소득에서 장애·질병·양육 등 가구 특성에 따른 지출요인, 근로를 유인하기 위한 요인, 그 밖에 추가적인 지출요인에 해당하는 금액을 감하여 산정한다.

재산의 소득환산액은 개별가구의 재산가액에서 기본재산액(기초생활의 유지에 필요하다고 보건복지부장관이 정하여 고시하는 재산액을 말한다) 및 부채를 공제한 금액에 소득환산율을 곱하여 산정한다. 이 경우 소득으로 환산하는 재산의 범위는 일반재산(금융재산 및 자동차를 제외한 재산을 말한다), 금융재산, 자동차이다. 실제소득, 소득평가액 및 재산의 소득환산액의 산정을 위한 구체적인 범위·기준 등은 대통령령으로 정한다(제6조의3).

4) 급여의 종류와 방법

국민기초생활 보장법의 급여의 종류는 생계급여, 주거급여, 의료급여, 교육급여, 해산급여(解産給與), 장제급여(葬祭給與), 자활급여가 있다(제7조 제1항).

(1) 생계급여

생계급여는 수급자에게 의복, 음식물 및 연료비와 그 밖에 일상생활에 기본적으로 필요한 금품을 지급하여 그 생계를 유지하게 하는 것으로 한다.

생계급여 수급권자는 부양의무자가 없거나, 부양의무자가 있어도 부양능력이 없거나 부양을 받을 수 없는 사람으로서 그 소득인정액이 중앙생활보장위원회의 심의·의결을 거쳐 결정하는 금액 이하인 사람으로 한다. 이 경우 생계급여 선정기준은 기준 중위소득의 100분의 30 이상으로 한다. 생계급여 최저보장수준은 생계급여와 소득인정액을 포함하여 생계급여 선정기준 이상이 되도록 하여야 한다. 보장시설에 위탁하여 생계급여를 실시하는 경우에는 보건복지부장관이 정하는 고시에 따라 그 선정기준 등을 달리 정할 수 있다(제8조).

생계급여는 금전을 지급하는 것으로 한다. 다만, 금전으로 지급할 수 없거나 금전으로 지급하는 것이 적당하지 아니하다고 인정하는 경우에는 물품을 지급할 수 있다(제9조 제1항). 보장기관은 대통령령으로 정하는 바에 따라 근로능력이 있는 수급자에게 자활에 필요한 사업에 참가할 것을 조건으로 하여 생계급여를 실시할 수 있다. 이 경우 보장기관은 자활지원계획을 고려하여 조건을 제시하여야 한다(제9조 제5항).

생계급여는 수급자의 주거에서 실시한다. 다만, 수급자가 주거가 없거나 주거가 있어도 그곳에서는 급여의 목적을 달성할 수 없는 경우 또는 수급자가 희망하는 경우에는 수급자를 보장시설이나 타인의 가정에 위탁하여 급여를 실시할 수 있다(제10조).

(2) 주거급여

주거급여는 수급자에게 주거 안정에 필요한 임차료, 수선유지비, 그 밖의 수급품을 지급하는 것으로 한다. 주거급여에 관하여 필요한 사항은 따로 법률(주거급여법)에서 정한다(제11조).

(3) 의료급여

의료급여는 수급자에게 건강한 생활을 유지하는 데 필요한 각종 검사 및 치료 등을 지급하는 것으로 한다. 의료급여 수급권자는 부양의무자가 없거나, 부양의무자가 있어도 부양능력이 없거나 부양을 받을 수 없는 사람으로서 그 소득인정액이 중앙생활보장위원회의 심의·의결을 거쳐 결정하는 금액 이하인 사람으로 한다. 이 경우 의료급여 선정기준은 기준 중위소득의 100분의 40 이상으로 한다. 의료급여에 필요한 사항은 따로 법률(의료급여법)에서 정한다(제12조의3).

(4) 교육급여

교육급여는 수급자에게 입학금, 수업료, 학용품비, 그 밖의 수급품을 지급하는 것으로 하되, 학교의 종류·범위 등에 관하여 필요한 사항은 대통령령으로 정한다. 교육급여는 교육부장관의 소관으로 한다. 교육급여 수급권자는 부양의무자가 없거나, 부양의무자가 있어도 부양능력이 없거나 부양을 받을 수 없는 사람으로서 그 소득인정액이 중앙생활보장위원회의 심의·의결을 거쳐 결정하는 금액 이하인 사람으로 한다. 이 경우 교육급여 선정기준은 기준 중위소득의 100분의 50 이상으로 한다. 교육급여의 신청 및 지급 등에 대하여는 초·중등교육법에 따른 교육비 지원절차를 준용한다(제12조).

(5) 해산급여

해산급여는 생계급여, 주거급여, 의료급여 중 하나 이상의 급여를 받는 수급자에게 조산(助産), 분만 전과 분만 후에 필요한 조치와 보호 급여를 실시하는 것으로 한다. 해산급여는 보건복지부령으로 정하는 바에 따라 보장기관이 지정하는 의료기관에 위탁하여 실시할 수 있다. 해산급여에 필요한 수급품은 보건복지부령으로 정하는 바에 따라 수급자나 그 세대주 또는 세대주에 준하는 사람에게 지급한다. 다만, 급여를 의료기관에 위탁하는 경우에는 수급품을 그 의료기관에 지급할 수 있다(제13조).

(6) 장제급여

장제급여는 생계급여, 주거급여, 의료급여 중 하나 이상의 급여를 받는 수급자가 사망한 경우 사체의 검안(檢案)·운반·화장 또는 매장, 그 밖의 장제조치를 하는 것으로 한다. 장제급여는 보건복지부령으로 정하는 바에 따라 실제로 장제를 실시하는 사람에게 장제에 필요한 비용을 지급하는 것으로 한다. 다만, 그 비용을 지급할 수 없거나 비용을 지급하는 것이 적당하지 아니하다고 인정하는 경우에는 물품을 지급할 수 있다(제14조).

(7) 자활급여

자활급여는 수급자의 자활을 돕기 위하여 다음의 급여를 실시하는 것으로 한다.

- 자활에 필요한 금품의 지급 또는 대여
- 자활에 필요한 근로능력의 향상 및 기능습득의 지원
- 취업알선 등 정보의 제공
- 자활을 위한 근로기회의 제공
- 자활에 필요한 시설 및 장비의 대여
- 창업교육, 기능훈련 및 기술·경영 지도 등 창업지원
- 자활에 필요한 자산형성 지원
- 그 밖에 대통령령으로 정하는 자활을 위한 각종 지원

자활급여는 관련 공공기관·비영리법인·시설과 그 밖에 대통령령으로 정하는 기관에 위탁하여 실시할 수 있다. 이 경우 그에 드는 비용은 보장기관이 부담한다(제15조).

5) 급여의 실시

(1) 급여의 신청

수급권자와 그 친족, 그 밖의 관계인은 관할 시장·군수·구청장에게 수급권자에 대한 급여를 신청할 수 있다. 차상위자가 급여를 신청하려는 경우에도 같다. 사회복지 전담공무원은 이 법에 따른 급여를 필요로 하는 사람이 누락되지 아니하도록 하기 위하여 관할지역에 거주하는 수급권자에 대한 급여를 직권으로 신청할 수 있다. 이 경우 수급권자의 동의를 구하여야 하며 수급권자의 동의는 수급권자의 신청으로 볼 수 있다.

급여신청을 할 때나 사회복지 전담공무원이 급여신청을 하는 것에 수급권자가 동의하였을 때에는 수급권자와 부양의무자는 금융정보, 신용정보, 보험정보 자료 또는 정보의 제공에 대하여 동의한다는 서면을 제출하여야 한다.

수급권자 등이 급여를 신청할 경우 사회복지 전담공무원은 신청한 사람이 급여에 관한 정보의 부족 등으로 불리한 입장에 놓이지 아니하도록 수급권자의 선정기준, 급여의 내용 및 신청방법 등을 알기 쉽게 설명하여야 한다. 시장·군수·구청장은 신청자에게 급여 신청의 철회나 포기를 유도하는 행위를 하여서는 아니 된다(제21조).

(2) 신청에 의한 조사

시장·군수·구청장은 급여신청이 있는 경우에는 사회복지 전담공무원으로 하여금 급여의 결정 및 실시 등에 필요한 부양의무자와 관련된 사항, 수급권자 및 부양의무자의 소득·재산에 관한 사항, 자활지원계획 수립에 필요한 사항, 생활실태에 관한 사항을 조사하게 하거나 수급권자에게 보장기관이 지정하는 의료기관에서 검진을 받게 할 수 있다.

시장·군수·구청장은 신청한 수급권자 또는 그 부양의무자의 소득, 재산 및 건강상태 등을 확인하기 위하여 필요한 자료를 확보하기 곤란한 경우 보건복지부령으로 정하는 바에 따라 수급권자 또는 부양의무자에게 필요한 자료의 제출을 요구할 수 있다. 또한 급여의 결정 또는 실시 등을 위하여 필요한 경우에는 조사를 관계 기관에 위촉하거나 수급권자 또는 그 부양의무자의 고용주, 그 밖의 관계인에게 이에 관한 자료의 제출을 요청할 수 있다.

보장기관이 제1항 각 호의 조사를 하기 위하여 금융·국세·지방세·토지·건물·자동차·건강보험·국민연금·고용보험·출입국·병무·교정 등 관련 전산망 또는 자료를 이용하려는 경우에는 관계 기관의 장에게 협조를 요청할 수 있다. 이 경우 관계 기관의 장은 정당한 사유가 없으면 협조하여야 한다.

조사를 하는 사회복지 전담공무원은 그 권한을 표시하는 증표 및 조사기간, 조사범위, 조사담당자, 관계 법령 등 보건복지부령으로 정하는 사항이 기재된 서류를 지니고 이를 관계인에게 보여주어야 한다.

보장기관의 공무원 또는 공무원이었던 사람은 규정에 따라 얻은 정보와 자료를 이 법에서 정한 보장목적 외에 다른 용도로 사용하거나 다른 사람 또는 기관에 제공하여서는 아니 된다. 또한 조사 결과를 대장으로 작성하여 갖추어 두어야 하며 그 밖에 조사에 필요한 사항은 보건복지부장관이 정한다. 다만, 전산정보처리조직에 의하여 관리되는 경우에는 전산 파일로 대체할 수 있다.

보장기관은 수급권자 또는 부양의무자가 조사 또는 자료제출 요구를 2회 이상 거부·방해 또는 기피하거나 검진 지시에 따르지 아니하면 급여신청을 각하(却下)할 수 있다. 조사의 내용·절차·방법 등에 관하여 이 법에서 정하는 사항을 제외하고는 행정조사기본법에서 정하는 바를 따르다(제22조).

(3) 확인조사

시장·군수·구청장은 수급자 및 수급자에 대한 급여의 적정성을 확인하기 위하여 매년 연간조사계획을 수립하고 관할구역의 수급자를 대상으로 매년 1

회 이상 정기적으로 조사하여야 하며, 특히 필요하다고 인정하는 경우에는 보장기관이 지정하는 의료기관에서 검진을 받게 할 수 있다. 다만, 보건복지부장관이 정하는 사항은 분기마다 조사하여야 한다.

보장기관은 수급자 또는 부양의무자가 조사나 자료제출 요구를 2회 이상 거부·방해 또는 기피하거나 검진 지시에 따르지 아니하면 수급자에 대한 급여 결정을 취소하거나 급여를 정지 또는 중지할 수 있다(제23조).

(4) 차상위계층에 대한 조사

시장·군수·구청장은 급여의 종류별 수급자 선정기준의 변경 등에 의하여 수급권자의 범위가 변동함에 따라 다음 연도에 이 법에 따른 급여가 필요할 것으로 예측되는 수급권자의 규모를 조사하기 위하여 보건복지부령으로 정하는 바에 따라 차상위계층에 대하여 조사할 수 있다. 시장·군수·구청장은 조사를 하려는 경우 조사대상자의 동의를 받아야 한다. 이 경우 조사대상자의 동의는 다음 연도의 급여신청으로 본다(제24조).

(5) 급여의 결정

시장·군수·구청장은 조사를 하였을 때에는 지체 없이 급여 실시 여부와 급여의 내용을 결정하여야 한다. 차상위계층을 조사한 시장·군수·구청장은 급여개시일이 속하는 달에 급여 실시 여부와 급여 내용을 결정하여야 한다. 시장·군수·구청장은 급여 실시 여부와 급여 내용을 결정하였을 때에는 급여의 산출 근거를 포함한 그 결정의 요지, 급여의 종류·방법 및 급여의 개시 시기 등을 서면으로 수급권자 또는 신청인에게 통지하여야 한다.

신청인에 대한 통지는 급여의 신청일부터 30일 이내에 하여야 한다. 다만, 부양의무자의 소득·재산 등의 조사에 시일이 걸리는 특별한 사유가 있는 경우, 수급권자 또는 부양의무자가 조사나 자료제출 요구를 거부·방해 또는 기피하는 경우에는 신청일부터 60일 이내에 통지할 수 있다. 이 경우 통지서에 그 사유를 구체적으로 밝혀야 한다(제26조).

(6) 급여의 실시

급여 실시 및 급여 내용이 결정된 수급자에 대한 급여는 급여의 신청일부터 시작한다. 다만, 보건복지부장관 또는 소관중앙행정기관의 장이 매년 결정·공표하는 급여의 종류별 수급자 선정기준의 변경으로 인하여 매년 1월에 새로 수급자로 결정되는 사람에 대한 급여는 해당 연도의 1월 1일을 그 급여개시일로 한다.

시장·군수·구청장은 급여 실시 여부의 결정을 하기 전이라도 수급권자에게 급여를 실시하여야 할 긴급한 필요가 있다고 인정할 때에는 급여의 일부를 실시할 수 있다(제27조).

(7) 급여의 지급방법

보장기관이 급여를 금전으로 지급할 때에는 수급자의 신청에 따라 수급자 명의의 지정된 계좌(급여수급계좌)로 입금하여야 한다. 다만, 정보통신장애나 그 밖에 대통령령으로 정하는 불가피한 사유로 급여수급계좌로 이체할 수 없을 때에는 대통령령으로 정하는 바에 따라 급여를 지급할 수 있다. 급여수급계좌의 해당 금융기관은 이 법에 따른 급여와 지방자치단체가 실시하는 급여만이 급여수급계좌에 입금되도록 관리하여야 한다(제27조의2).

(8) 자활지원계획의 수립

시장·군수·구청장은 수급자의 자활을 체계적으로 지원하기 위하여 보건복지부장관이 정하는 바에 따라 조사 결과를 고려하여 수급자 가구별로 자활지원계획을 수립하고 그에 따라 이 법에 따른 급여를 실시하여야 한다.

보장기관은 수급자의 자활을 위하여 필요한 경우에는 사회복지사업법 등 다른 법률에 따라 보장기관이 제공할 수 있는 급여가 있거나 민간기관 등이 후원을 제공하는 경우 자활지원계획에 따라 급여를 지급하거나 후원을 연계할 수 있다.

시장・군수・구청장은 수급자의 자활여건 변화와 급여 실시 결과를 정기적으로 평가하고 필요한 경우 자활지원계획을 변경할 수 있다(제28조).

(9) 급여의 변경 및 중지

① 급여의 변경

보장기관은 수급자의 소득・재산・근로능력 등이 변동된 경우에는 직권으로 또는 수급자나 그 친족, 그 밖의 관계인의 신청에 의하여 그에 대한 급여의 종류・방법 등을 변경할 수 있다. 급여의 변경은 산출 근거 등 이유를 구체적으로 밝혀 서면으로 수급자에게 통지하여야 한다(제29조).

② 급여의 중지

보장기관은 수급자가 수급자에 대한 급여의 전부 또는 일부가 필요 없게 된 경우, 수급자가 급여의 전부 또는 일부를 거부한 경우 어느 하나에 해당하는 경우에는 급여의 전부 또는 일부를 중지하여야 한다. 근로능력이 있는 수급자가 자활에 필요한 사업에 참가하여야 한다는 조건을 이행하지 아니하는 경우 조건을 이행할 때까지 근로능력이 있는 수급자 본인의 생계급여의 전부 또는 일부를 지급하지 아니할 수 있다(제30조).

6) 자활지원

(1) 한국자활복지개발원

수급자 및 차상위자의 자활촉진에 필요한 다음의 사업을 수행하기 위하여 한국자활복지개발원을 설립한다(제15조의2 제1항, 제15조의3).

- 자활 지원을 위한 사업의 개발 및 평가
- 자활 지원을 위한 조사・연구・교육 및 홍보
- 광역자활센터, 지역자활센터 및 자활기업의 기술・경영 지도 및 평가
- 자활 관련 기관 간의 협력체계 및 정보네트워크 구축・운영

- 취업·창업을 위한 자활촉진 프로그램 개발 및 지원
- 고용지원서비스 연계 및 사회복지서비스의 지원 대상자 관리
- 수급자 및 차상위자의 자활촉진을 위한 교육·훈련, 제15조의10에 따른 광역자활센터 등 자활 관련 기관의 종사자 및 참여자에 대한 교육·훈련 및 지원
- 국가 또는 지방자치단체로부터 위탁받은 자활 관련 사업
- 그 밖에 자활촉진에 필요한 사업으로서 보건복지부장관이 정하는 사업

(2) 광역자활센터

보장기관은 수급자 및 차상위자의 자활촉진에 필요한 다음의 사업을 수행하게 하기 위하여 사회복지법인, 사회적협동조합 등 비영리법인과 단체를 법인 등의 신청을 받아 특별시·광역시·특별자치시·도·특별자치도 단위의 광역자활센터로 지정할 수 있다. 이 경우 보장기관은 법인 등의 지역사회복지사업 및 자활지원사업의 수행 능력·경험 등을 고려하여야 한다.

- 시·도 단위의 자활기업 창업지원
- 시·도 단위의 수급자 및 차상위자에 대한 취업·창업 지원 및 알선
- 지역자활센터 종사자 및 참여자에 대한 교육훈련 및 지원
- 지역특화형 자활프로그램 개발·보급 및 사업개발 지원
- 지역자활센터 및 자활기업에 대한 기술·경영 지도
- 그 밖에 자활촉진에 필요한 사업으로서 보건복지부장관이 정하는 사업

보장기관은 광역자활센터의 설치 및 운영에 필요한 경비의 전부 또는 일부를 보조할 수 있으며, 광역자활센터에 대하여 정기적으로 사업실적 및 운영실태를 평가하고 수급자의 자활촉진을 달성하지 못하는 광역자활센터에 대하여는 그 지정을 취소할 수 있다. 규정한 사항 외에 광역자활센터의 신청·지정 및 취소 절차와 평가, 그 밖에 운영에 필요한 사항은 보건복지부령으로 정한다.(제15조의10).

(3) 지역자활센터

보장기관은 수급자 및 차상위자의 자활 촉진에 필요한 다음의 사업을 수행하게 하기 위하여 사회복지법인, 사회적협동조합 등 비영리법인과 단체를 법인 등의 신청을 받아 지역자활센터로 지정할 수 있다. 이 경우 보장기관은 법인 등의 지역사회복지사업 및 자활지원사업 수행능력·경험 등을 고려하여야 한다.

- 자활의욕 고취를 위한 교육
- 자활을 위한 정보제공, 상담, 직업교육 및 취업알선
- 생업을 위한 자금융자 알선
- 자영창업 지원 및 기술·경영 지도
- 자활기업의 설립·운영 지원
- 그 밖에 자활을 위한 각종 사업

보장기관은 지정을 받은 지역자활센터에 대하여 지역자활센터의 설립·운영 비용 또는 사업수행 비용의 전부 또는 일부, 국유·공유 재산의 무상임대, 보장기관이 실시하는 사업의 우선 위탁 지원을 할 수 있다.

보장기관은 지역자활센터에 대하여 정기적으로 사업실적 및 운영실태를 평가하고 수급자의 자활촉진을 달성하지 못하는 지역자활센터에 대하여는 그 지정을 취소할 수 있다. 지역자활센터는 수급자 및 차상위자에 대한 효과적인 자활 지원과 지역자활센터의 발전을 공동으로 도모하기 위하여 지역자활센터협회를 설립할 수 있다(제16조).

(4) 자활기관협의체

시장·군수·구청장은 자활지원사업의 효율적인 추진을 위하여 지역자활센터, 직업안정기관, 사회복지시설의 장 등과 상시적인 협의체계를 구축하여야 한다(제17조 제1항).

(5) 자활기업

수급자 및 차상위자는 상호 협력하여 자활기업을 설립·운영할 수 있다. 자활기업을 설립·운영하려는 자는 조합 또는 부가가치세법상 사업자의 형태를 갖추어야 하며, 설립 및 운영 주체는 수급자 또는 차상위자를 2인 이상 포함하여 구성해야 한다. 다만, 설립 당시에는 수급자 또는 차상위자였으나, 설립 이후 수급자 또는 차상위자를 면하게 된 사람이 계속하여 그 구성원으로 있는 경우에는 수급자 또는 차상위자로 산정(算定)한다. 그 밖에 운영기준에 관하여 보건복지부장관이 정하는 사항을 갖추어야 한다.

보장기관은 자활기업에게 직접 또는 자활복지개발원, 광역자활센터 및 지역자활센터를 통하여 자활을 위한 사업자금 융자, 국유지·공유지 우선 임대, 국가나 지방자치단체가 실시하는 사업의 우선 위탁, 자활기업 운영에 필요한 경영·세무 등의 교육 및 컨설팅 지원, 그 밖에 수급자의 자활촉진을 위한 각종 사업 지원을 할 수 있다. 그 밖에 자활기업의 설립·운영, 인정 및 지원에 필요한 사항은 보건복지부령으로 정한다(제18조).

(6) 고용촉진

보장기관은 수급자 및 차상위자의 고용을 촉진하기 위하여 상시근로자의 일정비율 이상을 수급자 및 차상위자로 채용하는 기업에 대하여는 자활을 위한 사업자금 융자, 국유지·공유지 우선 임대, 국가나 지방자치단체가 실시하는 사업의 우선 위탁, 국가나 지방자치단체의 조달구매 시 자활기업 생산품의 우선 구매, 그 밖에 수급자의 자활촉진을 위한 각종 사업에 해당하는 지원을 할 수 있다.

시장·군수·구청장은 수급자 및 차상위자에게 가구별 특성을 감안하여 관련 기관의 고용지원서비스를 연계할 수 있으며, 시장·군수·구청장은 수급자 및 차상위자의 취업활동으로 인하여 지원이 필요하게 된 해당 가구의 아동·노인 등에게 사회복지서비스를 지원할 수 있다(제18조의6).

(7) 자활의 교육

보건복지부장관, 특별시장·광역시장·특별자치시장·도지사·특별자치도지사, 시장·군수·구청장은 수급자 및 차상위자의 자활촉진을 위하여 교육을 실시할 수 있다. 보건복지부장관은 교육의 전부 또는 일부를 법인·단체 등에 위탁할 수 있다. 보건복지부장관은 교육기관의 운영을 위탁받은 법인·단체 등에 대하여 그 운영에 필요한 비용을 지원할 수 있다. 교육과 교육기관의 조직·운영 등에 필요한 사항은 보건복지부장관이 정한다(제18조의9).

7) 보장기관

(1) 보장기관

급여는 수급권자 또는 수급자의 거주지를 관할하는 시·도지사와 시장·군수·구청장(교육급여인 경우에는 특별시·광역시·특별자치시·도·특별자치도의 교육감)이 실시한다. 다만, 주거가 일정하지 아니한 경우에는 수급권자 또는 수급자가 실제 거주하는 지역을 관할하는 시장·군수·구청장이 실시한다. 보건복지부장관, 소관 중앙행정기관의 장과 시·도지사는 수급자를 각각 국가나 해당 지방자치단체가 경영하는 보장시설에 입소하게 하거나 다른 보장시설에 위탁하여 급여를 실시할 수 있다.

보장기관은 수급권자·수급자·차상위계층에 대한 조사와 수급자 결정 및 급여의 실시 등 이 법에 따른 보장업무를 수행하게 하기 위하여 사회복지 전담공무원을 배치하여야 한다. 이 경우 자활급여 업무를 수행하는 사회복지 전담공무원은 따로 배치하여야 한다(제19조).

(2) 생활보장위원회

생활보장사업의 기획·조사·실시 등에 관한 사항을 심의·의결하기 위하여 보건복지부와 시·도 및 시·군·구에 각각 생활보장위원회를 둔다. 다만, 시·도 및 시·군·구에 두는 생활보장위원회는 그 기능을 담당하기에 적합한 다른 위원회가 있고 그 위원회의 위원이 사회보장에 관한 학식과 경험이 있는 사람, 공익을 대표하는 사람, 관계 행정기관 소속 공무원 등의 자격기준을 갖춘 경우에는 시·도 또는 시·군·구의 조례로 정하는 바에 따라 그 위원회가 생활보장위원회의 기능을 대신할 수 있다.

보건복지부에 두는 생활보장위원회(중앙생활보장위원회)는 다음 각 호의 사항을 심의·의결한다.

- 기초생활보장 종합계획의 수립
- 소득인정액 산정방식과 기준 중위소득의 결정
- 급여의 종류별 수급자 선정기준과 최저보장수준의 결정
- 급여기준의 적정성 등 평가 및 실태조사에 관한 사항
- 급여의 종류별 누락·중복, 차상위계층의 지원사업 등에 대한 조정
- 자활기금의 적립·관리 및 사용에 관한 지침의 수립
- 그 밖에 위원장이 회의에 부치는 사항

중앙생활보장위원회는 위원장을 포함하여 16명 이내의 위원으로 구성하고 위원은 보건복지부장관이 공공부조 또는 사회복지와 관련된 학문을 전공한 전문가로서 대학의 조교수 이상인 사람 또는 연구기관의 연구원으로 재직 중인 사람 5명 이내, 공익을 대표하는 사람 5명 이내, 관계 행정기관 소속 3급 이상 공무원 또는 고위공무원단에 속하는 일반직공무원 5명 이내의 어느 하나에 해당하는 사람 중에서 위촉·지명하며 위원장은 보건복지부장관으로 한다.

시·도 및 시·군·구 생활보장위원회의 위원은 시·도지사 또는 시장·군수·구청장이 사회보장에 관한 학식과 경험이 있는 사람, 공익을 대표하는 사람, 관계 행정기관 소속 공무원의 어느 하나에 해당하는 사람 중에서 위촉·지명하며 위원장은 해당 시·도지사 또는 시장·군수·구청장으로 한다. 다만, 다른 위원회가 생활보장위원회의 기능을 대신하는 경우 위원장은 조례로 정한다.

생활보장위원회는 심의·의결과 관련하여 필요한 경우 보장기관에 대하여

그 소속 공무원의 출석이나 자료의 제출을 요청할 수 있다. 이 경우 해당 보장기관은 정당한 사유가 없으면 요청에 따라야 한다(제20조).

(3) 기초생활보장 계획의 수립 및 평가

소관 중앙행정기관의 장은 수급자의 최저생활을 보장하기 위하여 3년마다 소관별로 기초생활보장 기본계획을 수립하여 보건복지부장관에게 제출하여야 한다. 보건복지부장관 및 소관 중앙행정기관의 장은 제4항에 따른 실태조사 결과를 고려하여 급여기준의 적정성 등에 대한 평가를 실시할 수 있으며, 이와 관련하여 전문적인 조사·연구 등을 「공공기관의 운영에 관한 법률」에 따른 공공기관 또는 민간 법인·단체 등에 위탁할 수 있다.

보건복지부장관은 기초생활보장 기본계획 및 평가결과를 종합하여 기초생활보장 종합계획을 수립하여 중앙생활보장위원회의 심의를 받아야 한다. 보건복지부장관은 수급권자, 수급자 및 차상위계층 등의 규모·생활실태 파악, 최저생계비 계측 등을 위하여 3년마다 실태조사를 실시·공표하여야 한다. 보건복지부장관 및 소관 중앙행정기관의 장은 관계 행정기관, 지방자치단체, 「공공기관의 운영에 관한 법률」에 따른 공공기관 등에 대하여 평가에 관한 의견 또는 자료의 제출을 요구할 수 있다. 이 경우 관계 행정기관 등은 특별한 사유가 없으면 이에 따라야 한다(제20조의2).

8) 수급자의 권리와 의무

(1) 급여 변경의 금지

수급자에 대한 급여는 정당한 사유 없이 수급자에게 불리하게 변경할 수 없다(제34조).

(2) 압류금지

수급자에게 지급된 수급품(지방자치단체가 실시하는 급여 포함)과 이를 받을 권리는 압류할 수 없으며, 지정된 급여수급계좌의 예금에 관한 채권은 압류할 수 없다(제35조).

(3) 양도금지

수급자는 급여를 받을 권리를 타인에게 양도할 수 없다(제36조).

(4) 신고의 의무

수급자는 거주지역, 세대의 구성 또는 임대차 계약내용이 변동되거나 부양의무자와 관련된 사항, 수급권자 및 부양의무자의 소득・재산에 관한 사항, 자활지원계획 수립에 필요한 사항, 생활실태에 관한 사항이 현저하게 변동되었을 때에는 지체 없이 관할 보장기관에 신고하여야 한다(제37조).

9) 이의신청

(1) 시・도지사에 대한 이의신청 및 처분

수급자나 급여 또는 급여 변경을 신청한 사람은 시장・군수・구청장(교육급여인 경우에는 시・도교육감)의 처분에 대하여 이의가 있는 경우에는 그 결정의 통지를 받은 날부터 90일 이내에 해당 보장기관을 거쳐 시・도지사(특별자치시장・특별자치도지사 및 시・도교육감의 처분에 이의가 있는 경우에는 해당 특별자치시장・특별자치도지사 및 시・도교육감)에게 서면 또는 구두로 이의를 신청할 수 있다. 이 경우 구두로 이의신청을 접수한 보장기관의 공무원은 이의신청서를 작성할 수 있도록 협조하여야 한다. 이의신청을 받은 시장・군수・구청장은 10일 이내에 의견서와 관계 서류를 첨부하여 시・도지사에게 보내야 한다(제38조).

시・도지사가 시장・군수・구청장으로부터 이의신청서를 받았을 때(특별자치시장・특별자치도지사 및 시・도교육감의 경우에는 직접 이의신청을 받았을 때를 말한다)에는 30일 이내에 필요한 심사를 하고 이의신청을 각하 또는 기각하거나 해당 처분을 변경 또는 취소하거나 그 밖에 필요한 급여를 명하여야 한다. 시·도지사는 처분 등을 하였을 때에는 지체 없이 신청인과 해당 시장·군수·구청장에게 각각 서면으로 통지하여야 한다(제39조).

(2) 보건복지부장관 등에 대한 이의신청

시·도지사 처분 등에 대하여 이의가 있는 사람은 그 처분 등의 통지를 받은 날부터 90일 이내에 시·도지사를 거쳐 보건복지부장관(주거급여 또는 교육급여인 경우에는 소관 중앙행정기관의 장을 말하며, 보건복지부장관에게 한 이의신청은 소관 중앙행정기관의 장에게 한 것으로 본다)에게 서면 또는 구두로 이의를 신청할 수 있다. 이 경우 구두로 이의신청을 접수한 보장기관의 공무원은 이의신청서를 작성할 수 있도록 협조하여야 한다. 시·도지사는 이의신청을 받으면 10일 이내에 의견서와 관계 서류를 첨부하여 보건복지부장관 또는 소관 중앙행정기관의 장(주거급여 또는 교육급여인 경우에 한정한다)에게 보내야 한다(제40조).

보건복지부장관 또는 소관 중앙행정기관의 장은 이의신청서를 받았을 때에는 30일 이내에 필요한 심사를 하고 이의신청을 각하 또는 기각하거나 해당 처분의 변경 또는 취소의 결정을 하여야 한다. 보건복지부장관 또는 소관 중앙행정기관의 장은 결정을 하였을 때에는 지체 없이 시·도지사 및 신청인에게 각각 서면으로 결정 내용을 통지하여야 한다. 이 경우 소관 중앙행정기관의 장이 결정 내용을 통지하는 때에는 그 사실을 보건복지부장관에게 알려야 한다(제41조).

10) 보장비용

국가 또는 시·도가 직접 수행하는 보장업무에 드는 비용은 국가 또는 해당 시·도가 부담하고, 급여의 실시 비용은 국가 또는 해당 시·도가 부담한다. 시·군·구가 수행하는 보장업무에 드는 비용 중 보장업무에 드는 인건비와 사무비와 생활보장위원회의 운영에 드는 비용은 시·군·구가 부담한다. 시·군·구가 수행하는 보장업무에 드는 비용 중 생계급여, 주거급여, 의료급여, 교육급여, 해산급여, 장제급여, 자활급여, 자활센터 운영비용, 자활기관협의체 운영비용, 자활기업에 필요한 실시 비용, 그 밖에 이 법에 따른 보장업무에 드는 비용은 시·군·구의 재정여건, 사회보장비 지출 등을 고려하여 국가, 시·도 및 시·군·구가 다음 각 목에 따라 차등하여 분담한다(제43조 제1항).

11) 비용의 징수 및 반환명령

수급자에게 부양능력을 가진 부양의무자가 있음이 확인된 경우에는 보장비용을 지급한 보장기관은 생활보장위원회의 심의·의결을 거쳐 그 비용의 전부 또는 일부를 그 부양의무자로부터 부양의무의 범위에서 징수할 수 있다.

속임수나 그 밖의 부정한 방법으로 급여를 받거나 타인으로 하여금 급여를 받게 한 경우에는 보장비용을 지급한 보장기관은 그 비용의 전부 또는 일부를 그 급여를 받은 사람 또는 급여를 받게 한 자(부정수급자)로부터 징수할 수 있다. 징수할 금액은 각각 부양의무자 또는 부정수급자에게 통지하여 징수하고, 부양의무자 또는 부정수급자가 이에 응하지 아니하는 경우 국세 또는 지방세 체납처분의 예에 따라 징수한다(제46조).

보장기관은 급여의 변경 또는 급여의 정지·중지에 따라 수급자에게 이미 지급한 수급품 중 과잉지급분이 발생한 경우에는 즉시 수급자에 대하여 그 전부 또는 일부의 반환을 명하여야 한다. 다만, 이미 이를 소비하였거나 그 밖에 수급자에게 부득이한 사유가 있을 때에는 그 반환을 면제할 수 있다. 시장·군수·구청장이 긴급급여를 실시하였으나 조사 결과에 따라 급여를 실시하지 아니하기로 결정한 경우 급여비용의 반환을 명할 수 있다(제47조).

3. 의료급여법

1) 목적 및 연혁

의료급여법은 저소득층의 의료문제를 국가가 보장하는 공공부조제도로, 생활이 어려운 사람에게 의료급여를 함으로써 국민보건의 향상과 사회복지의 증진에 이바지함을 목적으로 한다(제1조). 의료급여법은 건강보험과 함께 국민의 건강한 생활을 보장하는 의료보장제도이지만 대상과 재원 등에 있어 보편적 건강 제도인 건강보험과는 차이를 보인다. 의료급여법은 일정 소득 이하의 저소득층을 주대상으로 하는 선별적인 제도이며, 일반 조세를 재원으로 하는 공공부조 제도로 국가에 의해 시행된다.

의료급여법의 전신은 1977년 제정된 의료보호법으로, 기존의 생활보호법에 근거하여 시행되었으나 대상범위가 좁고 제도 적용 방법에도 미흡한 점이 많았다. 1999년 국민기초생활보장법이 제정되면서 이에 부합하는 의료부조제도가 필요하게 되었고 기존의 의료보호법을 대폭 개선하여 2001년 의료급여법으로 개정하였다.

2) 용어 정의

의료급여법에서 사용하는 용어의 뜻은 다음과 같다(제2조).

- 수급권자 : 의료급여를 받을 수 있는 자격을 가진 사람을 말한다.
- 의료급여기관 : 수급권자에 대한 진료·조제 또는 투약 등을 담당하는 의료기관 및 약국 등을 말한다.
- 부양의무자 : 수급권자를 부양할 책임이 있는 사람으로서 수급권자의 1촌 직계혈족 및 그 배우자를 말한다.

3) 수급권자

의료급여법에 따른 수급권자는 다음과 같다(제3조).

- 「국민기초생활 보장법」에 따른 의료급여 수급자
- 「재해구호법」에 따른 이재민으로서 보건복지부장관이 의료급여가 필요하다고 인정한 사람
- 「의사상자 등 예우 및 지원에 관한 법률」에 따라 의료급여를 받는 사람
- 「입양특례법」에 따라 국내에 입양된 18세 미만의 아동
- 「독립유공자예우에 관한 법률」, 「국가유공자 등 예우 및 지원에 관한 법률」 및 「보훈보상대상자 지원에 관한 법률」의 적용을 받고 있는 사람과 그 가족으로서 국가보훈처장이 의료급여가 필요하다고 추천한 사람 중에서 보건복지부장관이 의료급여가 필요하다고 인정한 사람
- 「무형문화재 보전 및 진흥에 관한 법률」에 따라 지정된 국가무형문화재의 보유자(명예보유자를 포함한다)와 그 가족으로서 문화재청장이 의료급여가 필요하다고 추천한 사람 중에서 보건복지부장관이 의료급여가 필요하다고 인정한 사람
- 「북한이탈주민의 보호 및 정착지원에 관한 법률」의 적용을 받고 있는 사람과 그 가족으로서 보건복지부장관이 의료급여가 필요하다고 인정한 사람
- 「5·18민주화운동 관련자 보상 등에 관한 법률」 제8조에 따라 보상금등을 받은 사람과 그 가족으로서 보건복지부장관이 의료급여가 필요하다고 인정한 사람
- 「노숙인 등의 복지 및 자립지원에 관한 법률」에 따른 노숙인 등으로서 보건복지부장관이 의료급여가 필요하다고 인정한 사람
- 그 밖에 생활유지 능력이 없거나 생활이 어려운 사람으로서 대통령령으로 정하는 사람

「난민법」에 따른 난민인정자로서 「국민기초생활 보장법」 제12조의3 제2항에 따른 의료급여 수급권자의 범위에 해당하는 사람은 수급권자로 본다(제3조의2).

4) 수급권자의 인정 절차

의료급여 수급권자가 되려는 사람은 보건복지부령으로 정하는 바에 따라 특별자치시장·특별자치도지사·시장(특별자치도의 행정시장은 제외)·군수·구청장에게 수급권자 인정 신청을 하여야 한다. 시장·군수·구청장은 신청인을 수급권자로 인정하는 것이 타당한지를 확인하기 위하여 필요한 경우 그 신청인에게 「국민기초생활 보장법」 제21조 제3항 각 호에 따른 자료 또는 정보의 제공에 동의한다는 서면을 제출하게 할 수 있다. 신청에 따른 조사, 확인조사, 금융정보 등의 제공 등에 관하여는 「국민기초생활 보장법」 제22조, 제23조 및 제23조의2를 준용한다(제3조의3).

5) 적용 배제

수급권자가 업무 또는 공무로 생긴 질병·부상·재해로 다른 법령에 따른 급여나 보상(報償) 또는 보상(補償)을 받게 되는 경우에는 이 법에 따른 의료급여를 하지 아니한다. 수급권자가 다른 법령에 따라 국가나 지방자치단체 등으로부터 의료급여에 상당하는 급여 또는 비용을 받게 되는 경우에는 그 한도에서 이 법에 따른 의료급여를 하지 아니한다(제4조).

6) 보장기관

의료급여에 관한 업무는 수급권자의 거주지를 관할하는 특별시장·광역시장·도지사와 시장·군수·구청장이 한다. 주거가 일정하지 아니한 수급권자에 대한 의료급여 업무는 그가 실제 거주하는 지역을 관할하는 시장·군수·구청장이 한다. 특별시장·광역시장·도지사 및 시장·군수·구청장은 수급권자의 건강 유지 및 증진을 위하여 필요한 사업을 실시하여야 한다(제5조).

7) 의료급여심의위원회

의료급여사업의 실시에 관한 사항을 심의하기 위하여 보건복지부, 시·도 및 시·군·구에 각각 의료급여심의위원회를 둔다. 다만, 시·도 및 시·군·구에 두는 의료급여심의위원회의 경우에는 그 기능을 담당하기에 적합한 다른 위원회가 있고 그 위원회의 위원이 규정된 자격을 갖춘 경우 시·도 또는 시·군·구의 조례로 각각 정하는 바에 따라 그 위원회로 하여금 의료급여심의위원회의 기능을 수행하게 할 수 있다.

보건복지부에 두는 의료급여심의위원회(중앙의료급여심의위원회)는 다음 각 호의 사항을 심의한다.

- 의료급여사업의 기본방향 및 대책 수립에 관한 사항
- 의료급여의 기준 및 수가에 관한 사항
- 그 밖에 보건복지부장관 또는 위원장이 부의하는 사항

중앙의료급여심의위원회는 위원장을 포함하여 15명 이내의 위원으로 구성하고 위원은 보건복지부장관이 다음의 어느 하나에 해당하는 사람 중에서 위촉·지명하며 위원장은 보건복지부차관으로 한다.

- 공익을 대표하는 사람(의료보장에 관한 전문가로서 대학의 조교수 이상인 사람 또는 연구기관의 연구원으로 재직 중인 사람)
- 의약계를 대표하는 사람 및 사회복지계를 대표하는 사람
- 관계 행정기관 소속의 3급 이상 공무원

시·도 및 시·군·구 의료급여심의위원회의 위원은 특별시장·광역시장·도지사 또는 시장·군수·구청장이 다음의 어느 하나에 해당하는 사람 중에서 위촉·지명하며 위원장은 해당 특별시장·광역시장·도지사 또는 시장·군수·구청장으로 한다. 다만, 다른 위원회가 의료급여심의위원회의 기능을 대신하는 경우 위원장은 조례로 정한다.

- 의료보장에 관한 학식과 경험이 있는 사람
- 공익을 대표하는 사람
- 관계 행정기관 소속의 공무원

의료급여심의위원회는 심의와 관련하여 필요한 경우 보장기관에 대하여 그 소속 공무원의 출석이나 자료의 제출을 요청할 수 있다. 이 경우 해당 보장기관은 정당한 사유가 없는 한 이에 응하여야 한다.

보건복지부와 시·도 및 시·군·구에 두는 의료급여심의위원회의 기능과 각 의료급여심의위원회의 구성·운영 등에 관하여 필요한 사항은 대통령령으로 정한다(제6조).

8) 의료급여의 내용

수급권자의 질병·부상·출산 등에 대한 의료급여의 내용은 다음과 같다.

- 진찰·검사
- 약제(藥劑)·치료재료의 지급
- 처치·수술과 그 밖의 치료
- 예방·재활
- 입원
- 간호
- 이송과 그 밖의 의료목적 달성을 위한 조치

의료급여의 방법·절차·범위·한도 등 의료급여의 기준에 관하여는 보건복지부령으로 정하고, 의료수가기준과 그 계산방법 등에 관하여는 보건복지부장관이 정한다. 보건복지부장관은 의료급여의 기준을 정할 때에는 업무 또는 일상생활에 지장이 없는 질환 등 보건복지부령으로 정하는 사항은 의료급여대상에서 제외할 수 있다.

9) 급여비용의 부담

급여비용은 대통령령으로 정하는 바에 따라 그 전부 또는 일부를 제25조에 따른 의료급여기금에서 부담하되, 의료급여기금에서 일부를 부담하는 경우 그 나머지 비용은 본인이 부담한다(제10조).

10) 의료급여의 제한

시장·군수·구청장은 수급권자가 다음의 어느 하나에 해당하면 이 법에 따른 의료급여를 하지 아니한다. 다만, 보건복지부장관이 의료급여를 할 필요가 있다고 인정하는 경우에는 그러하지 아니하다.

- 수급권자가 자신의 고의 또는 중대한 과실로 인한 범죄행위에 그 원인이 있거나 고의로 사고를 일으켜 의료급여가 필요하게 된 경우
- 수급권자가 정당한 이유 없이 이 법의 규정이나 의료급여기관의 진료에 관한 지시에 따르지 아니한 경우

의료급여기관은 수급권자가 급여 제한 사항 어느 하나에 해당하는 경우 대통령령으로 정하는 바에 따라 수급권자의 거주지를 관할하는 시장·군수·구청장에게 알려야 한다.

11) 의료급여의 변경 및 중지

시장·군수·구청장은 수급권자의 소득, 재산상황, 근로능력 등이 변동되었을 때에는 직권으로 또는 수급권자나 그 친족, 그 밖의 관계인의 신청을 받아 의료급여의 내용 등을 변경할 수 있다. 시장·군수·구청장은 의료급여의 내용 등을 변경하였을 때에는 서면으로 그 이유를 밝혀 수급권자에게 알려야 한다(제16조).

시장·군수·구청장은 수급권자가 다음의 어느 하나에 해당하면 의료급여

를 중지하여야 한다(제17조).

- 수급권자에 대한 의료급여가 필요 없게 된 경우
- 수급권자가 의료급여를 거부한 경우

시장・군수・구청장은 수급권자가 의료급여를 거부한 경우에는 수급권자가 속한 가구원 전부에 대하여 의료급여를 중지하여야 한다. 시장・군수・구청장은 제1항에 따라 의료급여를 중지하였을 때에는 서면으로 그 이유를 밝혀 수급권자에게 알려야 한다.

12) 수급권 보호 및 구상권

의료급여를 받을 권리는 양도하거나 압류할 수 없다(제18조).

시장・군수・구청장은 제3자의 행위로 인하여 수급권자에게 의료급여를 한 경우에는 그 급여비용의 범위에서 제3자에게 손해배상을 청구할 권리를 얻는다. 의료급여를 받은 사람이 제3자로부터 이미 손해배상을 받은 경우에는 시장・군수・구청장은 그 배상액의 한도에서 의료급여를 하지 아니한다(제19조).

13) 부당이득의 징수

시장・군수・구청장은 속임수나 그 밖의 부당한 방법으로 의료급여를 받은 사람 또는 급여비용을 받은 의료급여기관에 대하여는 그 급여 또는 급여비용에 상당하는 금액의 전부 또는 일부를 부당이득금으로 징수한다.

시장・군수・구청장은 의료급여기관과 의료급여를 받으려는 사람이 공모하여 속임수나 그 밖의 부당한 방법으로 의료급여가 이루어진 경우에는 그 의료급여기관에 대하여 의료급여를 받은 사람과 연대하여 부당이득금을 납부하게 할 수 있다.

시장・군수・구청장은 속임수나 그 밖의 부당한 방법으로 급여비용을 받은 의료급여기관이 다음의 어느 하나에 해당하는 경우에는 해당 의료급여기관을 개설한 자에게 그 의료급여기관과 연대하여 부당이득금을 납부하게 할 수 있다.

- 「의료법」 제33조 제2항을 위반하여 의료기관을 개설할 수 없는 자가 의료인의 면허나 의료법인 등의 명의를 대여받아 개설·운영하는 의료기관
- 「약사법」 제20조 제1항을 위반하여 약국을 개설할 수 없는 자가 약사 등의 면허를 대여받아 개설·운영하는 약국

시장·군수·구청장은 의료급여기관이 속임수나 그 밖의 부정한 방법으로 수급권자로부터 급여비용을 받았을 때에는 그 의료급여기관으로부터 해당 급여비용을 징수하여 수급권자에게 지체 없이 지급하여야 한다. 시장·군수·구청장은 부당이득금 납부의무자가 부당이득금을 내지 아니하면 기한을 정하여 독촉할 수 있다(제23조).

14) 이의신청

수급권자의 자격, 의료급여 및 급여비용에 대한 시장·군수·구청장의 처분에 이의가 있는 자는 시장·군수·구청장에게 이의신청을 할 수 있다.

급여비용의 심사·조정, 의료급여의 적정성 평가 및 급여 대상 여부의 확인에 관한 급여비용심사기관의 처분에 이의가 있는 보장기관, 의료급여기관 또는 수급권자는 급여비용심사기관에 이의신청을 할 수 있다.

이의신청은 처분이 있음을 안 날부터 90일 이내에 문서(전자문서를 포함한다)로 하여야 하며, 처분이 있은 날부터 180일이 지나면 제기하지 못한다. 다만, 정당한 사유에 따라 그 기간에 이의신청을 할 수 없었음을 소명한 경우에는 그러하지 아니하다.

의료급여기관이 급여비용심사기관의 확인에 대하여 이의신청을 하려면 통보받은 날부터 30일 이내에 하여야 한다. 규정한 사항 외에 이의신청의 방법, 이의신청에 대한 결정 및 결정의 통지 등에 필요한 사항은 대통령령으로 정한다(제30조).

15) 심판청구

급여비용심사기관의 이의신청에 대한 결정에 불복이 있는 자는 「국민건강보험법」 제89조에 따른 건강보험분쟁조정위원회에 심판청구를 할 수 있다. 심판청구를 하려는 자는 대통령령으로 정하는 심판청구서를 처분을 행한 급여비용심사기관에 제출하거나 건강보험분쟁조정위원회에 제출하여야 한다. 규정한 사항 외에 심판청구의 절차·방법·결정 및 그 결정의 통지 등에 필요한 사항은 대통령령으로 정한다(제30조의2).

16) 소멸시효

의료급여를 받을 권리, 급여비용을 받을 권리, 대지급금을 상환받을 권리는 3년간 행사하지 아니하면 소멸시효가 완성된다.

시효는 다음의 어느 하나에 해당하는 사유로 중단된다.

- 급여비용의 청구
- 대지급금에 대한 납입의 고지 및 독촉

소멸시효 및 시효중단에 관하여 이 법에서 정한 사항 외에는 「민법」에 따른다(제31조).

4. 긴급복지지원법

1) 목적 및 입법배경

긴급복지지원법은 생계곤란 등의 위기상황에 처하여 도움이 필요한 사람을 신속하게 지원함으로써 이들이 위기상황에서 벗어나 건강하고 인간다운 생활을 하게 함을 목적으로 한다(제1조).

이 법은 2004년 12월 18일 대구광역시 불로동에서 난치 질환의 과도한 의료비와 빈곤으로 생활에 곤란을 겪던 가정의 5세 남자 아이가 사망한 채 장롱 속에서 발견된 사건이 입법 계기가 되었다. 당시 국민기초생활보장제도에서 제외되는 차상위계층을 대상으로 하는 긴급보호대책들이 일부 시행되기는 하였으나 종합적이고 체계적인 제도의 부재로 인해 사회복지의 사각지역에 대한 복지적 대응에 한계가 있었다. 이에 2005년 12월 23일 긴급복지지원법이 제정·공포되었고, 2006년 3월 24일 시행되었다.

2) 긴급복지지원의 기본 원칙

(1) 선지원 후처리 원칙

위기 상황에 처해 도움이 필요한 사람의 지원 요청 또는 신고가 있는 경우 긴급지원 담당 공무원의 현장 확인을 통해 긴급지원의 필요성이 인정되면 우선 지원을 실시하고 나중에 소득, 재산 등을 조사하여 지원의 적정성을 심사한다.

(2) 단기 지원 원칙

긴급복지지원법은 위기상황에 처한 사람에게 일시적으로 신속하게 지원하는 것을 기본 원칙(제3조 제1항)으로 생계·주거·시설 이용·연료비 지원은 1개월, 의료·교육 지원은 1회 지원하며, 위기 상황이 지속되는 경우 긴급지원심의위원회를 통해 생계·시설이용연료비 지원은 3개월, 주거 지원은 9개월, 의료·교육 지원의 경우 1회 추가 지원이 가능하다.

(3) 타 법률 지원 우선의 원칙

다른 법률에 의하여 긴급 지원의 내용과 동일한 구호·보호나 지원을 받고 있는 경우에는 긴급 지원을 하지 아니한다(제3조 제2항). 또한 다른 법률에 의한 지원의 대상이 되는 경우에는 우선적으로 해당 지원에 연계한다.

(4) 가구 단위 지원의 원칙

가구 단위로 산정하여 지원하는 것을 원칙으로 하고 가정폭력, 성폭력 또는 학대 등으로 인하여 위기 상황에 처한 사람에 대하여는 당사자 및 그와 함께 보호를 받아야 하는 자를 하나의 가구로 보고 지원한다. 단, 의료지원, 교육지원 등의 경우에는 필요한 가구 구성원에 한하여 개인 단위 지원을 한다(보건복지부, 2017).

3) 위기상황 및 긴급지원대상자의 정의

이 법에서 "위기상황"이란 본인 또는 본인과 생계 및 주거를 같이하고 있는 가구 구성원이 다음의 어느 하나에 해당하는 사유로 인하여 생계유지 등이 어렵게 된 것을 말한다(제2조).

- 주소득자(主所得者)가 사망, 가출, 행방불명, 구금시설에 수용되는 등의 사유로 소득을 상실한 경우
- 중한 질병 또는 부상을 당한 경우
- 가구 구성원으로부터 방임(放任) 또는 유기(遺棄)되거나 학대 등을 당한 경우
- 가정폭력을 당하여 가구 구성원과 함께 원만한 가정생활을 하기 곤란하거나 가구 구성원으로부터 성폭력을 당한 경우
- 화재 또는 자연재해 등으로 인하여 거주하는 주택 또는 건물에서 생활하기 곤란하게 된 경우
- 주소득자 또는 부소득자(副所得者)의 휴업, 폐업 또는 사업장의 화재 등으로 인하여 실질적인 영업이 곤란하게 된 경우
- 주소득자 또는 부소득자의 실직으로 소득을 상실한 경우
- 보건복지부령으로 정하는 기준에 따라 지방자치단체의 조례로 정한 사유가 발생한 경우
- 그 밖에 보건복지부장관이 정하여 고시하는 사유가 발생한 경우

이 법에 따른 지원대상자는 위기상황에 처한 사람으로서 이 법에 따른 지원이 긴급하게 필요한 사람(긴급지원대상자)으로 하며(제5조), 국내에 체류하고 있는 외국인 중 대통령령으로 정하는 사람이 지원이 긴급하게 필요한 사람에 해당하는 경우에는 긴급지원대상자가 된다(제5조의2).

4) 국가 및 지방자치단체의 책무

국가 및 지방자치단체는 위기상황에 처한 사람을 찾아 내어 최대한 신속하게 필요한 지원을 하도록 노력하여야 하며, 긴급지원의 지원대상 및 소득 또는 재산 기준, 지원 종류・내용・절차와 그 밖에 필요한 사항 등 긴급지원사업에 관하여 적극적으로 안내하여야 한다. 또한 이 법에 따른 지원 후에도 위기상황이 해소되지 아니하여 계속 지원이 필요한 것으로 판단되는 사람에게는 다른 법률에 따른 구호・보호 또는 지원을 받을 수 있도록 노력하여야 하며, 구호・보호 또는 지원이 어렵다고 판단되는 경우에는 민간기관・단체와의 연계를 통하여 구호・보호 또는 지원을 받을 수 있도록 노력하여야 한다(제4조).

5) 긴급지원기관

지원은 긴급지원대상자의 거주지를 관할하는 시장(「제주특별자치도 설치 및 국제자유도시 조성을 위한 특별법」 제11조 제2항에 따른 행정시장을 포함)・군수・구청장(자치구의 구청장)이 한다. 다만, 긴급지원대상자의 거주지가 분명하지 아니한 경우에는 지원요청 또는 신고를 받은 시장・군수・구청장이 한다. 거주지가 분명하지 아니한 사람에게 지원요청 또는 신고가 특정 지역에 집중되는 경우에는 보건복지부령으로 정하는 바에 따라 긴급지원기관을 달리 정할 수 있다. 시장・군수・구청장은 이 법에 따른 긴급지원사업을 수행할 담당공무원(긴급지원담당공무원)을 지정하여야 한다. 이 경우 긴급지원담당공무원은 긴급지원사업을 포함한 복지 관련 교육훈련을 받은 사람으로 한다(제6조).

6) 지원요청 및 신고

긴급지원대상자와 친족, 그 밖의 관계인은 구술 또는 서면 등으로 관할 시장・군수・구청장에게 이 법에 따른 지원을 요청할 수 있다. 누구든지 긴급지원대상자를 발견한 경우에는 관할 시장・군수・구청장에게 신고하여야 한다.

다음의 어느 하나에 해당하는 사람은 진료・상담 등 직무수행 과정에서 긴급지원대상자가 있음을 알게 된 경우에는 관할 시장・군수・구청장에게 이를 신고하고, 긴급지원대상자가 신속하게 지원을 받을 수 있도록 노력하여야 한다(제7조).

- 의료법에 따른 의료기관의 종사자
- 유아교육법, 초・중등교육법 및 고등교육법에 따른 교원, 직원, 산학겸임교사, 강사
- 사회복지사업법에 따른 사회복지시설의 종사자
- 국가공무원법 및 지방공무원법에 따른 공무원
- 「장애인활동 지원에 관한 법률」에 따른 활동지원기관의 장 및 그 종사자와 활동지원인력
- 학원의 설립・운영 및 과외교습에 관한 법률에 따른 학원의 운영자・강사・직원 및 교습소의 교습자・직원
- 건강가정기본법에 따른 건강가정지원센터의 장과 그 종사자
- 청소년 기본법에 따른 청소년시설 및 청소년단체의 장과 그 종사자
- 청소년 보호법에 따른 청소년 보호・재활센터의 장과 그 종사자
- 평생교육법에 따른 평생교육기관의 장과 그 종사자
- 그 밖에 긴급지원대상자를 발견할 수 있는 자로서 보건복지부령으로 정하는 자

시장・군수・구청장이 지정한 법인・단체・시설・기관 등은 긴급지원대상자의 요청에 따라 지원요청을 지원할 수 있다. 관계 중앙행정기관의 장은 신고의무자에 해당하는 사람의 자격취득 또는 보수교육 과정에 긴급지원사업의

신고와 관련된 교육 내용을 포함하도록 하여야 하며, 긴급복지 신고의무자가 소속된 기관·시설 등의 장은 소속 긴급복지 신고의무자에게 신고의무 교육을 실시하고, 그 결과를 관계 중앙행정기관의 장에게 제출하여야 한다. 교육의 내용, 시간, 방법, 그 밖에 필요한 사항은 보건복지부령으로 정한다. 국가 및 지방자치단체는 신고의무자에 해당하는 사람에게 긴급지원사업에 관한 홍보를 실시하여야 한다.

7) 위기상황의 발굴

국가 및 지방자치단체는 위기상황에 처한 사람에 대한 발굴조사를 연 1회 이상 정기적으로 실시하여야 한다. 국가 및 지방자치단체는 정기 발굴조사 또는 수시 발굴조사를 위하여 필요한 경우 관계 기관·법인·단체 등의 장에게 자료의 제출, 위기상황에 처한 사람의 거주지 등 현장조사 시 소속 직원의 동행 등 협조를 요청할 수 있다. 이 경우 관계 기관·법인·단체 등의 장은 정당한 사유가 없으면 이에 따라야 한다. 국가 및 지방자치단체는 위기상황에 처한 사람에 대한 발굴체계의 운영 실태를 정기적으로 점검하고 개선방안을 수립하여야 한다(제7조의2).

8) 현장 확인 및 지원

시장·군수·구청장은 지원요청 또는 신고를 받거나 위기상황에 처한 사람을 찾아낸 경우에는 지체 없이 긴급지원담당공무원으로 하여금 긴급지원대상자의 거주지 등을 방문하여 위기상황을 확인하여야 한다. 시장·군수·구청장은 위기상황을 확인하기 위하여 필요한 경우에는 관할 경찰관서, 소방관서 등 관계 행정기관의 장에게 협조를 요청할 수 있다. 이 경우 관계 행정기관의 장은 정당한 사유가 없으면 그 요청에 따라야 한다.

시장·군수·구청장은 현장 확인 결과 위기상황의 발생이 확인된 사람에 대하여는 지체 없이 지원의 종류 및 내용을 결정하여 지원을 하여야 한다. 이 경우 긴급지원대상자에게 신속히 지원할 필요가 있다고 판단되는 경우 긴급지원담당공무원으로 하여금 우선 필요한 지원을 하도록 할 수 있다.

현장을 확인하는 긴급지원담당공무원은 권한을 표시하는 증표 및 조사기간, 조사범위, 조사담당자, 관계 법령 등 보건복지부령으로 정하는 사항이 기재된 서류를 지니고 이를 관계인에게 내보여야 한다(제8조).

9) 긴급지원의 종류 및 내용

이 법에 따른 지원의 종류 및 내용은 다음과 같다.

(1) 금전 또는 현물(現物) 등의 직접지원

- **생계지원** : 식료품비 · 의복비 등 생계유지에 필요한 비용 또는 현물 지원
- **의료지원** : 각종 검사 및 치료 등 의료서비스 지원
- **주거지원** : 임시거소(臨時居所) 제공 또는 이에 해당하는 비용 지원
- **사회복지시설 이용 지원** : 사회복지사업법에 따른 사회복지시설 입소(入所) 또는 이용 서비스 제공이나 이에 필요한 비용 지원
- **교육지원** : 초 · 중 · 고등학생의 수업료, 입학금, 학교운영지원비 및 학용품비 등 필요한 비용 지원
- **그 밖의 지원** : 연료비나 그 밖에 위기상황의 극복에 필요한 비용 또는 현물 지원

(2) 민간기관 · 단체와의 연계 등의 지원

- 대한적십자사, 사회복지공동모금회 등의 사회복지기관 · 단체와의 연계 지원
- 상담 · 정보제공, 그 밖의 지원

구체적인 지원기준 · 방법 및 절차 등에 관하여 필요한 사항은 대통령령으로 정한다. 이 경우 생계지원과 주거지원은 국민기초생활 보장법 따른 기준

중위소득의 100분의 40을 각각 한도로 한다. 시장·군수·구청장은 사회복지시설 이용 지원을 하는 경우 관할 사회복지시설의 장에게 지원을 요청할 수 있다. 이 경우 지원요청을 받은 사회복지시설의 장은 정당한 사유가 없으면 해당 시설의 입소기준에도 불구하고 긴급지원대상자가 긴급지원 기간에 그 시설을 이용할 수 있도록 조치하여야 한다(제9조).

10) 긴급지원수급계좌

시장·군수·구청장은 긴급지원대상자의 신청이 있는 경우에는 긴급지원대상자에게 지급하는 금전(긴급지원금)을 긴급지원대상자 명의의 지정된 계좌(긴급지원수급계좌)로 입금하여야 한다. 다만, 정보통신장애나 그 밖에 대통령령으로 정하는 불가피한 사유로 긴급지원수급계좌로 이체할 수 없을 때에는 현금 지급 등 대통령령으로 정하는 바에 따라 지급할 수 있다. 긴급지원수급계좌가 개설된 금융기관은 긴급지원금만이 긴급지원수급계좌에 입금되도록 하고, 이를 관리하여야 한다(제9조의2).

11) 긴급지원의 기간

생계지원, 주거지원, 사회복지시설 이용지원, 연료비나 그 밖의 위기 상황에 필요한 지원은 1개월간의 생계유지 등에 필요한 지원으로 한다. 다만, 시장·군수·구청장이 긴급지원대상자의 위기상황이 계속된다고 판단하는 경우에는 1개월씩 두 번의 범위에서 기간을 연장할 수 있다. 의료지원은 위기상황의 원인이 되는 질병 또는 부상을 검사·치료하기 위한 범위에서 한 번 실시하며, 교육지원도 한 번 실시한다.

시장·군수·구청장은 지원에도 불구하고 위기상황이 계속되는 경우에는 긴급지원심의위원회의 심의를 거쳐 지원을 연장할 수 있다. 이 경우 생계지원, 사회복지시설 이용지원, 연료비나 그 밖의 위기 상황에 필요한 지원은 이전 지원기간을 합하여 총 6개월을 초과하여서는 아니 되고, 주거지원은 이전 지원기간을 합하여 총 12개월을 초과하여서는 아니 되며, 의료지원은 이전 지원횟수를 합하여 총 두 번, 교육지원은 이전 지원횟수를 합하여 총 네 번을 초과하여서는 아니 된다(제10조).

이상의 내용을 정리하면 <표 10-2>와 같다.

〈표 10-2〉 긴급지원의 종류 및 기간

종 류	지원 내용	지원 기간 (지원 연장 한도)
생계지원	식료품비·의복비 등 생계유지에 필요한 비용 또는 현물 지원	1개월(최장 6개월)
의료지원	각종 검사 및 치료 등 의료서비스 지원	1회(최장 2회)
주거지원	임시거소(臨時居所) 제공 또는 이에 해당하는 비용 지원	1개월(최장 12개월)
사회복지시설 이용지원	사회복지시설 입소(入所) 또는 이용 서비스 제공이나 이에 필요한 비용 지원	1개월(최장 6개월)
교육지원	초·중·고등학생의 수업료, 입학금, 학교운영지원비 및 학용품비 등 필요한 비용 지원	분기별 2회(최장 4회)
그 밖의 지원	• 연료비(동절기 10월~3월) • 해산비 • 장제비 • 전기요금(단전 후 1개월 경과)	1개월(연료비 최장 6개월)
타 제도 연계	• 대한적십자사, 사회복지공동모금회 등의 사회복지기관·단체와의 연계 지원 • 상담·정보제공, 그 밖의 지원	횟수 제한 없음

12) 긴급지원심의위원회

긴급지원연장 결정, 긴급지원의 적정성 심사, 긴급지원의 중단 또는 지원비용의 환수 결정, 그 밖에 긴급지원심의위원회의 위원장이 회의에 부치는 사항을 심의·의결하기 위하여 시(「제주특별자치도 설치 및 국제자유도시 조성을 위한 특별법」 제10조 제2항에 따른 행정시를 포함)·군·구(자치구)에 긴급지원심의위원회를 둔다.

긴급지원심의위원회는 위원장 1명을 포함한 15명 이내의 위원으로 구성한다. 위원장은 시장 · 군수 · 구청장이 되고, 위원은 사회보장에 관한 학식과 경험이 있는 사람, 비영리민간단체에서 추천한 사람, 해당 시 · 군 · 구 또는 관계 행정기관 소속의 공무원, 해당 시 · 군 · 구 지방의회가 추천하는 사람 중 어느 하나에 해당하는 사람 중에서 시장 · 군수 · 구청장이 임명하거나 위촉한다. 이 경우 사회보장에 관한 학식과 경험이 있는 사람, 비영리민간단체에서 추천한 사람이 2분의 1 이상 되도록 구성하여야 한다.

시 · 군 · 구에 국민기초생활 보장법 제20조 제1항 본문에 따른 생활보장위원회가 있는 경우 그 위원회는 조례로 정하는 바에 따라 긴급지원심의위원회의 기능을 대신할 수 있다(제12조).

13) 사후조사

시장 · 군수 · 구청장은 지원을 받았거나 받고 있는 긴급지원대상자에 대하여 소득 또는 재산 등 대통령령으로 정하는 기준에 따라 긴급지원이 적정한지를 조사하여야 한다. 시장 · 군수 · 구청장은 조사를 위하여 금융 · 국세 · 지방세 · 건강보험 · 국민연금 및 고용보험 등 관련 전산망을 이용하려는 경우에는 해당 법률에서 정하는 바에 따라 관계 기관의 장에게 협조를 요청할 수 있다. 이 경우 관계 기관의 장은 정당한 사유가 없으면 그 요청에 따라야 한다.

보건복지부장관은 조사를 위하여 긴급지원대상자 및 가구구성원이 제출한 동의 서면을 전자적 형태로 바꾼 문서에 따라 금융기관 등의 장에게 금융정보 · 신용정보 또는 보험정보의 제공을 요청할 수 있다. 금융정보 등의 제공을 요청받은 금융기관 등의 장은 명의인의 금융정보등을 제공하여야 한다. 또한 금융정보 또는 보험정보를 제공한 금융회사 등의 장은 그 정보의 제공사실을 명의인에게 통보하여야 한다. 다만, 명의인의 동의가 있는 경우에는 통보하지 아니할 수 있다.

긴급지원담당공무원 또는 긴급지원담당공무원이었던 사람은 얻은 정보와 자료를 이 법에서 정한 지원 목적 외에 다른 용도로 사용하거나 다른 사람 또는 기관에 제공하여서는 아니 된다(제13조).

14) 긴급지원의 적정성 심사

긴급지원심의위원회는 시장・군수・구청장이 한 사후조사 결과를 참고하여 긴급지원의 적정성을 심사한다. 긴급지원심의위원회는 긴급지원대상자가 국민기초생활 보장법 또는 의료급여법에 따른 수급권자로 결정된 경우에는 심사를 하지 아니할 수 있다.

시장・군수・구청장은 심사결과 긴급지원대상자에 대한 지원이 적정하지 아니한 것으로 결정된 경우에도 긴급지원담당공무원의 고의 또는 중대한 과실이 없으면 이를 이유로 긴급지원담당공무원에 대하여 불리한 처분이나 대우를 하여서는 아니 된다(제14조).

15) 지원중단 또는 비용환수

시장・군수・구청장은 심사결과 거짓이나 그 밖의 부정한 방법으로 지원을 받은 것으로 결정된 사람에게는 긴급지원심의위원회의 결정에 따라 지체 없이 지원을 중단하고 지원한 비용의 전부 또는 일부를 반환하게 하여야 한다. 또한 심사결과 긴급지원이 적정하지 아니한 것으로 결정된 사람에게는 지원을 중단하고 지원한 비용의 전부 또는 일부를 반환하게 할 수 있다. 시장・군수・구청장은 지원기준을 초과하여 지원받은 사람에게는 그 초과 지원 상당분을 반환하게 할 수 있다. 시장・군수・구청장은 반환명령에 따르지 아니하는 사람에게는 지방세 체납처분의 예에 따라 징수한다(제15조).

16) 이의신청

반환명령에 이의가 있는 사람은 그 처분을 고지받은 날부터 30일 이내에 해당 시장・군수・구청장을 거쳐 특별시장・광역시장・도지사・특별자치도지사에게 서면으로 이의신청할 수 있다. 이 경우 시장・군수・구청장은 이의신청을 받은 날부터 10일 이내에 의견서와 관련 서류를 첨부하여 시・도지사에게 송부하여야 한다. 시·도지사는 송부를 받은 날부터 15일 이내에 이를 검토하고 처분이 위법·부당하다고 인정되는 때는 시정, 그 밖에 필요한 조치를 하여야 한다(제16조).

17) 압류 등의 금지

이 법에 따라 긴급지원대상자에게 지급되는 금전 또는 현물은 압류할 수 없고, 긴급지원수급계좌의 긴급지원금과 이에 관한 채권은 압류할 수 없다. 긴급지원대상자는 이 법에 따라 지급되는 금전 또는 현물을 생계유지 등의 목적 외의 다른 용도로 사용하기 위하여 양도하거나 담보로 제공할 수 없다(제18조).

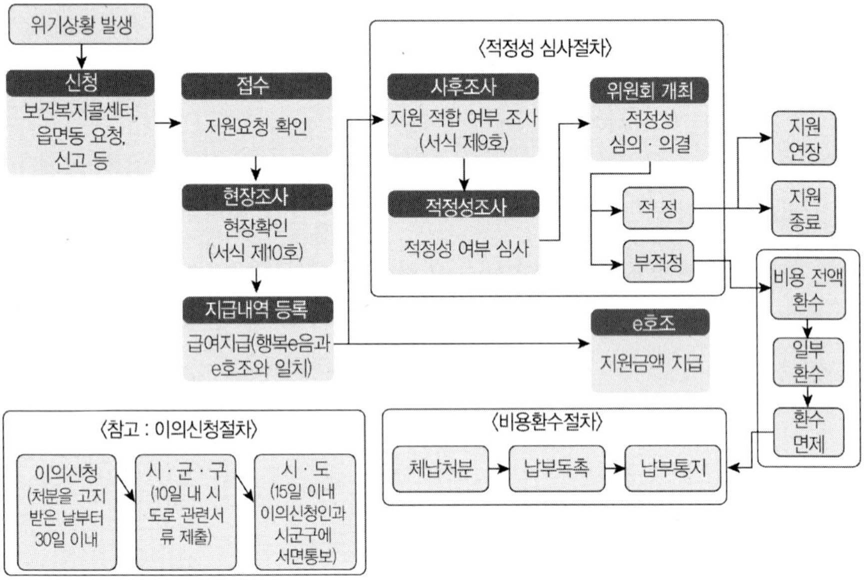

| 그림 10-2 | 긴급지원의 체계

출처 : 보건복지부(2017).

5. 기초연금법

1) 목적 및 입법배경

기초연금법은 저소득 노인의 생활안정을 지원하고 복지를 증진하기 위해 2007년 제정되어 2008년부터 시행되었던 기초노령연금법을 보완하여, 노인에게 기초연금을 지급하여 안정적인 소득기반을 제공함으로써 노인의 생활안정을 지원하고 복지를 증진함을 목적(제1조)으로 2014년 제정되었다.

2) 용어 정의

기초연금법에서 사용하는 용어의 뜻은 다음과 같다(제2조).

- 기초연금 수급권(受給權) : 기초연금을 받을 권리를 말한다.
- 기초연금 수급권자 : 기초연금 수급권을 가진 사람을 말한다.
- 기초연금 수급자 : 기초연금을 지급받고 있는 사람을 말한다.
- 소득인정액 : 본인 및 배우자의 소득평가액과 재산의 소득환산액을 합산한 금액을 말한다. 이 경우 소득평가액과 재산의 소득환산액을 산정하는 소득 및 재산의 범위는 대통령령으로 정하고, 소득평가액과 재산의 소득환산액의 구체적인 산정방법은 보건복지부령으로 정한다.

3) 기초연금 수급권자의 범위

기초연금은 65세 이상인 사람으로서 소득인정액이 보건복지부장관이 정하여 고시하는 금액(선정기준액) 이하인 사람에게 지급한다. 보건복지부장관은 선정기준액을 정하는 경우 65세 이상인 사람 중 기초연금 수급자가 100분의 70 수준이 되도록 한다.

다음의 어느 하나에 해당하는 연금의 수급권자와 그 배우자나 다음의 어느 하나에 해당하는 연금을 받은 사람 중 대통령령으로 정하는 사람과 그 배우자에게는 기초연금을 지급하지 아니한다.

- 「공무원연금법」 제28조, 「공무원 재해보상법」 제8조 또는 「사립학교교직원 연금법」 제42조 제1항에 따른 퇴직연금, 퇴직연금일시금, 퇴직연금공제일시금, 장해연금, 비공무상 장해연금, 비직무상 장해연금, 장해일시금, 비공무상 장해일시금, 비직무상 장해일시금, 퇴직유족연금, 장해유족연금, 순직유족연금, 직무상유족연금, 위험직무순직유족연금, 퇴직유족연금일시금 또는 퇴직유족일시금[퇴직유족일시금의 경우에는 「공무원 재해보상법」 제20조 제1항에 따라 순직유족연금의 수급권자가 순직유족연금을 갈음하여 선택한 경우(「사립학교교직원 연금법」 제42조 제1항에 따른 직무상유족연금의 수급권자가 직무상유족연금을 갈음하여 선택한 경우를 포함한다) 및 같은 법 제20조 제2항에 따라 위험직무순직유족연금의 수급권자가 위험직무순직유족연금을 갈음하여 선택한 경우로 한정한다.
- 「군인연금법」 제7조에 따른 퇴역연금, 퇴역연금일시금, 퇴역연금공제일시금, 퇴역유족연금, 퇴역유족연금일시금 또는 「군인 재해보상법」 제7조에 따른 상이연금, 상이유족연금, 순직유족연금, 순직유족연금일시금
- 「별정우체국법」 제24조 제2항에 따른 퇴직연금, 퇴직연금일시금, 퇴직연금공제일시금, 유족연금 또는 유족연금일시금
- 「국민연금과 직역연금의 연계에 관한 법률」 제10조 또는 제13조에 따른 연계퇴직연금 또는 연계퇴직유족연금 중 같은 법 제2조 제1항 제7호에 따른 직역재직기간이 10년 이상인 경우의 연계퇴직연금 또는 연계퇴직유족연금

선정기준액의 기준, 고시 시기 및 적용기간 등은 대통령령으로 정한다(제3조).

4) 기초연금액의 산정

기초연금 수급권자에 대한 기초연금의 금액(기초연금액)은 기준연금액(기준연금액)과 국민연금 급여액 등을 고려하여 산정한다. 기준연금액은 보건복지부

장관이 그 전년도의 기준연금액에 대통령령으로 정하는 바에 따라 전국소비자물가변동률(「통계법」 제3조에 따라 통계청장이 매년 고시하는 전국소비자물가변동률을 말한다.)을 반영하여 매년 고시한다. 이 경우 그 고시한 기준연금액의 적용기간은 해당 조정연도 1월부터 12월까지로 한다. 2021년의 기준연금액은 30만원으로 한다(제5조).

65세 이상인 사람 중 소득인정액이 100분의 40 이하인 사람에게 적용하는 기준연금액은 30만원으로 한다. 보건복지부장관은 해당 기준연금액을 적용받는 사람을 선정하기 위한 소득인정액(저소득자 선정기준액)을 정하여 고시하여야 한다. 저소득자 선정기준액의 기준, 고시 시기 및 적용기간 등은 대통령령으로 정한다(제5조의2).

5) 기초연금액의 감액

본인과 그 배우자가 모두 기초연금 수급권자인 경우에는 각각의 기초연금액에서 기초연금액의 100분의 20에 해당하는 금액을 감액한다.

소득인정액과 기초연금액을 합산한 금액이 선정기준액 이상인 경우에는 선정기준액을 초과하는 금액의 범위에서 기초연금액의 일부를 감액할 수 있다.

저소득기초연금의 적용을 받는 기초연금 수급권자의 소득인정액과 해당 기초연금액을 합산한 금액이 저소득자 선정기준액과 기준연금액을 합산한 금액 이상인 경우에는 저소득기초연금의 적용을 받는 기초연금 수급권자의 기초연금액의 일부를 감액할 수 있다(제8조).

6) 기초연금액의 적정성 평가

보건복지부장관은 5년마다 기초연금 수급권자의 생활 수준, 「국민연금법」 제51조 제1항 제1호에 따른 금액의 변동률, 전국소비자물가변동률 등을 종합적으로 고려하여 기초연금액의 적정성을 평가하고 그 결과를 반영하여 기준연금액을 조정하여야 한다. 적정성 평가를 할 때에는 노인 빈곤에 대한 실태조사와 기초연금의 장기적인 재정 소요에 대한 전망을 함께 실시하여야 한다. 보건복지부장관은 제1항에 따라 조정한 기준연금액을 고시하여야 한다.

기준연금액 조정, 재정 소요 전망과 노인 빈곤에 대한 실태 조사의 세부 절차 및 기준연금액의 고시 등에 관하여 필요한 사항은 대통령령으로 정한다(제9조).

7) 기초연금 지급의 신청

기초연금을 지급받으려는 사람(기초연금 수급희망자) 또는 보건복지부령으로 정하는 대리인은 특별자치시장・특별자치도지사・시장・군수・구청장(자치구의 구청장)에게 기초연금의 지급을 신청할 수 있다.

기초연금 수급희망자와 그 배우자는 신청을 할 때 다음의 자료 또는 정보를 보건복지부장관 및 특별자치시장・특별자치도지사・시장・군수・구청장(업무를 위탁받은 자를 포함)에게 제공하는 것에 대하여 동의한다는 서면을 제출하여야 한다.

- 「금융실명거래 및 비밀보장에 관한 법률」 제2조 제2호 및 제3호에 따른 금융자산 및 금융거래에 관한 자료 또는 정보 중 예금의 평균잔액과 그 밖에 대통령령으로 정하는 자료 또는 정보(금융정보)
- 「신용정보의 이용 및 보호에 관한 법률」 제2조 제1호에 따른 신용정보 중 채무액과 그 밖에 대통령령으로 정하는 자료 또는 정보(신용정보)
- 「보험업법」 제4조 제1항 각 호에 따른 보험에 가입하여 납부한 보험료와 그 밖에 대통령령으로 정하는 자료 또는 정보(보험정보)

특별자치시장・특별자치도지사・시장・군수・구청장이 지정한 법인・단체・시설・기관 등은 기초연금 수급희망자의 요청에 따라 기초연금 지급 신청을 지원할 수 있다. 기초연금의 지급 신청의 방법・절차 및 동의의 방법・절차 등에 관하여 필요한 사항은 대통령령으로 정한다(제10조).

8) 기초연금 지급의 결정

특별자치시장·특별자치도지사·시장·군수·구청장은 조사를 한 후 기초연금 수급권의 발생·변경·상실 등을 결정한다. 특별자치시장·특별자치도지사·시장·군수·구청장은 제1항에 따른 기초연금 수급권의 발생 여부를 결정할 때 제11조 또는 제12조에 따라 제공받은 자료·정보의 전부 또는 일부를 통해 평가한 기초연금 수급희망자와 그 배우자의 소득·재산 수준이 보건복지부장관이 정하는 기준 이하인 경우에는 관련 조사의 일부를 생략하고 기초연금 수급권의 발생을 결정할 수 있다. 특별자치시장·특별자치도지사·시장·군수·구청장은 결정을 한 경우에는 그 결정 내용을 서면으로 그 이유를 구체적으로 밝혀 기초연금 수급권자에게 지체 없이 통지하여야 한다. 기초연금 수급권의 발생·변경·상실 등의 결정 절차 및 통지 등에 관하여 필요한 사항은 보건복지부령으로 정한다(제13조).

9) 기초연금 지급 및 지급 시기

특별자치시장·특별자치도지사·시장·군수·구청장은 기초연금 수급권자로 결정한 사람에 대하여 기초연금의 지급을 신청한 날이 속하는 달부터 기초연금 수급권을 상실한 날이 속하는 달까지 매월 정기적으로 기초연금을 지급한다. 기초연금의 지급이 정지된 기간에는 기초연금을 지급하지 아니한다.

기초연금 지급의 방법·절차 등에 관하여 필요한 사항은 보건복지부령으로 정한다(제14조).

10) 미지급 기초연금

기초연금 수급자가 사망한 경우로서 그 기초연금 수급자에게 지급되지 아니한 기초연금액이 있는 경우에는 그 기초연금 수급자의 사망 당시 생계를 같이 한 부양의무자(배우자와 직계혈족 및 그 배우자를 말한다)는 미지급 기초연금을 청구할 수 있다. 이 경우 특별자치시장·특별자치도지사·시장·군수·구청장은 지체 없이 그 지급 여부를 결정하여 그 부양의무자에게 통지하여야 한다. 미지급 기초연금의 청구 절차·방법 및 부양의무자의 인정기준과 지급순위 등에 관하여 필요한 사항은 대통령령으로 정한다(제15조).

11) 기초연금 지급의 정지 및 수급권의 상실

특별자치시장·특별자치도지사·시장·군수·구청장은 기초연금 수급자가 다음의 어느 하나의 경우에 해당하면 그 사유가 발생한 날이 속하는 달의 다음 달부터 그 사유가 소멸한 날이 속하는 달까지는 기초연금의 지급을 정지한다.

- 기초연금 수급자가 금고 이상의 형을 선고받고 교정시설 또는 치료감호시설에 수용되어 있는 경우
- 기초연금 수급자가 행방불명되거나 실종되는 등 대통령령으로 정하는 바에 따라 사망한 것으로 추정되는 경우
- 기초연금 수급자의 국외 체류기간이 60일 이상 지속되는 경우. 이 경우 국외 체류 60일이 되는 날을 지급 정지의 사유가 발생한 날로 본다.
- 그 밖에 대통령령으로 정하는 경우

지급 정지의 절차 등에 관하여 필요한 사항은 보건복지부령으로 정한다(제16조).

기초연금 수급권자는 사망, 국적상실 혹은 국외로 이주, 기초연금 수급권자에 해당하지 아니하게 된 때에 기초연금 수급권을 상실한다(제17조).

12) 신 고

기초연금 수급자는 다음의 어느 하나에 해당하는 경우 대통령령으로 정하는 바에 따라 30일 이내에 그 사실을 특별자치시장·특별자치도지사·시장·군수·구청장에게 신고하여야 한다. 다만, 수급권자가 사망한 경우에는 「가족

관계의 등록 등에 관한 법률」 제85조에 따른 신고의무자가 특별자치시장・특별자치도지사・시장・군수・구청장에게 신고하여야 한다.

- 지급 정지의 사유가 소멸한 경우
- 기초연금 수급권 상실의 사유가 있는 경우
- 대통령령으로 정하는 기준에 해당하는 기초연금 수급자 또는 그 배우자의 소득・재산의 변동이 발생한 경우
- 기초연금 수급자가 결혼 또는 이혼을 하거나 그 배우자가 사망한 경우
- 그 밖에 보건복지부령으로 정하는 사유가 발생한 경우

「가족관계의 등록 등에 관한 법률」 제85조에 따른 신고의무자가 같은 법 제84조에 따라 기초연금 수급자의 사망신고를 한 경우에는 신고를 한 것으로 본다. 신고의 내용, 방법 및 절차 등에 관하여 필요한 298

사항은 보건복지부령으로 정한다(제18조).

13) 기초연금액의 환수

특별자치시장・특별자치도지사・시장・군수・구청장은 기초연금을 받은 사람이 다음의 어느 하나에 해당하는 경우에는 지급한 기초연금액을 대통령령으로 정하는 바에 따라 환수하여야 한다. 거짓이나 그 밖의 부정한 방법으로 기초연금을 받은 경우에는 지급한 기초연금액에 대통령령으로 정하는 이자를 붙여 환수한다.

- 거짓이나 그 밖의 부정한 방법으로 기초연금을 받은 경우
- 기초연금의 지급이 정지된 기간에 대하여 기초연금이 지급된 경우
- 그 밖의 사유로 기초연금이 잘못 지급된 경우

특별자치시장・특별자치도지사・시장・군수・구청장은 환수할 기초연금액(환수금)의 환수 대상자에게 지급할 기초연금액이 있는 경우 그 지급할 기초연금액을 환수금과 상계(相計)할 수 있다. 특별자치시장・특별자치도지사・시장

·군수·구청장은 환수금이 대통령령으로 정하는 금액 미만인 경우에는 환수하지 아니할 수 있다(제19조).

14) 기초연금 수급권의 보호 및 이의 신청

기초연금 수급권은 양도하거나 담보로 제공할 수 없으며, 압류 대상으로 할 수 없다. 기초연금으로 지급받은 금품은 압류할 수 없다(제21조).

기초연금 지급의 결정이나 그 밖에 이 법에 따른 처분에 이의가 있는 사람은 특별자치시장·특별자치도지사·시장·군수·구청장에게 이의신청을 할 수 있다. 이의신청은 그 처분이 있음을 안 날부터 90일 이내에 서면으로 하여야 한다. 다만, 정당한 사유로 인하여 그 기간 이내에 이의신청을 할 수 없었음을 증명한 때에는 그 사유가 소멸한 때부터 60일 이내에 이의신청을 할 수 있다. 이의신청의 절차 및 결정 통지 등에 관하여 필요한 사항은 보건복지부령으로 정한다(제22조).

CHAPTER 11

사회서비스법

사회서비스법은 사회(복지)서비스와 관련된 법이다. 사회서비스에 대한 개념 정의는 관점에 따라 다양하나 사회 구성원의 삶의 질 향상을 위해 공적 기관이 주체가 되어 공공성의 가치를 지닌 가치재를 제공한다는 점에서는 대체로 동의한다(김양미, 2017). 사회보장기본법 제3조에 의하면 "사회서비스란 국가·지방자치단체 및 민간부문의 도움이 필요한 모든 국민에게 복지, 보건의료, 교육, 고용, 주거, 문화, 환경 등의 분야에서 인간다운 생활을 보장하고 상담, 재활, 돌봄, 정보의 제공, 관련 시설의 이용, 역량 개발, 사회참여 지원 등을 통하여 국민의 삶의 질이 향상되도록 지원하는 제도를 말한다"라고 명시되어 있다.

사회서비스법은 급여의 주된 형태가 상담·재활·직업소개 및 지도와 같은 비물질적·심리적·정신적 서비스가 주를 이루고, 대상자별, 환경별, 시간별 등에 의한 개별적 급여의 욕구가 다양하기 때문에 획일적으로 법정화하기 어려우며, 급여 내용 상 서비스 제공자의 전문적 지식과 실천 기술, 윤리가 중요한 역할을 하며, 국민의 일상생활을 지원하여 노동의 재생산에 기여한다는 특징이 있다.

현재 우리나라에서 사회서비스와 관련된 통합적인 단일법은 없고, 사회복지사업법에 명시된 사회복지사업에 해당하는 법들이 사회서비스의 성격을 가진 법들이므로 사회복지사업법이 사회서비스법의 기본법이 된다(정현태 외, 2016).

1. 사회복지사업법

1) 목 적

사회복지사업법은 사회복지사업에 관한 기본적 사항을 규정하여 사회복지를 필요로 하는 사람에 대하여 인간의 존엄성과 인간다운 생활을 할 권리를 보장하고 사회복지의 전문성을 높이며, 사회복지사업의 공정·투명·적정을 도모하고, 지역사회복지의 체계를 구축하고 사회복지서비스의 질을 높여 사회복지의 증진에 이바지함을 목적으로 제정되었다(제1조).

사회복지사업법은 사회복지서비스 분야의 기본 원칙에 대한 통합적인 체계화와 사회복지서비스에 해당하는 개별 법률들의 공통사항을 총괄적으로 규정한 일반법이자, 사회복지서비스에 대한 기본법이다. 따라서 사회복지사업의 내용 및 절차 등에 관하여 사회복지사업에 대한 개별 법률에 특별한 규정이 있는 경우를 제외하고는 이 법에서 정하는 바에 따라야 하고, 각 법률을 개정하는 경우에도 이 법에 부합하도록 하여야 한다(제3조).

2) 연 혁

사회복지사업법은 1970년 1월 1일 사회복지사업에 관한 기본적인 사항을 규정하여 그 공정한 운영을 기함으로써 사회복지의 증진을 도모하려는 목적으로 제정되었으며, 1970년 4월 2일 시행되었다. 제정 당시에는 사회복지사업을 생활보호법·아동복리법·윤락행위등방지법 등에 의한 보호사업·복지사업·선도사업·복지시설의 운영 등을 목적으로 하는 사업으로 규정하였고, 사회복지사업을 목적으로 하는 사회복지법인을 설립하고자 하는 자는 보건사회부장관의 인가를 받도록 하였으며, 사회복지시설의 설치·운영은 국가·지방자치단체 및 시·도지사의 허가를 받은 사회복지법인 또는 보건사회부장관의 허가를 받은 기타의 법인으로 제한하였고, 보건사회부장관은 공동모금의 목적 달성을 위하여 법인인 모금회의 설립을 허가할 수 있도록 하였다.

사회복지사업법은 제정 이후 필요 사안이 생길 때마다 수차례 개정되었는데 1992년 12월 8일 개정에서는 사회복지행정의 전문성과 효율성을 높이기 위하여 일선행정기관에 사회복지전담공무원을 두는 법적 근거를 마련하였고 시·군·구에는 복지사무전담기구를 설치할 수 있도록 하였다. 1997년 8월 개정에서는 사회복지사의 전문성을 제고하기 위하여 사회복지사 1급은 국가시험에 합격한 자로 하고, 현행 사회복지시설 설치·운영에 대한 허가제를 신고제로 변경하여 동 시설의 설치·운영을 용이하게 하며, 개인도 동 시설을 설치·운영할 수 있도록 하고, 사회복지법인과 시설운영의 투명성을 보장할 수 있도록 제도적 장치를 강화하며, 자원봉사활동을 지원할 수 있는 법적 근거를 마련하는 등 기타 미비한 사항을 정비·보완하여 사회복지사업을 활성화하기 위하여 전문개정을 하였다. 이후 사회복지사의 날 제정, 지역사회복지협의체 설치, 사회복지사 보수교육, 통합전산망 구축, 사회복지시설 이용자 인권보호 등 사회복지환경변화에 따라 개정이 진행되었고, 2014년 12월에는 「사회보장급여의 이용·제공 및 수급권자 발굴에 관한 법률」에 따라 기존 지역사회복지계획을 삭제하고, 대신 지역사회보장계획을 신설하여 사회보장기본계획과 연계를 꾀하였다.

3) 주요 내용

(1) 기본 이념

사회복지사업법의 기본 이념은 다음과 같다(제1조의2).

① 사회복지를 필요로 하는 사람은 누구든지 자신의 의사에 따라 서비스를 신청하고 제공받을 수 있다.

② 사회복지법인 및 사회복지시설은 공공성을 가지며 사회복지사업을 시행하는 데 있어서 공공성을 확보하여야 한다.

③ 사회복지사업을 시행하는 데 있어서 사회복지를 제공하는 자는 사회복지를 필요로 하는 사람의 인권을 보장하여야 한다.

④ 사회복지서비스를 제공하는 자는 필요한 정보를 제공하는 등 사회복지 서비스를 이용하는 사람의 선택권을 보장하여야 한다.

(2) 용어 정의

이 법에서 사용하는 용어의 뜻은 다음과 같다(제2조).

① 사회복지사업

다음의 법률에 따른 보호·선도(善導) 또는 복지에 관한 사업과 사회복지상담, 직업지원, 무료 숙박, 지역사회복지, 의료복지, 재가복지(在家福祉), 사회복지관 운영, 정신질환자 및 한센병력자의 사회복귀에 관한 사업 등 각종 복지사업과 이와 관련된 자원봉사활동 및 복지시설의 운영 또는 지원을 목적으로 하는 사업을 말한다.

- 국민기초생활 보장법
- 아동복지법
- 노인복지법
- 장애인복지법
- 한부모가족지원법
- 영유아보육법
- 「성매매방지 및 피해자보호 등에 관한 법률」
- 「정신건강증진 및 정신질환자 복지서비스 지원에 관한 법률」
- 「성폭력방지 및 피해자보호 등에 관한 법률」
- 입양특례법
- 「일제하 일본군위안부 피해자에 대한 생활안정지원 및 기념사업 등에 관한 법률」
- 사회복지공동모금회법
- 「장애인·노인·임산부 등의 편의증진 보장에 관한 법률」
- 「가정폭력방지 및 피해자보호 등에 관한 법률」

- 「농어촌주민의 보건복지증진을 위한 특별법」
- 「식품등 기부 활성화에 관한 법률」
- 의료급여법
- 기초연금법
- 긴급복지지원법
- 다문화가족지원법
- 장애인연금법
- 「장애인활동 지원에 관한 법률」
- 「노숙인 등의 복지 및 자립지원에 관한 법률」
- 「보호관찰 등에 관한 법률」
- 장애아동 복지지원법
- 「발달장애인 권리보장 및 지원에 관한 법률」
- 청소년복지 지원법
- 그 밖에 대통령령으로 정하는 법률

② 지역사회복지

주민의 복지증진과 삶의 질 향상을 위하여 지역사회 차원에서 전개하는 사회복지를 말한다.

③ 사회복지법인

사회복지사업을 할 목적으로 설립된 법인을 말한다.

④ 사회복지시설

사회복지사업을 할 목적으로 설치된 시설을 말한다.

⑤ 사회복지관

지역사회를 기반으로 일정한 시설과 전문인력을 갖추고 지역주민의 참여와 협력을 통하여 지역사회의 복지문제를 예방하고 해결하기 위하여 종합적인 복지서비스를 제공하는 시설을 말한다.

⑥ 사회복지서비스

국가・지방자치단체 및 민간부문의 도움을 필요로 하는 모든 국민에게 사회보장기본법 제3조 제4호에 따른 사회서비스 중 사회복지사업을 통한 서비스를 제공하여 삶의 질이 향상되도록 제도적으로 지원하는 것을 말한다.

⑦ 보건의료서비스

국민의 건강을 보호・증진하기 위하여 보건의료인이 하는 모든 활동을 말한다.

(3) 복지와 인권증진의 책임

국가와 지방자치단체는 사회복지서비스를 증진하고, 서비스를 이용하는 사람에 대하여 인권침해를 예방하고 차별을 금지하며 인권을 옹호할 책임을 진다. 국가와 지방자치단체는 사회복지서비스와 보건의료서비스를 함께 필요로 하는 사람에게 이들 서비스가 연계되어 제공되도록 노력하여야 한다. 국가와 지방자치단체, 그 밖에 사회복지사업을 하는 자는 사회복지를 필요로 하는 사람에 대하여 그 사업과 관련한 상담, 작업치료(作業治療), 직업훈련 등을 실시하고 필요한 경우에는 주민의 복지 욕구를 조사할 수 있다.

국가와 지방자치단체는 도움을 필요로 하는 국민이 본인의 선호와 필요에 따라 적절한 사회복지서비스를 제공받을 수 있도록 사회복지서비스 수요자 등을 고려하여 사회복지시설이 균형 있게 설치되도록 노력하여야 한다. 또한 민간부문의 사회복지 증진활동이 활성화되고 국가 및 지방자치단체의 사회복지사업과 민간부문의 사회복지 증진활동이 원활하게 연계될 수 있도록 노력하여야 한다.

국가와 지방자치단체는 사회복지를 필요로 하는 사람의 인권이 충분히 존중되는 방식으로 사회복지서비스를 제공하고 사회복지와 관련된 인권교육을 강화하여야 하며, 사회복지서비스를 이용하는 사람이 긴급한 인권침해 상황에 놓인 경우 신속히 대응할 체계를 갖추어야 한다.

국가와 지방자치단체는 시설 거주자의 희망을 반영하여 지역사회보호체계에서 서비스가 제공될 수 있도록 노력하여야 하며, 사회복지서비스를 필요로 하는 사람들에게 사회복지서비스의 실시에 대한 정보를 제공하여야 한다. 또한 사회복지서비스를 제공하는 자로부터 위법 또는 부당한 처분을 받아 권리나 이익을 침해당한 사람을 위하여 간이하고 신속한 구제조치를 마련하여야 한다(제4조).

(4) 인권존중 및 최대 봉사의 원칙

복지업무에 종사하는 사람은 그 업무를 수행할 때에 사회복지를 필요로 하는 사람을 위하여 인권을 존중하고 차별 없이 최대로 봉사하여야 한다. 국가와 지방자치단체는 복지업무에 종사하는 사람이 그 업무를 수행할 때에 사회복지를 필요로 하는 사람의 인권을 침해하는 행위를 한 경우에는 각 법률이 정하는 바에 따라 처분하고 그 사실을 공표하는 등의 조치를 하여야 한다(제5조).

(5) 사회복지서비스 제공의 원칙

사회복지서비스를 필요로 하는 사람(보호대상자)에 대한 사회복지서비스 제공(서비스 제공)은 현물(現物)로 제공하는 것을 원칙으로 한다. 시장(「제주특별자치도 설치 및 국제자유도시 조성을 위한 특별법」 제11조 제2항에 따른 행정시장을 포함)·군수·구청장(자치구의 구청장)은 국가 또는 지방자치단체 외의 자로 하여금 서비스 제공을 실시하게 하는 경우에는 보호대상자에게 사회복지서비스 이용권을 지급하여 국가 또는 지방자치단체 외의 자로부터 그 이용권으로 서비스 제공을 받게 할 수 있다.

국가와 지방자치단체는 사회복지서비스의 품질향상과 원활한 제공을 위하여 필요한 시책을 마련하여야 하며, 사회복지서비스의 품질을 관리하기 위하여 사회복지서비스를 제공하는 기관·법인·시설·단체의 서비스 환경, 서비스 제공 인력의 전문성 등을 평가할 수 있다. 보건복지부장관은 평가를 위하여 평가기관을 설치·운영하거나, 평가의 전부 또는 일부를 관계 기관 또는 단체에 위탁할 수 있으며, 보건복지부장관은 평가를 위탁한 기관 또는 단체에 대하여 그 운영에 필요한 비용을 지원할 수 있다(제5조의2).

(6) 시설 설치의 방해 금지

누구든지 정당한 이유 없이 사회복지시설의 설치를 방해하여서는 아니 된다. 시장·군수·구청장은 정당한 이유 없이 사회복지시설의 설치를 지연시키거나 제한하는 조치를 하여서는 아니 된다(제6조).

(7) 사회복지시설 업무의 전자화

보건복지부장관은 사회복지법인 및 사회복지시설의 종사자, 거주자 및 이용자에 관한 자료 등 운영에 필요한 정보의 효율적 처리와 기록·관리 업무의 전자화를 위하여 정보시스템을 구축·운영할 수 있으며, 정보시스템을 구축·운영하는 데 필요한 자료를 수집·관리·보유할 수 있으며 관련 기관 및 단체에 필요한 자료의 제공을 요청할 수 있다. 이 경우 요청을 받은 기관 및 단체는 정당한 사유가 없으면 그 요청에 따라야 한다.

지방자치단체의 장은 사회복지사업을 수행할 때 관할 복지행정시스템과 정보시스템을 전자적으로 연계하여 활용하여야 한다. 사회복지법인의 대표이사와 사회복지시설의 장은 국가와 지방자치단체가 실시하는 사회복지업무의 전자화 시책에 협력하여야 한다. 보건복지부장관은 제1항에 따른 정보시스템을 효율적으로 운영하기 위하여 사회보장기본법 제37조 제7항에 따른 전담기구에 그 운영에 관한 업무를 위탁할 수 있다(제6조의2).

(8) 사회복지 자원봉사활동의 지원·육성

국가와 지방자치단체는 사회복지 자원봉사활동을 지원·육성하기 위하여 자원봉사활동의 홍보 및 교육, 자원봉사활동 프로그램의 개발·보급, 자원봉사활동 중의 재해에 대비한 시책의 개발, 그 밖에 자원봉사활동의 지원에 필요한 사항을 실시하여야 한다.

국가와 지방자치단체는 각 사항을 효율적으로 수행하기 위하여 사회복지법인이나 그 밖의 비영리법인·단체에 이를 위탁할 수 있다(제9조).

(9) 사회복지사 자격증의 발급 및 국가시험

보건복지부장관은 사회복지에 관한 전문지식과 기술을 가진 사람에게 사회복지사 자격증을 발급할 수 있다. 다만, 자격증 발급 신청일 기준으로 결격사유에 해당하는 사람에게 자격증을 발급해서는 아니 된다. 사회복지사의 등급은 1급·2급으로 하되, 정신건강·의료·학교 영역에 대해서는 영역별로 정신건강사회복지사·의료사회복지사·학교사회복지사의 자격을 부여할 수 있다. 사회복지사 1급 자격은 국가시험에 합격한 사람에게 부여하고, 정신건강사회복지사·의료사회복지사·학교사회복지사의 자격은 1급 사회복지사의 자격이 있는 사람 중에서 보건복지부령으로 정하는 수련기관에서 수련을 받은 사람에게 부여한다.

사회복지사의 등급별·영역별 자격기준 및 자격증의 발급절차 등은 대통령령으로 정한다.

보건복지부장관은 사회복지사 자격증을 발급받거나 재발급받으려는 사람에게 보건복지부령으로 정하는 바에 따라 수수료를 내게 할 수 있다.

사회복지사 자격증을 발급받은 사람은 다른 사람에게 그 자격증을 빌려주어서는 아니 되고, 누구든지 그 자격증을 빌려서는 아니 된다. 누구든지 금지된 행위를 알선하여서는 아니 된다.

국가시험은 보건복지부장관이 시행하되, 시험의 관리는 대통령령으로 정하는 바에 따라 시험관리능력이 있다고 인정되는 관계 전문기관에 위탁할 수 있으며, 국가시험의 관리를 위탁하였을 때에는 그에 드는 비용을 예산의 범위에서 보조할 수 있다. 시험의 관리를 위탁받은 기관은 보건복지부장관의 승인을 받아 정한 금액을 응시수수료로 받을 수 있다. 시험 과목, 응시자격 등 시험의 실시에 필요한 사항은 대통령령으로 정한다(제12조).

이 법에 따른 사회복지사가 아니면 사회복지사 또는 이와 유사한 명칭을 사용하지 못한다(제11조의4).

(10) 사회복지사의 결격사유

다음 어느 하나에 해당하는 사람은 사회복지사가 될 수 없다(제11조의2).

- 피성년후견인 또는 피한정후견인
- 금고 이상의 형을 선고받고 그 집행이 끝나지 아니하였거나 그 집행을 받지 아니하기로 확정되지 아니한 사람
- 법원의 판결에 따라 자격이 상실되거나 정지된 사람
- 마약·대마 또는 향정신성의약품의 중독자
- 「정신건강증진 및 정신질환자 복지서비스 지원에 관한 법률」 제3조 제1호에 따른 정신질환자. 다만, 전문의가 사회복지사로서 적합하다고 인정하는 사람은 그러하지 아니하다.

(11) 사회복지사의 자격취소

보건복지부장관은 사회복지사가 다음의 어느 하나에 해당하는 경우 그 자격을 취소하거나 1년의 범위에서 정지시킬 수 있다. 다만, 제1호부터 제3호까지에 해당하면 그 자격을 취소하여야 한다.

① 거짓이나 그 밖의 부정한 방법으로 자격을 취득한 경우
② 사회복지사의 결격사유 중 어느 하나에 해당하게 된 경우
③ 자격증을 대여·양도 또는 위조·변조한 경우
④ 사회복지사의 업무수행 중 그 자격과 관련하여 고의나 중대한 과실로 다른 사람에게 손해를 입힌 경우
⑤ 자격정지 처분을 3회 이상 받았거나, 정지 기간 종료 후 3년 이내에 다시 자격정지 처분에 해당하는 행위를 한 경우
⑥ 자격정지 처분 기간에 자격증을 사용하여 자격 관련 업무를 수행한 경우

자격이 취소된 사람은 취소된 날부터 15일 내에 자격증을 보건복지부장관에게 반납하여야 한다. 보건복지부장관은 제1항에 따라 자격이 취소된 사람에게는 그 취소된 날부터 2년 이내에 자격증을 재교부하지 못한다(제11조의3).

(12) 사회복지사의 채용 및 교육

사회복지법인 및 사회복지시설을 설치·운영하는 자는 대통령령으로 정하는 바에 따라 사회복지사를 그 종사자로 채용하고, 보고방법·보고주기 등 보건복지부령으로 정하는 바에 따라 특별시장·광역시장·특별자치시장·도지사·특별자치도지사 또는 시장·군수·구청장에게 사회복지사의 임면에 관한 사항을 보고하여야 한다. 다만, 대통령령[1)]으로 정하는 사회복지시설은 그러하지 아니하다.

보건복지부장관은 사회복지사의 자질 향상을 위하여 필요하다고 인정하면 사회복지사에게 교육을 받도록 명할 수 있다. 다만, 사회복지법인 또는 사회복지시설에 종사하는 사회복지사는 정기적으로 인권에 관한 내용이 포함된 보수교육(補修敎育)을 받아야 한다. 사회복지법인 또는 사회복지시설을 운영하는 자는 그 법인 또는 시설에 종사하는 사회복지사에 대하여 교육을 이유로 불리한 처분을 하여서는 아니 된다. 보건복지부장관은 교육을 보건복지부령으로 정하는 기관 또는 단체에 위탁할 수 있다. 교육의 기간·방법 및 내용과 제4항에 따른 위탁 등에 관하여 필요한 사항은 보건복지부령으로 정한다(제13조).

(13) 사회복지의 날

국가는 국민의 사회복지에 대한 이해를 증진하고 사회복지사업 종사자의 활동을 장려하기 위하여 매년 9월 7일을 사회복지의 날로 하고, 사회복지의

1) 사회복지사업법 시행령 제6조 2항 : 「노인복지법」에 따른 노인여가복지시설(노인복지관은 제외)/ 「장애인복지법」에 따른 장애인 지역사회재활시설 중 수화통역센터, 점자도서관, 점자도서 및 녹음서 출판시설, 「영유아보육법」에 따른 어린이집/ 「성매매방지 및 피해자보호 등에 관한 법률」에 따른 성매매피해자등을 위한 지원시설 및 성매매피해상담소/ 「정신건강증진 및 정신질환자 복지서비스 지원에 관한 법률」에 따른 정신요양시설 및 정신재활시설/ 「성폭력방지 및 피해자보호 등에 관한 법률」에 따른 성폭력피해상담소

날부터 1주간을 사회복지주간으로 한다. 국가와 지방자치단체는 사회복지의 날의 취지에 적합한 행사 등 사업을 하도록 노력하여야 한다(제15조의2).

4) 사회복지법인

(1) 법인의 설립허가

사회복지법인을 설립하려는 자는 대통령령으로 정하는 바에 따라 시·도지사의 허가를 받아야 한다. 허가를 받은 자는 법인의 주된 사무소의 소재지에서 설립등기를 하여야 한다(제16조).

(2) 정관

법인의 정관에는 다음 각 호의 사항이 포함되어야 한다(제17조).

- 목적
- 명칭
- 주된 사무소의 소재지
- 사업의 종류
- 자산 및 회계에 관한 사항
- 임원의 임면(任免) 등에 관한 사항
- 회의에 관한 사항
- 수익(收益)을 목적으로 하는 사업이 있는 경우 그에 관한 사항
- 정관의 변경에 관한 사항
- 존립시기와 해산 사유를 정한 경우에는 그 시기와 사유 및 남은 재산의 처리방법
- 공고 및 공고방법에 관한 사항

법인이 정관을 변경하려는 경우에는 시·도지사의 인가를 받아야 한다. 다만, 보건복지부령으로 정하는 경미한 사항의 경우에는 그러하지 아니하다.

(3) 임원 및 선임 관련 금품 수수 금지

법인은 대표이사를 포함한 이사 7명 이상과 감사 2명 이상을 두어야 한다. 법인은 제1항에 따른 이사 정수의 3분의 1(소수점 이하는 버린다) 이상을 시·도 사회보장위원회, 지역사회보장협의체의 어느 하나에 해당하는 기관이 3배수로 추천한 사람 중에서 선임하여야 한다. 이사회의 구성에 있어서 대통령령으로 정하는 특별한 관계에 있는 사람이 이사 현원(現員)의 5분의 1을 초과할 수 없다.

이사의 임기는 3년으로 하고 감사의 임기는 2년으로 하며, 각각 연임할 수 있다. 외국인인 이사는 이사 현원의 2분의 1 미만이어야 한다. 법인은 임원을 임면하는 경우에는 보건복지부령으로 정하는 바에 따라 지체 없이 시·도지사에게 보고하여야 한다.

감사는 이사와 대통령령으로 정한 특별한 관계에 있는 사람이 아니어야 하며, 감사 중 1명은 법률 또는 회계에 관한 지식이 있는 사람 중에서 선임하여야 한다. 다만, 대통령령으로 정하는 일정 규모 이상의 법인은 시·도지사의 추천을 받아 「주식회사의 외부감사에 관한 법률」 제2조 제7항에 따른 감사인에 속한 사람을 감사로 선임하여야 한다.

시·도사회보장위원회, 지역사회보장협의체는 이사를 추천하기 위하여 매년 사회복지 또는 보건의료에 관한 학식과 경험이 풍부한 사람, 사회복지를 필요로 하는 사람의 이익 등을 대표하는 사람, 비영리민간단체에서 추천한 사람, 사회복지공동모금지회에서 추천한 사람 중 어느 하나에 해당하는 사람으로 이사 후보군을 구성하여 공고하여야 한다. 다만, 사회복지법인의 대표자, 사회복지사업을 하는 비영리법인 또는 단체의 대표자, 「사회보장급여의 이용·제공 및 수급권자 발굴에 관한 법률」 제41조에 따른 지역사회보장협의체의 대표자는 제외한다(제18조).

누구든지 임원의 선임과 관련하여 금품, 향응 또는 그 밖의 재산상 이익을 주고받거나 주고받을 것을 약속하여서는 아니 된다(제18조의2).

(4) 임원의 결격사유

다음의 어느 하나에 해당하는 사람은 임원이 될 수 없다(제19조).

- 미성년자
- 피성년후견인 또는 피한정후견인
- 파산선고를 받고 복권되지 아니한 사람
- 법원의 판결에 따라 자격이 상실되거나 정지된 사람
- 금고 이상의 실형을 선고받고 그 집행이 끝나거나(집행이 끝난 것으로 보는 경우를 포함한다) 집행이 면제된 날부터 3년이 지나지 아니한 사람
- 금고 이상의 형의 집행유예를 선고받고 그 유예기간 중에 있는 사람
- 사회복지사업 또는 그 직무와 관련하여 아동복지법 제71조, 「보조금 관리에 관한 법률」 제40조부터 제42조까지, 지방재정법 제97조, 영유아보육법 제54조 제2항 제1호, 장애아동 복지지원법 제39조 제1항 제1호 또는 형법 제28장·제40장(제360조는 제외)의 죄를 범하거나 이 법을 위반하여 100만원 이상의 벌금형을 선고받고 그 형이 확정된 후 5년이 지나지 아니한 사람, 형의 집행유예를 선고받고 그 형이 확정된 후 7년이 지나지 아니한 사람, 징역형을 선고받고 그 집행이 끝나거나(집행이 끝난 것으로 보는 경우를 포함한다) 집행이 면제된 날부터 7년이 지나지 아니한 사람의 어느 하나에 해당하는 사람
- 「성폭력범죄의 처벌 등에 관한 특례법」의 성폭력범죄(「성폭력범죄의 처벌 등에 관한 특례법」 제2조 제1항 제1호는 제외한다) 또는 「아동·청소년의 성보호에 관한 법률」의 아동·청소년대상 성범죄를 저지른 사람으로서 형 또는 치료감호를 선고받고 확정된 후 그 형 또는 치료감호의 전부 또는 일부의 집행이 끝나거나(집행이 끝난 것으로 보는 경우를 포함한다) 집행이 유예·면제된 날부터 10년이 지나지 아니한 사람
- 임원의 해임명령에 따라 해임된 날부터 5년이 지나지 아니한 사람
- 설립허가가 취소된 사회복지법인의 임원이었던 사람(그 허가의 취소사유 발

생에 관하여 직접적인 또는 이에 상응하는 책임이 있는 자로서 대통령령으로 정하는 사람으로 한정한다)으로서 그 설립허가가 취소된 날부터 5년이 지나지 아니한 사람

- 시설의 장에서 해임된 사람으로서 해임된 날부터 5년이 지나지 아니한 사람
- 폐쇄명령을 받고 3년이 지나지 아니한 사람
- 사회복지분야의 6급 이상 공무원으로 재직하다 퇴직한 지 3년이 경과하지 아니한 사람 중에서 퇴직 전 5년 동안 소속하였던 기초자치단체가 관할하는 법인의 임원이 되고자 하는 사람

임원이 임원결격 사유의 어느 하나에 해당하게 되었을 때에는 그 자격을 상실한다.

(5) 임원의 보충 및 임원의 겸직 금지

이사 또는 감사 중에 결원이 생겼을 때에는 2개월 이내에 보충하여야 한다(제20조).

이사는 법인이 설치한 사회복지시설의 장을 제외한 그 시설의 직원을 겸할 수 없다. 감사는 법인의 이사, 법인이 설치한 사회복지시설의 장 또는 그 직원을 겸할 수 없다(제21조).

(6) 임원의 해임명령 및 직무집행 정지

시·도지사는 임원이 다음 각 호의 어느 하나에 해당할 때에는 법인에 그 임원의 해임을 명할 수 있다(제22조).

- 시·도지사의 명령을 정당한 이유 없이 이행하지 아니하였을 때
- 회계부정이나 인권침해 등 현저한 불법행위 또는 그 밖의 부당행위 등이 발견되었을 때
- 법인의 업무에 관하여 시·도지사에게 보고할 사항에 대하여 고의로 보고를 지연하거나 거짓으로 보고를 하였을 때

- 이사 선임과 구성에 관련된 조항 또는 감사 관련 조항을 위반하여 선임된 사람
- 임원 겸직 금지 조항을 위반한 사람
- 임원의 직무집행 정지명령을 이행하지 아니한 사람
- 그 밖에 이 법 또는 이 법에 따른 명령을 위반하였을 때

해임명령은 시・도지사가 해당 법인에게 그 사유를 들어 시정을 요구한 날부터 15일이 경과하여도 이에 응하지 아니한 경우에 한한다. 다만, 시정을 요구하여도 시정할 수 없는 것이 명백하거나 회계부정, 횡령, 뇌물수수 등 비리의 정도가 중대한 경우에는 시정요구 없이 임원의 해임을 명할 수 있으며, 그 세부적 기준은 대통령령으로 정한다. 해임명령을 받은 법인은 2개월 이내에 임원의 해임에 관한 사항을 의결하기 위한 이사회를 소집하여야 한다(제22조).

시・도지사는 해임명령을 하기 위하여 사실 여부에 대한 조사나 감사가 진행 중인 경우 및 해임명령 기간 중인 경우에는 해당 임원의 직무집행을 정지시킬 수 있다. 다만, 시・도지사의 명령을 정당한 이유 없이 이행하지 아니하였을 때에 해당하여 해임명령을 받은 경우에는 해당임원의 직무집행을 정지시켜야 한다. 시・도지사는 임원의 직무집행 정지사유가 소멸되면 즉시 직무집행 정지명령을 해제하여야 한다(제22조의2).

(7) 법인설립허가의 취소

시・도지사는 법인이 다음의 어느 하나에 해당할 때에는 기간을 정하여 시정명령을 하거나 설립허가를 취소할 수 있다. 다만, 거짓이나 그 밖의 부정한 방법으로 설립허가를 받았을 때 또는 법인 설립 후 기본재산을 출연하지 아니한 때에 해당할 때에는 설립허가를 취소하여야 한다.

- 거짓이나 그 밖의 부정한 방법으로 설립허가를 받았을 때
- 설립허가 조건을 위반하였을 때
- 목적 달성이 불가능하게 되었을 때

- 목적사업 외의 사업을 하였을 때
- 정당한 사유 없이 설립허가를 받은 날부터 6개월 이내에 목적사업을 시작하지 아니하거나 1년 이상 사업실적이 없을 때
- 법인이 운영하는 시설에서 반복적 또는 집단적 성폭력범죄 및 학대관련범죄가 발생한 때
- 법인 설립 후 기본재산을 출연하지 아니한 때
- 임원정수를 위반한 때
- 이사선임 기준을 위반하여 이사를 선임한 때
- 임원의 해임명령을 이행하지 아니한 때
- 그 밖에 이 법 또는 이 법에 따른 명령이나 정관을 위반하였을 때

법인이 거짓이나 그 밖의 부정한 방법으로 설립허가를 받았을 때 또는 법인 설립 후 기본재산을 출연하지 아니한 때에 해당할 때를 제외한 법인설립허가의 취소 해당 사항의 어느 하나에 해당하여 설립허가를 취소하는 경우는 다른 방법으로 감독 목적을 달성할 수 없거나 시정을 명한 후 6개월 이내에 법인이 이를 이행하지 아니한 경우로 한정한다(제26조).

(8) 수익사업

법인은 목적사업의 경비에 충당하기 위하여 필요할 때에는 법인의 설립 목적 수행에 지장이 없는 범위에서 수익사업을 할 수 있다. 수익사업에서 생긴 수익을 법인 또는 법인이 설치한 사회복지시설의 운영 외의 목적에 사용할 수 없다. 수익사업에 관한 회계는 법인의 다른 회계와 구분하여 회계처리하여야 한다(제28조).

(9) 동일명칭 사용 금지

이 법에 따른 사회복지법인이 아닌 자는 사회복지법인이라는 명칭을 사용하지 못한다(제31조).

(10) 사회복지협의회

사회복지에 관한 조사·연구 및 정책 건의, 사회복지 관련 기관·단체 간의 연계·협력·조정, 사회복지 소외계층 발굴 및 민간사회복지자원과의 연계·협력, 대통령령으로 정하는 사회복지사업의 조성 등 각 업무를 수행하기 위하여 전국 단위의 한국사회복지협의회(이하 "중앙협의회"라 한다)와 시·도 단위의 시·도 사회복지협의회(이하 "시·도협의회"라 한다)를 두며, 필요한 경우에는 시(「제주특별자치도 설치 및 국제자유도시 조성을 위한 특별법」 제10조 제2항에 따른 행정시를 포함)·군·구(자치구) 단위의 시·군·구 사회복지협의회(시·군·구협의회)를 둘 수 있다. 중앙협의회, 시·도협의회 및 시·군·구협의회는 이 법에 따른 사회복지법인으로 하되, 법인은 사회복지사업의 운영에 필요한 재산을 소유하여야 한다는 조항은 적용하지 아니한다(제33조).

5) 사회복지시설

(1) 사회복지시설의 설치

국가나 지방자치단체는 사회복지시설을 설치·운영할 수 있다. 국가 또는 지방자치단체 외의 자가 시설을 설치·운영하려는 경우에는 보건복지부령으로 정하는 바에 따라 시장·군수·구청장에게 신고하여야 한다. 다만, 폐쇄명령을 받고 3년이 지나지 아니한 자, 임원의 결격사유(제19조 제1항 제1호 및 제1호의2부터 제1호의8까지)의 어느 하나에 해당하는 개인 또는 그 개인이 임원인 법인의 어느 하나에 해당하는 자는 시설의 설치·운영 신고를 할 수 없다. 시장·군수·구청장은 제2항에 따른 신고를 받은 경우 그 내용을 검토하여 이 법에 적합하면 신고를 수리하여야 한다.

국가나 지방자치단체가 설치한 시설은 필요한 경우 사회복지법인이나 비영리법인에 위탁하여 운영하게 할 수 있다. 위탁운영의 기준·기간 및 방법 등에 관하여 필요한 사항은 보건복지부령으로 정한다(제34조).

(2) 보험가입 의무

시설의 운영자는 화재로 인한 손해배상책임, 화재 외의 안전사고로 인하여 생명·신체에 피해를 입은 보호대상자에 대한 손해배상책임을 이행하기 위하여 손해보험회사의 책임보험에 가입하거나 「사회복지사 등의 처우 및 지위 향상을 위한 법률」 제4조에 따른 한국사회복지공제회의 책임공제에 가입하여야 한다. 국가나 지방자치단체는 예산의 범위에서 책임보험 또는 책임공제의 가입에 드는 비용의 전부 또는 일부를 보조할 수 있다. 책임보험이나 책임공제에 가입하여야 할 시설의 범위는 대통령령으로 정한다(제34조의3).

(3) 시설의 안전점검

시설의 장은 시설에 대하여 정기 및 수시 안전점검을 실시하여야 한다. 시설의 장은 정기 또는 수시 안전점검을 한 후 그 결과를 시장·군수·구청장에게 제출하여야 한다. 시장·군수·구청장은 결과를 받은 후 필요한 경우에는 시설의 운영자에게 시설의 보완 또는 개수(改修)·보수를 요구할 수 있으며, 이 경우 시설의 운영자는 요구에 따라야 한다. 국가나 지방자치단체는 예산의 범위에서 안전점검, 시설의 보완 및 개수·보수에 드는 비용의 전부 또는 일부를 보조할 수 있다. 정기 또는 수시 안전점검을 받아야 하는 시설의 범위, 안전점검 시기, 안전점검기관 및 그 절차는 대통령령으로 정한다(제34조의4).

(4) 사회복지관의 설치

사회복지관은 지역사회의 특성과 지역주민의 복지욕구를 고려하여 서비스 제공 등 지역복지증진을 위한 사업을 실시할 수 있다. 사회복지관은 모든 지역주민을 대상으로 사회복지서비스를 실시하되, 다음 각 호의 지역주민에게 우선 제공하여야 한다(제34조의5).

- 국민기초생활 보장법에 따른 수급자 및 차상위계층

- 장애인, 노인, 한부모가족 및 다문화가족
- 직업 및 취업 알선이 필요한 사람
- 보호와 교육이 필요한 유아·아동 및 청소년
- 그 밖에 사회복지관의 사회복지서비스를 우선 제공할 필요가 있다고 인정되는 사람

(5) 시설의 장

시설의 장은 상근(常勤)하여야 한다. 다음의 어느 하나에 해당하는 사람은 시설의 장이 될 수 없다(제35조).

- 미성년자
- 피성년후견인 또는 피한정후견인
- 파산선고를 받고 복권되지 아니한 사람
- 법원의 판결에 따라 자격이 상실되거나 정지된 사람
- 금고 이상의 실형을 선고받고 그 집행이 끝나거나(집행이 끝난 것으로 보는 경우를 포함한다) 집행이 면제된 날부터 3년이 지나지 아니한 사람
- 금고 이상의 형의 집행유예를 선고받고 그 유예기간 중에 있는 사람
- 사회복지사업 또는 그 직무와 관련하여 아동복지법, 「보조금 관리에 관한 법률」 또는 형법의 죄를 범하거나 이 법을 위반하여 100만 원 이상의 벌금형을 선고받고 그 형이 확정된 후 5년이 지나지 아니한 사람, 형의 집행유예를 선고받고 그 형이 확정된 후 7년이 지나지 아니한 사람, 징역형을 선고받고 그 집행이 끝나거나(집행이 끝난 것으로 보는 경우를 포함한다) 집행이 면제된 날부터 7년이 지나지 아니한 사람의 어느 하나에 해당하는 사람
- 「성폭력범죄의 처벌 등에 관한 특례법」의 성폭력범죄(「성폭력범죄의 처벌 등에 관한 특례법」 제2조 제1항 제1호는 제외한다) 또는 「아동·청소년의 성보호에 관한 법률」의 아동·청소년대상 성범죄를 저지른 사람으로서 형 또는 치료감호를 선고받고 확정된 후 그 형 또는 치료감호의 전부 또는 일부의 집행이 끝나거나(집행이 끝난 것으로 보는 경우를 포함한다) 집행이 유예·면제

된 날부터 10년이 지나지 아니한 사람

- 해임명령에 따라 해임된 날부터 5년이 지나지 아니한 사람
- 사회복지분야의 6급 이상 공무원으로 재직하다 퇴직한 지 3년이 경과하지 아니한 사람 중에서 퇴직 전 5년 동안 소속하였던 기초자치단체가 관할하는 시설의 장이 되고자 하는 사람

(6) 운영위원회

시설의 장은 시설의 운영에 관한 다음의 사항을 심의하기 위하여 시설에 운영위원회를 두어야 한다. 다만, 보건복지부령으로 정하는 경우에는 복수의 시설에 공동으로 운영위원회를 둘 수 있다(제36조).

- 시설운영계획의 수립 · 평가에 관한 사항
- 사회복지 프로그램의 개발 · 평가에 관한 사항
- 시설 종사자의 근무환경 개선에 관한 사항
- 시설 거주자의 생활환경 개선 및 고충 처리 등에 관한 사항
- 시설 종사자와 거주자의 인권보호 및 권익증진에 관한 사항
- 시설과 지역사회의 협력에 관한 사항
- 그 밖에 시설의 장이 운영위원회의 회의에 부치는 사항

운영위원회의 위원은 다음의 어느 하나에 해당하는 사람 중에서 관할 시장 · 군수 · 구청장이 임명하거나 위촉한다.

- 시설의 장
- 시설 거주자 대표
- 시설 거주자의 보호자 대표
- 시설 종사자의 대표
- 해당 시 · 군 · 구 소속의 사회복지업무를 담당하는 공무원
- 후원자 대표 또는 지역주민
- 공익단체에서 추천한 사람

- 그 밖에 시설의 운영 또는 사회복지에 관하여 전문적인 지식과 경험이 풍부한 사람

시설의 장은 시설의 회계 및 예산·결산에 관한 사항, 후원금 조성 및 집행에 관한 사항, 그 밖에 시설운영과 관련된 사건·사고에 관한 사항을 운영위원회에 보고하여야 한다.

(7) 시설의 휴지·재개·폐지 신고

사회복지시설의 설치 신고를 한 자는 지체 없이 시설의 운영을 시작하여야 한다. 시설의 운영자는 그 운영을 일정 기간 중단하거나 다시 시작하거나 시설을 폐지하려는 경우에는 보건복지부령으로 정하는 바에 따라 시장·군수·구청장에게 신고하여야 한다. 시장·군수·구청장은 시설 운영이 중단되거나 시설이 폐지되는 경우에는 보건복지부령으로 정하는 바에 따라 시설 거주자의 권익을 보호하기 위하여 다음의 조치를 하고 신고를 수리하여야 한다(제38조).

- 시설 거주자가 자립을 원하는 경우 자립을 할 수 있도록 지원하고 그 이행을 확인하는 조치
- 시설 거주자가 다른 시설을 선택할 수 있도록 하고 그 이행을 확인하는 조치
- 시설 거주자가 이용료·사용료 등의 비용을 부담하는 경우 납부한 비용 중 사용하지 아니한 금액을 반환하게 하고 그 이행을 확인하는 조치
- 보조금·후원금 등의 사용 실태 확인과 이를 재원으로 조성한 재산 중 남은 재산의 회수조치
- 그 밖에 시설 거주자의 권익 보호를 위하여 필요하다고 인정되는 조치

시설 운영자가 시설운영을 재개하려고 할 때에는 보건복지부령으로 정하는 바에 따라 시설 거주자의 권익을 보호하기 위하여 운영 중단 사유의 해소, 향후 안정적 운영계획의 수립, 그 밖에 시설 거주자의 권익 보호를 위하여 보건복지부장관이 필요하다고 인정하는 조치를 하여야 한다. 시설 운영의 개시·

중단·재개 및 시설 폐지의 신고 등에 관하여 필요한 사항은 보건복지부령으로 정한다.

(8) 시설의 개선, 사업의 정지, 시설의 폐쇄

보건복지부장관, 시·도지사 또는 시장·군수·구청장은 시설이 다음의 어느 하나에 해당할 때에는 그 시설의 개선, 사업의 정지, 시설의 장의 교체를 명하거나 시설의 폐쇄를 명할 수 있다(제40조).

- 시설이 설치기준에 미달하게 되었을 때
- 사회복지법인 또는 비영리법인이 설치·운영하는 시설의 경우 그 사회복지법인 또는 비영리법인의 설립허가가 취소되었을 때
- 설치 목적이 달성되었거나 그 밖의 사유로 계속하여 운영될 필요가 없다고 인정할 때
- 회계부정이나 불법행위 또는 그 밖의 부당행위 등이 발견되었을 때
- 신고를 하지 아니하고 시설을 설치·운영하였을 때
- 운영위원회를 설치하지 아니하거나 운영하지 아니하였을 때
- 정당한 이유 없이 보고 또는 자료 제출을 하지 아니하거나 거짓으로 하였을 때
- 정당한 이유 없이 검사·질문을 거부·방해하거나 기피하였을 때
- 시설에서 「성폭력범죄의 처벌 등에 관한 특례법」 제2조 제1항 제3호부터 제5호까지의 성폭력범죄, 「아동·청소년의 성보호에 관한 법률」 제2조 제3호의 아동·청소년대상 성폭력범죄, 「아동복지법」 제3조 제7호의2의 아동학대관련범죄, 「노인복지법」 제1조의2 제5호의 노인학대관련범죄, 그 밖에 대통령령으로 정하는 성폭력범죄 또는 학대관련범죄가 발생한 때
- 1년 이상 시설이 휴지상태에 있어 시장·군수·구청장이 재개를 권고하였음에도 불구하고 재개하지 아니한 때

(9) 시설 수용인원의 제한

각 시설의 수용인원은 300명을 초과할 수 없다. 다만, 다음의 대통령령으로 정하는 경우에는 그러하지 아니하다(제41조).

- 노인복지법 제32조에 따른 노인주거복지시설 중 양로시설과 노인복지주택
- 노인복지법 제34조에 따른 노인의료복지시설 중 노인요양시설
- 보건복지부장관이 사회복지시설의 종류, 지역별 사회복지시설의 수, 지역별·종류별 사회복지서비스 수요 및 사회복지사업 관련 종사자의 수 등을 고려하여 정하여 고시하는 기준에 적합하다고 시장·군수·구청장이 인정하는 사회복지시설

(10) 재가복지서비스

국가나 지방자치단체는 보호대상자가 다음의 어느 하나에 해당하는 재가복지서비스를 제공받도록 할 수 있다(제41조의2).

- **가정봉사서비스** : 가사 및 개인활동을 지원하거나 정서활동을 지원하는 서비스
- **주간·단기 보호서비스** : 주간·단기 보호시설에서 급식 및 치료 등 일상생활의 편의를 낮 동안 또는 단기간 동안 제공하거나 가족에 대한 교육 및 상담을 지원하는 서비스

시장·군수·구청장은 「사회보장급여의 이용·제공 및 수급권자 발굴에 관한 법률」 제15조에 따른 보호대상자별 서비스 제공 계획에 따라 보호대상자에게 사회복지서비스를 제공하는 경우 시설 입소에 우선하여 재가복지서비스를 제공하도록 하여야 한다.

2. 아동복지법

1) 입법 배경 및 연혁

우리나라에서 아동복지와 관련된 입법은 1961년 12월 30일 제정되고 1962년 1월 1일부터 시행된 아동복리법이 최초이다. 당시에는 6·25전쟁으로 인한 전쟁고아, 기아, 미아 등에 대처하기 위한 국가책임의 구호적인 성격이 강하였다. 입법 사유도 '심각아동이 그 보호자로부터 유실, 유기 또는 이탈되었을 경우, 그 보호자가 아동을 양육하기에 부적당하거나 양육할 수 없는 경우 또는 아동의 건전한 출생을 기할 수 없는 경우에 아동이 건전하고 행복하게 육성되도록 그 복리를 보장하려는' 목적에 근거했다. 이후 전체 아동의 복지 보장을 위한 여건 마련을 위해 1981년 4월 13일 법명도 아동복지법으로 바꾸고 전면 개정하였다. 2000년대 이후에는 요보호아동에 대한 대책뿐 아니라 아동의 인권과 안전에 중심을 두고 보편적인 서비스로의 확대를 시도하고 있으며 이러한 내용으로 2011년 8월 4일 전면 개정하여 2012년 8월 5일부터 시행하고 있다. 2016년 3월 22일 개정에서는 원칙적으로 아동이 원가정에서 성장하도록 지원하는 등 아동보호서비스의 원칙을 명시하고 아동보호에 대한 국가 및 지방자치단체의 책임을 더욱 강조하였다.

2) 주요 내용

(1) 목적 및 기본 이념

아동복지법은 아동이 건강하게 출생하여 행복하고 안전하게 자랄 수 있도록 아동의 복지를 보장하는 것을 목적으로 제정되었으며(제1조), 기본 이념은 다음과 같다(제2조).

- 아동은 자신 또는 부모의 성별, 연령, 종교, 사회적 신분, 재산, 장애 유무, 출생 지역, 인종 등에 따른 어떠한 종류의 차별도 받지 아니하고 자라나야 한다.

- 아동은 완전하고 조화로운 인격발달을 위하여 안정된 가정환경에서 행복하게 자라나야 한다.
- 아동에 관한 모든 활동에 있어서 아동의 이익이 최우선적으로 고려되어야 한다.
- 아동은 아동의 권리보장과 복지증진을 위하여 이 법에 따른 보호와 지원을 받을 권리를 가진다.

(2) 용어 정의

이 법에서 사용하는 용어의 뜻은 다음과 같다(제3조).

- 아동 : 18세 미만인 사람을 말한다.
- 아동복지 : 아동이 행복한 삶을 누릴 수 있는 기본적인 여건을 조성하고 조화롭게 성장·발달할 수 있도록 하기 위한 경제적·사회적·정서적 지원을 말한다.
- 보호자 : 친권자, 후견인, 아동을 보호·양육·교육하거나 그러한 의무가 있는 자 또는 업무·고용 등의 관계로 사실상 아동을 보호·감독하는 자를 말한다.
- 보호대상아동 : 보호자가 없거나 보호자로부터 이탈된 아동 또는 보호자가 아동을 학대하는 경우 등 그 보호자가 아동을 양육하기에 적당하지 아니하거나 양육할 능력이 없는 경우의 아동을 말한다.
- 지원대상아동 : 아동이 조화롭고 건강하게 성장하는 데에 필요한 기초적인 조건이 갖추어지지 아니하여 사회적·경제적·정서적 지원이 필요한 아동을 말한다.
- 가정위탁 : 보호대상아동의 보호를 위하여 성범죄, 가정폭력, 아동학대, 정신질환 등의 전력이 없는 보건복지부령으로 정하는 기준에 적합한 가정에 보호대상아동을 일정 기간 위탁하는 것을 말한다.
- 아동학대 : 보호자를 포함한 성인이 아동의 건강 또는 복지를 해치거나 정상적 발달을 저해할 수 있는 신체적·정신적·성적 폭력이나 가혹행위를

하는 것과 아동의 보호자가 아동을 유기하거나 방임하는 것을 말한다.

- **아동학대관련범죄** : 「아동학대범죄의 처벌 등에 관한 특례법」에 따른 아동학대범죄, 아동에 대한 형법에 따른 존속살해, 영아살해, 촉탁, 승낙에 의한 살인, 위계 등에 의한 촉탁살인 등, 미수범, 예비, 음모의 죄를 말한다.
- **피해아동** : 아동학대로 인하여 피해를 입은 아동을 말한다.
- **아동복지시설** : 제50조에 아동복지시설의 설치 규정에 따라 설치된 시설을 말한다.
- **아동복지시설 종사자** : 아동복지시설에서 아동의 상담・지도・치료・양육, 그 밖에 아동의 복지에 관한 업무를 담당하는 사람을 말한다.

(3) 국가와 지방자치단체의 책무

국가와 지방자치단체는 아동의 안전・건강 및 복지 증진을 위하여 아동과 그 보호자 및 가정을 지원하기 위한 정책을 수립・시행하여야 하며, 보호대상아동 및 지원대상아동의 권익을 증진하기 위한 정책을 수립・시행하여야 한다.

국가와 지방자치단체는 아동이 태어난 가정에서 성장할 수 있도록 지원하고, 아동이 태어난 가정에서 성장할 수 없을 때에는 가정과 유사한 환경에서 성장할 수 있도록 조치하며, 아동을 가정에서 분리하여 보호할 경우에는 신속히 가정으로 복귀할 수 있도록 지원하여야 한다. 국가와 지방자치단체는 장애아동의 권익을 보호하기 위하여 필요한 시책을 강구하여야 한다.

국가와 지방자치단체는 아동이 자신 또는 부모의 성별, 연령, 종교, 사회적 신분, 재산, 장애 유무, 출생지역 또는 인종 등에 따른 어떠한 종류의 차별도 받지 아니하도록 필요한 시책을 강구하여야 한다. 또한 「아동의 권리에 관한 협약」에서 규정한 아동의 권리 및 복지 증진 등을 위하여 필요한 시책을 수립・시행하고, 이에 필요한 교육과 홍보를 하여야 한다. 국가와 지방자치단체는 아동의 보호자가 아동을 행복하고 안전하게 양육하기 위하여 필요한 교육을 지원하여야 한다(제4조).

(4) 보호자 등의 책무

아동의 보호자는 아동을 가정에서 그의 성장시기에 맞추어 건강하고 안전하게 양육하여야 하며, 아동의 보호자는 아동에게 신체적 고통이나 폭언 등의 정신적 고통을 가하여서는 아니 된다.

모든 국민은 아동의 권익과 안전을 존중하여야 하며, 아동을 건강하게 양육하여야 한다(제5조).

(5) 어린이날 및 어린이주간

어린이에 대한 사랑과 보호의 정신을 높임으로써 이들을 옳고 아름답고 슬기로우며 씩씩하게 자라나도록 하기 위하여 매년 5월 5일을 어린이날로 하며, 5월 1일부터 5월 7일까지를 어린이주간으로 한다(제6조).

3) 아동복지정책의 수립 및 시행

(1) 아동정책기본계획의 수립

보건복지부장관은 아동정책의 효율적인 추진을 위하여 5년마다 아동정책기본계획을 수립하여야 하며, 기본계획은 다음 각 호의 사항을 포함하여야 한다(제7조).

- 이전의 기본계획에 관한 분석・평가
- 아동정책에 관한 기본 방향 및 추진목표
- 주요 추진과제 및 추진방법
- 재원조달방안
- 그 밖에 아동정책을 시행하기 위하여 특히 필요하다고 인정되는 사항

보건복지부장관은 기본계획을 수립할 때에는 미리 관계 중앙행정기관의 장과 협의하여야 한다. 기본계획은 아동정책조정위원회의 심의를 거쳐 확정한

다. 이 경우 보건복지부장관은 확정된 기본계획을 관계 중앙행정기관의 장 및 특별시장・광역시장・도지사・특별자치도지사에게 알려야 한다.

(2) 연도별 시행계획의 수립・시행 및 협조

보건복지부장관, 관계 중앙행정기관의 장 및 시・도지사는 매년 기본계획에 따라 연도별 아동정책시행계획을 수립・시행하여야 한다. 관계 중앙행정기관의 장 및 시・도지사는 다음 연도의 시행계획 및 전년도의 시행계획에 따른 추진실적을 대통령령으로 정하는 바에 따라 매년 보건복지부장관에게 제출하고, 보건복지부장관은 매년 시행계획에 따른 추진실적을 평가하여야 한다(제8조).

보건복지부장관, 관계 중앙행정기관의 장 및 시・도지사는 기본계획 또는 시행계획의 수립・시행을 위하여 필요한 경우에는 관계 기관・단체나 그 밖의 민간기업체의 장에게 협조를 요청할 수 있으며, 요청을 받은 자는 정당한 사유가 없는 한 이에 따라야 한다(제9조).

(3) 아동정책조정위원회 및 아동권리보장원

① 아동정책조정위원회

아동의 권리증진과 건강한 출생 및 성장을 위하여 종합적인 아동정책을 수립하고 관계 부처의 의견을 조정하며 그 정책의 이행을 감독하고 평가하기 위하여 국무총리 소속으로 아동정책조정위원회를 둔다.

위원회는 다음의 사항을 심의・조정한다.

- 기본계획의 수립에 관한 사항
- 아동의 권익 및 복지 증진을 위한 기본 방향에 관한 사항
- 아동정책의 개선과 예산지원에 관한 사항
- 아동 관련 국제조약의 이행 및 평가・조정에 관한 사항
- 아동정책에 관한 관련 부처 간 협조에 관한 사항
- 그 밖에 위원장이 부의하는 사항

위원회는 위원장을 포함한 25명 이내의 위원으로 구성하되, 위원장은 국무총리가 되고 위원은 다음의 사람이 된다.

- 기획재정부장관 · 교육부장관 · 법무부장관 · 행정안전부장관 · 문화체육관광부장관 · 산업통상자원부장관 · 보건복지부장관 · 고용노동부장관 · 여성가족부장관
- 아동 관련 단체의 장이나 아동에 대한 학식과 경험이 풍부한 사람 중 위원장이 위촉하는 15명 이내의 위원

위원회는 국제조약의 이행확인을 위하여 필요한 업무를 관계 전문기관 또는 단체에게 위탁할 수 있다. 위원회는 필요하다고 인정하는 때에는 관계 행정기관에 대하여 그 소속 직원의 출석 · 설명과 자료의 제출을 요구할 수 있다(제10조).

② 아동권리보장원

보건복지부장관은 아동정책에 대한 종합적인 수행과 아동복지 관련 사업의 효과적인 추진을 위하여 필요한 정책의 수립을 지원하고 사업평가 등의 업무를 수행할 수 있도록 아동권리보장원을 설립한다.

보장원은 다음의 업무를 수행한다.

- 아동정책 수립을 위한 자료 개발 및 정책 분석
- 기본계획 수립 및 시행계획 평가 지원
- 위원회 운영 지원
- 아동정책영향평가 지원
- 아동보호서비스에 대한 기술지원
- 아동학대의 예방과 방지를 위한 업무
- 가정위탁사업 활성화 등을 위한 업무
- 지역 아동복지사업 및 아동복지시설의 원활한 운영을 위한 지원
- 「입양특례법」에 따른 국내입양 활성화 및 입양 사후관리를 위한 국내외

입양정책 및 서비스에 관한 조사·연구, 입양 관련 국제협력 업무, 그 밖에 입양특례법에 따라 보건복지부장관으로부터 위탁받은 업무 등

- 아동 관련 조사 및 통계 구축
- 아동 관련 교육 및 홍보
- 아동 관련 해외정책 조사 및 사례분석
- 그 밖에 이 법 또는 다른 법령에 따라 보건복지부장관, 국가 또는 지방자치단체로부터 위탁받은 업무

보장원은 법인으로 하고, 주된 사무소의 소재지에 설립등기를 함으로써 성립한다. 보장원에는 보장원을 대표하고 그 업무를 총괄하기 위하여 원장을 두며, 원장은 보건복지부장관이 임면한다. 보건복지부장관은 보장원의 설립·운영에 필요한 비용을 지원할 수 있다. 보장원에 관하여 이 법에서 정한 사항 외에는 「민법」 중 재단법인에 관한 규정을 준용한다. 보장원은 「기부금품의 모집 및 사용에 관한 법률」에도 불구하고 기부금품을 모집할 수 있다. 보장원의 설립 및 운영에 필요한 사항은 대통령령으로 정한다(제10조의2).

(4) 아동종합실태조사

보건복지부장관은 3년마다 아동의 양육 및 생활환경, 언어 및 인지 발달, 정서적·신체적 건강, 아동안전, 아동학대 등 아동의 종합실태를 조사하여 그 결과를 공표하고, 이를 기본계획과 시행계획에 반영하여야 한다. 다만, 보건복지부장관은 필요한 경우 보건복지부령으로 정하는 바에 따라 분야별 실태조사를 할 수 있다.

보건복지부장관은 실태조사를 위하여 관계 기관·법인·단체·시설의 장에게 필요한 자료의 제출 또는 의견의 진술을 요청할 수 있다. 이 경우 요청을 받은 자는 정당한 사유가 없으면 이에 협조하여야 한다. 아동종합실태조사의 내용과 방법 등에 필요한 사항은 보건복지부령으로 정한다(제11조).

(5) 아동정책영향평가

국가와 지방자치단체는 대통령령으로 정하는 바에 따라 아동 관련 정책이 아동복지에 미치는 영향을 분석·평가(이하 "아동정책영향평가"라 한다)하고, 그 결과를 아동 관련 정책의 수립·시행에 반영하여야 한다(제11조의2)[시행일 : 2019. 3. 23].

(6) 아동복지심의위원회

시·도지사, 시장·군수·구청장은 다음 각 호의 사항을 심의하기 위하여 그 소속으로 아동복지심의위원회를 각각 둔다.

- 제8조에 따른 시행계획 수립 및 시행에 관한 사항
- 제15조에 따른 보호조치에 관한 사항
- 제16조에 따른 퇴소조치에 관한 사항
- 제18조에 따른 친권행사의 제한이나 친권상실 선고 청구에 관한 사항
- 제19조에 따른 아동의 후견인의 선임이나 변경 청구에 관한 사항
- 지원대상아동의 선정과 그 지원에 관한 사항
- 그 밖에 아동의 보호 및 지원서비스를 위하여 시·도지사 또는 시장·군수·구청장이 필요하다고 인정하는 사항

심의위원회의 조직·구성 및 운영 등에 필요한 사항은 대통령령으로 정하는 기준에 따라 해당 지방자치단체의 조례로 정한다. 시·도지사, 시장·군수·구청장은 대통령령으로 정하는 바에 따라 심의위원회의 구성 및 운영 현황에 관한 사항을 연 1회 보건복지부장관에게 보고하여야 한다(제12조).

(7) 아동복지전담공무원

아동복지에 관한 업무를 담당하기 위하여 특별시·광역시·도·특별자치도 및 시·군·구에 각각 아동복지전담공무원을 둘 수 있다.

전담공무원은 사회복지사업법 제11조에 따른 사회복지사의 자격을 가진 사람으로 하고 그 임용 등에 필요한 사항은 해당 시・도 및 시・군・구의 조례로 정한다. 전담공무원은 아동에 대한 상담 및 보호조치, 가정환경에 대한 조사, 아동복지시설에 대한 지도・감독, 아동범죄 예방을 위한 현장확인 및 지도・감독 등 지역 단위에서 아동의 복지증진을 위한 업무를 수행한다. 시・도지사 또는 시장・군수・구청장은 전담공무원의 업무를 지원하기 위하여 보건복지부령으로 정하는 바에 따라 민간전문인력을 둘 수 있다

관계 행정기관, 아동복지시설 및 아동복지단체(아동의 권리를 보장하고 복지증진을 목적으로 설립된 기관 및 단체)를 설치・운영하는 자는 전담공무원이 협조를 요청하는 경우 정당한 사유가 없는 한 이에 따라야 한다(제13조).

(8) 아동위원

시・군・구에 아동위원을 둔다. 아동위원은 그 관할 구역의 아동에 대하여 항상 그 생활상태 및 가정환경을 상세히 파악하고 아동복지에 필요한 원조와 지도를 행하며 전담공무원, 민간전문인력 및 관계 행정기관과 협력하여야 한다. 아동위원은 그 업무의 원활한 수행을 위하여 적절한 교육을 받을 수 있으며, 명예직으로 하되, 아동위원에 대하여는 수당을 지급할 수 있다. 그 밖에 아동위원에 관한 사항은 해당 시・군・구의 조례로 정한다(제14조).

4) 아동 보호서비스

(1) 보호조치

시・도지사 또는 시장・군수・구청장은 그 관할 구역에서 보호대상아동을 발견하거나 보호자의 의뢰를 받은 때에는 아동의 최상의 이익을 위하여 대통령령으로 정하는 바에 따라 다음에 해당하는 보호조치를 하여야 한다(제15조).

- 전담공무원, 민간전문인력 또는 아동위원에게 보호대상아동 또는 그 보호

자에 대한 상담 · 지도를 수행하게 하는 것

- 친족에 해당하는 사람의 가정에서 보호 · 양육할 수 있도록 조치하는 것
- 보호대상아동을 적합한 유형의 가정에 위탁하여 보호 · 양육할 수 있도록 조치하는 것
- 보호대상아동을 그 보호조치에 적합한 아동복지시설에 입소시키는 것
- 약물 및 알코올 중독, 정서 · 행동 · 발달 장애, 성폭력 · 아동학대 피해 등으로 특수한 치료나 요양 등의 보호를 필요로 하는 아동을 전문치료기관 또는 요양소에 입원 또는 입소시키는 것
- 입양특례법에 따른 입양과 관련하여 필요한 조치를 하는 것

시 · 도지사 또는 시장 · 군수 · 구청장 이외의 자가 보호대상아동을 발견하거나 보호자의 의뢰를 받은 때에는 지체 없이 시 · 도지사 또는 시장 · 군수 · 구청장에게 보호조치를 의뢰하여야 한다. 시 · 도지사 또는 시장 · 군수 · 구청장은 상담지도 및 보호 · 양육 보호조치가 적합하지 아니한 보호대상아동에 대하여 가정위탁, 아동복지시설 입소, 전문치료기관 또는 요양소 입원 및 입소, 입양 등 보호조치를 할 수 있다. 이 경우 가정위탁, 아동복지시설 입소, 전문치료기관 또는 요양소 입원 및 입소 보호조치를 하기 전에 보호대상아동에 대한 상담, 건강검진, 심리검사 및 가정환경에 대한 조사를 실시하여야 한다. 시 · 도지사 또는 시장 · 군수 · 구청장은 보호조치를 하려는 경우 보호대상아동의 개별 보호 · 관리 계획을 세워 보호하여야 하며, 그 계획을 수립할 때 해당 보호대상아동의 보호자를 참여시킬 수 있다.

시 · 도지사 또는 시장 · 군수 · 구청장은 가정위탁, 아동복지시설 입소, 전문치료기관 또는 요양소 입원 및 입소, 입양 등 보호조치를 함에 있어서 해당 보호대상아동의 의사를 존중하여야 하며, 보호자가 있을 때에는 그 의견을 들어야 한다. 다만, 아동의 보호자가 「아동학대범죄의 처벌 등에 관한 특례법」 제2조 제5호의 아동학대행위자인 경우에는 그러하지 아니하다.

시 · 도지사 또는 시장 · 군수 · 구청장은 가정위탁, 아동복지시설 입소, 전문치료기관 또는 요양소 입원 및 입소, 입양 등 보호조치를 할 때까지 필요하면

아동일시보호시설에 보호대상아동을 입소시켜 보호하거나, 적합한 위탁가정 또는 적당하다고 인정하는 자에게 일시 위탁하여 보호하게 할 수 있다. 이 경우 보호기간 동안 보호대상아동에 대한 상담, 건강검진, 심리검사 및 가정환경에 대한 조사를 실시하고 그 결과를 보호조치 시에 고려하여야 한다.

시 · 도지사 또는 시장 · 군수 · 구청장은 그 관할 구역에서 약물 및 알콜 중독, 정서 · 행동 · 발달 장애 등의 문제를 일으킬 가능성이 있는 아동의 가정에 대하여 예방차원의 적절한 조치를 강구하여야 한다. 누구든지 보호조치와 관련하여 그 대상이 되는 아동복지시설의 종사자를 신체적 · 정신적으로 위협하는 행위를 하여서는 아니 된다.

시 · 도지사 또는 시장 · 군수 · 구청장은 아동의 가정위탁보호를 희망하는 사람에 대하여 범죄경력을 확인하여야 한다. 이 경우 본인의 동의를 받아 관계 기관의 장에게 범죄의 경력 조회를 요청하여야 한다.

보장원의 장 또는 가정위탁지원센터의 장은 위탁아동, 가정위탁보호를 희망하는 사람, 위탁아동의 부모 등의 신원확인 등의 조치를 시 · 도지사 또는 시장 · 군수 · 구청장에게 협조 요청할 수 있으며, 요청을 받은 시 · 도지사 또는 시장 · 군수 · 구청장은 정당한 사유가 없는 한 이에 응하여야 한다. 상담, 건강검진, 심리검사 및 가정환경에 대한 조사, 범죄경력 조회 및 신원확인의 요청 절차 · 범위 등에 필요한 사항은 대통령령으로 정한다(제15조).

보건복지부장관은 아동복지 관련 자료 또는 정보의 효율적 처리 및 통합관리를 위하여 사회보장기본법 제37조 제2항에 따라 설치된 사회보장정보시스템 및 「사회보장급여의 이용 · 제공 및 수급권자 발굴에 관한 법률」 제24조의2에 따라 설치된 사회서비스정보시스템을 연계 · 활용하여 아동통합정보시스템(이하 "아동정보시스템"이라 한다)을 구축 · 운영하여야 한다.

보건복지부장관은 아동정보시스템을 구축 · 운영하는 데 필요한 정보로서 다음의 어느 하나에 해당하는 정보를 수집 · 관리 · 보유할 수 있으며 중앙행정기관의 장, 지방자치단체의 장, 관계 기관 및 단체의 장 등에게 필요한 정보의 제공을 요청할 수 있다. 이 경우 요청을 받은 기관의 장은 정당한 사유가 없으면 요청에 따라야 한다.

- 아동복지시설이 보유한 정보
- 보호대상아동의 보호조치, 퇴소조치 및 사후관리에 관한 정보
- 아동학대 관련 정보
- 취약계층 아동에 대한 통합서비스지원에 관한 정보
- 자립지원에 관한 정보
- 다함께돌봄센터가 보유한 정보
- 아동보호전문기관이 보유한 정보
- 가정위탁지원센터가 보유한 정보.
- 입양특례법에 따른 입양아동에 관한 정보
- 「사회보장급여의 이용·제공 및 수급권자 발굴에 관한 법률」 사회보장급여 중 아동 관련 정보
- 주민등록법에 따른 주민등록 자료 또는 정보
- 「가족관계의 등록 등에 관한 법률」에 따른 가족관계등록 자료 또는 정보
- 아동학대행위자의 「형의 집행 및 수용자의 처우에 관한 법률」, 「치료감호 등에 관한 법률」에 따른 시설 입소 및 퇴소에 관한 자료 또는 정보(아동학대관련범죄로 인한 시설 입소 및 퇴소에 관한 자료 또는 정보로 한정한다)
- 그 밖에 대통령령으로 정하는 아동복지 관련 업무 수행에 필요한 정보

보건복지부장관은 아동정보시스템 구축·운영의 전 과정에서 개인정보 보호를 위하여 필요한 시책을 마련하여야 한다. 보건복지부장관은 아동에 대한 효과적인 보호와 지원을 하기 위하여 정보를 처리하는 민간단체 및 기관과 필요한 정보연계를 위한 조치를 할 수 있다. 이 경우 정보연계 목적의 범위에서 해당 단체와 기관은 연계된 정보를 이용할 수 있다.

보건복지부장관은 아동정보시스템의 구축·운영에 관한 업무를 대통령령으로 정하는 바에 따라 전문기관에 위탁할 수 있다. 그 밖에 아동정보시스템의 구축·운영 등에 필요한 사항은 대통령령으로 정한다(제15조의2).

시・도지사 또는 시장・군수・구청장은 보호자 또는 대리양육을 원하는 연고자 의한 아동 양육, 가정위탁, 아동복지시설 입소, 전문치료기관 또는 요양소 입원 및 입소, 입양 등의 보호조치 중인 보호대상아동의 양육상황을 보건복지부령으로 정하는 바에 따라 매년 점검하여야 하며, 양육상황을 점검한 결과에 따라 보호대상아동의 복리를 보호할 필요가 있거나 해당 보호조치가 적절하지 아니하다고 판단되는 경우에는 지체 없이 보호조치를 변경하여야 한다(제15조의3).

(2) 보호대상아동의 퇴소조치

가정위탁, 아동복지시설 입소, 전문치료기관 또는 요양소 입원 및 입소의 보호조치 중인 보호대상아동의 연령이 18세에 달하였거나, 보호 목적이 달성되었다고 인정되면 해당 시・도지사, 시장・군수・구청장은 대통령령으로 정하는 절차와 방법에 따라 그 보호 중인 아동의 보호조치를 종료하거나 해당 시설에서 퇴소시켜야 한다.

보호자 또는 대리양육을 원하는 연고자에 의한 아동 양육, 가정위탁, 아동복지시설입소의 보호조치 중인 보호대상아동의 친권자, 후견인 등 보건복지부령으로 정하는 자는 관할 시・도지사 또는 시장・군수・구청장에게 해당 보호대상아동의 가정 복귀를 신청할 수 있다. 시・도지사 또는 시장・군수・구청장은 가정 복귀 신청을 받은 경우에는 아동복지시설의 장의 의견을 들은 후 보호조치의 종료 또는 퇴소조치가 보호대상아동의 복리에 반하지 아니한다고 인정되면 해당 보호대상아동을 가정으로 복귀시킬 수 있다. 보호조치 중인 아동이 대학 이하의 학교(대학원은 제외)에 재학 중인 경우, 아동양육시설 또는 직업능력개발훈련시설에서 직업 관련 교육・훈련을 받고 있는 경우, 그 밖에 위탁가정 및 각종 아동복지시설에서 해당 아동을 계속하여 보호・양육할 필요가 있다고 대통령령으로 정하는 경우의 어느 하나에 해당하면 시・도지사, 시장・군수・구청장은 해당 아동의 보호기간을 연장할 수 있다(제16조).

(3) 보호대상아동의 사후관리

시·도지사 또는 시장·군수·구청장은 전담공무원 등 관계 공무원으로 하여금 보호조치의 종료로 가정으로 복귀한 보호대상아동의 가정을 방문하여 해당 아동의 복지 증진을 위하여 필요한 지도·관리를 제공하게 하여야 한다(제16조의2).

(4) 금지행위

누구든지 다음 각 호의 어느 하나에 해당하는 행위를 하여서는 아니 된다(제17조).

- 아동을 매매하는 행위
- 아동에게 음란한 행위를 시키거나 이를 매개하는 행위 또는 아동에게 성적 수치심을 주는 성희롱 등의 성적 학대행위
- 아동의 신체에 손상을 주거나 신체의 건강 및 발달을 해치는 신체적 학대행위
- 아동의 정신건강 및 발달에 해를 끼치는 정서적 학대행위
- 자신의 보호·감독을 받는 아동을 유기하거나 의식주를 포함한 기본적 보호·양육·치료 및 교육을 소홀히 하는 방임행위
- 장애를 가진 아동을 공중에 관람시키는 행위
- 아동에게 구걸을 시키거나 아동을 이용하여 구걸하는 행위
- 공중의 오락 또는 흥행을 목적으로 아동의 건강 또는 안전에 유해한 곡예를 시키는 행위 또는 이를 위하여 아동을 제3자에게 인도하는 행위
- 정당한 권한을 가진 알선기관 외의 자가 아동의 양육을 알선하고 금품을 취득하거나 금품을 요구 또는 약속하는 행위
- 아동을 위하여 증여 또는 급여된 금품을 그 목적 외의 용도로 사용하는 행위

(5) 친권상실 선고의 청구

시 · 도지사, 시장 · 군수 · 구청장 또는 검사는 아동의 친권자가 그 친권을 남용하거나 현저한 비행이나 아동학대, 그 밖에 친권을 행사할 수 없는 중대한 사유가 있는 것을 발견한 경우 아동의 복지를 위하여 필요하다고 인정할 때에는 법원에 친권행사의 제한 또는 친권상실의 선고를 청구하여야 한다.

아동복지시설의 장 및 초 · 중등교육법에 따른 학교의 장은 친권남용, 비행, 아동학대, 그 밖의 친권을 행사할 수 없는 중대한 사유에 해당하는 경우 시 · 도지사, 시장 · 군수 · 구청장 또는 검사에게 법원에 친권행사의 제한 또는 친권상실의 선고를 청구하도록 요청할 수 있고, 시 · 도지사, 시장 · 군수 · 구청장 또는 검사는 친권행사의 제한 또는 친권상실의 선고 청구를 할 경우 해당 아동의 의견을 존중하여야 한다.

시 · 도지사, 시장 · 군수 · 구청장 또는 검사는 친권행사의 제한 또는 친권상실의 선고 청구를 요청받은 경우에는 요청받은 날부터 30일 내에 청구 여부를 결정한 후 해당 요청기관에 청구 또는 미청구 요지 및 이유를 서면으로 알려야 한다. 처리결과를 통보받은 아동복지시설의 장 및 학교의 장은 그 처리결과에 대하여 이의가 있을 경우 통보받은 날부터 30일 내에 직접 법원에 친권행사의 제한 또는 친권상실의 선고를 청구할 수 있다(제18조).

(6) 아동의 후견인의 선임 청구

시 · 도지사, 시장 · 군수 · 구청장, 아동복지시설의 장 및 학교의 장은 친권자 또는 후견인이 없는 아동을 발견한 경우 그 복지를 위하여 필요하다고 인정할 때에는 법원에 후견인의 선임을 청구하여야 한다. 시 · 도지사, 시장 · 군수 · 구청장, 아동복지시설의 장, 학교의 장 또는 검사는 후견인이 해당 아동을 학대하는 등 현저한 비행을 저지른 경우에는 후견인 변경을 법원에 청구하여야 한다.

후견인의 선임 및 후견인의 변경 청구를 할 때에는 해당 아동의 의견을 존중하여야 한다. 아동복지시설에 입소 중인 보호대상아동에 대하여는 「보호시설에 있는 미성년자의 후견직무에 관한 법률」을 적용한다(제19조).

5) 아동학대의 예방과 방지

(1) 아동학대의 예방과 방지 의무

국가와 지방자치단체는 아동학대의 예방과 방지를 위하여 다음의 조치를 취하여야 한다.

- 아동학대의 예방과 방지를 위한 각종 정책의 수립 및 시행
- 아동학대의 예방과 방지를 위한 연구·교육·홍보 및 아동학대 실태조사
- 아동학대에 관한 신고체제의 구축·운영
- 피해아동의 보호와 치료 및 피해아동의 가정에 대한 지원
- 그 밖에 대통령령으로 정하는 아동학대의 예방과 방지를 위한 사항

지방자치단체는 아동학대를 예방하고 수시로 신고를 받을 수 있도록 긴급전화를 설치하여야 한다. 이 경우 그 설치·운영 등에 필요한 사항은 대통령령으로 정한다.

시·도지사 또는 시장·군수·구청장은 피해아동의 발견 및 보호 등을 위하여 다음 각 호의 업무를 수행하여야 한다.

- 아동학대 신고접수, 현장조사 및 응급보호
- 피해아동, 피해아동의 가족 및 아동학대행위자에 대한 상담·조사
- 그 밖에 대통령령으로 정하는 아동학대 관련 업무

시·도지사 또는 시장·군수·구청장은 위의 업무를 수행하기 위하여 아동학대전담공무원을 두어야 한다. 아동학대전담공무원은 「사회복지사업법」 제11조에 따른 사회복지사의 자격을 가진 사람으로 하고 그 임용 등에 필요한 사항은 해당 시·도 또는 시·군·구의 조례로 정한다.

보장원은 아동학대예방사업의 활성화 등을 위하여 다음 각 호의 업무를 수행한다.

- 아동보호전문기관에 대한 지원

- 아동학대예방사업과 관련된 연구 및 자료 발간
- 효율적인 아동학대예방사업을 위한 연계체계 구축
- 아동학대예방사업을 위한 프로그램 개발 및 평가
- 아동보호전문기관·학대피해아동쉼터 직원 및 아동학대전담공무원 직무 교육, 아동학대예방 관련 교육 및 홍보
- 아동보호전문기관 전산시스템 구축 및 운영
- 그 밖에 대통령령으로 정하는 아동학대예방사업과 관련된 업무

시·도지사 또는 시장·군수·구청장, 보장원의 장 또는 아동보호전문기관의 장은 다음의 구분에 따른 업무를 수행하기 위하여 필요한 경우 국가아동학대정보시스템의 아동학대 관련 정보 또는 자료를 활용할 수 있다.

- 시·도지사 또는 시장·군수·구청장: 피해아동의 발견 및 보호를 위한 업무
- 보장원의 장: 아동학대예방사업의 활성화를 위한 업무
- 아동보호전문기관의 장: 아동보호전문기관의 업무

(2) 학생 등에 대한 학대 예방 및 지원

국가와 지방자치단체는 유아교육법에 따른 유치원의 유아 및 초·중등교육법에 따른 학교의 학생에 대한 아동학대의 조기 발견 체계 및 아동보호전문기관 등 관련 기관과의 연계 체계를 구축하고, 학대피해 학생 등이 유치원 또는 학교에 안정적으로 적응할 수 있도록 지원하여야 한다.

교육부장관은 아동학대의 조기 발견과 신속한 보호조치를 위하여 대통령령으로 정하는 바에 따라 장기결석 학생 등의 정보 등을 보건복지부장관과 공유하여야 한다. 학교 적응 지원 등 대통령령으로 정하는 업무는 교육부장관 또는 「지방교육자치에 관한 법률」에 따른 교육감이 지정하는 기관에 위탁할 수 있다(제22조의2).

(3) 피해아동 등에 대한 신분조회 등 조치

보장원의 장 및 아동보호전문기관의 장은 피해아동의 보호, 치료 등을 수행함에 있어서 피해아동, 그 보호자 또는 아동학대행위자에 대한 다음의 조치를 관계 중앙행정기관의 장, 시·도지사 또는 시장·군수·구청장에게 협조 요청할 수 있으며, 요청을 받은 관계 중앙행정기관의 장, 시·도지사 또는 시장·군수·구청장은 정당한 사유가 없으면 이에 따라야 한다(제22조의3).

- 출입국관리법에 따른 외국인등록 사실증명의 열람 및 발급
- 「가족관계의 등록 등에 관한 법률」 제15조 제1항 제1호부터 제4호까지에 따른 증명서의 발급
- 주민등록법에 따른 주민등록표 등본·초본의 열람 및 발급
- 국민기초생활 보장법에 따른 수급자 여부의 확인
- 장애인복지법에 따른 장애인등록증의 열람 및 발급

(4) 피해아동보호계획의 수립

시·도지사 또는 시장·군수·구청장은 피해아동에 대한 조사를 한 후 다음의 사항이 포함된 피해아동보호계획을 수립하고 그 계획을 아동보호전문기관의 장에게 통보하여야 한다.

- 피해아동에 대한 제15조 제1항에 따른 보호조치 여부
- 아동학대행위에 대한 고발 여부 등 아동학대행위에 대한 개입 방향 및 절차
- 피해아동 및 그 가족에 대한 지원 여부
- 그 밖에 대통령령으로 정하는 사항

시·도지사 또는 시장·군수·구청장은 보호계획의 수립과 관련하여 의학적·법률적 판단 등 보건복지부령으로 정하는 전문적인 판단이 필요한 경우에는 아동학대사례전문위원회의 의견을 들어 보호계획을 수립할 수 있다.

시·도지사 또는 시장·군수·구청장은 해당 지역에서 발생한 아동학대 사

건에 대하여 보장원의 장, 아동보호전문기관의 장 및 관할 경찰서장에게 관련 자료를 요청할 수 있다.

보호계획을 통보받은 아동보호전문기관의 장은 아동학대 재발 가능성 등 위험도를 고려하여 피해아동 및 그 가족, 아동학대행위자를 대상으로 치료·교육·상담 프로그램 등이 포함된 피해아동사례관리계획을 수립하여 시행하여야 한다. 아동보호전문기관의 장은 사례관리계획에 따라 서비스를 제공한 후 그 결과를 시·도지사 또는 시장·군수·구청장에게 보고하여야 한다. 보호계획 및 사례관리계획의 수립·시행 등에 필요한 사항은 대통령령으로 정한다(제22조의4).

(5) 아동학대사례전문위원회

보건복지부장관은 자문에 응하게 하기 위하여 보건복지부에 아동학대사례전문위원회를 둔다. 사례전문위원회에 참석한 사람은 업무상 알게 된 비밀을 누설하거나 이를 이용하여 부당한 이익을 취하여서는 아니 된다. 사례전문위원회의 구성·운영 등에 필요한 사항은 보건복지부령으로 정한다(제22조의5).

(6) 아동학대예방의 날

아동의 건강한 성장을 도모하고, 범국민적으로 아동학대의 예방과 방지에 관한 관심을 높이기 위하여 매년 11월 19일을 아동학대예방의 날로 지정하고, 아동학대예방의 날부터 1주일을 아동학대예방주간으로 한다. 국가와 지방자치단체는 아동학대예방의 날의 취지에 맞는 행사와 홍보를 실시하도록 노력하여야 한다(제23조).

(7) 아동학대 신고의무자에 대한 교육

관계 중앙행정기관의 장은 「아동학대범죄의 처벌 등에 관한 특례법」 제10조 제2항 각 호의 어느 하나에 해당하는 사람(아동학대 신고의무자)의 자격 취득 과정이나 보수교육 과정에 아동학대 예방 및 신고의무와 관련된 교육 내용을 포함하도록 하여야 한다. 관계 중앙행정기관의 장 및 시·도지사는 아동학대 신고의무자에게 본인이 아동학대 신고의무자라는 사실을 고지할 수 있고, 아동학대 예방 및 신고의무와 관련한 교육(신고의무 교육)을 실시할 수 있다. 아동학대 신고의무자가 소속된 기관·시설 등의 장은 소속 아동학대 신고의무자에게 신고의무 교육을 실시하고, 그 결과를 관계 중앙행정기관의 장에게 제출하여야 한다(제26조).

(8) 아동학대 예방교육의 실시

국가기관과 지방자치단체의 장, 「공공기관의 운영에 관한 법률」에 따른 공공기관과 대통령령으로 정하는 공공단체의 장은 아동학대의 예방과 방지를 위하여 필요한 교육을 연 1회 이상 실시하고, 그 결과를 보건복지부장관에게 제출하여야 하며, 위의 교육 대상이 아닌 사람은 아동보호전문기관 또는 대통령령으로 정하는 교육기관에서 아동학대의 예방과 방지에 필요한 교육을 받을 수 있다. 보건복지부장관은 교육을 위하여 전문인력을 양성하고, 교육 프로그램을 개발·보급하여야 한다. 교육 내용·시간 및 방법, 그 밖에 필요한 사항은 대통령령으로 정한다(제26조의2).

(9) 아동학대정보의 관리 및 제공

보건복지부장관은 아동학대 관련 정보를 공유하고 아동학대를 예방하기 위하여 피해아동, 그 가족 및 아동학대행위자에 관한 정보와 아동학대예방사업에 관한 정보를 아동정보시스템에 입력·관리하여야 한다.

다음의 어느 하나에 해당하는 자는 아동의 보호 및 아동학대 발생 방지를 위하여 필요한 경우 아동정보시스템상의 피해아동, 그 가족 및 아동학대행위자에 관한 정보를 보건복지부장관에게 요청할 수 있다. 이 경우 대통령령으로 정하는 바에 따라 목적과 필요한 정보의 범위를 구체적으로 기재하여야 한다.

- 시·도지사 및 시장·군수·구청장

- 판사, 검사 및 경찰관서의 장
- 초・중등교육법에 따른 학교의 장
- 아동학대 전담의료기관의 장
- 아동복지시설의 장
- 입양특례법 제20조에 따른 입양기관의 장
- 그 밖에 대통령령으로 정하는 피해아동의 보호 및 지원 관련 기관 또는 단체의 장

보건복지부장관은 요청이 있는 경우 아동정보시스템상의 해당 정보를 제공할 수 있다. 다만, 피해아동의 보호를 위하여 필요한 경우로서 대통령령으로 정하는 경우에는 정보의 제공을 제한할 수 있다. 피해아동 관련 정보를 취득한 사람은 요청 목적 외로 해당 정보를 사용하거나 다른 사람에게 제공 또는 누설하여서는 아니 된다(제28조의2).

(10) 아동관련기관의 취업제한

법원은 아동학대관련범죄로 형 또는 치료감호를 선고하는 경우에는 판결(약식명령 포함)로 그 형 또는 치료감호의 전부 또는 일부의 집행을 종료하거나 집행이 유예・면제된 날(벌금형을 선고받은 경우에는 그 형이 확정된 날부터 일정기간-취업제한기간) 동안 다음에 따른 시설 또는 아동관련기관을 운영하거나 아동관련기관에 취업 또는 사실상 노무를 제공할 수 없도록 하는 명령(취업제한명령)을 아동학대관련범죄 사건의 판결과 동시에 선고(약식명령의 경우에는 고지)하여야 한다. 다만, 재범의 위험성이 현저히 낮은 경우나 그 밖에 취업을 제한하여서는 아니 되는 특별한 사정이 있다고 판단하는 경우에는 그러하지 아니하다(제29조의3).

- 보장원, 취약계층 아동 통합서비스 수행기관, 아동보호전문기관, 다함께돌봄센터, 가정위탁지원센터 및 아동복지시설
- 긴급전화센터, 가정폭력 관련 상담소 및 가정폭력피해자 보호시설

- 건강가정지원센터
- 다문화가족지원센터
- 성매매피해자 등을 위한 지원시설 및 성매매피해상담소
- 성폭력피해상담소 및 성폭력피해자보호시설 및 성폭력피해자통합지원센터
- 어린이집, 육아종합지원센터 및 시간제보육서비스지정기관
- 유치원
- 의료기관(의료인에 한정)
- 장애인복지시설
- 정신건강복지센터, 정신건강증진시설, 정신요양시설 및 정신재활시설
- 공동주택의 관리사무소(경비업무 종사자에 한정)
- 청소년시설, 청소년단체
- 청소년활동시설
- 청소년상담복지센터, 이주배경청소년지원센터 및 청소년쉼터, 청소년자립지원관, 청소년치료재활센터
- 청소년 보호·재활센터
- 체육시설 중 아동의 이용이 제한되지 아니하는 체육시설로서 문화체육관광부장관이 지정하는 체육시설
- 학교 및 학습부진아 등에 대한 교육을 실시하는 기관
- 학원 및 교습소 중 아동의 이용이 제한되지 아니하는 학원과 교습소로서 교육부장관이 지정하는 학원·교습소
- 한부모가족복지시설
- 아동보호전문기관 또는 학대피해아동쉼터를 운영하는 법인
- 소년원 및 소년분류심사원
- 보건복지부장관의 설립 허가를 받아 아동인권, 아동복지 등 아동을 위한 사업을 수행하는 비영리법인(대표자 및 아동을 직접 대면하는 업무에 종사하는 사람에 한정)
- 「아이돌봄 지원법」 제11조에 따른 서비스제공기관

6) 아동에 대한 지원서비스

(1) 안전기준의 설정 및 아동의 안전에 대한 교육

국가는 대통령령으로 정하는 바에 따라 아동복지시설과 아동용품에 대한 안전기준을 정하고 아동용품을 제작·설치·관리하는 자에게 이를 준수하도록 하여야 한다(제30조).

아동복지시설의 장, 영유아보육법에 따른 어린이집의 원장, 유아교육법에 따른 유치원의 원장 및 초·중등교육법에 따른 학교의 장은 교육대상 아동의 연령을 고려하여 대통령령으로 정하는 바에 따라 매년 성폭력 및 아동학대 예방, 실종·유괴의 예방과 방지, 감염병 및 약물의 오남용 예방 등 보건위생관리, 재난대비 안전, 교통안전의 사항에 관한 교육계획을 수립하여 교육을 실시하여야 한다.

아동복지시설의 장, 영유아보육법에 따른 어린이집의 원장은 교육계획 및 교육실시 결과를 관할 시장·군수·구청장에게 매년 1회 보고하여야 한다. 유아교육법에 따른 유치원의 원장 및 초·중등교육법에 따른 학교의 장은 교육계획 및 교육실시 결과를 대통령령으로 정하는 바에 따라 관할 교육감에게 매년 1회 보고하여야 한다(제31조).

(2) 취약계층 아동에 대한 통합서비스지원

국가와 지방자치단체는 아동의 건강한 성장과 발달을 도모하기 위하여 대통령령으로 정하는 바에 따라 아동의 성장 및 복지 여건이 취약한 가정을 선정하여 그 가정의 지원대상아동과 가족을 대상으로 보건, 복지, 보호, 교육, 치료 등을 종합적으로 지원하는 통합서비스를 실시한다. 통합서비스지원의 대상 선정, 통합서비스의 내용 및 수행기관·수행인력 등에 필요한 사항은 대통령령으로 정한다. 보건복지부장관은 통합서비스지원사업의 운영지원에 관한 업무를 법인, 단체 등에 위탁할 수 있다(제37조).

(3) 자립지원

국가와 지방자치단체는 보호대상아동의 위탁보호 종료 또는 아동복지시설 퇴소 이후의 자립을 지원하기 위하여 다음에 해당하는 조치를 시행하여야 한다(제38조).

- 자립에 필요한 주거·생활·교육·취업 등의 지원
- 자립에 필요한 자산의 형성 및 관리 지원
- 자립에 관한 실태조사 및 연구
- 사후관리체계 구축 및 운영
- 그 밖에 자립지원에 필요하다고 대통령령으로 정하는 사항

(4) 다함께돌봄센터

시·도지사 및 시장·군수·구청장은 초등학교의 정규교육 이외의 시간 동안 다음의 돌봄서비스(방과 후 돌봄서비스)를 실시하기 위하여 다함께돌봄센터를 설치·운영할 수 있다(제44조의2).

- 아동의 안전한 보호
- 안전하고 균형 있는 급식 및 간식의 제공
- 등·하교 전후, 야간 또는 긴급상황 발생 시 돌봄서비스 제공
- 체험활동 등 교육·문화·예술·체육 프로그램의 연계·제공
- 돌봄 상담, 관련 정보의 제공 및 서비스의 연계
- 그 밖에 보건복지부령으로 정하는 방과 후 돌봄서비스의 제공

시·도지사 및 시장·군수·구청장은 다함께돌봄센터의 설치·운영을 보건복지부장관이 정하는 법인 또는 단체에 위탁할 수 있다. 국가는 다함께돌봄센터의 설치·운영에 필요한 비용의 일부를 지방자치단체에 지원할 수 있다.

다함께돌봄센터의 장은 시·도지사 및 시장·군수·구청장이 정하는 바에 따라 아동의 보호자에게 방과 후 돌봄서비스 제공에 필요한 비용의 일부를 부

담하게 할 수 있다. 다함께돌봄센터의 설치기준과 운영, 종사자의 자격 등에 관한 사항은 보건복지부령으로 정한다.

7) 아동복지시설

(1) 아동보호전문기관의 설치

지방자치단체는 학대받은 아동의 치료, 아동학대의 재발 방지 등 사례관리 및 아동학대예방을 담당하는 아동보호전문기관을 시·도 및 시·군·구에 1개소 이상 두어야 한다. 다만, 시·도지사는 관할 구역의 아동 수 및 지리적 요건을 고려하여 조례로 정하는 바에 따라 둘 이상의 시·군·구를 통합하여 하나의 아동보호전문기관을 설치·운영할 수 있다. 아동보호전문기관을 통합하여 설치·운영하는 경우 시·도지사는 아동보호전문기관의 설치·운영에 필요한 비용을 관할 구역의 아동의 수 등을 고려하여 시장·군수·구청장에게 공동으로 부담하게 할 수 있다.

시·도지사 및 시장·군수·구청장은 아동학대예방사업을 목적으로 하는 비영리법인을 지정하여 아동보호전문기관의 운영을 위탁할 수 있다. 아동보호전문기관의 설치기준과 운영, 상담원 등 직원의 자격과 배치기준, 지정의 요건 등에 필요한 사항은 대통령령으로 정한다(제45조).

(2) 아동보호전문기관의 업무(제46조)

아동보호전문기관은 다음 각 호의 업무를 수행한다(제46조).

- 피해아동, 피해아동의 가족 및 아동학대행위자를 위한 상담·치료 및 교육
- 아동학대예방 교육 및 홍보
- 피해아동 가정의 사후관리
- 그 밖에 대통령령으로 정하는 아동학대예방사업과 관련된 업무

(3) 아동복지시설의 종류

아동복지시설의 종류는 다음과 같다(제52조).

- **아동양육시설** : 보호대상아동을 입소시켜 보호, 양육 및 취업훈련, 자립지원 서비스 등을 제공하는 것을 목적으로 하는 시설
- **아동일시보호시설** : 보호대상아동을 일시보호하고 아동에 대한 향후의 양육대책수립 및 보호조치를 행하는 것을 목적으로 하는 시설
- **아동보호치료시설** : 아동에게 보호 및 치료 서비스를 제공하는 다음 각 목의 시설
  - 불량행위를 하거나 불량행위를 할 우려가 있는 아동으로서 보호자가 없거나 친권자나 후견인이 입소를 신청한 아동 또는 가정법원, 지방법원소년부지원에서 보호위탁된 19세 미만인 사람을 입소시켜 치료와 선도를 통하여 건전한 사회인으로 육성하는 것을 목적으로 하는 시설
  - 정서적·행동적 장애로 인하여 어려움을 겪고 있는 아동 또는 학대로 인하여 부모로부터 일시 격리되어 치료받을 필요가 있는 아동을 보호·치료하는 시설
- **공동생활가정** : 보호대상아동에게 가정과 같은 주거여건과 보호, 양육, 자립지원 서비스를 제공하는 것을 목적으로 하는 시설
- **자립지원시설** : 아동복지시설에서 퇴소한 사람에게 취업준비기간 또는 취업 후 일정 기간 동안 보호함으로써 자립을 지원하는 것을 목적으로 하는 시설
- **아동상담소** : 아동과 그 가족의 문제에 관한 상담, 치료, 예방 및 연구 등을 목적으로 하는 시설
- **아동전용시설** : 어린이공원, 어린이놀이터, 아동회관, 체육·연극·영화·과학실험전시 시설, 아동휴게숙박시설, 야영장 등 아동에게 건전한 놀이·오락, 그 밖의 각종 편의를 제공하여 심신의 건강유지와 복지증진에 필요한 서비스를 제공하는 것을 목적으로 하는 시설

- **지역아동센터** : 지역사회 아동의 보호·교육, 건전한 놀이와 오락의 제공, 보호자와 지역사회의 연계 등 아동의 건전육성을 위하여 종합적인 아동복지서비스를 제공하는 시설
- **아동보호전문기관**
- **가정위탁지원센터**
- **보장원**

아동복지시설은 통합하여 설치할 수 있으며, 아동복지시설은 각 시설 고유의 목적 사업을 해치지 아니하고 각 시설별 설치기준 및 운영기준을 충족하는 경우 다음의 사업을 추가로 실시할 수 있다.

- **아동가정지원사업** : 지역사회아동의 건전한 발달을 위하여 아동, 가정, 지역주민에게 상담, 조언 및 정보를 제공하여 주는 사업
- **아동주간보호사업** : 부득이한 사유로 가정에서 낮 동안 보호를 받을 수 없는 아동을 대상으로 개별적인 보호와 교육을 통하여 아동의 건전한 성장을 도모하는 사업
- **아동전문상담사업** : 학교부적응아동 등을 대상으로 올바른 인격형성을 위한 상담, 치료 및 학교폭력예방을 실시하는 사업
- **학대아동보호사업** : 학대아동의 발견, 보호, 치료 및 아동학대의 예방 등을 전문적으로 실시하는 사업
- **공동생활가정사업** : 보호대상아동에게 가정과 같은 주거여건과 보호를 제공하는 것을 목적으로 하는 사업
- **방과 후 아동지도사업** : 저소득층 아동을 대상으로 방과 후 개별적인 보호와 교육을 통하여 건전한 인격형성을 목적으로 하는 사업

3. 노인복지법

1) 입법 배경 및 연혁

노인복지에 관하여 국가적 책임과 개입이 본격적으로 이루어진 것은 경제적 여건 향상과 노인복지에 대한 관심이 커진 1970년대부터라 할 수 있다. 이에 1981년 6월 5일 '의약기술의 발달과 문화생활의 향상으로 평균수명이 연장되어 노인인구의 절대수가 크게 증가하는 한편 산업화, 도시화, 핵가족화의 진전에 따라 노인문제가 점차 큰 사회문제로 대두되고 있음에 대처하여 우리 사회의 전통적 가족제도에 연유하고 있는 경로효친의 미풍양속을 유지·발전시켜 나아가는 한편 노인을 위한 건강보호와 시설의 제공 등 노인복지시책을 효과적으로 추진함으로써 노인의 안락한 생활을 북돋우어 주며 나아가 사회복지의 증진에 기여하려는 것'을 입법 취지로 노인복지법이 제정·시행되었다.

1989년 12월 개정에서는 노인복지대책위원회 설치 건과 노인복지시설의 범위를 확대하였고, 1993년 12월 27일 개정에서는 재가노인복지사업의 종류를 명시하고 재가노인복지사업의 법적 근거를 마련하였다. 1997년에는 경로연금제도를 도입하고, 노인의 날과 경로의 달을 정하였다. 2004년 1월 개정에서는 노인학대 방지와 노인 보호를 위한 긴급전화 및 노인보호전문기관 설치, 신고의무와 조치사항을 규정하여 노인학대에 대한 제도적 장치를 강화하였다. 2007년 1월 3일에는 9월 21일을 치매극복의 날로 정하여 치매에 대한 사회적 인식을 제고하였고, 동년 2007년 4월 25일 기초노령연금이 제정되었다. 2015년 개정에서는 노인학대에 대한 법적 장치를 더욱 강화하였다.

2) 주요 내용

(1) 목적 및 기본 이념

노인복지법은 노인의 질환을 사전예방 또는 조기발견하고 질환상태에 따른 적절한 치료·요양으로 심신의 건강을 유지하고, 노후의 생활안정을 위하여 필요한 조치를 강구함으로써 노인의 보건복지증진에 기여함을 목적으로 제정되었다(제1조).

노인복지법의 기본 이념은 다음과 같다(제2조).

- 노인은 후손의 양육과 국가 및 사회의 발전에 기여하여 온 자로서 존경받으며 건전하고 안정된 생활을 보장받는다.
- 노인은 그 능력에 따라 적당한 일에 종사하고 사회적 활동에 참여할 기회를 보장받는다.
- 노인은 노령에 따르는 심신의 변화를 자각하여 항상 심신의 건강을 유지하고 그 지식과 경험을 활용하여 사회의 발전에 기여하도록 노력하여야 한다.

(2) 용어 정의

노인복지법에서 사용하는 용어의 정의는 다음과 같다(제1조의2).

- **부양의무자** : 배우자(사실상의 혼인관계에 있는 자 포함)와 직계비속 및 그 배우자(사실상의 혼인관계에 있는 자 포함)를 말한다.
- **보호자** : 부양의무자 또는 업무·고용 등의 관계로 사실상 노인을 보호하는 자를 말한다.
- **치매** : 치매관리법 제2조 제1호에 따른 치매를 말한다.
- **노인학대** : 노인에 대하여 신체적·정신적·정서적·성적 폭력 및 경제적 착취 또는 가혹행위를 하거나 유기 또는 방임을 하는 것을 말한다.

(3) 보건복지증진의 책임 및 안전사고 예방

① 보건복지증진의 책임

국가와 지방자치단체는 노인의 보건 및 복지증진의 책임이 있으며, 이를 위한 시책을 강구하여 추진하여야 하며, 시책을 강구함에 있어 규정된 기본 이념이 구현되도록 노력하여야 한다. 노인의 일상생활에 관련되는 사업을 경영하는 자는 그 사업을 경영함에 있어 노인의 보건복지가 증진되도록 노력하여야 한다(제4조).

② 안전사고 예방

국가와 지방자치단체는 노인의 안전을 보장하고 낙상사고 등 노인에게 치명적인 사고를 예방하기 위하여 필요한 시책을 수립·시행하여야 한다. 이 경우 안전사고 예방 시책은 「재난 및 안전관리 기본법」에 따른 국가안전관리기본계획, 시·도안전관리계획 및 시·군·구안전관리계획과 연계되어야 한다. 안전사고 예방 시책의 수립·시행에 필요한 사항은 대통령령으로 정한다(제4조의2).

(4) 노인실태조사

보건복지부장관은 노인의 보건 및 복지에 관한 실태조사를 3년마다 실시하고 그 결과를 공표하여야 하며, 실태조사를 위하여 관계 기관·법인·단체·시설의 장에게 필요한 자료의 제출 또는 의견의 진술을 요청할 수 있다. 이 경우 관계 기관·법인·단체·시설의 장은 정당한 사유가 없으면 그 요청에 따라야 한다(제5조).

(5) 노인의 날 등

노인에 대한 사회적 관심과 공경의식을 높이기 위하여 매년 10월 2일을 노인의 날로, 매년 10월을 경로의 달로 한다. 부모에 대한 효사상을 앙양하기 위하여 매년 5월 8일을 어버이날로 한다.

범국민적으로 노인학대에 대한 인식을 높이고 관심을 유도하기 위하여 매년 6월 15일을 노인학대예방의 날로 지정하고, 국가와 지방자치단체는 노인학대예방의 날의 취지에 맞는 행사와 홍보를 실시하도록 노력하여야 한다(제6조).

(6) 인권교육

노인복지시설 중 대통령령으로 정하는 시설을 설치·운영하는 자와 그 종사자는 인권에 관한 교육을 받아야 하며, 노인복지시설 중 대통령령으로 정하는 시설을 설치·운영하는 자는 해당 시설을 이용하고 있는 노인들에게 인권교육을 실시할 수 있다.

보건복지부장관은 인권교육을 효율적으로 실시하기 위하여 인권교육기관을 지정할 수 있다. 이 경우 예산의 범위에서 인권교육에 소요되는 비용을 지원할 수 있으며, 지정을 받은 인권교육기관은 보건복지부장관의 승인을 받아 인권교육에 필요한 비용을 교육대상자로부터 징수할 수 있다.

보건복지부장관은 지정을 받은 인권교육기관이 다음 각 호의 어느 하나에 해당하면 그 지정을 취소하거나 6개월 이내의 기간을 정하여 업무를 정지할 수 있다. 다만, 제1호에 해당하면 그 지정을 취소하여야 한다(제6조의3).

- 거짓이나 그 밖의 부정한 방법으로 지정을 받은 경우
- 보건복지부령으로 정하는 지정요건을 갖추지 못하게 된 경우
- 인권교육의 수행능력이 현저히 부족하다고 인정되는 경우

3) 보건·복지조치

(1) 노인사회참여 지원

국가 또는 지방자치단체는 노인의 사회참여 확대를 위하여 노인의 지역봉사 활동기회를 넓히고 노인에게 적합한 직종의 개발과 그 보급을 위한 시책을 강구하며 근로능력 있는 노인에게 일할 기회를 우선적으로 제공하도록 노력하여야 한다. 국가 또는 지방자치단체는 노인의 지역봉사 활동 및 취업의 활성화를 기하기 위하여 노인지역봉사기관, 노인취업알선기관 등 노인복지관계기관에 대하여 필요한 지원을 할 수 있다(제23조).

(2) 노인일자리전담기관의 설치 · 운영 등

노인의 능력과 적성에 맞는 일자리지원사업을 전문적 · 체계적으로 수행하기 위한 전담기관은 다음의 기관으로 한다.

- **노인인력개발기관** : 노인일자리개발 · 보급사업, 조사사업, 교육 · 홍보 및 협력사업, 프로그램인증 · 평가사업 등을 지원하는 기관
- **노인일자리지원기관** : 지역사회 등에서 노인일자리의 개발 · 지원, 창업 · 육성 및 노인에 의한 재화의 생산 · 판매 등을 직접 담당하는 기관
- **노인취업알선기관** : 노인에게 취업 상담 및 정보를 제공하거나 노인일자리를 알선하는 기관

국가 또는 지방자치단체는 노인일자리전담기관을 설치 · 운영하거나 그 운영의 전부 또는 일부를 법인 · 단체 등에 위탁할 수 있다. 노인일자리전담기관의 설치 · 운영 또는 위탁에 관하여 필요한 사항은 대통령령으로 정한다. 노인일자리지원기관의 시설 및 인력에 관한 기준 등은 보건복지부령으로 정한다(제23조의2).

(3) 생업지원

국가, 지방자치단체, 그 밖의 공공단체 중 대통령령으로 정하는 기관은 소관 공공시설에 식료품 · 사무용품 · 신문 등 일상생활용품의 판매를 위한 매점이나 자동판매기의 설치를 허가 또는 위탁할 때에는 65세 이상 노인의 신청이 있는 경우 이를 우선적으로 반영하여야 한다.

국가, 지방자치단체, 그 밖의 공공단체 중 대통령령으로 정하는 기관은 소관 공공시설에 청소, 주차관리, 매표 등의 사업을 위탁하는 경우에는 65세 이상 노인을 100분의 20 이상 채용한 사업체를 우선적으로 고려할 수 있다. 위탁사업의 종류 및 절차 등에 필요한 사항은 대통령령으로 정한다.

(4) 경로우대

국가 또는 지방자치단체는 65세 이상의 자에 대하여 대통령령이 정하는 바에 의하여 국가 또는 지방자치단체의 수송시설 및 고궁·능원·박물관·공원 등의 공공시설을 무료로 또는 그 이용요금을 할인하여 이용하게 할 수 있다.

국가 또는 지방자치단체는 노인의 일상생활에 관련된 사업을 경영하는 자에게 65세 이상의 자에 대하여 그 이용요금을 할인하여 주도록 권유할 수 있다. 국가 또는 지방자치단체는 노인에게 이용요금을 할인하여 주는 자에 대하여 적절한 지원을 할 수 있다(제26조).

(5) 홀로 사는 노인에 대한 지원

국가 또는 지방자치단체는 홀로 사는 노인에 대하여 방문요양과 돌봄 등의 서비스와 안전확인 등의 보호조치를 취하여야 한다. 국가 또는 지방자치단체는 사업을 노인 관련 기관·단체에 위탁할 수 있으며, 예산의 범위에서 그 사업 및 운영에 필요한 비용을 지원할 수 있다. 서비스 및 보호조치의 구체적인 내용 등에 관하여는 보건복지부장관이 정한다(제27조의2).

(6) 독거노인종합지원센터

보건복지부장관은 홀로 사는 노인에 대한 돌봄과 관련된 다음의 사업을 수행하기 위하여 독거노인종합지원센터를 설치·운영할 수 있다.

- 홀로 사는 노인에 대한 정책 연구 및 프로그램의 개발
- 홀로 사는 노인에 대한 현황조사 및 관리
- 홀로 사는 노인 돌봄사업 종사자에 대한 교육
- 홀로 사는 노인에 대한 돌봄사업의 홍보, 교육교재 개발 및 보급
- 홀로 사는 노인에 대한 돌봄사업의 수행기관 지원 및 평가
- 관련 기관 협력체계의 구축 및 교류

- 홀로 사는 노인에 대한 기부문화 조성을 위한 기부금품의 모집, 접수 및 배부
- 그 밖에 홀로 사는 노인의 돌봄을 위하여 보건복지부장관이 위탁하는 업무

보건복지부장관은 독거노인종합지원센터의 운영을 전문 인력과 시설을 갖춘 법인 또는 단체에 위탁할 수 있다. 그 밖에 독거노인종합지원센터의 설치·운영 등에 필요한 사항은 보건복지부령으로 정한다(제27조의3).

(7) 노인성 질환에 대한 의료지원

국가 또는 지방자치단체는 노인성 질환자의 경제적 부담능력 등을 고려하여 노인성 질환의 예방교육, 조기발견 및 치료 등에 필요한 비용의 전부 또는 일부를 지원할 수 있다. 노인성 질환의 범위, 지원의 대상·기준 및 방법 등에 필요한 사항은 대통령령으로 정한다(제27조의4).

(8) 상담·입소 등의 조치

보건복지부장관, 특별시장·광역시장·도지사·특별자치도지사, 시장·군수·구청장은 노인에 대한 복지를 도모하기 위하여 필요하다고 인정한 때에는 다음의 조치를 하여야 한다.

- 65세 이상의 자 또는 그를 보호하고 있는 자를 관계공무원 또는 노인복지상담원으로 하여금 상담·지도하게 하는 것
- 65세 이상의 자로서 신체적·정신적·경제적 이유 또는 환경상의 이유로 거택에서 보호받기가 곤란한 자를 노인주거복지시설 또는 재가노인복지시설에 입소시키거나 입소를 위탁하는 것
- 65세 이상의 자로서 신체 또는 정신상의 현저한 결함으로 인하여 항상 보호를 필요로 하고 경제적 이유로 거택에서 보호받기가 곤란한 자를 노인의료복지시설에 입소시키거나 입소를 위탁하는 것

보건복지부장관, 시·도지사 또는 시장·군수·구청장은 65세 미만의 자에 대하여도 그 노쇠현상이 현저하여 특별히 보호할 필요가 있다고 인정할 때에는 위의 조치를 할 수 있다.

복지실시기관은 입소조치된 자가 사망한 경우에 그 자에 대한 장례를 행할 자가 없을 때에는 그 장례를 행하거나 당해 시설의 장으로 하여금 그 장례를 행하게 할 수 있다. 이 경우 복지실시기관 또는 노인복지시설의 장은 사망자가 유류한 금전 또는 유가증권을 그 장례에 필요한 비용에 충당할 수 있으며, 부족이 있을 때에는 유류물품을 처분하여 그 대금을 이에 충당할 수 있다(제28조).

4) 노인복지시설의 설치·운영

(1) 노인복지시설의 종류 및 내용

노인복지시설의 종류는 노인주거복지시설, 노인의료복지시설, 노인여가복지시설, 재가노인복지시설, 노인보호전문기관, 노인일자리지원기관, 학대피해노인 전용쉼터가 있다(제23조의2 제1항 제2호, 제31~제39조, 제39조의5, 제39조의19).

① 노인주거복지시설

노인주거복지시설은 다음의 시설로 한다.

- **양로시설** : 노인을 입소시켜 급식과 그 밖에 일상생활에 필요한 편의를 제공함을 목적으로 하는 시설
- **노인공동생활가정** : 노인들에게 가정과 같은 주거여건과 급식, 그 밖에 일상생활에 필요한 편의를 제공함을 목적으로 하는 시설
- **노인복지주택** : 노인에게 주거시설을 임대하여 주거의 편의·생활지도·상담 및 안전관리 등 일상생활에 필요한 편의를 제공함을 목적으로 하는 시설

국가 또는 지방자치단체는 노인주거복지시설을 설치할 수 있다. 국가 또는

지방자치단체외의 자가 노인주거복지시설을 설치하고자 하는 경우에는 특별자치도지사·시장·군수·구청장에게 신고하여야 한다. 시장·군수·구청장은 신고를 받은 경우 그 내용을 검토하여 이 법에 적합하면 신고를 수리하여야 한다. 노인주거복지시설의 시설, 인력 및 운영에 관한 기준과 설치신고, 설치·운영자가 준수하여야 할 사항, 그 밖에 필요한 사항은 보건복지부령으로 정한다.

② 노인의료복지시설

노인의료복지시설은 다음 각 호의 시설로 한다.

- **노인요양시설** : 치매·중풍 등 노인성질환 등으로 심신에 상당한 장애가 발생하여 도움을 필요로 하는 노인을 입소시켜 급식·요양과 그 밖에 일상생활에 필요한 편의를 제공함을 목적으로 하는 시설
- **노인요양공동생활가정** : 치매·중풍 등 노인성질환 등으로 심신에 상당한 장애가 발생하여 도움을 필요로 하는 노인에게 가정과 같은 주거여건과 급식·요양, 그 밖에 일상생활에 필요한 편의를 제공함을 목적으로 하는 시설

국가 또는 지방자치단체는 노인의료복지시설을 설치할 수 있다. 국가 또는 지방자치단체외의 자가 노인의료복지시설을 설치하고자 하는 경우에는 시장·군수·구청장에게 신고하여야 한다.

③ 노인여가복지시설

노인여가복지시설은 다음의 시설로 한다.

- **노인복지관** : 노인의 교양·취미생활 및 사회참여활동 등에 대한 각종 정보와 서비스를 제공하고, 건강증진 및 질병예방과 소득보장·재가복지, 그 밖에 노인의 복지증진에 필요한 서비스를 제공함을 목적으로 하는 시설
- **경로당** : 지역노인들이 자율적으로 친목도모·취미활동·공동작업장 운영 및 각종 정보교환과 기타 여가활동을 할 수 있도록 하는 장소를 제공함을

목적으로 하는 시설

- **노인교실** : 노인들에 대하여 사회활동 참여욕구를 충족시키기 위하여 건전한 취미생활 · 노인건강유지 · 소득보장 기타 일상생활과 관련한 학습 프로그램을 제공함을 목적으로 하는 시설

국가 또는 지방자치단체는 노인여가복지시설을 설치할 수 있다. 국가 또는 지방자치단체외의 자가 노인여가복지시설을 설치하고자 하는 경우에는 시장 · 군수 · 구청장에게 신고하여야 한다. 국가 또는 지방자치단체는 경로당의 활성화를 위하여 지역별 · 기능별 특성을 갖춘 표준 모델 및 프로그램을 개발 · 보급하여야 한다. 시장 · 군수 · 구청장은 신고를 받은 경우 그 내용을 검토하여 이 법에 적합하면 신고를 수리하여야 한다. 국가 또는 지방자치단체는 경로당의 활성화를 위하여 지역별 · 기능별 특성을 갖춘 표준 모델 및 프로그램을 개발 · 보급하여야 한다. 노인여가복지시설의 시설, 인력 및 운영에 관한 기준과 설치신고 등에 관하여 필요한 사항은 보건복지부령으로 정한다.

④ 재가노인복지시설

재가노인복지시설은 다음의 어느 하나 이상의 서비스를 제공함을 목적으로 하는 시설을 말한다.

- **방문요양서비스** : 가정에서 일상생활을 영위하고 있는 노인(이하 "재가노인"이라 한다)으로서 신체적 · 정신적 장애로 어려움을 겪고 있는 노인에게 필요한 각종 편의를 제공하여 지역사회 안에서 건전하고 안정된 노후를 영위하도록 하는 서비스
- **주 · 야간보호서비스** : 부득이한 사유로 가족의 보호를 받을 수 없는 심신이 허약한 노인과 장애노인을 주간 또는 야간 동안 보호시설에 입소시켜 필요한 각종 편의를 제공하여 이들의 생활안정과 심신기능의 유지 · 향상을 도모하고, 그 가족의 신체적 · 정신적 부담을 덜어주기 위한 서비스
- **단기보호서비스** : 부득이한 사유로 가족의 보호를 받을 수 없어 일시적으로 보호가 필요한 심신이 허약한 노인과 장애노인을 보호시설에 단기간 입소시

켜 보호함으로써 노인 및 노인가정의 복지증진을 도모하기 위한 서비스

- **방문 목욕서비스** : 목욕장비를 갖추고 재가노인을 방문하여 목욕을 제공하는 서비스
- **그 밖의 서비스** : 그 밖에 재가노인에게 제공하는 서비스로서 보건복지부령이 정하는 서비스

국가 또는 지방자치단체는 재가노인복지시설을 설치할 수 있다. 국가 또는 지방자치단체외의 자가 재가노인복지시설을 설치하고자 하는 경우에는 시장·군수·구청장에게 신고하여야 한다.

⑤ 노인보호전문기관

국가는 지역 간의 연계체계를 구축하고 노인학대를 예방하기 위하여 다음의 업무를 담당하는 중앙노인보호전문기관을 설치·운영하여야 한다.

- 노인인권보호 관련 정책제안
- 노인인권보호를 위한 연구 및 프로그램의 개발
- 노인학대 예방의 홍보, 교육자료의 제작 및 보급
- 노인보호전문사업 관련 실적 취합, 관리 및 대외자료 제공
- 지역노인보호전문기관의 관리 및 업무지원
- 지역노인보호전문기관 상담원의 심화교육
- 관련 기관 협력체계의 구축 및 교류
- 노인학대 분쟁사례 조정을 위한 중앙노인학대사례판정위원회 운영
- 그 밖에 노인의 보호를 위하여 대통령령으로 정하는 사항

학대받는 노인의 발견·보호·치료 등을 신속히 처리하고 노인학대를 예방하기 위하여 다음 각 호의 업무를 담당하는 지역노인보호전문기관을 특별시·광역시·도·특별자치도에 둔다.

- 노인학대 신고전화의 운영 및 사례접수
- 노인학대 의심사례에 대한 현장조사

- 피해노인 및 노인학대자에 대한 상담
- 피해노인가족 관련자와 관련 기관에 대한 상담
- 상담 및 서비스제공에 따른 기록과 보관
- 일반인을 대상으로 한 노인학대 예방교육
- 노인학대행위자를 대상으로 한 재발방지 교육
- 노인학대사례 판정을 위한 지역노인학대사례판정위원회 운영 및 자체사례회의 운영
- 그 밖에 노인의 보호를 위하여 보건복지부령으로 정하는 사항

보건복지부장관 및 시·도지사는 노인학대예방사업을 목적으로 하는 비영리법인을 지정하여 중앙노인보호전문기관과 지역노인보호전문기관의 운영을 위탁할 수 있다.

⑥ 노인일자리지원기관

지역사회 등에서 노인일자리의 개발·지원, 창업·육성 및 노인에 의한 재화의 생산·판매 등을 직접 담당하는 기관을 말한다.

⑦ 학대피해노인 전용쉼터

국가와 지방자치단체는 노인학대로 인하여 피해를 입은 노인을 일정 기간 보호하고 심신 치유 프로그램을 제공하기 위하여 학대피해노인 전용쉼터를 설치·운영할 수 있다.

쉼터의 업무는 다음과 같다.

- 학대피해노인의 보호와 숙식제공 등의 쉼터생활 지원
- 학대피해노인의 심리적 안정을 위한 전문심리상담 등 치유 프로그램 제공
- 학대피해노인에게 학대로 인한 신체적, 정신적 치료를 위한 기본적인 의료비 지원
- 학대 재발 방지와 원가정 회복을 위하여 노인학대행위자 등에게 전문상담서비스 제공

- 그 밖에 쉼터에 입소하거나 쉼터를 이용하는 학대피해노인을 위하여 보건복지부령으로 정하는 사항

국가와 지방자치단체는 쉼터의 운영업무를 노인보호전문기관에 위탁할 수 있다. 이 경우 국가와 지방자치단체는 위탁에 소요되는 비용을 지원할 수 있다. 쉼터 운영의 위탁과 위탁비용 지원에 관한 사항은 대통령령으로 정한다.

(2) 요양보호사의 직무 · 자격증의 교부 등

노인복지시설의 설치 · 운영자는 보건복지부령으로 정하는 바에 따라 노인등의 신체활동 또는 가사활동 지원 등의 업무를 전문적으로 수행하는 요양보호사를 두어야 한다.

요양보호사가 되려는 사람은 요양보호사를 교육하는 기관에서 교육과정을 마치고 시 · 도지사가 실시하는 요양보호사 자격시험에 합격하여야 한다. 시 · 도지사는 요양보호사 자격시험에 합격한 사람에게 요양보호사 자격증을 교부하여야 한다. 다만, 요양보호사 자격증 교부 신청일을 기준으로 제39조의13에 따른 결격사유에 해당하는 사람에게는 자격증을 교부해서는 아니 된다.

시 · 도지사는 요양보호사 자격시험에 응시하고자 하는 사람과 자격증을 교부 또는 재교부 받고자 하는 사람에게 보건복지부령으로 정하는 바에 따라 수수료를 납부하게 할 수 있다. 요양보호사의 교육과정, 요양보호사 자격시험 실시 및 자격증 교부 등에 관하여 필요한 사항은 보건복지부령으로 정한다.

자격증을 교부받은 사람은 다른 사람에게 그 자격증을 빌려주어서는 아니 되고, 누구든지 그 자격증을 빌려서는 아니 된다. 누구든지 금지된 행위를 알선하여서는 아니 된다(제39조의2).

(3) 노인학대 신고의무와 절차 등

누구든지 노인학대를 알게 된 때에는 노인보호전문기관 또는 수사기관에 신고할 수 있다. 다음의 어느 하나에 해당하는 자는 그 직무상 65세 이상의 사

람에 대한 노인학대를 알게 된 때에는 즉시 노인보호전문기관 또는 수사기관에 신고하여야 한다(제39조의6).

- 의료법 제3조 제1항의 의료기관에서 의료업을 행하는 의료인 및 의료기관의 장
- 방문요양과 돌봄이나 안전확인 등의 서비스 종사자, 노인복지시설의 장과 그 종사자 및 노인복지상담원
- 장애인복지시설에서 장애노인에 대한 상담 · 치료 · 훈련 또는 요양업무를 수행하는 사람
- 가정폭력 관련 상담소 및 가정폭력피해자 보호시설의 장과 그 종사자
- 사회복지전담공무원 및 같은 법 제34조에 따른 사회복지관, 부랑인 및 노숙인보호를 위한 시설의 장과 그 종사자
- 장기요양기관의 장과 그 종사자
- 119구급대의 구급대원
- 건강가정지원센터의 장과 그 종사자
- 다문화가족지원센터의 장과 그 종사자
- 성폭력피해상담소 및 같은 법 제12조에 따른 성폭력피해자보호시설의 장과 그 종사자
- 응급구조사
- 의료기사
- 국민건강보험공단 소속 요양직 직원
- 지역보건의료기관의 장과 종사자
- 노인복지시설 설치 및 관리 업무 담당 공무원
- 사회복지시설에서 복무하는 사회복무요원(노인을 직접 대면하는 업무에 복무하는 사람으로 한정)

신고인의 신분은 보장되어야 하며 그 의사에 반하여 신분이 노출되어서는 아니된다. 관계 중앙행정기관의 장은 신고의무자 중 어느 하나에 해당하는 사

람의 자격취득 교육과정이나 보수교육 과정에 노인학대 예방 및 신고의무와 관련된 교육 내용을 포함하도록 하여야 하며, 그 결과를 보건복지부장관에게 제출하여야 한다.

노인학대 신고의무자가 소속된 노인복지시설, 요양병원 및 종합병원, 장기요양기관의 장은 소속 노인학대 신고의무자에게 노인학대예방 및 신고의무에 관한 교육을 실시하고 그 결과를 보건복지부장관에게 제출하여야 한다. 교육 내용·시간 및 방법 등에 관하여 필요한 사항은 보건복지부령으로 정한다.

(4) 금지행위

누구든지 65세 이상의 사람(노인)에 대하여 다음의 어느 하나에 해당하는 행위를 하여서는 아니된다(제39조의9).

- 노인의 신체에 폭행을 가하거나 상해를 입히는 행위
- 노인에게 성적 수치심을 주는 성폭행·성희롱 등의 행위
- 자신의 보호·감독을 받는 노인을 유기하거나 의식주를 포함한 기본적 보호 및 치료를 소홀히 하는 방임행위
- 노인에게 구걸을 하게 하거나 노인을 이용하여 구걸하는 행위
- 노인을 위하여 증여 또는 급여된 금품을 그 목적 외의 용도에 사용하는 행위
- 폭언, 협박, 위협 등으로 노인의 정신건강에 해를 끼치는 정서적 학대행위

(5) 실종노인에 관한 신고의무 등

누구든지 정당한 사유 없이 사고 등의 사유로 인하여 보호자로부터 이탈된 노인(실종노인)을 경찰관서 또는 지방자치단체의 장에게 신고하지 아니하고 보호하여서는 아니 된다.

노인복지시설(보호시설)의 장 또는 그 종사자는 그 직무를 수행하면서 실종노인임을 알게 된 때에는 지체 없이 보건복지부령으로 정하는 신상카드를 작성하여 지방자치단체의 장과 업무를 수행하는 기관의 장에게 제출하여야 한다.

보건복지부장관은 실종노인의 발생예방, 조속한 발견과 복귀를 위하여 실종노인과 관련된 조사 및 연구, 실종노인의 데이터베이스 구축·운영, 그 밖에 실종노인의 보호 및 지원에 필요한 사항의 업무를 수행하여야 한다. 이 경우 보건복지부장관은 노인복지 관련 법인이나 단체에 그 업무의 전부 또는 일부를 위탁할 수 있다. 경찰청장은 실종노인의 조속한 발견과 복귀를 위하여 실종노인에 대한 신고체계의 구축 및 운영, 그 밖에 실종노인의 발견과 복귀를 위하여 필요한 사항을 시행하여야 한다(제39조의10).

(6) 비밀누설의 금지

이 법에 의한 학대노인의 보호와 관련된 업무에 종사하였거나 종사하는 자는 그 직무상 알게 된 비밀을 누설하지 못한다(제39조의12).

(7) 요양보호사의 결격사유

다음의 어느 하나에 해당하는 사람은 요양보호사가 될 수 없다(제39조의13).

- 「정신건강증진 및 정신질환자 복지서비스 지원에 관한 법률」 제3조 제1호에 따른 정신질환자. 다만, 전문의가 요양보호사로서 적합하다고 인정하는 사람은 그러하지 아니하다.
- 마약·대마 또는 향정신성의약품 중독자
- 피성년후견인
- 금고 이상의 형을 선고받고 그 형의 집행이 종료되지 아니하였거나 그 집행을 받지 아니하기로 확정되지 아니한 사람
- 법원의 판결에 따라 자격이 정지 또는 상실된 사람
- 요양보호사의 자격이 취소(피성년후견인에 해당하여 자격이 취소된 경우는 제외)된 날부터 1년이 경과되지 아니한 사람

(8) 요양보호사 자격의 취소

시·도지사는 요양보호사가 요양보호사 결격사유에 해당하거나, 노인에 대한 금지행위를 행하여 처벌 받은 경우, 거짓이나 그 밖의 부정한 방법으로 자격증을 취득한 경우, 영리를 목적으로 노인 등에게 불필요한 요양서비스를 알선·유인하거나 이를 조장한 경우, 자격증을 대여·양도 또는 위조·변조한 경우의 어느 하나에 해당하는 경우 그 자격을 취소할 수 있다. 다만, 요양보호사 결격사유에 해당하거나, 노인에 대한 금지행위를 행하여 처벌 받은 경우, 거짓이나 그 밖의 부정한 방법으로 자격증을 취득한 경우 자격을 취소하여야 한다. 시·도지사는 요양보호사의 자격을 취소하는 경우 청문을 실시하여야 한다(제39조의14).

(9) 노인관련기관의 취업제한

법원은 노인학대관련범죄로 형 또는 치료감호를 선고하는 경우에는 판결(약식명령 포함)로 그 형 또는 치료감호의 전부 또는 일부의 집행을 종료하거나 집행이 유예·면제된 날(벌금형을 선고받은 경우에는 그 형이 확정된 날)부터 일정기간(취업제한기간) 동안 다음에 따른 시설 또는 기관(노인관련기관)을 운영하거나 노인관련기관에 취업 또는 사실상 노무를 제공할 수 없도록 하는 명령(취업제한명령)을 판결과 동시에 선고(약식명령의 경우에는 고지)하여야 한다. 다만, 재범의 위험성이 현저히 낮은 경우, 그 밖에 취업을 제한하여서는 아니 되는 특별한 사정이 있다고 판단하는 경우에는 그러하지 아니하다.

- 노인복지시설
- 장기요양기관
- 긴급전화센터, 가정폭력 관련 상담소 및 가정폭력피해자 보호시설
- 건강가정지원센터
- 다문화가족지원센터
- 성폭력피해상담소 및 성폭력피해자보호시설 및 성폭력피해자통합지원센터

- 의료기관
- 장애인복지시설
- 정신건강복지센터 및 정신건강증진시설

취업제한기간은 10년을 초과하지 못한다. 법원은 취업제한명령을 선고하려는 경우에는 정신건강의학과 의사, 심리학자, 사회복지학자, 노인학대 관련 전문가, 그 밖의 관련 전문가로부터 취업제한명령 대상자의 재범 위험성 등에 관한 의견을 들을 수 있다.

노인관련기관의 설치 신고·인가·허가 등을 관할하는 행정기관의 장은 노인관련기관을 운영하려는 자에 대하여 본인의 동의를 받아 관계 기관의 장에게 노인학대관련범죄 전력 조회를 요청하여야 한다. 다만, 노인관련기관을 운영하려는 자가 노인학대관련범죄 경력 조회 회신서를 관할행정기관의 장에게 직접 제출한 경우에는 노인학대관련범죄 경력 조회를 한 것으로 본다.

노인관련기관의 장은 그 기관에 취업 중이거나 사실상 노무를 제공 중인 사람 또는 취업하려 하거나 사실상 노무를 제공하려는 사람(취업자)에 대하여 노인학대관련범죄 경력을 확인하여야 하며, 이 경우 본인의 동의를 받아 관계 기관의 장에게 노인학대관련범죄 경력 조회를 요청하여야 한다. 다만, 취업자 등이 노인학대관련범죄 경력 조회 회신서를 노인관련기관의 장에게 직접 제출한 경우에는 노인학대관련범죄 경력 조회를 한 것으로 본다.

관할행정기관의 장은 취업제한명령을 선고받은 사람이 노인관련기관을 운영하거나 노인관련기관에 취업 또는 사실상 노무를 제공하고 있는지를 직접 또는 관계 기관 조회 등의 방법으로 연 1회 이상 점검·확인하고 그 결과를 관계 중앙행정기관의 장에게 제출하여야 한다. 관할행정기관의 장은 점검·확인을 위하여 필요한 경우에는 노인관련기관의 장에게 관련 자료의 제출을 요구할 수 있다.

노인관련기관의 장은 취업제한명령을 선고받은 사람이 노인관련기관에 취업 또는 사실상 노무를 제공하고 있는 것을 알게 된 때에는 즉시 해임하여야 한다. 관할행정기관의 장은 취업제한명령을 위반하여 노인관련기관을 운영 중인 노인관련기관의 장에게 운영 중인 노인관련기관의 폐쇄를 요구하여야 하며, 취업제한명령을 위반하여 노인관련기관에 취업하거나 사실상 노무를 제공하고 있는 사람이 있으면 해당 노인관련기관의 장에게 그의 해임을 요구하여야 한다.

관할행정기관의 장은 노인관련기관의 장이 정당한 사유 없이 폐쇄요구를 거부하거나 3개월 이내에 요구사항을 이행하지 아니하는 경우에는 대통령령으로 정하는 바에 따라 해당 노인관련기관을 폐쇄하거나 그 허가·인가 등을 취소하거나 관계 행정기관의 장에게 이를 요구할 수 있다. 노인학대관련범죄 경력 조회 요청을 받은 관계기관의 장은 노인학대관련범죄 경력 조회 회신서를 발급하여야 한다(제39조의17).

(10) 이의신청

노인 또는 그 부양의무자는 이 법에 따른 복지조치에 대하여 이의가 있을 때에는 해당 복지실시기관에 이의를 신청할 수 있다. 이의신청은 해당 복지조치가 있음을 안 날부터 90일 이내에 문서로 하여야 한다. 다만, 정당한 사유로 인하여 그 기간 이내에 이의신청을 할 수 없었음을 증명한 때에는 그 사유가 소멸한 날부터 60일 이내에 이의신청을 할 수 있다.

이의신청을 받은 복지실시기관은 그 신청을 받은 날부터 30일 이내에 이를 심사·결정하여 청구인에게 통보하여야 한다. 심사·결정에 이의가 있는 자는 그 통보를 받은 날부터 90일 이내에 행정심판을 제기할 수 있다.

부양의무자가 부담하여야 할 보호비용에 대하여 보호를 행한 자와 부양의무자 사이에 합의가 이루어지지 아니하는 경우로서 시장·군수·구청장은 당사자로부터 조정요청을 받은 경우에는 이를 조정할 수 있다. 시장·군수·구청장은 제5항의 조정을 위하여 필요하다고 인정하는 경우 부양의무자에게 소득·재산 등에 관한 자료의 제출을 요구할 수 있다(제50조).

4. 장애인복지법

1) 입법 배경 및 연혁

우리나라에서 장애인의 복지에 관한 법은 1981년 6월 5일 제정된 심신장애자복지법에서 시작되었다. 당시 산업화·도시화 추세에 따른 생활환경의 변화로 심신장애자의 수가 증가하고, 복지욕구도 크게 증대되고 있음에 대처하여 심신장애의 발생예방과 심신장애자의 의료·직업재활 및 생활보호등 복지시책을 효과적으로 추진함으로써 장애자의 재활·자립과 그 가족의 정상적인 경제·사회활동을 도와주며, 나아가 사회복지의 증진에 기여하려는 목적으로 입법되었다.

1989년 12월 30일 개정에서 심신장애자라는 용어를 장애인으로 변경하고, 이에 따라 법의 제명을 장애인복지법으로 변경하고, 장애인 등록제를 신설하는 등 장애인들의 자립·자활에 필요한 법적 지원을 개선하려고 하였다. 2007년 4월 개정에서는 장애인의 권익신장과 여성장애인 및 중증장애인의 자립생활을 지원하기 위한 사항을 규정하였고, 2012년 10월 개정에서는 장애인 학대에 대한 신고의무화와 학대 받은 장애인의 보호를 강조하였다.

2015년 12월 개정에서는 장애인에 대한 인식 개선 교육 실시대상 교육기관을 확대하여 장애에 대한 이해와 인식을 개선하여 차별을 예방하고자 하였다. 또한 장애인재활상담사에 대한 국가자격제도를 도입하여 재활 관련 서비스를 제공하는 인력에 대한 전문성을 강화하고 그 서비스의 질의 향상을 도모하였으며, 국가나 지방자치단체가 장애인복지단체 또는 장애인자립생활지원센터의 운영비를 지원할 수 있는 법적 근거를 마련하였다.

2017년 12월 19일 개정에서는 장애등급제 개편 사항을 반영하기 위하여 '장애 등급'을 '장애 정도'로 변경하고, 맞춤형 서비스 제공을 위하여 '서비스 지원 종합조사'를 실시할 수 있는 법적 근거를 마련하며, 자립생활지원과 관련하여 국가와 지방자치단체의 책무 대상을 중증장애인에서 장애인으로 확대하고, 장애인에 대한 방문상담 및 사례관리 수행 근거를 마련하였다.

2) 주요 내용

(1) 기본 이념 및 목적

장애인복지는 장애인의 완전한 사회 참여와 평등을 통하여 사회통합을 이루는 것(제3조)이라는 기본 이념 아래 장애인복지법은 장애인의 인간다운 삶과 권리보장을 위한 국가와 지방자치단체 등의 책임을 명백히 하고, 장애발생 예방과 장애인의 의료・교육・직업재활・생활환경개선 등에 관한 사업을 정하여 장애인복지대책을 종합적으로 추진하며, 장애인의 자립생활・보호 및 수당지급 등에 관하여 필요한 사항을 정하여 장애인의 생활안정에 기여하는 등 장애인의 복지와 사회활동 참여증진을 통하여 사회통합에 이바지함을 목적으로(제1조) 제정되었다.

(2) 장애인의 정의

① 장애인

신체적・정신적 장애로 오랫동안 일상생활이나 사회생활에서 상당한 제약을 받는 자를 말한다. 이 법을 적용받는 장애인은 장애인 중 다음의 어느 하나에 해당하는 장애가 있는 자로서 대통령령으로 정하는 장애의 종류 및 기준에 해당하는 자를 말한다.

- 신체적 장애 : 주요 외부 신체 기능의 장애, 내부기관의 장애 등
- 정신적 장애 : 발달장애 또는 정신 질환으로 발생하는 장애

② 장애인학대

장애인에 대하여 신체적・정신적・정서적・언어적・성적 폭력이나 가혹행위, 경제적 착취, 유기 또는 방임을 하는 것을 말한다(제2조).

(3) 장애인의 권리 및 참여

① 장애인은 인간으로서 존엄과 가치를 존중받으며, 그에 걸맞은 대우를 받는다(제4조 제1항).
② 장애인은 국가·사회의 구성원으로서 정치·경제·사회·문화, 그 밖의 모든 분야의 활동에 참여할 권리를 가진다(제4조 제2항).
③ 장애인은 장애인 관련 정책결정과정에 우선적으로 참여할 권리가 있다(제4조 제3항).

국가 및 지방자치단체는 장애인 정책의 결정과 그 실시에 있어서 장애인 및 장애인의 부모, 배우자, 그 밖에 장애인을 보호하는 자의 의견을 수렴하여야 한다. 이 경우 당사자의 의견수렴을 위한 참여를 보장하여야 한다(제5조).

(4) 중증장애인과 여성장애인의 권리보호

국가와 지방자치단체는 장애 정도가 심하여 자립하기가 매우 곤란한 장애인(중증장애인)이 필요한 보호 등을 평생 받을 수 있도록 알맞은 정책을 강구하여야 한다(제6조). 국가와 지방자치단체는 여성장애인의 권익을 보호하고 사회참여를 확대하기 위하여 기초학습과 직업교육 등 필요한 시책을 강구하여야 한다(제7조).

(5) 차별금지

누구든지 장애를 이유로 정치·경제·사회·문화 생활의 모든 영역에서 차별을 받지 아니하고, 누구든지 장애를 이유로 정치·경제·사회·문화 생활의 모든 영역에서 장애인을 차별하여서는 아니 된다. 누구든지 장애인을 비하·모욕하거나 장애인을 이용하여 부당한 영리행위를 하여서는 아니 되며, 장애인의 장애를 이해하기 위하여 노력하여야 한다(제8조).

(6) 국가와 지방자치단체 및 국민의 책임

국가와 지방자치단체는 장애 발생을 예방하고, 장애의 조기 발견에 대한 국민의 관심을 높이며, 장애인의 자립을 지원하고, 보호가 필요한 장애인을 보호하여 장애인의 복지를 향상시킬 책임을 진다.

국가와 지방자치단체는 여성 장애인의 권익을 보호하기 위하여 정책을 강구하여야 하며, 장애인복지정책을 장애인과 그 보호자에게 적극적으로 홍보하여야 하며, 국민이 장애인을 올바르게 이해하도록 하는 데에 필요한 정책을 강구하여야 한다(제9조).

모든 국민은 장애 발생의 예방과 장애의 조기 발견을 위하여 노력하여야 하며, 장애인의 인격을 존중하고 사회통합의 이념에 기초하여 장애인의 복지향상에 협력하여야 한다(제10조).

(7) 장애인정책종합계획

보건복지부장관은 장애인의 권익과 복지증진을 위하여 관계 중앙행정기관의 장과 협의하여 5년마다 장애인정책종합계획을 수립·시행하여야 한다.

종합계획에는 다음의 사항이 포함되어야 한다.

- 장애인의 복지에 관한 사항
- 장애인의 교육문화에 관한 사항
- 장애인의 경제활동에 관한 사항
- 장애인의 사회참여에 관한 사항
- 그 밖에 장애인의 권익과 복지증진을 위하여 필요한 사항

관계 중앙행정기관의 장은 장애인의 권익과 복지증진을 위하여 관련 업무에 대한 사업계획을 매년 수립·시행하여야 하고, 그 사업계획과 전년도의 사업계획 추진실적을 매년 보건복지부장관에게 제출하여야 한다. 보건복지부장관은 제출된 사업계획과 추진실적을 종합하여 종합계획을 수립하되, 장애인정

책조정위원회의 심의를 미리 거쳐야 한다. 종합계획을 변경하는 경우에도 또한 같다.

보건복지부장관은 종합계획의 추진성과를 매년 평가하고, 그 결과를 종합계획에 반영할 필요가 있는 경우에는 종합계획을 변경하거나 다음 종합계획을 수립할 때에 반영하여야 한다(제10조의2).

보건복지부장관은 종합계획을 수립하거나 해당 연도의 사업계획, 전년도 사업계획의 추진실적, 추진성과의 평가를 확정한 때에는 이를 지체 없이 국회 소관 상임위원회에 보고하여야 한다(제10조의3).

(8) 장애인정책조정위원회

장애인 종합정책을 수립하고 관계 부처 간의 의견을 조정하며 그 정책의 이행을 감독·평가하기 위하여 국무총리 소속하에 장애인정책조정위원회를 둔다.

위원회는 다음 각 호의 사항을 심의·조정한다.

- 장애인복지정책의 기본 방향에 관한 사항
- 장애인복지 향상을 위한 제도개선과 예산지원에 관한 사항
- 중요한 특수교육정책의 조정에 관한 사항
- 장애인 고용촉진정책의 중요한 조정에 관한 사항
- 장애인 이동보장 정책조정에 관한 사항
- 장애인정책 추진과 관련한 재원조달에 관한 사항
- 장애인복지에 관한 관련 부처의 협조에 관한 사항
- 그 밖에 장애인복지와 관련하여 대통령령으로 정하는 사항

위원회는 필요하다고 인정되면 관계 행정기관에 그 직원의 출석·설명과 자료 제출을 요구할 수 있다. 위원회는 심의·조정 사항을 미리 검토하고 관계 기관 사이의 협조 사항을 정리하기 위하여 위원회에 장애인정책조정실무위원회를 둔다(제11조).

(9) 장애인의 날

장애인에 대한 국민의 이해를 깊게 하고 장애인의 재활의욕을 높이기 위하여 매년 4월 20일을 장애인의 날로 하며, 장애인의 날부터 1주간을 장애인 주간으로 한다. 국가와 지방자치단체는 장애인의 날의 취지에 맞는 행사 등 사업을 하도록 노력하여야 한다(제14조).

3) 기본정책의 강구

(1) 장애발생 예방

국가와 지방자치단체는 장애의 발생 원인과 예방에 관한 조사 연구를 촉진하여야 하며, 모자보건사업의 강화, 장애의 원인이 되는 질병의 조기 발견과 조기 치료, 그 밖에 필요한 정책을 강구하여야 한다. 국가와 지방자치단체는 교통사고·산업재해·약물중독 및 환경오염 등에 의한 장애발생을 예방하기 위하여 필요한 조치를 강구하여야 한다(제17조).

(2) 의료와 재활치료 및 사회적응 훈련

국가와 지방자치단체는 장애인이 생활기능을 익히거나 되찾을 수 있도록 필요한 기능치료와 심리치료 등 재활의료를 제공하고 장애인의 장애를 보완할 수 있는 장애인보조기구를 제공하는 등 필요한 정책을 강구하여야 한다(제18조).

국가와 지방자치단체는 장애인이 재활치료를 마치고 일상생활이나 사회생활을 원활히 할 수 있도록 사회적응 훈련을 실시하여야 한다(제19조).

(3) 교육과 직업

국가와 지방자치단체는 사회통합의 이념에 따라 장애인이 연령·능력·장애의 종류 및 정도에 따라 충분히 교육받을 수 있도록 교육 내용과 방법을 개선하는 등 필요한 정책을 강구하여야 하며, 장애인의 교육에 관한 조사·연구를 촉진하여야 하고, 장애인에게 전문 진로교육을 실시하는 제도를 강구하여야 한다.

각급 학교의 장은 교육을 필요로 하는 장애인이 그 학교에 입학하려는 경우 장애를 이유로 입학 지원을 거부하거나 입학시험 합격자의 입학을 거부하는 등의 불리한 조치를 하여서는 아니 된다. 모든 교육기관은 교육 대상인 장애인의 입학과 수학(修學) 등에 편리하도록 장애의 종류와 정도에 맞추어 시설을 정비하거나 그 밖에 필요한 조치를 강구하여야 한다(제20조).

국가와 지방자치단체는 장애인이 적성과 능력에 맞는 직업에 종사할 수 있도록 직업 지도, 직업능력 평가, 직업 적응훈련, 직업훈련, 취업 알선, 고용 및 취업 후 지도 등 필요한 정책을 강구하여야 하며, 장애인 직업재활훈련이 원활히 이루어질 수 있도록 장애인에게 적합한 직종과 재활사업에 관한 조사·연구를 촉진하여야 한다(제21조).

(4) 정보에의 접근

국가와 지방자치단체는 장애인이 정보에 원활하게 접근하고 자신의 의사를 표시할 수 있도록 전기통신·방송시설 등을 개선하기 위하여 노력하여야 하며, 방송국의 장 등 민간 사업자에게 뉴스와 국가적 주요 사항의 중계 등 대통령령으로 정하는 방송 프로그램에 청각장애인을 위한 한국수어 또는 폐쇄자막과 시각장애인을 위한 화면해설 또는 자막해설 등을 방영하도록 요청하여야 한다.

국가와 지방자치단체는 국가적인 행사, 그 밖의 교육·집회 등 대통령령으로 정하는 행사를 개최하는 경우에는 청각장애인을 위한 한국수어 통역 및 시각장애인을 위한 점자 및 인쇄물 접근성바코드(음성변환용 코드 등 대통령령으로 정하는 전자적 표시를 말한다. 이하 이 조에서 같다)가 삽입된 자료 등을 제공하여야 하며, 민간이 주최하는 행사의 경우에는 한국수어 통역과 점자 및 인쇄물 접근성바코드가 삽입된 자료 등을 제공하도록 요청할 수 있다. 요청을 받은 방송국의 장 등 민간 사업자와 민간 행사 주최자는 정당한 사유가 없으면 그 요청에 따라야 한다.

국가와 지방자치단체는 시각장애인이 정보에 쉽게 접근할 수 있도록 점자도서와 음성도서 등을 보급하기 위하여 노력하여야 하며, 장애인의 특성을 고려하여 정보통신망 및 정보통신기기의 접근·이용에 필요한 지원 및 도구의 개발·보급 등 필요한 시책을 강구하여야 한다(제22조).

(5) 편의시설과 안전대책 강구 등

국가와 지방자치단체는 장애인이 공공시설과 교통수단 등을 안전하고 편리하게 이용할 수 있도록 편의시설의 설치와 운영에 필요한 정책을 강구하여야 하며, 공공시설 등 이용편의를 위하여 한국수어 통역·안내보조 등 인적서비스 제공에 관하여 필요한 시책을 강구하여야 한다(제23조).

국가와 지방자치단체는 추락사고 등 장애로 인하여 일어날 수 있는 안전사고와 비상재해 등에 대비하여 시각·청각 장애인과 이동이 불편한 장애인을 위하여 피난용 통로를 확보하고, 점자·음성·문자 안내판을 설치하며, 긴급통보체계를 마련하는 등 장애인의 특성을 배려한 안전대책 등 필요한 조치를 강구하여야 한다(제24조).

국가와 지방자치단체는 장애인이 선거권을 행사하는 데에 불편함이 없도록 편의시설·설비를 설치하고, 선거권 행사에 관하여 홍보하며, 선거용 보조기구를 개발·보급하는 등 필요한 조치를 강구하여야 한다(제26조).

국가와 지방자치단체는 공공주택등 주택을 건설할 경우에는 장애인에게 장애 정도를 고려하여 우선 분양 또는 임대할 수 있도록 노력하여야 하며, 주택의 구입자금·임차자금 또는 개·보수비용의 지원 등 장애인의 일상생활에 적합한 주택의 보급·개선에 필요한 시책을 강구하여야 한다(제27조).

국가와 지방자치단체는 장애인의 문화생활, 체육활동 및 관광활동에 대한 장애인의 접근을 보장하기 위하여 관련 시설 및 설비, 그 밖의 환경을 정비하고 문화생활, 체육활동 및 관광활동 등을 지원하도록 노력하여야 한다(제28조).

(6) 사회적 인식개선

국가와 지방자치단체는 학생, 공무원, 근로자, 그 밖의 일반국민 등을 대상으로 장애인에 대한 인식개선을 위한 교육 및 공익광고 등 홍보사업을 실시하여야 한다.

국가기관 및 지방자치단체의 장, 영유아보육법에 따른 어린이집, 유아교육법・초・중등교육법・고등교육법에 따른 각급 학교의 장, 그 밖에 대통령령으로 정하는 교육기관 및 공공단체의 장은 매년 소속 직원・학생을 대상으로 장애인에 대한 인식개선을 위한 교육을 실시하고, 그 결과를 보건복지부장관에게 제출하여야 한다. 보건복지부장관은 점검 결과 인식개선교육 이수율 등이 보건복지부장관이 정한 기준에 미치지 못하는 국가기관등에 대하여 대통령령으로 정하는 바에 따라 관리자(인식개선교육에 관한 업무를 총괄하여 책임지는 사람을 말한다. 이하 같다) 특별교육 등 필요한 조치를 하여야 한다.

보건복지부장관은 점검 결과를 대통령령으로 정하는 바에 따라 언론 등에 공표하여야 한다. 다만, 다른 법률에서 공표를 제한하고 있는 경우에는 그러하지 아니하다. 보건복지부장관은 점검 결과를 중앙행정기관 및 지방자치단체의 자체평가, 공기업・준정부기관의 경영실적 평가, 지방공기업의 경영평가, 학교 평가에 반영하도록 해당 평가를 실시하는 기관・단체의 장에게 요구할 수 있다. 보건복지부장관은 인식개선교육을 효과적으로 실시하기 위하여 전문강사를 양성하고 교육프로그램을 개발・보급하여야 한다. 보건복지부장관은 인식개선교육의 효율적 지원 및 실시 결과의 관리 등을 위하여 인식개선교육 정보시스템을 구축・운영할 수 있다.

국가는 초・중등교육법에 따른 학교에서 사용하는 교과용도서에 장애인에 대한 인식개선을 위한 내용이 포함되도록 하여야 한다. 보건복지부장관은 대통령령으로 정하는 바에 따라 인식개선교육 실시 결과에 대한 점검과 관리자 특별교육과 전문강사 양성 및 교육프로그램 개발・보급, 인식개선교육 정보시스템 구축・운영의 업무를 「공공기관의 운영에 관한 법률」 제4조에 따른 공공기관 중 장애인 복지향상을 설립목적으로 하는 공공기관에 위탁할 수 있다.

이 경우 보건복지부장관은 예산의 범위에서 업무 수행에 필요한 비용의 전부 또는 일부를 지원할 수 있다. 인식개선 사업, 인식개선교육의 내용과 방법, 결과 제출 및 인식개선교육 정보시스템의 구축·운영 등에 필요한 사항은 대통령령으로 정한다(제25조).

(7) 복지 연구 등의 진흥

국가와 지방자치단체는 장애인복지의 종합적이고 체계적인 조사·연구·평가 및 장애인 체육활동 등 장애인정책개발 등을 위하여 필요한 정책을 강구하여야 한다(제29조).

(8) 한국장애인개발원의 설립

장애인 관련 조사·연구 및 정책개발·복지진흥 등을 위하여 한국장애인개발원을 설립한다. 개발원은 법인으로 한다.

개발원은 다음 각 호의 사업을 수행한다.

- 장애인복지에 관한 정보의 수집·분석·관리, 조사·연구·정책개발 및 국제개발 등의 국제협력 사업
- 장애인에 대한 사회적 인식개선 등 장애인복지 관련 교육, 홍보, 컨설팅
- 중증장애인 직업재활지원 및 재정지원 장애인일자리 개발·지원
- 중증장애인생산품에 대한 공공기관의 우선구매 촉진 지원
- 편의시설 설치 기술지원, 장애물 없는 생활환경 조성 등 장애인 편의증진 사업 지원
- 장애인 재난안전 대응 지침 개발·보급 등 장애인 안전대책 강화를 위한 사업
- 그 밖에 장애인복지와 관련하여 국가 또는 지방자치단체로부터 위탁받은 사업

국가와 지방자치단체는 개발원의 운영 및 사업에 필요한 비용을 보조할 수

있다. 개발원에 대하여 이 법과 「공공기관의 운영에 관한 법률」에서 규정한 사항을 제외하고는 「민법」 중 재단법인에 관한 규정을 준용한다(제29조의2).

(9) 장애인 가족 지원

국가와 지방자치단체는 장애인 가족의 삶의 질 향상 및 안정적인 가정생활 영위를 위하여 다음의 필요한 시책을 수립·시행하여야 한다.

- 장애인 가족에 대한 인식개선 사업
- 장애인 가족 돌봄 지원
- 장애인 가족 휴식 지원
- 장애인 가족 사례관리 지원
- 장애인 가족 역량강화 지원
- 장애인 가족 상담 지원
- 그 밖에 보건복지부장관이 장애인 가족을 위하여 필요하다고 인정하는 지원

국가와 지방자치단체는 장애인 가족 지원 사업을 효율적으로 추진하기 위하여 장애인 관련 사업을 수행하는 기관·단체 등을 장애인 가족 지원 사업 수행기관으로 지정할 수 있다.

국가와 지방자치단체는 수행기관이 거짓이나 그 밖의 부정한 방법으로 지정을 받은 경우, 지정 기준에 적합하지 아니하게 된 경우, 정당한 사유 없이 장애인 가족 지원 사업을 수행하지 아니한 경우의 어느 하나에 해당하는 경우에는 지정을 취소할 수 있다. 다만, 거짓이나 그 밖의 부정한 방법으로 지정을 받은 경우에 해당하는 경우에는 지정을 취소하여야 한다. 수행기관의 지정 기준·절차 등에 필요한 사항은 보건복지부령으로 정한다(제30조의2).

4) 복지조치

(1) 실태조사

보건복지부장관은 장애인 복지정책의 수립에 필요한 기초 자료로 활용하기 위하여 3년마다 장애실태조사를 실시하여야 한다(제31조).

(2) 장애인 등록

장애인, 그 법정대리인 또는 대통령령으로 정하는 보호자는 장애 상태와 그 밖에 보건복지부령이 정하는 사항을 특별자치시장・특별자치도지사・시장・군수 또는 구청장에게 등록하여야 하며, 특별자치시장・특별자치도지사・시장・군수・구청장은 등록을 신청한 장애인이 기준에 맞으면 장애인등록증을 내주어야 한다. 특별자치시장・특별자치도지사・시장・군수・구청장은 등록증을 받은 장애인의 장애 상태의 변화에 따른 장애 정도 조정을 위하여 장애 진단을 받게 하는 등 장애인이나 법정대리인 등에게 필요한 조치를 할 수 있다.

장애인의 장애 인정과 장애 정도 사정(査定)에 관한 업무를 담당하게 하기 위하여 보건복지부에 장애판정위원회를 둘 수 있다.

등록증은 양도하거나 대여하지 못하며, 등록증과 비슷한 명칭이나 표시를 사용하여서는 아니 된다.

특별자치시장・특별자치도지사・시장・군수・구청장은 장애인 등록 및 장애 상태의 변화에 따른 장애 정도를 조정함에 있어 장애인의 장애 인정과 장애 정도 사정이 적정한지를 확인하기 위하여 필요한 경우 대통령령으로 정하는 「공공기관의 운영에 관한 법률」 제4조에 따른 공공기관에 장애 정도에 관한 정밀심사를 의뢰할 수 있다.

규정한 사항 외에 장애인의 등록, 등록증의 발급, 장애 진단 및 장애 정도에 관한 정밀심사, 장애판정위원회, 진료에 관한 사항의 열람 또는 사본교부 요청 등에 관하여 필요한 사항은 보건복지부령으로 정한다(제32조).

(3) 재외동포 및 외국인의 장애인 등록

재외동포 및 외국인 중 다음의 어느 하나에 해당하는 사람은 장애인 등록을 할 수 있다.

- 국내거소신고를 한 사람
- 재외국민으로 주민등록을 한 사람
- 외국인등록을 한 사람으로서 체류자격 중 대한민국에 영주할 수 있는 체류자격을 가진 사람
- 결혼이민자
- 난민인정자

국가와 지방자치단체는 등록한 장애인에 대하여는 예산 등을 고려하여 장애인복지사업의 지원을 제한할 수 있다(제32조의2).

(4) 장애인 등록 취소

특별자치시장·특별자치도지사·시장·군수·구청장은 등록증을 받은 사람이 사망한 경우, 제2조에 따른 기준에 맞지 아니하게 된 경우, 정당한 사유 없이 보건복지부령으로 정하는 기간 동안 장애 진단 명령 등 필요한 조치를 따르지 아니한 경우 중 어느 하나에 해당하는 경우에는 장애인 등록을 취소하여야 한다.

특별자치시장·특별자치도지사·시장·군수·구청장은 장애인 등록이 취소된 경우, 중복발급 및 양도·대여 등 부정한 방법으로 등록증을 취득한 경우의 어느 하나에 해당하는 경우에는 등록증을 받은 사람과 법정대리인 등 및 부정한 방법으로 등록증을 취득한 사람 등에게 등록증의 반환을 명하여야 한다. 등록증 반환 명령을 받은 사람은 정당한 사유가 없으면 이에 따라야 한다(제32조의3).

(5) 서비스 지원 종합조사

보건복지부장관 또는 특별자치시장·특별자치도지사·시장·군수·구청장은 활동지원급여 신청, 장애인 보조기기 교부 신청, 장애인 거주시설 이용 신청, 그 밖에 대통령령으로 정하는 서비스의 신청에 대하여 서비스의 수급자격, 양 및 내용 등의 결정에 필요한 서비스 지원 종합조사를 실시할 수 있다.

보건복지부장관 또는 특별자치시장·특별자치도지사·시장·군수·구청장은 서비스 지원 종합조사를 실시하는 경우 보건복지부령으로 정하는 바에 따라 다음의 사항을 조사하고, 조사결과서를 작성하여야 한다. 다만, 신청인과 그 부양의무자의 소득 및 재산 등 생활수준에 관한 사항은 수급자격 결정 및 본인부담금 산정 등을 위하여 필요한 경우에만 조사하여야 한다.

- 신청인의 서비스 이용현황 및 욕구
- 신청인의 일상생활 수행능력 및 인지·행동 등 장애특성
- 신청인의 가구 특성, 거주환경, 사회활동 등 사회적 환경
- 신청인에게 필요한 서비스의 종류 및 내용
- 신청인과 그 부양의무자의 소득 및 재산 등 생활수준에 관한 사항
- 그 밖에 신청인에게 서비스를 지원하기 위하여 필요한 사항으로서 보건복지부령으로 정하는 사항

보건복지부장관 또는 특별자치시장·특별자치도지사·시장·군수·구청장은 조사 사항을 조사하기 위하여 필요한 자료를 확보하기 곤란한 경우에는 보건복지부령으로 정하는 바에 따라 신청인, 그 부양의무자 또는 그 밖의 관계인에게 소득·재산, 건강상태 및 장애 정도 등의 확인에 필요한 자료의 제출을 요구할 수 있다.

보건복지부장관 또는 특별자치시장·특별자치도지사·시장·군수·구청장은 서비스 지원 종합조사를 실시하기 위하여 필요하다고 인정하는 경우에 국세·지방세, 토지·주택·건축물·자동차·선박·항공기, 국민건강보험·국민연금·고용보험·산업재해보상보험·보훈급여·군인연금·사립학교교직원

연금 · 공무원연금 · 별정우체국연금 · 기초연금 · 장애인연금, 출국 또는 입국, 교정시설 · 치료감호시설의 입소 또는 출소, 병무, 매장 · 화장 · 장례, 주민등록 · 가족관계등록 등에 관한 자료의 제공을 관계 기관의 장에게 요청할 수 있다. 이 경우 자료 제공을 요청받은 관계 기관의 장은 정당한 사유가 없으면 요청에 따라야 한다.

서비스 지원 종합조사를 하는 사람은 그 권한을 표시하는 증표 및 조사기간, 조사범위, 조사담당자, 관계 법령 등 보건복지부령으로 정하는 사항이 기재된 서류를 지니고 이를 관계인에게 보여주어야 한다.

보건복지부장관 또는 특별자치시장 · 특별자치도지사 · 시장 · 군수 · 구청장은 서비스 신청과 관련하여 신청인과 그 밖의 관계인이 조사에 필요한 서류 · 자료의 제출 및 조사 · 질문 또는 자료 제출 요구를 두 번 이상 거부 · 방해 또는 기피하는 경우에는 서비스 신청을 각하할 수 있다. 이 경우 서면으로 그 이유를 분명하게 밝혀 신청인과 그 밖의 관계인에게 통지하여야 한다. 조사의 절차 등에 관하여 필요한 사항은 대통령령으로 정한다(제32조의4).

(6) 업무의 위탁

보건복지부장관 또는 특별자치시장 · 특별자치도지사 · 시장 · 군수 · 구청장은 서비스 지원 종합조사 업무 중 일부를 대통령령으로 정하는 바에 따라 「공공기관의 운영에 관한 법률」 제4조에 따른 공공기관에 위탁할 수 있다. 국가와 지방자치단체는 업무를 위탁받은 공공기관에 대하여 예산의 범위에서 사업 수행에 필요한 비용의 전부 또는 일부를 지원할 수 있다(제32조의5).

(7) 복지서비스에 관한 장애인 지원 사업

국가와 지방자치단체는 등록한 장애인에게 필요한 복지서비스가 적시에 제공될 수 있도록 다음의 장애인 지원 사업을 실시한다.

- 복지서비스에 관한 상담 및 정보 제공

- 장애인학대 등 안전문제 또는 생계곤란 등 위기상황에 놓여 있을 가능성이 높은 장애인에 대한 방문 상담
- 복지서비스 신청의 대행
- 장애인 개인별로 필요한 욕구의 조사 및 복지서비스 제공 계획의 수립 지원
- 장애인과 복지서비스 제공 기관·법인·단체·시설과의 연계
- 복지서비스 등 복지자원의 발굴 및 데이터베이스 구축
- 그 밖에 복지서비스의 제공에 필요한 사업

국가와 지방자치단체는 제1항 각 호의 장애인 지원 사업을 수행하기 위하여 장애인복지시설, 발달장애인지원센터 등 관계 기관에 협력을 요청할 수 있다. 이 경우 국가와 지방자치단체는 예산의 범위에서 필요한 비용을 지원할 수 있다.

국가와 지방자치단체는 장애인 지원 사업을 대통령령으로 정하는 바에 따라 「공공기관의 운영에 관한 법률」 제4조에 따른 공공기관에 위탁할 수 있다. 이 경우 국가와 지방자치단체는 예산의 범위에서 사업 수행에 필요한 비용의 전부 또는 일부를 지원할 수 있다. 규정된 사항 외에 장애인 지원 사업과 그 사업에 필요한 사항은 보건복지부령으로 정한다(제32조의6).

(8) 민관협력을 통한 사례관리

특별자치시장·특별자치도지사·시장·군수·구청장은 복지서비스가 필요한 장애인을 발굴하고 공공 및 민간의 복지서비스를 연계·제공하기 위하여 민관협력을 통한 사례관리를 실시할 수 있다. 사례관리를 실시하기 위하여 민관협의체를 둘 수 있으며, 해당 지방자치단체에 「사회보장급여의 이용·제공 및 수급권자 발굴에 관한 법률」 제42조의2 제1항의 통합사례관리를 수행하기 위한 민관협의체가 이미 설치되어 있는 경우 그 소속의 전문분과로 운영할 수 있다.

민관협의체는 지역사회 내 관계 기관·법인·단체·시설이나 개인 등 민간

부문과의 협력을 강화하기 위하여 노력하여야 하며, 특별자치시장・특별자치도지사・시장・군수・구청장은 민관협의체의 효율적 운영을 위하여 필요한 지원을 할 수 있다(제32조의7).

(9) 장애 정도가 변동된 장애인 등에 대한 정보 제공

특별자치시장・특별자치도지사・시장・군수・구청장은 장애인 등록 과정에서 장애 정도가 변동된 장애인, 장애의 기준에 맞지 아니하게 된 장애인과 장애인으로 등록되지 못한 신청인에게 장애 정도의 변동, 장애인 자격의 상실 등에 따른 지원의 변화에 대한 정보와 재활 및 자립에 필요한 각종 정보를 제공하여야 한다. 정보 제공의 대상・기준 및 내용과 방법 등에 필요한 사항은 보건복지부령으로 정한다(제32조의8).

(10) 장애인복지상담원

장애인 복지 향상을 위한 상담 및 지원 업무를 맡기기 위하여 시・군・구에 장애인복지상담원을 둔다. 장애인복지상담원은 그 업무를 할 때 개인의 인격을 존중하여야 한다(제33조).

(11) 재활상담 등의 조치

보건복지부장관, 특별시장・광역시장・특별자치시장・도지사・특별자치도지사 또는 시장・군수・구청장은 장애인에 대한 검진 및 재활상담을 하고, 필요하다고 인정되면 다음 각 호의 조치를 하여야 한다.

- 국・공립병원, 보건소, 보건지소, 그 밖의 의료기관에 의뢰하여 의료와 보건지도를 받게 하는 것
- 국가 또는 지방자치단체가 설치한 장애인복지시설에서 주거편의・상담・치료・훈련 등의 필요한 서비스를 받도록 하는 것
- 장애인복지시설에 위탁하여 그 시설에서 주거편의・상담・치료・훈련 등

의 필요한 서비스를 받도록 하는 것

- 공공직업능력개발훈련시설이나 사업장 내 직업훈련시설에서 하는 직업훈련 또는 취업알선을 필요로 하는 자를 관련 시설이나 직업안정업무기관에 소개하는 것

장애인복지실시기관은 재활 상담을 하는 데에 필요하다고 인정되면 장애인복지상담원을 해당 장애인의 가정 또는 장애인이 주거편의·상담·치료·훈련 등의 서비스를 받는 시설이나 의료기관을 방문하여 상담하게 하거나 필요한 지도를 하게 할 수 있다(제34조).

국가와 지방자치단체는 장애인의 일상생활을 편리하게 하고 사회활동 참여를 높이기 위하여 장애 유형·장애 정도별로 재활 및 자립지원 서비스를 제공하는 등 필요한 정책을 강구하여야 하며, 예산의 범위 안에서 지원할 수 있다. 국가와 지방자치단체는 시청각장애인을 대상으로 직업재활·의사소통·보행·이동 훈련, 심리상담, 문화·여가 활동 참여 및 가족·자조 모임 등을 지원하기 위하여 전담기관을 설치·운영하는 등 필요한 시책을 강구하여야 한다.(제35조).

(12) 장애인이 사용하는 자동차 등에 대한 지원 등

국가와 지방자치단체, 그 밖의 공공단체는 장애인이 이동수단인 자동차 등을 편리하게 사용할 수 있도록 하고 경제적 부담을 줄여주기 위하여 조세감면 등 필요한 지원정책을 강구하여야 한다. 시장·군수·구청장은 장애인이 이용하는 자동차 등을 지원하는 데에 편리하도록 장애인이 사용하는 자동차 등임을 알아 볼 수 있는 표지를 발급하여야 한다.

장애인사용자동차등표지를 대여하거나 보건복지부령이 정하는 자 외의 자에게 양도하는 등 부당한 방법으로 사용하여서는 아니 되며, 이와 비슷한 표지·명칭 등을 사용하여서는 아니 된다(제39조).

(13) 장애인 보조견의 훈련 · 보급 지원 등

국가와 지방자치단체는 장애인의 복지 향상을 위하여 장애인을 보조할 장애인 보조견(補助犬)의 훈련 · 보급을 지원하는 방안을 강구하여야 한다. 보건복지부장관은 장애인 보조견에 대하여 장애인 보조견표지를 발급할 수 있다. 누구든지 보조견표지를 붙인 장애인 보조견을 동반한 장애인이 대중교통수단을 이용하거나 공공장소, 숙박시설 및 식품접객업소 등 여러 사람이 다니거나 모이는 곳에 출입하려는 때에는 정당한 사유 없이 거부하여서는 아니 된다. 지정된 전문훈련기관에 종사하는 장애인 보조견 훈련자 또는 장애인 보조견 훈련 관련 자원봉사자가 보조견표지를 붙인 장애인 보조견을 동반한 경우에도 또한 같다. 보건복지부장관은 장애인보조견의 훈련 · 보급을 위하여 전문훈련기관을 지정할 수 있다(제40조).

(14) 생업 지원

국가와 지방자치단체, 그 밖의 공공단체는 소관 공공시설 안에 식료품 · 사무용품 · 신문 등 일상생활용품을 판매하는 매점이나 자동판매기의 설치를 허가하거나 위탁할 때에는 장애인이 신청하면 우선적으로 반영하도록 노력하여야 한다. 시장 · 군수 또는 구청장은 장애인이 담배사업법에 따라 담배소매인으로 지정받기 위하여 신청하면 그 장애인을 우선적으로 지정하도록 노력하여야 한다. 장애인이 우편법령에 따라 국내 우표류 판매업 계약 신청을 하면 우편관서는 그 장애인이 우선적으로 계약할 수 있도록 노력하여야 한다.

규정에 따른 허가 · 위탁 또는 지정 등을 받은 자는 특별한 사유가 없으면 직접 그 사업을 하여야 한다. 설치 허가권자는 매점 · 자동판매기 설치를 허가하기 위하여 설치 장소와 판매할 물건의 종류 등을 조사하고 그 결과를 장애인에게 알리는 조치를 강구하여야 한다(제42조).

(15) 장애수당

국가와 지방자치단체는 장애인의 장애 정도와 경제적 수준을 고려하여 장애로 인한 추가적 비용을 보전(補塡)하게 하기 위하여 장애수당을 지급할 수 있다. 다만, 국민기초생활 보장법에 따른 생계급여 또는 의료급여를 받는 장애인에게는 장애수당을 반드시 지급하여야 한다. 장애인연금법에 따른 중증장애인에게는 장애수당을 지급하지 아니한다. 국가와 지방자치단체는 장애수당을 지급하려는 경우에는 장애수당을 받으려는 사람의 장애 정도에 대하여 심사할 수 있으며, 장애수당을 지급받으려는 사람이 장애 정도의 심사를 거부·방해 또는 기피하는 경우에는 장애수당을 지급하지 아니할 수 있다. 장애수당의 지급 대상·기준·방법 및 심사 대상·절차·방법 등에 관하여 필요한 사항은 대통령령으로 정한다(제49조).

(16) 장애아동수당과 보호수당

국가와 지방자치단체는 장애아동에게 보호자의 경제적 생활수준 및 장애아동의 장애 정도를 고려하여 장애로 인한 추가적 비용을 보전(補塡)하게 하기 위하여 장애아동수당을 지급할 수 있다. 국가와 지방자치단체는 장애인을 보호하는 보호자에게 그의 경제적 수준과 장애인의 장애 정도를 고려하여 장애로 인한 추가적 비용을 보전하게 하기 위하여 보호수당을 지급할 수 있다(제50조).

(17) 장애인복지급여수급계좌

특별자치시장·특별자치도지사·시장·군수·구청장은 수급자의 신청이 있는 경우에는 자녀교육비 및 장애수당등을 수급자 명의의 지정된 계좌(장애인복지급여수급계좌)로 입금하여야 한다. 다만, 정보통신장애나 그 밖에 대통령령으로 정하는 불가피한 사유로 장애인복지급여수급계좌로 이체할 수 없을 때에는 현금 지급 등 대통령령으로 정하는 바에 따라 자녀교육비 및 장애수당 등을 지급할 수 있다. 장애인복지급여수급계좌가 개설된 금융기관은 이 법에 따른 자녀교육비 및 장애수당 등만이 장애인복지급여수급계좌에 입금되도록 관리하여야 한다(제50조의4).

5) 자립생활의 지원

(1) 자립생활지원

국가와 지방자치단체는 장애인의 자기결정에 의한 자립생활을 위하여 활동지원사의 파견 등 활동보조서비스 또는 장애인보조기구의 제공, 그 밖의 각종 편의 및 정보제공 등 필요한 시책을 강구하여야 한다(제53조).

(2) 장애인자립생활지원센터

국가와 지방자치단체는 장애인의 자립생활을 실현하기 위하여 장애인자립생활지원센터를 통하여 필요한 각종 지원서비스를 제공한다. 장애인자립생활지원센터에 관하여 필요한 사항은 보건복지부령으로 정한다. 국가와 지방자치단체는 장애인자립생활지원센터에 예산의 범위에서 운영비 또는 사업비의 일부를 지원할 수 있다(제54조).

(3) 활동지원급여의 지원

국가와 지방자치단체는 장애인이 일상생활 또는 사회생활을 원활히 할 수 있도록 활동지원급여를 지원할 수 있다. 국가 및 지방자치단체는 임신 등으로 인하여 이동이 불편한 여성장애인에게 임신 및 출산과 관련한 진료 등을 위하여 경제적 부담능력 등을 감안하여 활동지원사의 파견 등 활동보조서비스를 지원할 수 있다(제55조).

6) 복지시설과 단체

(1) 장애인복지시설의 이용 등

국가와 지방자치단체는 장애인이 장애인복지시설의 이용을 통하여 기능회복과 사회적 향상을 도모할 수 있도록 필요한 정책을 강구하여야 하며, 장애인복지시설을 이용하는 장애인의 인권을 보호하기 위하여 필요한 정책을 마련하고 관련 프로그램을 실시할 수 있는 기반을 조성하여야 한다.

장애인복지실시기관은 장애인복지시설에 대한 장애인의 선택권을 최대한 보장하여야 하며, 장애인복지실시기관은 장애인의 선택권을 보장하기 위하여 장애인복지시설을 이용하려는 장애인에게 시설의 선택에 필요한 정보를 충분히 제공하여야 한다. 장애인복지시설의 선택에 필요한 정보 제공과 서비스 제공 시에는 장애인의 성별·연령 및 장애의 유형과 정도를 고려하여야 한다(제57조).

(2) 장애인복지시설

장애인복지시설의 종류는 다음과 같다(제58조).

- 장애인 거주시설 : 거주공간을 활용하여 일반가정에서 생활하기 어려운 장애인에게 일정 기간 동안 거주·요양·지원 등의 서비스를 제공하는 동시에 지역사회생활을 지원하는 시설
- 장애인 지역사회재활시설 : 장애인을 전문적으로 상담·치료·훈련하거나 장애인의 일상생활, 여가활동 및 사회참여활동 등을 지원하는 시설
- 장애인 직업재활시설 : 일반 작업환경에서는 일하기 어려운 장애인이 특별히 준비된 작업환경에서 직업훈련을 받거나 직업 생활을 할 수 있도록 하는 시설
- 장애인 의료재활시설 : 장애인을 입원 또는 통원하게 하여 상담, 진단·판정, 치료 등 의료재활서비스를 제공하는 시설
- 그 밖에 대통령령으로 정하는 시설

(3) 장애인복지시설 설치

국가와 지방자치단체는 장애인복지시설을 설치할 수 있다. 국가와 지방자치단체 외의 자가 장애인복지시설을 설치·운영하려면 해당 시설 소재지 관할 시장·군수·구청장에게 신고하여야 하며, 신고한 사항 중 보건복지부령으로 정하는 중요한 사항을 변경할 때에도 신고하여야 한다. 다만, 폐쇄 명령을 받고 1년이 지나지 아니한 자는 시설의 설치·운영 신고를 할 수 없다. 시장·군수·구청장은 신고 또는 변경신고를 받은 경우 그 내용을 검토하여 이 법에 적합하면 신고 또는 변경신고를 수리하여야 한다.

장애인 거주시설의 정원은 30명을 초과할 수 없다. 다만, 특수한 서비스를 위하여 일정 규모 이상이 필요한 시설 등 대통령령으로 정하는 경우에는 그러하지 아니하다. 의료재활시설의 설치는 의료법에 따른다.

장애인복지시설의 시설기준·신고·변경신고 및 이용 등에 관하여 필요한 사항은 보건복지부령으로 정한다(제59조).

(4) 성범죄자의 취업제한

법원은 성범죄로 형 또는 치료감호를 선고하는 경우에는 판결(약식명령 포함)로 그 형 또는 치료감호의 전부 또는 일부의 집행을 종료하거나 집행이 유예·면제된 날(벌금형을 선고받은 경우에는 그 형이 확정된 날을 말한다)부터 일정기간(취업제한기간) 동안 장애인복지시설을 운영하거나 장애인복지시설에 취업 또는 사실상 노무를 제공할 수 없도록 하는 명령(취업제한명령)을 성범죄 사건의 판결과 동시에 선고(약식명령의 경우에는 고지)하여야 한다. 다만, 재범의 위험성이 현저히 낮은 경우, 그 밖에 취업을 제한하여서는 아니 되는 특별한 사정이 있다고 판단하는 경우에는 그러하지 아니한다.

취업제한기간은 10년을 초과하지 못한다. 법원은 취업제한명령을 선고하려는 경우에는 정신건강의학과 의사, 심리학자, 사회복지학자, 성범죄 관련 전문가, 장애인단체가 추천하는 장애인 전문가, 그 밖의 관련 전문가로부터 취업제한명령 대상자의 재범 위험성 등에 관한 의견을 들을 수 있다.

시장·군수·구청장은 장애인복지시설을 운영하려는 자에 대하여 본인의 동의를 받아 관계 기관의 장에게 성범죄의 경력 조회를 요청하여야 한다. 다만, 장애인복지시설을 운영하려는 자가 성범죄 경력 조회 회신서를 시장·군수·구청장에게 직접 제출한 경우에는 성범죄의 경력 조회를 한 것으로 본다.

장애인복지시설 운영자는 그 시설에 취업 중이거나 사실상 노무를 제공 중인 사람 또는 취업하려 하거나 사실상 노무를 제공하려는 사람(취업자)에 대하여 성범죄의 경력을 확인하여야 하며, 이 경우 본인의 동의를 받아 관계 기관의 장에게 성범죄의 경력 조회를 요청하여야 한다. 다만, 취업자등이 성범죄 경력 조회 회신서를 장애인복지시설 운영자에게 직접 제출한 경우에는 성범죄의 경력 조회를 한 것으로 본다.

시장·군수·구청장은 성범죄로 취업제한명령을 선고받은 사람이 장애인복지시설을 운영하거나 장애인복지시설에 취업 또는 사실상 노무를 제공하고 있는지를 직접 또는 관계 기관 조회 등의 방법으로 연 1회 이상 확인·점검하여야 한다. 시장·군수·구청장은 확인·점검을 위하여 필요한 경우에는 장애인복지시설 운영자에게 관련 자료의 제출을 요구할 수 있다. 보건복지부장관은 시장·군수·구청장에게 확인·점검 결과를 제출하도록 요구할 수 있다.

시장·군수·구청장은 취업제한명령을 위반하여 장애인복지시설을 운영 중인 장애인복지시설 운영자에게 운영 중인 장애인복지시설의 폐쇄를 요구하여야 한다. 시장·군수·구청장은 취업제한명령을 위반하여 취업하거나 사실상 노무를 제공하는 사람이 있으면 해당 장애인복지시설 운영자에게 그의 해임을 요구하여야 한다.

시장·군수·구청장은 장애인복지시설 운영자가 정당한 사유 없이 폐쇄요구를 거부하거나 3개월 이내에 요구사항을 이행하지 아니하는 경우에는 대통령령으로 정하는 바에 따라 해당 장애인복지시설을 폐쇄하거나 관계 행정기관의 장에게 이를 요구할 수 있다.

성범죄의 경력 조회를 요청받은 관계 기관의 장은 성범죄 경력 조회 회신서를 발급하여야 한다. 성범죄경력 조회의 요청 절차·범위 등에 관하여 필요한 사항은 대통령령으로 정한다.

(5) 장애인학대 및 장애인 대상 성범죄 신고의무와 절차

누구든지 장애인학대 및 장애인 대상 성범죄를 알게 된 때에는 중앙장애인권익옹호기관 또는 지역장애인권익옹호기관이나 수사기관에 신고할 수 있다.

다음의 어느 하나에 해당하는 사람은 그 직무상 장애인학대 및 장애인 대상 성범죄를 알게 된 경우에는 지체 없이 장애인권익옹호기관 또는 수사기관에 신고하여야 한다.

- 사회복지 전담공무원 및 사회복지시설의 장과 그 종사자
- 활동지원인력 및 활동지원기관의 장과 그 종사자
- 의료인 및 의료기관의 장
- 의료기사
- 응급구조사
- 구급대의 대원
- 정신건강복지센터의 장과 그 종사자
- 어린이집의 원장 등 보육교직원
- 유아교육법에 따른 교직원 및 강사 등
- 초·중등교육법에 따른 교직원, 전문상담교사 등 및 산학겸임교사 등
- 「학원의 설립·운영 및 과외교습에 관한 법률」에 따른 학원의 운영자·강사·직원 및 교습소의 교습자·직원
- 성폭력피해상담소의 장과 그 종사자 및 성폭력피해자보호시설의 장과 그 종사자
- 「성매매방지 및 피해자보호 등에 관한 법률」에 따른 지원시설의 장과 그 종사자 및 성매매피해상담소의 장과 그 종사자
- 「가정폭력방지 및 피해자보호 등에 관한 법률」에 따른 가정폭력 관련 상담소의 장과 그 종사자 및 가정폭력피해자 보호시설의 장과 그 종사자

- 건강가정지원센터의 장과 그 종사자
- 다문화가족지원센터의 장과 그 종사자
- 아동권리보장원 및 가정위탁지원센터의 장과 그 종사자
- 한부모가족복지시설의 장과 그 종사자
- 청소년시설의 장과 그 종사자 및 청소년단체의 장과 그 종사자
- 청소년 보호·재활센터의 장과 그 종사자
- 노인장기요양보험법의 장기요양요원

보건복지부장관은 신고의무자에게 장애인학대 및 장애인 대상 성범죄의 신고 절차와 방법 등을 안내하여야 한다. 국가와 지방자치단체는 장애인학대 및 장애인 대상 성범죄를 예방하고 수시로 신고를 받을 수 있도록 필요한 조치를 하여야 한다. 소관 중앙행정기관의 장은 신고의무자에 해당하는 사람의 자격 취득 과정이나 보수교육 과정에 장애인학대 및 장애인 대상 성범죄 예방 및 신고의무에 관한 교육 내용을 포함하도록 하여야 한다(제59조의4).

(6) 불이익조치의 금지

누구든지 장애인학대 및 장애인 대상 성범죄 신고인에게 장애인학대범죄 신고 등을 이유로 다음의 불이익조치를 하여서는 아니 된다(제59조의5).

- 파면, 해임, 해고, 그 밖에 이에 준하는 신분상실의 조치
- 징계, 정직, 감봉, 강등, 승진 제한, 그 밖에 이에 준하는 부당한 인사조치
- 전보, 전근, 직무 미부여, 직무 재배치, 그 밖에 이에 준하는 인사조치
- 성과평가 또는 동료평가 등을 통한 임금, 상여금 등의 차별적 지급
- 교육·훈련 등 자기계발 기회의 박탈 및 예산·인력 등에 대한 업무상 제한, 그 밖에 이에 준하는 근무 조건의 차별적 조치
- 요주의 대상자 명단의 작성·공개, 집단 따돌림 및 폭행·폭언, 그 밖에 이에 준하는 정신적·신체적 위해 행위
- 직무에 대한 부당한 감사, 조사 및 그 결과의 공표

(7) 응급조치의무 등

장애인학대 신고를 접수한 장애인권익옹호기관의 직원이나 사법경찰관리는 지체 없이 장애인학대현장에 출동하여야 한다. 이 경우 장애인권익옹호기관의 장이나 수사기관의 장은 서로 동행하여 줄 것을 요청할 수 있으며, 그 요청을 받은 장애인권익옹호기관의 장이나 수사기관의 장은 정당한 사유가 없으면 소속 직원이나 사법경찰관리가 현장에 동행하도록 하여야 한다.

장애인학대현장에 출동한 자는 학대받은 장애인을 학대행위자로부터 분리하거나 치료가 필요하다고 인정할 때에는 장애인권익옹호기관 또는 의료기관에 인도하여야 하고, 학대받은 장애인을 보호하기 위하여 신고된 현장에 출입하여 관계인에 대하여 조사를 하거나 질문을 할 수 있다. 이 경우 장애인권익옹호기관의 직원은 학대받은 장애인의 보호를 위한 범위에서만 조사 또는 질문을 할 수 있다. 출입, 조사 또는 질문을 하는 자는 그 권한을 표시하는 증표를 지니고 이를 관계인에게 보여주어야 한다. 조사 또는 질문을 하는 자는 학대받은 장애인·신고자·목격자 등이 자유롭게 진술할 수 있도록 장애인학대행위자로부터 분리된 곳에서 조사하는 등 필요한 조치를 하여야 한다. 누구든지 장애인학대현장에 출동한 자에 대하여 현장조사를 거부하거나 업무를 방해하여서는 아니 된다(제59조의7).

(8) 금지행위

누구든지 다음 각 호의 어느 하나에 해당하는 행위를 하여서는 아니 된다(제59조의9).

- 장애인에게 성적 수치심을 주는 성희롱·성폭력 등의 행위
- 장애인의 신체에 폭행을 가하거나 상해를 입히는 행위
- 장애인을 폭행, 협박, 감금, 그 밖에 정신상 또는 신체상의 자유를 부당하게 구속하는 수단으로써 장애인의 자유의사에 어긋나는 노동을 강요하는 행위

- 자신의 보호·감독을 받는 장애인을 유기하거나 의식주를 포함한 기본적 보호 및 치료를 소홀히 하는 방임행위
- 장애인에게 구걸을 하게 하거나 장애인을 이용하여 구걸하는 행위
- 장애인을 체포 또는 감금하는 행위
- 장애인의 정신건강 및 발달에 해를 끼치는 정서적 학대행위
- 장애인을 위하여 증여 또는 급여된 금품을 그 목적 외의 용도에 사용하는 행위
- 공중의 오락 또는 흥행을 목적으로 장애인의 건강 또는 안전에 유해한 곡예를 시키는 행위

(9) 장애인학대의 예방과 방지 의무

국가와 지방자치단체는 장애인학대의 예방과 방지를 위하여 다음의 조치를 취하여야 한다(제59조의10).

- 장애인학대의 예방과 방지를 위한 각종 정책의 수립 및 시행
- 장애인학대의 예방과 방지를 위한 연구·교육·홍보와 장애인학대 현황 조사
- 장애인학대에 관한 신고체계의 구축·운영
- 장애인학대로 인하여 피해를 입은 장애인(이하 "피해장애인"이라 한다)의 보호 및 치료와 피해장애인의 가정에 대한 지원
- 장애인학대 예방 관계 기관·법인·단체·시설 등에 대한 지원
- 그 밖에 대통령령으로 정하는 장애인학대의 예방과 방지를 위한 사항

(10) 장애인권익옹호기관의 설치 등

국가는 지역 간의 연계체계를 구축하고 장애인학대를 예방하기 위하여 다음 각 호의 업무를 담당하는 중앙장애인권익옹호기관을 설치·운영하여야 한다.

- 지역장애인권익옹호기관에 대한 지원
- 장애인학대 예방 관련 연구 및 실태조사
- 장애인학대 예방 관련 프로그램의 개발·보급
- 장애인학대 예방 관련 교육 및 홍보
- 장애인학대 예방 관련 전문인력의 양성 및 능력개발
- 관계 기관·법인·단체·시설 간 협력체계의 구축 및 교류
- 장애인학대 신고접수와 그 밖에 보건복지부령으로 정하는 장애인학대 예방과 관련된 업무

학대받은 장애인을 신속히 발견·보호·치료하고 장애인학대를 예방하기 위하여 다음의 업무를 담당하는 지역장애인권익옹호기관을 특별시·광역시·특별자치시·도·특별자치도에 둔다.

- 장애인학대의 신고접수, 현장조사 및 응급보호
- 피해장애인과 그 가족, 장애인학대행위자에 대한 상담 및 사후관리
- 장애인학대 예방 관련 교육 및 홍보
- 장애인학대사례판정위원회 설치·운영
- 그 밖에 보건복지부령으로 정하는 장애인학대 예방과 관련된 업무

장애인권익옹호기관의 장은 업무를 수행하기 위하여 필요한 경우 관계 기관의 장에게 사실 확인이나 관련 자료의 제공을 요청할 수 있다. 이 경우 자료 제공을 요청받은 관계 기관의 장은 정당한 사유가 없으면 요청에 따라야 한다.

보건복지부장관, 특별시장·광역시장·특별자치시장·도지사·특별자치도지사는 「공공기관의 운영에 관한 법률」 제4조에 따른 공공기관 또는 장애인학대의 예방 및 방지를 목적으로 하는 비영리법인을 지정하여 장애인권익옹호기관의 운영을 위탁할 수 있다. 이 경우 보건복지부장관, 특별시장·광역시장·특별자치시장·특별자치도지사는 그 운영에 드는 비용을 지원할 수 있다(제59조의11).

(11) 사후관리

장애인권익옹호기관의 장은 장애인학대가 종료된 후에도 가정방문, 시설방문, 전화상담 등을 통하여 장애인학대의 재발 여부를 확인하여야 하며, 장애인학대가 종료된 후에도 피해장애인의 안전 확보, 장애인학대의 재발 방지, 건전한 가정기능의 유지 등을 위하여 피해장애인, 피해장애인의 보호자(친권자, 민법에 따른 후견인, 장애인을 보호·양육·교육하거나 그러한 의무가 있는 사람 또는 업무·고용 등의 관계로 사실상 장애인을 보호·감독하는 사람을 말한다)·가족에게 상담, 교육 및 의료적·심리적 치료 등의 지원을 하여야 한다. 장애인권익옹호기관의 장은 지원을 하기 위하여 관계 기관·법인·단체·시설에 협조를 요청할 수 있으며, 지원을 할 때에는 피해장애인의 이익을 최우선으로 고려하여야 한다.

피해장애인의 보호자·가족은 장애인권익옹호기관의 지원에 참여하여야 하고, 장애인권익옹호기관의 업무 수행을 정당한 사유 없이 거부하거나 방해하여서는 아니 된다(제59조의12).

(12) 장애인 거주시설 이용절차

장애인 거주시설을 이용하려는 자와 그 친족, 그 밖의 관계인은 보건복지부령으로 정하는 서류를 갖추어 시장·군수·구청장에게 장애인의 시설 이용을 신청하여야 하며, 시설 이용을 신청받은 시장·군수·구청장은 서비스 지원 종합조사 결과 등을 활용하여 이용 신청자의 시설 이용 적격성 여부를 심사하고 그 결과에 따라 시설 이용 여부를 결정하여야 한다. 시장·군수·구청장은 이용 신청자의 시설 이용 적격성 및 본인부담금을 결정하여 이용 신청자와 시설 운영자에게 통보한다.

시설 이용자가 절차를 거치지 아니하고 시설을 이용하는 경우, 시설 운영자는 보건복지부령으로 정하는 바에 따라 해당 사례를 시장·군수·구청장에게 보고하여야 하며, 시장·군수·구청장은 이용 적격성 여부의 확인 등 필요한 조치를 취하여야 한다. 시설 운영자는 이용 신청자와 서비스 이용조건, 본인

부담금 등의 사항을 포함하여 계약을 체결하고, 그 결과를 시장·군수·구청장에게 보고하여야 한다. 계약은 시설을 이용할 장애인 본인이 체결하는 것을 원칙으로 하되, 지적 능력 등의 이유로 장애인 본인이 계약을 체결하기 어려운 경우에 한하여, 대통령령으로 정하는 자가 계약절차의 전부 또는 일부를 대행할 수 있다.

시설 이용자가 시설 이용을 중단하려는 경우에는 보건복지부령으로 정하는 기간 전에 시설 이용을 중단할 의사를 시설 운영자에게 밝혀야 한다. 이 경우 시설 운영자는 이용 중단과 관련하여 필요한 조치를 하여야 하고, 이용 중단 희망자에 대하여 이용 중단에 따른 어떠한 불이익한 처분이나 차별도 하여서는 아니 된다. 서비스 지원 종합조사 결과의 활용방법 등에 필요한 구체적인 사항과 제5항에 따른 계약에 관한 세부적인 사항은 보건복지부령으로 정한다(제60조의2)[시행일 : 2019. 7. 1].

(13) 시설의 개선, 사업의 정지, 폐쇄 등

장애인복지실시기관은 장애인복지시설이 다음의 어느 하나에 해당하는 때에는 그 시설의 개선, 사업의 정지, 시설의 장의 교체를 명하거나 해당 시설의 폐쇄를 명할 수 있다.

- 시설기준에 미치지 못한 때
- 정당한 사유 없이 보고를 하지 아니하거나 거짓으로 보고한 때 또는 조사·검사 및 질문을 거부·방해하거나 기피한 때
- 사회복지법인이나 비영리법인이 설치·운영하는 시설인 경우 그 사회복지법인이나 비영리법인의 설립 허가가 취소된 때
- 시설의 회계 부정이나 시설이용자에 대한 인권침해 등 불법행위, 그 밖의 부당행위 등이 발견된 때
- 설치 목적을 이루었거나 그 밖의 사유로 계속하여 운영할 필요가 없다고 인정되는 때
- 이 법 또는 이 법에 따른 명령이나 처분을 위반한 경우

장애인복지시설시기관은 장애인 거주시설이 서비스 최저기준을 유지하지 못할 때에는 그 시설의 개선, 사업의 정지, 시설의 장의 교체를 명하거나 해당 시설의 폐쇄를 명할 수 있다(제62조).

5. 다문화가족지원법

1) 입법 배경 및 목적

다문화가족지원법은 결혼이민자 및 그 자녀 등으로 구성되는 다문화가족이 언어 및 문화적 차이로 인하여 사회부적응과 가족구성원 간 갈등 및 자녀교육에 어려움을 겪고 있음에 따라, 다문화가족의 구성원이 우리 사회의 구성원으로 순조롭게 통합되어 안정적인 가족생활을 영위할 수 있도록 하기 위한 가족상담·부부교육·부모교육 및 가족생활교육 등을 추진하고, 문화의 차이 등을 고려한 언어통역, 법률상담 및 행정지원 등의 전문적인 서비스를 제공하도록 하는 등 다문화가족에 대한 지원정책의 제도적인 틀을 마련하려는 취지로 2008년 3월 21일 제정되고, 2008년 9월 22일 시행되었다.

다문화가족지원법은 다문화가족 구성원이 안정적인 가족생활을 영위하고 사회 구성원으로서의 역할과 책임을 다할 수 있도록 함으로써 이들의 삶의 질 향상과 사회통합에 이바지함을 목적으로 한다(제1조).

2) 주요 내용

(1) 용어 정의

이 법에서 사용하는 용어의 뜻은 다음과 같다(제2조).

- 다문화가족 : 재한외국인 처우 기본법에 규정된 결혼이민자와 국적법의 규정에 따른 대한민국 국적을 취득한 자로 이루어진 가족, 국적법에 따라 대

한민국 국적을 취득한 자와 같은 법 규정에 따라 대한민국 국적을 취득한 자로 이루어진 가족 중 어느 하나에 해당하는 가족을 말한다.

- **결혼이민자 등** : 다문화가족의 구성원으로서 재한외국인 처우 기본법의 결혼이민자, 국적법의 귀화허가를 받은 자 중 어느 하나에 해당하는 자를 말한다.
- **아동 · 청소년** : 24세 이하인 사람을 말한다.

(2) 국가와 지방자치단체의 책무

국가와 지방자치단체는 다문화가족 구성원이 안정적인 가족생활을 영위하고 경제 · 사회 · 문화 등 각 분야에서 사회 구성원으로서의 역할과 책임을 다할 수 있도록 필요한 제도와 여건을 조성하고 이를 위한 시책을 수립 · 시행하여야 한다. 특별시 · 광역시 · 특별자치시 · 도 · 특별자치도 및 시 · 군 · 구에는 다문화가족 지원을 담당할 기구와 공무원을 두어야 한다(제3조).

(3) 다문화가족 지원을 위한 기본계획의 수립

여성가족부장관은 다문화가족 지원을 위하여 5년마다 다문화가족정책에 관한 기본계획을 수립하여야 하며, 기본계획에는 다음 각 호의 사항을 포함하여야 한다(제3조의2).

- 다문화가족 지원 정책의 기본 방향
- 다문화가족 지원을 위한 분야별 발전시책과 평가에 관한 사항
- 다문화가족 지원을 위한 제도 개선에 관한 사항
- 다문화가족 구성원의 경제 · 사회 · 문화 등 각 분야에서 활동 증진에 관한 사항
- 다문화가족 지원을 위한 재원 확보 및 배분에 관한 사항
- 그 밖에 다문화가족 지원을 위하여 필요한 사항

여성가족부장관은 기본계획을 수립할 때에는 미리 관계 중앙행정기관의 장과 협의하여야 한다. 기본계획은 다문화가족정책위원회의 심의를 거쳐 확정

한다. 이 경우 여성가족부장관은 확정된 기본계획을 지체 없이 국회 소관 상임위원회에 보고하고, 관계 중앙행정기관의 장과 특별시장·광역시장·특별자치시장·도지사·특별자치도지사에게 알려야 한다.

(4) 연도별 시행계획의 수립·시행

여성가족부장관, 관계 중앙행정기관의 장과 시·도지사는 매년 기본계획에 따라 다문화가족정책에 관한 시행계획을 수립·시행하여야 한다. 관계 중앙행정기관의 장과 시·도지사는 전년도의 시행계획에 따른 추진실적 및 다음 연도의 시행계획을 대통령령으로 정하는 바에 따라 매년 여성가족부장관에게 제출하여야 한다(제3조의3).

(5) 다문화가족정책위원회의 설치

다문화가족의 삶의 질 향상과 사회통합에 관한 중요 사항을 심의·조정하기 위하여 국무총리 소속으로 다문화가족정책위원회를 두며, 정책위원회는 다음의 사항을 심의·조정한다(제3조의4).

- 다문화가족정책에 관한 기본계획의 수립 및 추진에 관한 사항
- 다문화가족정책의 시행계획의 수립, 추진실적 점검 및 평가에 관한 사항
- 다문화가족과 관련된 각종 조사, 연구 및 정책의 분석·평가에 관한 사항
- 각종 다문화가족 지원 관련 사업의 조정 및 협력에 관한 사항
- 다문화가족정책과 관련된 국가 간 협력에 관한 사항
- 그 밖에 다문화가족의 사회통합에 관한 중요 사항으로 위원장이 필요하다고 인정하는 사항

정책위원회는 위원장 1명을 포함한 20명 이내의 위원으로 구성하고, 위원장은 국무총리가 되며, 위원은 대통령령으로 정하는 중앙행정기관의 장과 다문화가족정책에 관하여 학식과 경험이 풍부한 사람 중에서 위원장이 위촉하는 사람이 된다.

정책위원회에서 심의·조정할 사항을 미리 검토하고 대통령령에 따라 위임된 사항을 다루기 위하여 정책위원회에 실무위원회를 둔다.

(6) 실태조사

여성가족부장관은 다문화가족의 현황 및 실태를 파악하고 다문화가족 지원을 위한 정책수립에 활용하기 위하여 3년마다 다문화가족에 대한 실태조사를 실시하고 그 결과를 공표하여야 한다. 여성가족부장관은 실태조사를 위하여 관계 공공기관 또는 관련 법인·단체에 대하여 필요한 자료의 제출 등 협조를 요청할 수 있다. 이 경우 자료의 제출 등 협조를 요청받은 관계 공공기관 또는 관련 법인·단체 등은 특별한 사유가 없는 한 이에 협조하여야 한다.

여성가족부장관은 실태조사를 실시함에 있어서 외국인정책 관련 사항에 대하여는 법무부장관과, 다문화가족 구성원인 아동·청소년의 교육현황 및 아동·청소년의 다문화가족에 대한 인식 등에 관한 사항에 대하여는 교육부장관과 협의를 거쳐 실시한다(제4조).

(7) 다문화가족에 대한 이해증진

국가와 지방자치단체는 다문화가족에 대한 사회적 차별 및 편견을 예방하고 사회 구성원이 문화적 다양성을 인정하고 존중할 수 있도록 다문화 이해교육을 실시하고 홍보 등 필요한 조치를 하여야 한다. 여성가족부장관은 조치를 함에 있어 홍보영상을 제작하여 방송법 제2조 제3호에 따른 방송사업자에게 배포하여야 한다. 여성가족부장관은 방송사업자에게 대통령령으로 정하는 비상업적 공익광고 편성비율의 범위에서 홍보영상을 채널별로 송출하도록 요청할 수 있다. 방송사업자는 홍보영상 외에 독자적으로 홍보영상을 제작하여 송출할 수 있다. 이 경우 여성가족부장관에게 필요한 협조 및 지원을 요청할 수 있다.

교육부장관과 특별시·광역시·특별자치시·도·특별자치도의 교육감은 유아교육법 제2조, 초·중등교육법 제2조 또는 고등교육법 제2조에 따른 학교에서 다문화가족에 대한 이해를 돕는 교육을 실시하기 위한 시책을 수립·시행하여야 한다. 이 경우 실태조사의 결과 중 다문화가족 구성원인 아동·청소년의 교육현황 및 아동·청소년의 다문화가족에 대한 인식 등에 관한 사항을 반영하여야 한다.

교육부장관과 특별시·광역시·특별자치시·도·특별자치도의 교육감은 유아교육법 제2조 및 초·중등교육법 제2조에 따른 학교의 교원에 대하여 대통령령으로 정하는 바에 따라 다문화 이해교육 관련 연수를 실시하여야 한다 (제5조).

(8) 생활정보 제공 및 교육 지원

국가와 지방자치단체는 결혼이민자 등이 대한민국에서 생활하는 데 필요한 기본적 정보(아동·청소년에 대한 학습 및 생활지도 관련 정보를 포함)를 제공하고, 사회적응교육과 직업교육·훈련 및 언어소통 능력 향상을 위한 한국어교육 등을 받을 수 있도록 필요한 지원을 할 수 있다. 국가와 지방자치단체는 결혼이민자 등의 배우자 및 가족 구성원이 결혼이민자 등의 출신 국가 및 문화 등을 이해하는 데 필요한 기본적 정보를 제공하고 관련 교육을 지원할 수 있다.

국가와 지방자치단체는 교육을 실시함에 있어 거주지 및 가정환경 등으로 인하여 서비스에서 소외되는 결혼이민자 등과 배우자 및 그 가족구성원이 없도록 방문교육이나 원격교육 등 다양한 방법으로 교육을 지원하고, 교재와 강사 등의 전문성을 강화하기 위한 시책을 수립·시행하여야 한다. 국가와 지방자치단체는 방문교육의 비용을 결혼이민자 등의 가구 소득수준, 교육의 종류 등 여성가족부장관이 정하여 고시하는 기준에 따라 차등 지원할 수 있다.

국가와 지방자치단체가 제4항에 따른 비용을 지원함에 있어 비용 지원의 신청, 금융정보 등의 제공, 조사·질문 등은 「아이돌봄 지원법」 제22조부터 제25조까지의 규정을 준용한다.

결혼이민자 등의 배우자 등 다문화가족 구성원은 결혼이민자 등이 한국어

교육 등 사회적응에 필요한 다양한 교육을 받을 수 있도록 노력하여야 한다. 그밖에 정보제공 및 교육에 필요한 사항은 대통령령으로 정한다(제6조).

(9) 평등한 가족관계의 유지를 위한 조치

국가와 지방자치단체는 다문화가족이 민주적이고 양성평등한 가족관계를 누릴 수 있도록 가족상담, 부부교육, 부모교육, 가족생활교육 등을 추진하여야 한다. 이 경우 문화의 차이 등을 고려한 전문적인 서비스가 제공될 수 있도록 노력하여야 한다(제7조).

(10) 가정폭력 피해자에 대한 보호 · 지원

국가와 지방자치단체는 「가정폭력방지 및 피해자보호 등에 관한 법률」에 따라 다문화가족 내 가정폭력을 예방하기 위하여 노력하여야 하며, 국가와 지방자치단체는 가정폭력으로 피해를 입은 결혼이민자 등을 보호 · 지원할 수 있다. 국가와 지방자치단체는 가정폭력의 피해를 입은 결혼이민자 등에 대한 보호 및 지원을 위하여 외국어 통역 서비스를 갖춘 가정폭력 상담소 및 보호시설의 설치를 확대하도록 노력하여야 한다.

국가와 지방자치단체는 결혼이민자 등이 가정폭력으로 혼인관계를 종료하는 경우 의사소통의 어려움과 법률체계 등에 관한 정보의 부족 등으로 불리한 입장에 놓이지 아니하도록 의견진술 및 사실확인 등에 있어서 언어통역, 법률상담 및 행정지원 등 필요한 서비스를 제공할 수 있다(제8조).

(11) 아동 · 청소년 보육 · 교육

국가와 지방자치단체는 아동 · 청소년 보육 · 교육을 실시함에 있어서 다문화가족 구성원인 아동 · 청소년을 차별하여서는 아니 된다.

국가와 지방자치단체는 다문화가족 구성원인 아동 · 청소년이 학교생활에 신속히 적응할 수 있도록 교육지원대책을 마련하여야 하고, 특별시 · 광역시 ·

특별자치시 · 도 · 특별자치도의 교육감은 다문화가족 구성원인 아동 · 청소년에 대하여 학과 외 또는 방과 후 교육 프로그램 등을 지원할 수 있다.

국가와 지방자치단체는 다문화가족 구성원인 18세 미만인 사람의 초등학교 취학 전 보육 및 교육 지원을 위하여 노력하고, 그 구성원의 언어발달을 위하여 한국어 및 결혼이민자 등인 부 또는 모의 모국어 교육을 위한 교재지원 및 학습지원 등 언어능력 제고를 위하여 필요한 지원을 할 수 있다.

영유아보육법 제10조에 따른 어린이집의 원장, 유아교육법 제7조에 따른 유치원의 장, 초 · 중등교육법 제2조에 따른 각급 학교의 장, 그 밖에 대통령령으로 정하는 기관의 장은 아동 · 청소년 보육 · 교육을 실시함에 있어 다문화가족 구성원인 아동 · 청소년이 차별을 받지 아니하도록 필요한 조치를 하여야 한다(제10조).

(12) 다문화가족지원센터의 설치 · 운영 등

국가와 지방자치단체는 다문화가족지원센터를 설치 · 운영할 수 있으며, 국가 또는 지방자치단체는 지원센터의 설치 · 운영을 대통령령으로 정하는 법인이나 단체에 위탁할 수 있다. 국가 또는 지방자치단체 아닌 자가 지원센터를 설치 · 운영하고자 할 때에는 미리 시 · 도지사 또는 시장 · 군수 · 구청장의 지정을 받아야 한다.

지원센터는 다음의 업무를 수행한다.

- 다문화가족을 위한 교육 · 상담 등 지원사업의 실시
- 결혼이민자 등에 대한 한국어교육
- 다문화가족 지원서비스 정보제공 및 홍보
- 다문화가족 지원 관련 기관 · 단체와의 서비스 연계
- 일자리에 관한 정보제공 및 일자리의 알선
- 다문화가족을 위한 통역 · 번역 지원사업
- 그 밖에 다문화가족 지원을 위하여 필요한 사업

지원센터에는 다문화가족에 대한 교육·상담 등의 업무를 수행하기 위하여 관련 분야에 대한 학식과 경험을 가진 전문인력을 두어야 한다. 국가와 지방자치단체는 지정한 지원센터에 대하여 예산의 범위에서 업무를 수행하는 데에 필요한 비용 및 지원센터의 운영에 드는 비용의 전부 또는 일부를 보조할 수 있다. 지원센터의 설치·운영 기준, 위탁·지정 기간 및 절차 등에 필요한 사항은 대통령령으로 정하고, 전문인력의 기준 등에 필요한 사항은 여성가족부령으로 정한다(제12조).

이 법에 따른 지원센터가 아니면 다문화가족지원센터 또는 이와 유사한 명칭을 사용하지 못한다(제12조의3).

CHAPTER 12

사회복지 관련법

1. 건강가정기본법

1) 입법 배경 및 목적

산업화에 따른 사회 전반의 변화는 가족의 기능과 역할에도 변화를 가져 와 기존 전통사회에서의 가족의 기능은 축소되거나 약화되었고, 가족의 형태 또한 다양화되었다. 이혼율 증가로 인한 한부모가족 증가, 낮은 출산율과 인구의 고령화로 인한 독거노인 급증, 사회·경제적 요인에 기인하는 조손가족과 1인 가구 확대 등은 특정 가족의 문제가 아니라 사회 구성원 누구나 경험할 수 있는 사회적 변화가 되었다. 이에 국가와 사회가 개별 가정에서 발생하는 문제에 적극 대처하고 건강한 가정생활을 위한 해결방안을 강구하여 가족 복지를 증진시키려는 목적으로 건강가정기본법이 2004년 2월 제정되고 2005년 1월 1일부터 시행되었다.

건강가정기본법은 가정은 개인의 기본적인 욕구를 충족시키고 사회통합을 위하여 기능할 수 있도록 유지·발전되어야 한다(제2조)는 기본 이념하에 건강한 가정생활의 영위와 가족의 유지 및 발전을 위한 국민의 권리·의무와 국가 및 지방자치단체 등의 책임을 명백히 하고, 가정문제의 적절한 해결방안을 강구하며 가족 구성원의 복지증진에 이바지할 수 있는 지원정책을 강화함으로써 건강가정 구현에 기여하는 것을 목적으로 제정되었다(제1조). 건강가정기본법은 가족정책의 기본법으로, 국가는 건강가정사업과 관련되는 다른 법률을 제정 또는 개정하는 경우에는 이 법에 부합되도록 하여야 한다(제6조).

2) 주요 내용

(1) 용어 정의

이 법에서 사용하는 용어의 정의는 다음과 같다(제3조).

- 가족 : 혼인・혈연・입양으로 이루어진 사회의 기본 단위를 말한다.
- 가정 : 가족 구성원이 생계 또는 주거를 함께 하는 생활공동체로서 구성원의 일상적인 부양・양육・보호・교육 등이 이루어지는 생활단위를 말한다.
- 1인가구 : 1명이 단독으로 생계를 유지하고 있는 생활단위를 말한다.
- 건강가정 : 가족 구성원의 욕구가 충족되고 인간다운 삶이 보장되는 가정을 말한다.
- 건강가정사업 : 건강가정을 저해하는 문제의 발생을 예방하고 해결하기 위한 여러 가지 조치와 가족의 부양・양육・보호・교육 등의 가정기능을 강화하기 위한 사업을 말한다.

(2) 국민의 권리와 의무

모든 국민은 가정의 구성원으로서 안정되고 인간다운 삶을 유지할 수 있는 가정생활을 영위할 권리를 가지며, 가정의 중요성을 인식하고 그 복지의 향상을 위하여 노력하여야 한다(제4조).

(3) 국가 및 지방자치단체의 책임

국가 및 지방자치단체는 건강가정을 위하여 필요한 제도와 여건을 조성하고 이를 위한 시책을 강구하여 추진하여야 하며, 시책을 강구함에 있어 가족 구성원의 특성과 가정유형을 고려하여야 한다. 또한 민주적인 가정형성, 가정친화적 환경조성, 양성평등한 가족가치 실현 및 가사노동의 정당한 가치평가를 위하여 노력하여야 한다(제5조).

(4) 가정의 날

가정의 중요성을 고취하고 건강가정을 위한 개인·가정·사회의 적극적인 참여 분위기를 조성하기 위하여 매년 5월을 가정의 달로 하고, 5월 15일을 가정의 날로 한다(제12조).

3) 건강가정정책

(1) 건강가정기본계획의 수립

여성가족부장관은 관계 중앙행정기관의 장과 협의하여 건강가정기본계획을 5년마다 수립하여야 한다.

기본계획에는 다음의 사항이 포함되어야 한다.

- 가족기능의 강화 및 가정의 잠재력개발을 통한 가정의 자립 증진 대책
- 사회통합과 문화계승을 위한 가족공동체문화의 조성
- 다양한 가족의 욕구충족을 통한 건강가정 구현
- 민주적인 가족관계와 양성평등적인 역할분담
- 가정친화적인 사회환경의 조성
- 가족의 양육·부양 등의 부담완화와 가족해체예방을 통한 사회비용 절감
- 위기가족에 대한 긴급 지원책
- 가족의 건강증진을 통한 건강사회 구현
- 가족지원정책의 추진과 관련한 재정조달 방안
- 1인 가구의 복지 증진을 위한 대책

기본계획은 국무회의의 심의를 거쳐 확정하며, 여성가족부장관은 확정된 기본계획을 지체없이 국회 소관 상임위원회에 보고하고, 관계중앙행정기관의 장 및 지방자치단체의 장에게 통보하여야 한다(제15조).

(2) 연도별 시행계획의 수립 · 시행

여성가족부장관, 관계중앙행정기관의 장 및 지방자치단체의 장은 매년 기본계획에 따라 건강가정시행계획을 수립 · 시행 및 평가하여야 한다. 이 경우 관계중앙행정기관의 장 및 지방자치단체의 장은 그 시행계획 및 추진실적을 매년 여성가족부장관에게 제출하여야 한다(제16조).

(3) 시 · 도별 시행계획의 조정

여성가족부장관은 기본계획에 기초하여 지방자치단체별 시행계획을 조정하고 그 이행상황을 점검하여야 한다. 여성가족부장관은 지방자치단체별 시행계획이 기본계획 및 중앙행정기관의 시행계획에 위배되는 경우에는 해당 지방자치단체의 장에게 이를 변경하도록 요구할 수 있다(제17조).

(4) 가족실태조사

국가 및 지방자치단체는 개인과 가족의 생활실태를 파악하고, 건강가정 구현 및 가정문제 예방 등을 위한 서비스의 욕구와 수요를 파악하기 위하여 3년마다 가족실태조사를 실시하고 그 결과를 발표하여야 한다. 가족실태조사에는 1인가구의 연령별 · 성별 · 지역별 현황과 정책 수요 등에 관한 사항이 포함되어야 한다. 가족실태조사를 위하여 필요한 사항은 여성가족부령으로 정한다(제20조).

4) 건강가정사업

(1) 가정에 대한 지원

국가 및 지방자치단체는 가정이 원활한 기능을 수행하도록 지원하여야 하며, 지원하여야 할 사항은 다음과 같다.

- 가족 구성원의 정신적 · 신체적 건강 지원

- 소득보장 등 경제생활의 안정
- 안정된 주거생활
- 태아검진 및 출산·양육의 지원
- 직장과 가정의 양립
- 음란물·유흥가·폭력 등 위해환경으로부터의 보호
- 가정폭력으로부터의 보호
- 가정친화적 사회 분위기의 조성
- 그 밖에 건강한 가정의 기능을 강화·지원할 수 있는 관련 사항

국가 및 지방자치단체는 임신·출산·수유 및 육아와 관련된 모·부성권 보장을 위한 육아휴직 및 유급휴가시책이 확산되도록 노력하여야 하며, 한부모가족, 노인단독가정, 장애인가정, 미혼모가정, 공동생활가정, 자활공동체 등 사회적 보호를 필요로 하는 가정에 대하여 적극적으로 지원하여야 한다(제21조).

(2) 위기가족긴급지원

국가와 지방자치단체는 「재난 및 안전관리 기본법」 제3조 제1호에 따른 재난 중 대통령령으로 정하는 재난에 의하여 가족의 부양·양육·보호·교육 등 가족기능이 현저하게 저하된 경우 원활한 가족기능을 수행하는 데에 긴급하게 필요한 범위에서 지원(위기가족긴급지원)을 하여야 한다.

위기가족긴급지원의 종류 및 내용은 다음과 같다.

- 아이돌봄지원, 가사돌봄지원 등 가족돌봄
- 가족상담, 집단프로그램, 자조모임 운영 등 가족의 심리·정서지원
- 법률구조, 의료지원, 복지서비스 등 연계
- 그 밖에 여성가족부장관이 필요하다고 인정하는 지원

지원기간은 1년 이내로 한다. 다만, 심리·정서지원의 지원기간은 3년 이내로 하되, 필요한 경우 1년의 범위에서 한 번 연장할 수 있다.

긴급복지지원법 등 다른 법률에 따른 이 법의 지원내용과 동일한 내용의 지원을 받고 있는 경우에는 이 법에 따른 지원을 하지 아니한다(제21조의2).

(3) 자녀양육지원의 강화

국가 및 지방자치단체는 자녀를 양육하는 가정에 대하여 자녀양육으로 인한 부담을 완화하고 아동의 행복추구권을 보장하기 위하여 보육, 방과 후 서비스, 양성이 평등한 육아휴직제 등의 정책을 적극적으로 확대 시행하여야 한다.

국가 및 지방자치단체는 다양한 가족형태를 고려하여 아동양육지원사업 시책(아이돌보미 서비스를 포함)을 수립・시행하여야 하며, 아동양육지원사업을 예산의 범위에서 지원할 수 있다. 국가 및 지방자치단체는 가사노동의 가치에 대한 사회적 인식을 제고하고 이를 관련 법・제도 및 가족정책에 반영하도록 노력하여야 한다(제22조).

(4) 가족단위 복지증진 및 건강증진

국가 및 지방자치단체는 사회보험・공공부조 등 사회보장제도의 운용과 관련하여 보험료의 산정・부과, 급여 등을 운용함에 있어서 가족을 지지하는 시책을 개발・추진하여야 한다. 국가 및 지방자치단체는 경제・사회, 교육・문화, 체육, 지역사회개발 등 각 분야의 제도・정책 및 사업을 수립・추진함에 있어 가족을 우대하는 방안을 강구하여야 한다(제23조).

국가 및 지방자치단체는 영・유아, 아동, 청소년, 중・장년, 노인 등 생애주기에 따르는 가족구성원의 종합적인 건강증진대책을 마련하여야 한다(제24조).

(5) 가족부양의 지원

국가 및 지방자치단체는 영・유아 혹은 노인 등 부양지원을 요하는 가족 구성원이 있는 가정에 대하여 부양부담을 완화하기 위한 시책을 적극적으로 강구하여야 한다.

국가 및 지방자치단체는 질환이나 장애로 가족 내 수발을 요하는 가족 구성원이 있는 가정을 적극 지원하며, 보호시설을 이용할 수 있도록 전문보호 시설을 확대하여야 하며, 가족 구성원 중 장기요양을 필요로 하는 질병이나 사고로 간병을 요할 경우 가족간호를 위한 휴가 등의 시책을 마련하여야 한다(제25조).

(6) 민주적이고 양성평등한 가족관계의 증진

국가 및 지방자치단체는 부부 및 세대 간에 가족갈등이 있는 경우 이를 예방·상담하고, 민주적이고 양성평등한 가족관계를 증진시킬 수 있도록 가족지원서비스를 확대하고, 다양한 가족생활교육·부모교육·가족상담·평등가족 홍보 등을 추진하여야 한다. 가정폭력이 있는 가정의 경우 가정폭력피해자와 피해자 가족에 대한 개입에 있어 전문가의 체계적인 개입과 서비스가 이루어지도록 노력하여야 한다(제26조).

(7) 가정생활문화의 발전

국가 및 지방자치단체는 건강가정의 생활문화를 고취하고 그에 대한 지원 정책을 수립하여야 한다. 국가 및 지방자치단체가 지원하여야 하는 건강가정의 생활문화는 다음의 사항을 포함한다(제28조).

- 가족여가문화
- 양성평등한 가족문화
- 가족단위 자원봉사활동
- 건강한 의식주 생활문화
- 합리적인 소비문화
- 지역사회 공동체문화
- 그 밖에 건강가정의 생활문화와 관련된 사항

(8) 가정의례

개인과 가정은 건전한 가정의례를 확립하도록 노력하여야 한다. 국가 및 지방자치단체는 건전한 가정의례를 확립하기 위한 지원정책을 수립하여야 한다(제29조).

(9) 가정봉사원

국가 및 지방자치단체는 건강한 가정을 유지하기 위하여 필요한 경우에는 가정을 방문하여 가사·육아·산후조리·간병 등을 돕는 가정봉사원을 지원할 수 있다. 가정봉사원은 여성가족부령이 정하는 바에 따라 교육을 받아야 한다. 국가 및 지방자치단체는 가정봉사원에게 예산의 범위 안에서 일정 금액을 지급할 수 있다(제30조).

(10) 이혼예방 및 이혼가정지원

국가 및 지방자치단체는 이혼하고자 하는 부부가 이혼전 상담을 받을 수 있게 하는 등 이혼조정을 내실화할 수 있도록 필요한 조치를 강구하여야 한다.

국가 및 지방자치단체는 이혼의 의사가 정해진 가족에 대하여 이들 가족이 자녀양육·재산·정서 등의 제반문제를 준비할 수 있도록 도움을 주는 지원서비스를 제공하도록 하여야 한다. 국가 및 지방자치단체는 이혼한 가족에 대하여 양육비에 대한 집행력의 실효성을 강화하고 그 적용대상을 확대하도록 하여야 한다(제31조).

(11) 건강가정교육

국가 및 지방자치단체는 건강가정교육을 실시하여야 하며, 교육내용에는 결혼준비교육, 부모교육, 가족윤리교육, 가족가치실현 및 가정생활 관련 교육 등이 포함되어야 한다(제32조).

5) 건강가정 전담조직

(1) 건강가정사업의 전담수행

여성가족부 및 지방자치단체는 건강가정사업에 관한 업무를 전담하여 수행할 수 있도록 하여야 한다(제34조).

(2) 한국건강가정진흥원의 설립

다양한 가족의 삶의 질 제고 및 가족역량 강화를 위한 가족정책을 효율적이고 체계적으로 지원하기 위하여 한국건강가정진흥원을 설립한다. 진흥원은 법인으로 하며, 그 주된 사무소의 소재지에서 설립등기를 함으로써 성립한다. 진흥원에는 정관으로 정하는 바에 따라 임원과 필요한 직원을 둔다.

진흥원은 다음의 사업을 한다.

- 가족상담 및 가족교육 사업
- 가족친화 사회환경 조성사업
- 아이돌봄 및 자녀양육지원 사업
- 「양육비 이행확보 및 지원에 관한 법률」에 따른 양육비 이행 전담기관 운영
- 다문화가족, 한부모가족, 조손가족 등 취약 가족의 역량강화 지원 사업
- 다문화가족의 사회통합지원 사업
- 건강가정지원센터, 다문화가족지원센터 및 가족친화지원센터의 사업 관리 및 종사자 교육훈련
- 가족사업 관련 대내외 교류 및 협력 사업
- 가족정책 및 사업개발을 위한 조사, 연구
- 제1호부터 제9호까지의 사업에 부수되는 사업 또는 이와 관련하여 국가기관 등으로부터 위탁받은 사업
- 그 밖에 진흥원의 목적달성을 위하여 정관으로 정하는 사항

정부는 예산의 범위에서 진흥원의 사업과 운영에 필요한 경비를 출연할 수

있다. 진흥원은 「기부금품의 모집 및 사용에 관한 법률」에도 불구하고 자발적으로 기탁되는 금품을 사업목적에 부합하는 범위에서 접수할 수 있으며 접수 절차 등에 관한 사항은 진흥원의 장이 별도로 정한다(제34조의2) .

(3) 건강가정지원센터의 설치

국가 및 지방자치단체는 가정문제의 예방·상담 및 치료, 건강가정의 유지를 위한 프로그램의 개발, 가족문화운동의 전개, 가정 관련 정보 및 자료 제공 등을 위하여 건강가정지원센터를 설치·운영하여야 한다. 센터에는 건강가정 사업을 수행하기 위하여 관련분야에 대한 학식과 경험을 가진 전문가(건강가정사)를 두어야 한다.

건강가정사는 다음 각 호의 요건을 모두 갖춘 사람이어야 한다.

- 대학 또는 이와 동등 이상의 학교를 졸업할 것(법령에 따라 이와 같은 수준 이상의 학력이 있다고 인정되는 경우를 포함한다)
- 학력 취득과정이나 그 밖에 여성가족부장관이 인정하는 방법으로 사회복지학·가정학·여성학 등 여성가족부령으로 정하는 관련 교과목을 이수할 것

센터의 조직·운영 및 건강가정사의 자격·직무에 관하여 필요한 사항은 대통령령으로 정한다. 센터의 운영은 여성가족부령이 정하는 바에 의하여 민간에 위탁할 수 있다. 국가 및 지방자치단체는 센터의 설치·운영에 필요한 비용의 전부 또는 일부를 지원할 수 있다(제35조).

이 법에 따른 센터가 아닌 자는 건강가정지원센터 또는 이와 유사한 명칭을 사용하지 못한다(제35조의2).

2. 청소년 기본법

1) 입법 배경 및 목적

청소년 기본법은 미래사회의 주역이 될 청소년들이 지식을 바탕으로 건강하고 정서와 용기가 충만하며, 예절과 협동을 바탕으로 공동체적 삶을 실천하고, 자유민주주의 원칙에 대한 신념과 조국에 대한 긍지를 가지고 인류공영에 이바지할 줄 아는 밝고 능동적인 모습으로 자랄 수 있도록 하기 위하여 가정·사회 및 국가의 책임과 의무를 정하고 이를 실천하기 위한 기본적인 사항을 정하려는 입법 취지로 1991년 12월 31일 제정되고, 1993년 1월 1일부터 시행되었다.

청소년 기본법은 청소년의 권리 및 책임과 가정·사회·국가·지방자치단체의 청소년에 대한 책임을 정하고 청소년정책에 관한 기본적인 사항을 규정함(제1조)이 그 목적이며, 청소년육성에 관하여 다른 법률보다 우선하여 적용하여야 하고, 청소년육성에 관한 법률을 제정하거나 개정할 때에는 이 법의 취지에 맞도록 하여야 하는(제4조) 기본법으로서의 성격을 가진다.

2) 주요 내용

(1) 기본 이념

이 법은 청소년이 사회 구성원으로서 정당한 대우와 권익을 보장받음과 아울러 스스로 생각하고 자유롭게 활동할 수 있도록 하며 보다 나은 삶을 누리고 유해한 환경으로부터 보호될 수 있도록 함으로써 국가와 사회가 필요로 하는 건전한 민주시민으로 자랄 수 있도록 하는 것을 기본 이념으로 한다.

기본 이념을 구현하기 위한 장기적·종합적 청소년정책을 추진할 때에는 청소년의 참여 보장, 창의성과 자율성을 바탕으로 한 청소년의 능동적 삶의 실현, 청소년의 성장 여건과 사회 환경의 개선, 민주·복지·통일조국에 대비하는 청소년의 자질 향상을 그 추진 방향으로 한다(제2조).

(2) 용어 정의

이 법에서 사용하는 용어의 뜻은 다음과 같다(제3조).

- **청소년** : 9세 이상 24세 이하인 사람을 말한다. 다만, 다른 법률에서 청소년에 대한 적용을 다르게 할 필요가 있는 경우에는 따로 정할 수 있다.
- **청소년육성** : 청소년활동을 지원하고 청소년의 복지를 증진하며 근로 청소년을 보호하는 한편, 사회 여건과 환경을 청소년에게 유익하도록 개선하고 청소년을 보호하여 청소년에 대한 교육을 보완함으로써 청소년의 균형 있는 성장을 돕는 것을 말한다.
- **청소년활동** : 청소년의 균형 있는 성장을 위하여 필요한 활동과 이러한 활동을 소재로 하는 수련활동 · 교류활동 · 문화활동 등 다양한 형태의 활동을 말한다.
- **청소년복지** : 청소년이 정상적인 삶을 누릴 수 있는 기본적인 여건을 조성하고 조화롭게 성장 · 발달할 수 있도록 제공되는 사회적 · 경제적 지원을 말한다.
- **청소년보호** : 청소년의 건전한 성장에 유해한 물질 · 물건 · 장소 · 행위 등 각종 청소년 유해 환경을 규제하거나 청소년의 접촉 또는 접근을 제한하는 것을 말한다.
- **청소년시설** : 청소년활동 · 청소년복지 및 청소년보호에 제공되는 시설을 말한다.
- **청소년지도자** : 청소년지도사, 청소년상담사, 청소년시설, 청소년단체 및 청소년 관련 기관에서 청소년육성에 필요한 업무에 종사하는 사람을 말한다.
- **청소년단체** : 청소년육성을 주된 목적으로 설립된 법인이나 대통령령으로 정하는 단체를 말한다.

(3) 청소년의 권리와 책임

청소년의 기본적 인권은 청소년활동 · 청소년복지 · 청소년보호 등 청소년육성의 모든 영역에서 존중되어야 하며, 청소년은 인종・종교・성별・나이・학력・신체조건 등에 따른 어떠한 종류의 차별도 받지 아니한다.

청소년은 외부적 영향에 구애받지 아니하면서 자기 의사를 자유롭게 밝히고 스스로 결정할 권리를 가진다. 청소년은 안전하고 쾌적한 환경에서 자기발전을 추구하고 정신적・신체적 건강을 해치거나 해칠 우려가 있는 모든 형태의 환경으로부터 보호받을 권리를 가진다.

청소년은 자신의 능력을 개발하고 건전한 가치관을 확립하며 가정・사회 및 국가의 구성원으로서의 책임을 다하도록 노력하여야 한다(제5조).

(4) 청소년의 자치권 확대

청소년은 사회의 정당한 구성원으로서 본인과 관련된 의사결정에 참여할 권리를 가진다.

국가 및 지방자치단체는 청소년이 원활하게 관련 정보에 접근하고 그 의사를 밝힐 수 있도록 청소년 관련 정책에 대한 자문・심의 등의 절차에 청소년을 참여시키거나 그 의견을 수렴하여야 하며, 청소년 관련 정책의 심의・협의・조정 등을 위한 위원회・협의회 등에 청소년을 포함하여 구성・운영할 수 있다.

국가 및 지방자치단체는 청소년과 관련된 정책 수립 절차에 청소년의 참여 또는 의견 수렴을 보장하는 조치를 하여야 하며, 청소년 관련 정책의 수립과 시행과정에 청소년의 의견을 수렴하고 참여를 촉진하기 위하여 청소년으로 구성되는 청소년참여위원회를 운영하여야 한다. 국가 및 지방자치단체는 제4항에 따른 청소년참여위원회에서 제안된 내용이 청소년 관련 정책의 수립 및 시행과정에 반영될 수 있도록 적극 노력하여야 한다(제5조의2).

(5) 가정의 책임

가정은 청소년육성에 관하여 1차적 책임이 있음을 인식하여야 하며, 따뜻한 사랑과 관심을 통하여 청소년이 개성과 자질을 바탕으로 자기발전을 실현하고 국가와 사회의 구성원으로서의 책임을 다하는 다음 세대로 성장할 수 있도록 노력하여야 한다.

가정은 학교 및 청소년 관련 기관 등에서 실시하는 교육 프로그램에 청소년과 함께 참여하는 등 청소년을 바르게 육성하기 위하여 적극적으로 노력하여야 하며, 가정은 정보통신망을 이용한 유해매체물 접촉을 차단하는 등 청소년 유해환경으로부터 청소년을 보호하기 위하여 필요한 노력을 하여야 한다.

가정의 무관심·방치·억압 또는 폭력 등이 원인이 되어 청소년이 가출하거나 비행(非行)을 저지르는 경우 친권자 또는 친권자를 대신하여 청소년을 보호하는 자는 보호의무의 책임을 진다(제6조).

(6) 사회의 책임

모든 국민은 청소년이 일상생활에서 즐겁게 활동하고 더불어 사는 기쁨을 누리도록 도와주어야 하며, 모든 국민은 청소년의 사고와 행동양식의 특성을 인식하고 사랑과 대화를 통하여 청소년을 이해하고 지도하여야 하며, 청소년의 비행을 바로잡는 등 그 선도에 최선을 다하여야 한다.

모든 국민은 청소년을 대상으로 하거나 청소년이 쉽게 접할 수 있는 장소에서 청소년의 정신적·신체적 건강에 해를 끼치는 행위를 하여서는 아니 되며, 청소년에게 유해한 환경을 정화하고 유익한 환경이 조성되도록 노력하여야 한다. 모든 국민은 경제적·사회적·문화적·정신적으로 어려운 상태에 있는 청소년들에게 특별한 관심을 가지고 이들이 보다 나은 삶을 누릴 수 있도록 노력하여야 한다(제7조).

(7) 국가 및 지방자치단체의 책임

국가 및 지방자치단체는 청소년육성에 필요한 법적·제도적 장치를 마련하여 시행하여야 한다.

국가 및 지방자치단체는 근로 청소년을 특별히 보호하고 근로가 청소년의 균형 있는 성장과 발전에 도움이 되도록 필요한 시책을 마련하여야 하며, 국가 및 지방자치단체는 청소년에 대한 가정과 사회의 책임 수행에 필요한 여건을 조성하여야 한다.

국가 및 지방자치단체는 이 법에 따른 업무 수행에 필요한 재원을 안정적으로 확보하기 위한 시책을 수립·실시하여야 한다(제8조).

(8) 교육 및 홍보

국가 및 지방자치단체는 이 법 및 「아동의 권리에 관한 협약」에서 규정한 청소년의 권리와 관련된 내용을 널리 홍보하고 교육하여야 한다.

국가 및 지방자치단체는 근로 청소년의 권익보호를 위하여 근로기준법 등에서 정하는 근로 청소년의 권리 등에 필요한 교육 및 상담을 청소년에게 실시하여야 하며, 청소년 근로권익 보호정책을 적극적으로 홍보하여야 한다. 청소년 관련 기관과 청소년단체는 청소년을 대상으로 청소년의 권리에 관한 교육적 조치를 시행하여야 한다(제8조의2).

3) 청소년정책의 총괄 및 조정

(1) 청소년정책의 총괄·조정

청소년정책은 여성가족부장관이 관계 행정기관의 장과 협의하여 총괄·조정한다(제9조).

(2) 청소년정책위원회

청소년정책에 관한 주요 사항을 심의·조정하기 위하여 여성가족부에 청소년정책위원회를 둔다.

청소년정책위원회는 다음의 사항을 심의·조정한다.

- 청소년육성에 관한 기본계획의 수립에 관한 사항
- 청소년정책의 분야별 주요 시책에 관한 사항

- 청소년정책의 제도개선에 관한 사항
- 청소년정책의 분석·평가에 관한 사항
- 둘 이상의 행정기관에 관련되는 청소년정책의 조정에 관한 사항
- 그 밖에 청소년정책의 수립·시행에 필요한 사항으로서 대통령령으로 정하는 사항

청소년정책위원회는 위원장 1명을 포함하여 30명 이내의 위원으로 구성한다. 위원장은 여성가족부장관이 되고, 위원은 기획재정부차관, 교육부차관, 과학기술정보통신부차관, 통일부차관, 법무부차관, 행정안전부차관, 문화체육관광부차관, 산업통상자원부차관, 보건복지부차관, 고용노동부차관, 중소벤처기업부차관, 방송통신위원회부위원장, 경찰청장, 그 밖에 대통령령으로 정하는 관계 중앙행정기관의 차관 또는 차관급 공무원, 청소년정책에 관하여 학식과 경험이 풍부한 사람, 청소년정책과 관련된 활동실적 등이 풍부한 청소년 중에서 여성가족부장관이 위촉하는 청소년이 된다. 위원의 임기는 2년으로 한다.

청소년정책위원회에서 심의·조정할 사항을 미리 검토하거나 위임된 사항을 처리하는 등 청소년정책위원회의 운영을 지원하기 위하여 청소년정책위원회에 청소년정책실무위원회를 둔다. 규정한 사항 외에 청소년정책위원회 및 청소년정책실무위원회의 구성, 운영 및 위촉기준 등에 필요한 사항은 대통령령으로 정한다(제10조).

(3) 지방청소년육성위원회의 설치

청소년육성에 관한 지방자치단체의 주요 시책을 심의하기 위하여 특별시장·광역시장·특별자치시장·도지사·특별자치도지사 및 시장·군수·구청장의 소속으로 지방청소년육성위원회를 둔다. 지방청소년육성위원회의 구성·조직 및 운영 등에 필요한 사항은 조례로 정한다(제11조).

(4) 청소년특별회의의 개최

국가는 범정부적 차원의 청소년정책과제의 설정·추진 및 점검을 위하여 청소년 분야의 전문가와 청소년이 참여하는 청소년특별회의를 해마다 개최하여야 한다(제12조).

(5) 청소년육성에 관한 기본계획의 수립

여성가족부장관은 관계 중앙행정기관의 장과 협의한 후 청소년정책위원회의 심의를 거쳐 청소년육성에 관한 기본계획을 5년마다 수립하여야 한다.

기본계획에는 다음의 사항이 포함되어야 한다(제13조).

- 이전의 기본계획에 관한 분석·평가
- 청소년육성에 관한 기본 방향
- 청소년육성에 관한 추진목표
- 청소년육성에 관한 기능의 조정
- 청소년육성의 분야별 주요 시책
- 청소년육성에 필요한 재원의 조달방법
- 그 밖에 청소년육성을 위하여 특히 필요하다고 인정되는 사항

(6) 연도별 시행계획의 수립

여성가족부장관 및 관계 중앙행정기관의 장과 지방자치단체의 장은 기본계획에 따라 연도별 시행계획을 수립·시행하여야 한다.

관계 중앙행정기관의 장과 지방자치단체의 장은 다음 연도 시행계획 및 전년도 시행계획에 따른 추진실적을 대통령령으로 정하는 바에 따라 매년 여성가족부장관에게 제출하여야 한다. 여성가족부장관은 전년도 시행계획에 따른 추진실적을 분석·평가하고, 그 결과를 관계 중앙행정기관의 장과 지방자치단체의 장에게 통보한다. 여성가족부장관 및 관계 중앙행정기관의 장과 지방자치단체의 장은 분석·평가 결과를 다음 연도 시행계획에 반영하여야 한다. 여

성가족부장관은 추진실적의 분석·평가를 위하여 필요한 경우에는 국공립 연구기관 또는 「정부출연연구기관 등의 설립·운영 및 육성에 관한 법률」에 따른 정부출연연구기관을 청소년정책 분석·평가에 관한 전문지원기관으로 지정하여 분석·평가 업무를 지원하게 할 수 있다(제14조).

(7) 청소년의 달

청소년의 능동적이고 자주적인 주인의식을 드높이고 모든 국민이 청소년육성에 참여하는 분위기를 조성하기 위하여 매년 5월을 청소년의 달로 한다(제16조).

4) 청소년지도자

(1) 청소년지도자

국가 및 지방자치단체는 청소년지도자의 양성과 자질 향상을 위하여 필요한 시책을 마련하여야 한다(제20조).

여성가족부장관은 청소년지도사 자격검정에 합격하고 청소년지도사 연수기관에서 실시하는 연수과정을 마친 사람에게 청소년지도사의 자격을 부여하고, 청소년지도사 자격검정에 합격한 사람의 연수를 위하여 필요한 경우에는 대통령령으로 정하는 바에 따라 청소년지도사 연수기관을 지정할 수 있다. 누구든지 발급받은 자격증을 다른 사람에게 빌려주거나 빌려서는 아니 되며, 이를 알선하여서도 아니 된다.

다음의 어느 하나에 해당하는 사람은 청소년지도사가 될 수 없다(제21조).

- 미성년자, 피성년후견인 또는 피한정후견인
- 파산선고를 받고 복권되지 아니한 사람
- 금고 이상의 형을 선고받고 그 집행이 끝나거나 집행을 받지 아니하기로 확정된 후 3년이 지나지 아니한 사람

- 금고 이상의 형을 선고받고 그 집행유예의 기간이 끝나지 아니한 사람
  - 성범죄 관련 죄를 저지른 사람으로서 형 또는 치료감호를 선고받고 확정된 후 그 형 또는 치료감호의 전부 또는 일부의 집행이 끝나거나 집행이 유예·면제된 날부터 10년이 지나지 아니한 사람
- 법원의 판결 또는 법률에 따라 자격이 상실되거나 정지된 사람

(2) 청소년지도사 자격의 취소

여성가족부장관은 청소년지도사가 결격사유에 해당하게 된 경우, 거짓이나 그 밖의 부정한 방법으로 자격을 취득한 경우, 자격증을 다른 사람에게 빌려주거나 양도한 경우에는 그 자격을 취소하여야 한다(제21조의2).

5) 청소년단체

(1) 청소년단체의 역할

청소년단체는 학교교육과 서로 보완할 수 있는 청소년활동을 통한 청소년의 기량과 품성 함양, 청소년복지 증진을 통한 청소년의 삶의 질 향상, 유해환경으로부터 청소년을 보호하기 위한 청소년보호 업무 수행을 위하여 최선의 노력을 하여야 한다. 청소년단체는 제1항에 따른 역할을 수행할 때에 청소년의 의견을 적극 반영하여야 한다(제28조).

(2) 한국청소년단체협의회

청소년단체는 청소년육성을 위한 다음의 활동을 하기 위하여 여성가족부장관의 인가를 받아 한국청소년단체협의회를 설립할 수 있다(제40조).

- 회원단체의 사업과 활동에 대한 협조·지원
- 청소년지도자의 연수와 권익 증진
- 청소년 관련 분야의 국제기구활동

- 외국 청소년단체와의 교류 및 지원
- 남・북청소년 및 해외교포청소년과의 교류・지원
- 청소년활동에 관한 조사・연구・지원
- 청소년 관련 도서 출판 및 정보 지원
- 청소년육성을 위한 홍보 및 실천 운동
- 지방청소년단체협의회에 대한 협조 및 지원
- 그 밖에 청소년육성을 위하여 필요한 사업

(3) 지방청소년단체협의회

특정지역을 활동 범위로 하는 청소년단체는 청소년육성을 위하여 그 지역을 관할하는 시・도의 조례로 정하는 바에 따라 시・도지사의 인가를 받아 지방청소년단체협의회를 설립할 수 있다. 지방자치단체는 예산의 범위에서 해당 지방청소년단체협의회의 운영경비의 전부 또는 일부를 지원할 수 있다(제41조).

6) 청소년활동 및 청소년복지

(1) 청소년활동의 지원

국가 및 지방자치단체는 청소년활동을 지원하여야 한다(제47조).

(2) 학교교육 등과의 연계 및 청소년 방과 후 활동의 지원

국가 및 지방자치단체는 청소년활동과 학교교육・평생교육을 연계하여 교육적 효과를 높일 수 있도록 하는 시책을 수립・시행하여야 하며, 여성가족부장관이 시책을 수립할 때에는 미리 관계 기관과 협의하여야 하며, 전문가의 의견을 들어야 한다. 협의를 요청받은 관계 기관은 특별한 사유가 없으면 이에 따라야 한다(제48조).

국가 및 지방자치단체는 학교의 정규교육으로 보호할 수 없는 시간 동안 청소년의 전인적(全人的) 성장·발달을 지원하기 위하여 다양한 교육 및 활동 프로그램 등을 제공하는 종합적인 지원 방안을 마련하여야 한다(제48조의2).

(3) 청소년복지의 향상

국가는 청소년들의 의식·태도·생활 등에 관한 사항을 정기적으로 조사하고, 이를 개선하기 위하여 청소년의 복지향상 정책을 수립·시행하여야 한다. 국가 및 지방자치단체는 기초생활 보장, 직업재활훈련, 청소년활동 지원 등의 시책을 추진할 때에는 정신적·신체적·경제적·사회적으로 특별한 지원이 필요한 청소년을 우선적으로 배려하여야 한다. 국가 및 지방자치단체는 청소년의 삶의 질을 향상하기 위하여 구체적인 시책을 마련하여야 한다(제49조).

(4) 근로 청소년의 보호를 위한 신고의무

누구든지 청소년의 근로와 관련하여 근로기준법, 최저임금법 등 노동 관계 법령의 위반 사실을 알게 된 경우에는 그 사실을 고용노동부장관이나 근로기준법 제101조에 따른 근로감독관에게 신고할 수 있다.

다음의 어느 하나에 해당하는 사람은 그 직무를 수행하면서 청소년의 근로와 관련하여 근로기준법, 최저임금법 등 노동 관계 법령의 위반 사실을 알게 된 경우에는 그 사실을 고용노동부장관이나 근로기준법 제101조에 따른 근로감독관에게 신고하여야 한다.

- 청소년복지 지원법 제12조 제2항에 따른 상담전화, 같은 법 제22조에 따른 한국청소년상담복지개발원, 같은 법 제29조에 따른 청소년상담복지센터, 같은 법 제30조에 따른 이주배경청소년지원센터 및 같은 법 제31조에 따른 청소년복지시설의 장과 그 종사자
- 「학교 밖 청소년 지원에 관한 법률」 제12조에 따른 학교 밖 청소년 지원센터의 장과 그 종사자
- 아동복지법 제50조에 따른 아동복지시설의 장과 그 종사자

누구든지 신고인의 인적 사항 또는 신고인임을 미루어 알 수 있는 사실을 다른 사람에게 알려주거나 공개 또는 보도하여서는 아니 된다(제52조의2).

3. 사회서비스 이용 및 이용권 관리에 관한 법률

1) 입법 배경 및 목적

「사회서비스 이용 및 이용권 관리에 관한 법률」은 사회서비스 이용의 활성화, 이용자의 권익 보호, 사회서비스 제공자의 관리 및 사회서비스 기반 조성 등을 체계적으로 정립함으로써, 사회복지 전달체계의 효율성을 높이고, 이용자의 선택권을 보장하여 국민복지의 향상에 이바지하려는 입법취지(법제처, 2018)로 2011년 8월 4일 제정되었고, 2012년 2월 5일부터 시행되었다. 이 법은 사회서비스 이용 및 이용권(利用卷) 관리에 필요한 사항을 정함으로써 사회서비스의 이용을 활성화하고 이용자의 선택권을 보장하도록 하여 국민의 복지증진에 이바지하는 것을 목적으로(제1조) 제정되었고, 사회서비스이용권을 통하여 사회서비스를 제공하는 경우에 다른 법률에 특별한 규정이 있는 경우를 제외하고는 이 법에서 정하는 바에 따른다(제3조).

2) 주요 내용

(1) 용어 정의

이 법에서 사용하는 용어의 뜻은 다음과 같다(제2조).

- **사회서비스** : 사회복지사업법 제2조 제4호에 따른 사회복지서비스, 보건의료기본법 제3조 제2호에 따른 보건의료서비스, 그 밖에 이에 준하는 서비스로서 대통령령으로 정하는 서비스를 말한다.
- **사회서비스이용권** : 그 명칭 또는 형태와 상관없이 사회서비스 이용자가

사회서비스 제공자에게 제시하여 일정한 사회서비스를 제공받을 수 있도록 그 사회서비스의 수량 또는 그에 상응하는 금액이 기재(전자적 또는 자기적 방법에 의한 기록을 포함)된 증표를 말한다.

- **사회서비스 이용자** : 사회서비스이용권을 사용하여 제공자로부터 사회서비스를 제공받는 자를 말한다.
- **사회서비스 제공자** : 등록을 하고 이용자가 제시하는 이용권에 따라 사회서비스를 제공하는 자 또는 기관을 말한다.

(2) 국가 등의 책무

국가와 지방자치단체는 사회서비스의 이용을 활성화하고 이용자의 선택권을 보장하기 위하여 사회서비스이용권 사용이 장려되는 여건을 조성하고 그에 필요한 재원(財源)을 마련하여야 한다.

지방자치단체는 지역 여건에 맞는 사회서비스를 개발하여 시행하여야 하고, 국가는 그에 필요한 사항을 지원하여야 한다.

제공자는 이용자의 원활한 사회서비스 이용 및 관련 종사자의 보호를 위하여 노력하여야 한다(제4조).

(3) 사회서비스 제공계획

보건복지부장관은 사회서비스이용권을 통한 사회서비스사업을 원활하게 추진하기 위하여 매년 이용권의 발급기준, 비용 부담 등을 포함한 계획을 수립·시행하고 그 주요 내용을 공표하여야 한다. 보건복지부장관은 사회서비스의 수요 변화 등으로 사회서비스 제공계획을 변경할 필요가 있는 경우에는 사회서비스 제공계획을 변경할 수 있다. 이 경우 변경된 내용을 공표하여야 한다(제5조).

(4) 이용자의 비용 부담

국가와 지방자치단체는 제5조에 따른 사회서비스 제공계획에서 정한 이용자의 비용 부담기준에 따라 이용자에게 사회서비스 제공 비용을 부담하게 할 수 있다. 이용자와 그 부양의무자의 소득 및 재산이 보건복지부령으로 정하는 금액 이하인 사람, 천재지변 등 보건복지부령으로 정하는 사유로 생계가 곤란한 사람 중 어느 하나에 해당하는 사람에 대하여는 부담 비용을 감면할 수 있다(제6조).

(5) 이용자의 권익 보호

국가 및 지방자치단체는 이용자의 권익 보호를 위하여 다음의 시책을 강구하여야 한다(제8조).

- 이용자의 권익 보호를 위한 정보관리·홍보·교육 및 연구
- 이용자의 생명·신체 및 재산상의 위해(危害) 방지
- 이용자의 불만 및 피해에 관한 신속·공정한 구제 조치
- 그 밖에 이용자 보호와 관련된 사항

3) 사회서비스이용권의 사용

(1) 사회서비스이용권의 발급 신청

사회서비스이용권 발급대상자, 발급대상자의 친족, 발급대상자의 법정대리인 중 어느 하나에 해당하는 사람은 사회서비스 제공계획에 따른 사회서비스 이용권을 발급하여 줄 것을 시장·군수·구청장에게 신청할 수 있다.

사회서비스이용권 발급 담당 공무원은 이 법에 따른 사회서비스 이용을 필요로 하는 사람이 누락되지 아니하도록 하기 위하여 관할 지역에 거주하는 발급대상자에 대한 사회서비스이용권의 발급을 직권으로 신청할 수 있다. 이 경우 발급대상자의 동의를 받아야 하며, 동의를 받은 경우에는 발급대상자가 신청한 것으로 본다. 발급대상자가 심신미약 또는 심신상실 등 대통령령으로 정하는 경우에 해당하면 발급대상자의 동의를 생략할 수 있다. 이 경우 사회서

비스이용권 발급 담당 공무원은 직권 신청한 사실을 시장・군수・구청장에게 지체 없이 보고하여야 한다.

시장・군수・구청장이 지정한 법인・단체・시설・기관 등은 발급대상자의 요청에 따라 제1항에 따른 사회서비스이용권 발급 신청을 지원할 수 있다. 사회서비스이용권의 발급 신청, 발급대상자의 동의 등에 필요한 사항은 보건복지부령으로 정한다(제9조).

(2) 신청에 따른 조사

시장・군수・구청장은 제9조에 따른 발급 신청을 받으면 소속 공무원으로 하여금 사회서비스 제공계획에서 정한 발급기준에 부합하는지를 조사하게 하거나, 신청인에게 그 조사에 필요한 자료를 제출하게 할 수 있다.

시장・군수・구청장은 조사를 위하여 국세・지방세・토지・건물・국민건강보험・국민연금 및 고용보험 등 관련 전산망 또는 자료를 이용하려는 경우에는 관계 기관의 장에게 협조를 요청할 수 있다. 이 경우 관계 기관의 장은 정당한 사유가 없으면 요청에 따라야 한다. 조사하는 공무원은 그 권한을 표시하는 증표 및 조사기간, 조사범위, 조사담당자, 관계 법령 등 보건복지부령으로 정하는 사항이 기재된 서류를 지니고 이를 관계인에게 보여주어야 한다.

시장・군수・구청장은 조사하거나 제공받은 자료 또는 정보에 관하여 발급대상자에게 법적 근거, 이용 목적 및 범위, 이용방법, 보유기간 및 파기방법의 사항을 고지하여야 한다.

시장・군수・구청장은 조사하거나 제공받은 정보 중 발급대상자가 아닌 사람의 정보는 5년을 초과하여 보유할 수 없다. 이 경우 정보의 보유기한이 경과되면 지체 없이 이를 파기하여야 한다. 시장・군수・구청장의 소속 공무원 또는 공무원이었던 사람은 제1항 및 제2항에 따라 얻은 정보와 자료를 이 법에서 정한 목적 외의 다른 용도로 사용하거나 다른 사람 또는 기관에 제공하여서는 아니 된다. 시장・군수・구청장은 제1항 및 제2항에 따른 조사결과를 대장으로 작성하여 갖추어 두어야 한다. 다만, 전산정보처리조직에 의하여 관리되는 경우에는 전산파일로 대체할 수 있다.

조사의 절차·방법 등에 관하여는 이 법에서 정하는 사항을 제외하고는 행정조사기본법에서 정하는 바에 따른다(제10조).

(3) 사회서비스이용권의 발급

시장·군수·구청장은 조사를 마치면 사회서비스이용권을 발급대상자에게 발급할 것인지 여부를 결정하여 서면 또는 전자문서로 그 내용을 신청인에게 알려야 한다. 시장·군수·구청장이 사회서비스이용권의 발급 여부를 결정할 때 제공받은 자료·정보의 전부 또는 일부를 통해 평가한 발급대상자의 소득·재산 수준이 보건복지부장관이 정하는 기준 이하인 경우에는 관련 조사의 일부를 생략하고 사회서비스이용권의 발급을 결정할 수 있다. 시장·군수·구청장은 발급 통보를 하는 경우에는 해당 발급대상자에게 지체 없이 사회서비스이용권을 발급하여야 한다. 다만, 해당 발급대상자가 전자적 또는 자기적 방법으로 기재된 사회서비스이용권(사회서비스전자이용권)을 이미 발급받은 경우에는 그 사회서비스전자이용권에 기재사항을 다시 기재하여 사용할 수 있다.

이용자가 발급받은 사회서비스이용권을 잃어버렸거나 사회서비스이용권이 손상되어 못쓰게 된 경우에는 시장·군수·구청장에게 재발급을 신청할 수 있다. 규정한 사항 외에 사회서비스이용권의 발급 및 재발급에 필요한 사항은 보건복지부령으로 정한다(제11조).

(4) 이의신청

사회서비스 이용권 발급 결정에 대하여 이의가 있는 자는 그 결정결과를 통지받은 날부터 60일 이내에 시장·군수·구청장에게 이의를 제기할 수 있다. 다만, 정당한 사유에 따라 그 기간 내에 이의신청을 할 수 없었음을 소명한 때에는 그러하지 아니하다.

시장·군수·구청장은 이의신청을 받은 날부터 15일 이내에 이를 검토하고 처분이 위법·부당하다고 인정되는 때에는 시정, 그 밖에 필요한 조치를 하여야 한다. 이의신청의 방법, 절차 및 운영 등에 필요한 사항은 보건복지부령으로 정한다(제12조).

(5) 사회서비스이용권의 기재사항

사회서비스이용권에는 다음의 사항을 기재하여야 한다(제13조).

- 이용자의 이름
- 사회서비스이용권의 일련번호
- 제공할 사회서비스의 종류
- 제공할 사회서비스의 수량 또는 그에 상응하는 금액
- 사회서비스이용권의 사용기간
- 그 밖에 보건복지부령으로 정하는 사항

(6) 사회서비스이용권의 사용

이용자는 제공자에게 사회서비스이용권을 제시하고, 사회서비스를 제공받을 수 있다(제14조).

(7) 이용자 등의 준수사항

누구든지 사회서비스이용권을 정당한 권한이 없는 자에게 판매·대여하거나 그 권리를 이전하여서는 아니 된다. 이용자는 사회서비스이용권을 사용할 때에 사회서비스이용권에 기재된 사회서비스를 대신하여 대가성이 있는 금전 등 어떠한 금품도 제공자로부터 받아서는 아니 된다(제15조).

4) 제공자 등록 등

(1) 제공자 등록

사회서비스이용권을 통하여 사회서비스를 제공하려는 자는 제공하려는 사회서비스별로 시장·군수·구청장에게 등록하여야 한다. 등록사항을 변경하는 경우에도 또한 같다. 등록을 하려는 자는 보건복지부령으로 정하는 기준에 따른 인력·시설 또는 장비를 갖추어야 한다. 시장·군수·구청장은 등록기준을 적용할 때 제공기관의 지역적 분포 및 적정공급 규모를 고려할 필요가 있다고 인정할 때에는 등록을 제한하거나 조건을 붙일 수 있다.

시장·군수·구청장은 제1항에 따라 등록한 경우에는 해당 제공자에게 등록증을 발급하여야 하고, 그 내용을 이용자가 확인할 수 있도록 보건복지부령으로 정하는 방법에 따라 이용자에게 알려야 한다. 시장·군수·구청장은 부가가치세법 제8조에 따라 관할 세무서장에게 폐업신고를 하거나 관할 세무서장이 사업자 등록을 말소한 경우에는 제공자의 등록사항을 직권으로 말소할 수 있다. 시장·군수·구청장은 직권말소를 위하여 필요한 경우 관할 세무서장에게 제공자의 폐업 여부에 대한 정보 제공을 요청할 수 있다. 이 경우 요청을 받은 관할 세무서장은 전자정부법 제36조 제1항에 따라 제공자의 폐업 여부에 대한 정보를 제공하여야 한다.

제공자는 발급한 등록증을 잃어버렸거나 손상되어 못쓰게 된 경우에는 시장·군수·구청장에게 재발급을 신청할 수 있다. 규정한 사항 외에 제공자의 등록, 변경등록, 등록증의 발급 및 재발급 등에 필요한 사항은 보건복지부령으로 정한다(제16조).

(2) 결격사유

다음의 어느 하나에 해당하는 사람은 제공자가 될 수 없다. 법인의 경우로서 그 임원 중 다음 각 호의 어느 하나에 해당하는 사람이 있는 경우에도 또한 같다(제17조).

- 피성년후견인 또는 피한정후견인
- 파산선고를 받고 복권되지 아니한 사람
- 금고 이상의 실형을 선고받고 그 집행이 끝나거나(집행이 끝난 것으로 보는 경우를 포함) 집행이 면제된 날부터 2년이 지나지 아니한 사람
- 금고 이상의 형의 집행유예를 선고받고 그 유예기간 중에 있는 사람
- 금고 이상의 형의 선고유예를 받고 그 유예기간 중에 있는 사람
- 이 법을 위반하여 벌금형을 선고받고 1년이 지나지 아니한 사람
- 이 법에 따라 제공자 등록이 취소(피성년후견인 또는 피한정후견인, 파산선고를 받고 복권되지 아니한 사람에 해당하여 제공자 등록이 취소된 경우는 제외한다)된 후 2년이 지나지 아니한 사람

(3) 제공자의 준수사항

제공자는 제공하는 사회서비스, 인력·시설 및 장비에 관한 사항, 그 밖에 보건복지부령으로 정하는 사항에 대하여 이용자에게 공개하여야 한다. 공개한 내용이 변경되거나 사실과 다른 경우에는 지체 없이 수정하고 이를 공개하여야 한다. 제공자는 이용자에게 제공하기로 한 사회서비스를 정당한 사유 없이 거부할 수 없다.

제공자는 사회서비스이용권이 이용자 본인에 의하여 정당하게 사용되고 있는지 여부를 확인하여야 한다. 이 경우 제공자는 이용자로 하여금 보건복지부령으로 정하는 신분증명서 또는 서류를 제시하여 줄 것을 요청할 수 있다. 제공자는 이용자가 신분증명서 또는 서류의 제시를 거부하거나 기피하는 경우에는 해당 사회서비스를 이용자에게 제공하여서는 아니 된다.

제공자는 사회서비스전자이용권으로 결제하여 사회서비스 제공 비용을 청구할 때에 제공자에게 부과되는 비용을 이용자에게 부담하게 하여서는 아니 된다.

제공자는 다음의 어느 하나에 해당하면 이용자에게 사회서비스를 제공하여서는 아니 된다.

- 관할 세무서장에게 폐업신고를 하거나 제공자 등록이 말소되거나 등록사항이 직권 말소된 경우
- 휴업 또는 폐업을 한 경우
- 등록이 취소되거나 영업이 정지된 경우

제공자는 다음의 어느 하나에 해당하는 행위를 하여서는 아니 된다.

- 사회서비스를 제공하지 아니하고 사회서비스 제공 비용을 청구하는 행위
- 거짓 등 부정한 방법이나 고의로 실제 제공한 사회서비스의 대가 이상으로 사회서비스 제공 비용을 청구하는 행위
- 그 밖에 사회서비스이용권의 건전한 유통질서를 해하는 행위로서 보건복지부령으로 정하는 부정한 행위

제공자는 사회서비스를 제공한 사실과 그 내용이 담긴 자료(사회서비스 제공자료)를 기록・보존하여야 한다. 사회서비스 제공자료의 기록・보존 등에 필요한 사항은 보건복지부령으로 정한다.

제공자는 다음의 어느 하나에 해당하는 경우에는 사회서비스 제공자료를 시장・군수・구청장에게 이관하여야 한다. 사회서비스 제공자료를 이관하여야 하는 휴업기간과 그 밖에 이관 등에 필요한 사항은 보건복지부령으로 정한다.

- 시장・군수・구청장이 직권으로 제공자의 등록사항을 말소한 경우
- 제공자가 휴업 또는 폐업을 신고한 경우. 다만, 제공자가 휴업을 시작하는 전일까지 시장・군수・구청장의 승인을 받은 경우에는 사회서비스 제공자료를 직접 보관할 수 있다.
- 시장・군수・구청장이 제공자의 등록을 취소한 경우(제19조)

(4) 사회서비스 제공 비용의 예탁 및 지급

시장・군수・구청장은 사회서비스 제공에 필요한 비용을 대통령령으로 정하는 관련 전문기관이나 단체에 예탁(預託)하여야 한다.

이용자가 사회서비스이용권을 제시하여 제공자가 사회서비스를 제공한 경우 제공자는 사회서비스전자이용권으로 결제하거나 서면에 기재하는 방법으로 사회서비스 제공 비용을 시장·군수·구청장에게 청구할 수 있다. 시장·군수·구청장은 비용 청구를 받았을 때에는 특별한 사유가 없으면 해당 비용을 제공자에게 지급하여야 한다. 시장·군수·구청장은 제3항에 따라 지급된 비용에 과부족(過不足)이 있거나 그 비용이 잘못 산정된 경우에는 그에 해당하는 금액을 제공자로부터 돌려받거나 제공자에게 추가 지급하여야 한다(제20조).

(5) 부당이득의 징수 등

시장·군수·구청장은 거짓이나 그 밖의 부당한 방법으로 사회서비스 제공 비용을 지급받은 제공자에 대하여 그 비용에 상당하는 금액의 전부 또는 일부를 징수한다. 이용자가 거짓 보고 또는 증명 등을 한 경우에는 시장·군수·구청장은 이용자에게 제공자와 연대하여 징수금을 납부하게 할 수 있다. 제공자 또는 이용자가 징수금을 납부하지 아니하는 때에는 국세 또는 지방세 체납처분의 예에 따라 징수한다(제21조).

(6) 제공자의 지위승계

제공자가 그 영업을 양도하거나 사망한 경우 또는 법인이 합병한 경우에는 그 양수인·상속인 또는 합병 후에 존속하는 법인이나 합병으로 설립되는 법인이 종전의 제공자의 지위를 승계한다.

다음의 어느 하나에 해당하는 절차에 따라 영업시설·설비의 전부를 인수한 자는 이 법에 따른 종전의 제공자의 지위를 승계한다.

- 민사집행법에 따른 경매
- 「채무자 회생 및 파산에 관한 법률」에 따른 환가
- 국세징수법·관세법 또는 지방세법에 따른 압류재산의 매각
- 그 밖에 제1호부터 제3호까지의 규정 중 어느 하나에 준하는 절차

종전의 제공자의 지위를 승계한 자는 1개월 이내에 보건복지부령으로 정하는 바에 따라 승계사실을 등록한 시장・군수・구청장에게 신고하여야 한다(제22조).

(7) 제공자 등록의 취소 등

시장・군수・구청장은 제공자가 다음의 어느 하나에 해당하면 그 등록을 취소하거나 6개월의 범위에서 그 기간을 정하여 영업을 정지하게 할 수 있다. 다만, 거짓이나 그 밖의 부정한 방법으로 등록을 한 경우, 정당한 사유 없이 등록한 후 1년 이내에 영업을 시작하지 아니하거나 1년 이상 휴업한 경우, 결격사유에 해당하거나 영업정지기간에 영업을 한 경우에 해당하는 경우에는 등록을 취소하여야 한다(제23조).

- 거짓이나 그 밖의 부정한 방법으로 등록을 한 경우
- 정당한 사유 없이 등록한 후 1년 이내에 영업을 시작하지 아니하거나 1년 이상 휴업한 경우
- 등록기준에 맞지 아니하게 된 경우
- 제공자 결격사유의 어느 하나에 해당하는 경우. 다만, 법인의 임원 중 그 사유에 해당하는 사람이 있는 경우에 3개월 이내에 해당 임원을 해임하거나 교체하였을 때에는 그러하지 아니한다.
- 제공자 준수사항을 위반한 경우
- 소속 종사자가 사회서비스를 제공받는 이용자에 대하여 폭행, 상해, 성적 수치심을 주는 성희롱 또는 성폭력에 해당하는 행위를 한 경우
- 영업정지기간에 영업을 한 경우

5) 사회서비스 이용권의 기반조성

(1) 사회서비스이용권의 표준화

보건복지부장관은 사회서비스이용권이 효율적이고 통일적으로 사용・관리될 수 있도록 사회서비스이용권을 표준화하기 위한 방안을 마련하여야 한다.

보건복지부장관은 제1항에 따른 사회서비스이용권 표준화 업무를 대통령령으로 정하는 관계 전문기관 또는 단체에 위탁할 수 있다(제27조).

(2) 사회서비스전자이용권의 관리체계 구축

보건복지부장관은 사회서비스전자이용권의 관리체계를 구축·운영할 수 있으며, 사회서비스전자이용권의 관리체계의 구축·운영에 관한 업무를 대통령령으로 정하는 관계 전문기관 또는 단체에 위탁할 수 있다(제28조).

(3) 제공자에 관한 정보 공개

보건복지부장관은 이용자의 사회서비스 선택권을 보장하고 사회서비스의 질을 높이기 위하여 보건복지부령으로 정하는 바에 따라 제공자의 현황, 제공자의 사회서비스의 제공 실적 및 품질, 그 밖에 보건복지부령으로 정하는 사항을 공개하여야 한다.

특별시장·광역시장·도지사·특별자치도지사 및 시장·군수·구청장 등은 보건복지부령으로 정하는 바에 따라 관할구역의 제공자에 관한 정보를 보건복지부장관에게 알려야 한다.

보건복지부장관은 제공자에 관한 정보 공개 업무를 대통령령으로 정하는 관계 전문기관 또는 단체에 위탁할 수 있다. 이 경우 보건복지부장관은 제공자에 관한 정보를 관계 전문기관 또는 단체에 제공할 수 있다. 공개의 내용·방법·절차, 공개내용의 수정 등에 관하여 필요한 사항은 보건복지부령으로 정한다(제29조).

(4) 사회서비스 품질관리

보건복지부장관은 이용자를 보호하고 사회서비스의 질을 높이기 위하여 사회서비스의 품질기준을 정하고, 그 품질기준에 따라 제공자가 제공하는 사회서비스의 질을 평가하는 등 사회서비스 품질관리 업무를 수행하여야 한다. 보건복지부장관은 사회서비스 품질관리 업무를 대통령령으로 정하는 관계 전문기관 또는 단체에 위탁할 수 있다(제30조).

(5) 교육과 훈련

보건복지부장관 또는 시·도지사는 제공자 및 관련 종사자에게 사회서비스 제공과 관련된 교육과 훈련을 실시할 수 있다. 보건복지부장관 또는 시·도지사는 교육과 훈련에 관한 업무를 관계 전문기관 또는 단체에 위탁할 수 있다. 이 경우 교육과 훈련에 필요한 예산을 지원할 수 있다(제31조).

4. 저출산·고령사회기본법

1) 입법 배경 및 목적

「저출산·고령사회기본법」은 날로 심화되고 있는 출산율 저하와 노인인구 비중의 증가로 인한 사회적 위기의식에 부응하여, 자녀의 출산 및 양육이 원활하게 이루어지고 노인이 중요한 사회적 행위자로서 건강하고 활력있는 사회생활을 할 수 있도록 국가의 책임을 정하고, 저출산·고령사회정책의 기본방향과 그 수립 및 추진체계에 관한 사항 등을 규정함으로써 국민의 삶의 질 향상과 국가의 지속적인 발전에 이바지하려는 취지로 2005년 5월 18일 제정되고 동년 9월 1일 시행되었다.

이 법은 국가의 지속적인 발전을 위한 인구 구성의 균형과 질적 향상을 실현하고, 국민이 건강하고 안정된 노후생활을 할 수 있도록 하는 것을 기본이념으로(제2조), 저출산 및 인구의 고령화에 따른 변화에 대응하는 저출산·고령사회정책의 기본방향과 그 수립 및 추진체계에 관한 사항을 규정함으로써 국가의 경쟁력을 높이고 국민의 삶의 질 향상과 국가의 지속적인 발전에 이바지함을 목적으로 한다(제1조).

2) 주요 내용

(1) 용어 정의

이 법에서 사용하는 용어의 뜻은 다음과 같다(제3조).

- **인구의 고령화** : 전체 인구에서 노인의 인구비율이 증가하는 현상을 말한다.
- **저출산 · 고령사회정책** : 저출산 및 인구의 고령화에 따른 변화에 대응하기 위하여 수립 · 시행하는 정책을 말한다.

(2) 국가 및 지방자치단체의 책무

국가는 종합적인 저출산 · 고령사회정책을 수립 · 시행하고, 지방자치단체는 국가의 저출산 · 고령사회정책에 맞추어 지역의 사회 · 경제적 실정에 부합하는 저출산 · 고령사회정책을 수립 · 시행하여야 한다.

국가 및 지방자치단체는 다른 법률의 규정에 의하여 중 · 장기계획 및 연도별 시행계획 등 주요정책을 수립하는 경우 제20조의 규정에 의한 저출산 · 고령사회기본계획을 고려하여야 한다(제4조).

(3) 국민의 책무

국민은 출산 및 육아의 사회적 중요성과 인구의 고령화에 따른 변화를 인식하고 국가 및 지방자치단체가 시행하는 저출산 · 고령사회정책에 적극 참여하고 협력하여야 한다.

국민은 가정 및 지역사회의 일원으로 상호연대를 강화하고 각자의 노후생활을 건강하고 충실하게 영위할 수 있도록 노력하여야 한다(제5조).

(4) 다른 법률과의 관계

국가는 저출산 · 고령사회정책과 관계되는 다른 법률을 제정 또는 개정하는 경우 이 법의 목적과 기본이념에 맞도록 하여야 한다.

3) 저출산 대책

(1) 인구정책 및 인구교육

국가 및 지방자치단체는 적정인구의 구조와 규모를 분석하고 인구변동을 예측하여 국가 및 지방자치단체의 지속적인 성장과 발전을 위한 인구정책을 수립·시행하여야 한다(제7조). 국가 및 지방자치단체는 국민이 저출산 및 인구의 고령화 문제의 중요성을 이해하고, 결혼·출산 및 가족생활에 대한 합리적인 가치관을 형성할 수 있도록 하는 인구교육을 활성화하여야 하며, 이에 필요한 시책을 강구하여야 한다(제7조의2).

(2) 자녀의 출산과 보육

국가 및 지방자치단체는 모든 자녀가 차별받지 아니하고 안전하고 행복한 생활을 영위하며 교육과 인성함양에 도움을 주는 사회환경을 조성하기 위한 시책을 강구하여야 한다. 또한 자녀를 임신·출산·양육 및 교육하고자 하는 자가 직장생활과 가정생활을 병행할 수 있도록 사회환경을 조성·지원하여야 하며, 자녀를 양육하려는 자에게 양질의 보육서비스를 제공하기 위한 시책을 강구하여야 한다(제8조).

(3) 모자보건의 증진

국가 및 지방자치단체는 임산부·태아 및 영유아에 대한 건강진단 등 모자보건의 증진과 태아의 생명존중을 위하여 필요한 시책을 수립·시행하여야 한다. 또한 임신·출산·양육의 사회적 의미와 생명의 존엄성 및 가족구성원의 협력의 중요성 등에 관한 교육을 실시하여야 하며, 임신·출산 및 양육에 관한 정보의 제공, 교육 및 홍보를 실시하기 위하여 필요한 기관을 설치하거나 그 업무를 관련 기관에 위탁할 수 있다(제9조).

(4) 경제적 부담의 경감

국가 및 지방자치단체는 자녀의 임신·출산·양육 및 교육에 소요되는 경제적 부담을 경감하기 위하여 필요한 시책을 강구하여야 하며, 이에 따른 시책의 강구 및 지원을 위하여 자녀의 임신·출산·양육 및 교육에 소요되는 비용의 통계조사를 실시할 수 있다(제10조).

4) 고령사회정책

(1) 고용과 소득보장

국가 및 지방자치단체는 일할 의욕과 능력이 있는 고령자가 최대한 일할 수 있는 환경을 조성하여야 한다. 또한 국가 및 지방자치단체는 연금제도 등 노후소득보장체계를 구축하고 노인에게 적합한 일자리를 창출하는 등 국민이 경제적으로 안정된 노후생활을 할 수 있도록 필요한 조치를 강구하여야 한다(제11조).

(2) 건강증진과 의료제공

국가 및 지방자치단체는 성별·연령별 건강상의 특성과 주요 건강위험요인을 고려하여 국민의 건강증진을 위한 시책을 강구하여야 하며, 노인을 위한 의료·요양 제도 등을 확립·발전시키고 필요한 시설과 인력을 확충하기 위하여 노력하여야 한다(제12조).

(3) 생활환경과 안전보장

국가 및 지방자치단체는 노후생활에 필요한 기능과 설비를 갖춘 주거와 이용시설을 마련하고 노인이 안전하고 편리하게 이동할 수 있는 환경을 조성하는 등 쾌적한 노후생활환경을 조성하고 재해와 범죄 등 각종 위험으로부터 노인을 보호하기 위하여 필요한 시책을 강구하여야 한다(제13조).

(4) 여가문화 및 사회활동 장려

국가 및 지방자치단체는 노후의 여가와 문화활동을 장려하고 이를 위한 기반을 조성하여야 하며, 자원봉사 등 노인의 사회활동 참여를 촉진하는 사회적 기반을 조성하여야 한다(제14조).

(5) 평생교육과 정보화, 노후설계

국가 및 지방자치단체는 모든 세대가 평생에 걸쳐 학습하고 능력과 적성에 따라 교육을 받을 수 있도록 교육의 기회를 제공하고, 이를 위한 교육시설의 설치·인력의 양성 및 프로그램의 개발 등 필요한 시책을 강구하여야 하며, 세대간 정보의 격차를 해소하기 위하여 정보화 교육, 프로그램 개발 및 장비 보급 등 필요한 시책을 강구하여야 한다(제15조). 그리고 국민이 행복하고 활기찬 노후생활을 설계하기 위하여 재무, 건강, 여가, 사회참여 등 각 분야에서 적절한 상담과 교육을 받을 수 있도록 필요한 시책을 강구하여야 한다(제15조의2).

(6) 취약계층노인

국가 및 지방자치단체는 저출산·고령사회정책을 수립·시행함에 있어서 여성노인·장애노인 등 취약계층의 노인에 대하여 특별한 배려를 하고 도시·농어촌지역간 격차 등 지역의 특수한 상황을 반영하여야 한다(제16조).

(7) 가족관계와 세대간 이해증진

국가 및 지방자치단체는 효행을 장려함으로써 노인이 가정과 사회에서 공경받을 수 있도록 하고 세대간 교류의 활성화와 세대간 이해를 증진함으로써 민주적이고 평등한 가족관계가 형성되도록 필요한 사회환경을 조성하여야 한다(제17조).

(8) 경제와 산업, 고령친화적 산업의 육성

국가 및 지방자치단체는 인구의 고령화에 따른 경제·산업구조 및 노동환경의 변화에 부응하는 시책을 수립·시행하여야 한다(제18조). 또한 인구의 고령화에 따른 상품 및 서비스 수요의 변화에 대비한 새로운 산업을 육성하기 위한 기반을 구축하여야 하고, 노인에게 필요한 용구와 용품 등의 연구개발·생산 및 보급의 활성화를 위하여 필요한 시책을 강구하여야 한다(제19조).

5) 저출산·고령사회정책의 수립 및 추진체계

(1) 저출산·고령사회기본계획

정부는 저출산·고령사회 중·장기 정책목표 및 방향을 설정하고, 이에 따른 저출산·고령사회기본계획을 수립·추진하여야 한다. 보건복지부장관은 관계 중앙행정기관의 장과 협의하여 5년마다 기본계획안을 작성하고, 저출산·고령사회위원회 및 국무회의의 심의를 거친 후 대통령의 승인을 얻어 이를 확정한다.

기본계획에는 다음 각 호의 사항이 포함되어야 한다(제20조).

- 저출산·고령사회정책의 기본목표와 추진방향
- 기간별 주요 추진과제와 그 추진방법
- 필요한 재원의 규모와 조달방안
- 그 밖에 저출산·고령사회정책으로 필요하다고 인정되는 사항
- 기본계획의 수립절차 등에 관하여 필요한 사항은 대통령령으로 정한다.

(2) 연도별 시행계획

중앙행정기관의 장은 기본계획에 따라 소관별로 연도별 시행계획을 수립·시행하고, 지방자치단체의 장은 기본계획 및 중앙행정기관의 시행계획에 따라 당해 지방자치단체의 시행계획을 수립·시행하여야 한다.

중앙행정기관의 장은 지방자치단체의 시행계획이 기본계획 및 중앙행정기관의 시행계획에 위반되는 경우에는 당해 지방자치단체의 장에게 이를 변경하도록 요구하고, 지방자치단체의 시행계획의 이행상황을 기본계획에 따라 점검할 수 있다.

관계 중앙행정기관의 장 및 지방자치단체의 장은 다음 해의 시행계획 및 지난 해의 추진실적을 대통령령이 정하는 바에 따라 보건복지부장관에게 제출하고, 보건복지부장관은 이를 종합하여 저출산·고령사회위원회의 심의를 받아야 한다.

국가 및 지방자치단체는 매년 시행계획에 따른 추진실적을 평가하고 그 결과를 저출산·고령사회정책에 반영하여야 한다. 시행계획의 수립·시행 및 평가 그 밖의 필요한 사항은 대통령령으로 정한다(제21조).

(3) 업무의 협조

국가 및 지방자치단체는 기본계획 및 시행계획의 수립·시행을 위하여 관계 공무원 또는 관계 전문가의 의견을 듣거나 관계 기관 및 단체 등에 필요한 자료제출 등 협조를 요청할 수 있다.

보건복지부장관은 기본계획안의 작성을 위하여 관계 중앙행정기관 및 지방자치단체의 장에게 저출산·고령사회 관련 계획 및 정책, 관련 자료 또는 의견의 제출 등 필요한 협조를 요청할 수 있으며, 협조요청을 받은 자는 특별한 사유가 없는 한 이에 응하여야 한다(제22조).

(4) 저출산·고령사회위원회

저출산·고령사회정책에 관한 중요사항을 심의하기 위하여 대통령 소속하에 저출산·고령사회위원회를 둔다. 위원회는 위원장 1인을 포함한 25인 이내의 위원으로 구성하며, 위원장은 대통령이 되고 위원은 대통령령으로 정하는 관계 중앙행정기관의 장과 고령화 및 저출산에 관하여 학식과 경험이 풍부한 자 중에서 위원장이 위촉한 자가 된다.

위원회는 다음의 사항을 심의한다(제23조).

- 저출산 및 인구의 고령화에 대비한 중·장기 인구구조의 분석과 사회경제적 변화전망에 관한 사항
- 저출산·고령사회정책의 중·장기 정책목표와 추진방향에 관한 사항
- 기본계획에 관한 사항
- 시행계획에 관한 사항
- 저출산·고령사회정책의 조정 및 평가에 관한 사항
- 그 밖에 저출산·고령사회정책에 관한 중요사항으로서 간사위원이 부의하는 사항

5. 사회복지사 등의 처우 및 지위 향상을 위한 법률

1) 입법 배경 및 목적

「사회복지사 등의 처우 및 지위 향상을 위한 법률」의 입법 배경은 사회복지법인 등에 종사하는 사회복지사 등이 지역단위의 사회복지서비스 전달체계의 주요한 구성요소임에도 열악한 근로환경, 낮은 임금 수준, 과중한 업무량에 높은 이직률을 보이면서 사회복지서비스 제공의 지속성과 전문성이 위협받고 사회복지 역량의 극대화에도 장애가 되고 있다는 문제의식하에 마련된 법이다.

「사회복지사 등의 처우 및 지위 향상을 위한 법률」은 사회복지사 등에 대한 처우를 개선하고 신분보장을 강화하여 사회복지사 등의 지위를 향상하도록 함으로써 사회복지 증진에 이바지하는 것을 목적(제1조)으로 2011년 3월 30일 입법되어 2012년 1월 1일부터 시행되었다. 이 법은 국가와 지방자치단체가 사회복지사 등의 처우와 지위 향상을 위해 지속적이고 적극적으로 노력하도록 책무를 부여하고, 사회복지사 등의 생활안정과 복지증진을 도모하기 위한 사회복지공제회 설립·운영의 법적 근거를 마련하였다(법제처).

2) 주요 내용

(1) 사회복지사의 정의

사회복지사란 사회복지사업을 행할 목적으로 설립된 사회복지법인이나 사회복지사업을 행할 목적으로 설치된 사회복지시설, 그 밖에 대통령령으로 정하는 사회복지 관련 단체 또는 기관에 종사하는 자를 말한다(제2조).

(2) 사회복지사의 처우개선과 신분보장

① 국가와 지방자치단체는 사회복지사 등의 처우를 개선하고 복지를 증진함과 아울러 그 지위 향상을 위하여 적극적으로 노력하여야 한다.

② 국가와 지방자치단체는 사회복지사 등의 보수가 사회복지전담공무원의 보수수준에 도달하도록 노력하여야 한다.

③ 국가는 사회복지사 등의 적정 인건비에 관한 기준을 마련하여야 하며, 지방자치단체는 해당 기준을 준수하기 위하여 노력하여야 한다.

④ 보건복지부장관과 지방자치단체의 장은 사회복지사 등의 보수 수준 및 지급실태, 제3항에 따른 기준의 지방자치단체별 준수율 등에 관하여 3년마다 조사·공표하여야 한다.

⑤ 사회복지사 등은 사회복지법인 등의 운영과 관련된 위법·부당 행위 및 그 밖의 비리 사실 등을 관계 행정기관과 수사기관에 신고하는 행위로 인하여 징계 조치 등 신분상 불이익이나 근무조건상 차별을 받지 아니한다(제3조).

(3) 한국사회복지공제회

사회복지사 등은 생활안정과 복지증진을 도모하기 위하여 보건복지부장관의 인가를 받아 한국사회복지공제회(이하 "공제회"라 한다)를 설립할 수 있다. 공제회는 법인으로 하고, 주된 사무소는 서울특별시에 둔다. 공제회의 정관

기재사항은 대통령령으로 정하고, 정관의 변경은 대의원회의 의결을 거쳐 보건복지부장관의 인가를 받아야 한다(제4조).

(4) 유사명칭의 사용 금지

이 법에 따른 공제회가 아니면 한국사회복지공제회 또는 이와 유사한 명칭을 사용하지 못한다(제4조의2).

(5) 회원의 자격

공제회의 회원은 사회복지사, 사회복지법인 및 시설 등에 종사하는 사람, 민법 또는 다른 법률에 따라 설립된 법인 등에서 사회복지 관련 업무에 종사하는 자 중 대통령령으로 정하는 사람, 그 밖에 공제회 정관으로 정하는 사람 중 어느 하나에 해당하는 사람으로 한다. 회원이 되려는 사람은 가입신청서를 제출하고 최초의 부담금을 납입한 날에 공제회의 회원이 된다(제4조의3).

(6) 공제회 조직

공제회는 의결기관으로서 대의원회와 이사회를 두고, 집행기관으로서 이사장과 이사를 두며, 감사기관으로서 감사를 둔다. 공제회 대의원의 선정, 대의원회의 구성과 권한, 이사회의 구성과 권한, 임원의 정수, 임원의 선출 및 임기, 임원의 직무, 직원의 임면 등에 관하여 필요한 사항은 대통령령으로 정한다(제5조).

(7) 공제회 사업

공제회는 그 목적을 달성하기 위하여 회원에 대한 공제급여의 지급, 사회복지시설의 안전·화재 등에 대한 공제사업, 자금조성을 위한 사업, 회원의 복지·후생을 위한 사업, 부대되는 사업 중 정관으로 정하는 사업 등을 한다.

공제회는 그 목적을 달성하기 위하여 필요한 범위에서 수익사업을 할 수 있다. 이 법에 따른 공제회의 사업에 대하여는 보험업법을 적용하지 아니한다(제6조).

(8) 공제회 재원

공제사업에 필요한 자금은 회원의 부담금, 정부 또는 지방자치단체 외의 자의 출연금, 공제사업의 운영으로 발생하는 수익금, 그 밖의 수입금 중 어느 하나에 해당하는 재원으로 조성한다. 다만, 보건복지부장관은 공제회의 주된 사무소의 설치 및 운영에 필요한 비용의 일부를 지원할 수 있다(제7조).

(9) 공제회 예산과 결산, 준비금의 적립

공공제회는 다음 회계연도의 총수입과 총지출을 예산으로 편성하고 다음 회계연도가 개시되기 1개월 전에 대의원회의 의결을 거쳐 보건복지부장관의 승인을 받아야 한다. 공제회는 회계연도가 경과한 날부터 3개월 이내에 결산보고서, 재산목록, 대차대조표 및 손익계산서를 작성하여 대의원회의 승인을 거쳐 보건복지부장관에게 제출하여야 한다. 공제회가 장래 지급할 급여에 충당하기 위한 준비금, 결산상 순이익금 등에 대한 사항은 대통령령으로 정한다(제8조).

(10) 행정조치

보건복지부장관은 공제회의 운영이 회계 또는 업무집행이 법령, 정관, 그 밖의 공제회 규정을 위반한 때, 공제회를 현저하게 부당 운영한 때, 정당한 사유 없이 공제사업의 전부 또는 일부를 중단한 때 중 어느 하나에 해당하는 때에 기간을 정하여 운영 및 업무의 시정, 그 밖에 필요한 조치를 명할 수 있다.

공제회에 대하여는 이 법에서 규정된 것 외에는 민법 중 사단법인에 관한 규정을 준용한다(제9조).

(11) 과태료

유사명칭의 사용 금지 조항을 위반한 자에게는 300만 원 이하의 과태료를 부과한다. 과태료는 대통령령으로 정하는 바에 따라 보건복지부장관이 부과·징수한다(제10조).

6. 청년기본법

1) 입법 배경 및 목적

최근의 정치·경제·사회·문화적 환경 변화로 인해 취업난이나 주거불안정 등 많은 어려움을 겪고 있어 청년에 대한 체계적이고 종합적인 지원의 필요에 대응하기 위하여 제정되었다. 이 법의 제정으로 청년발전을 위한 국가와 지방자치단체의 기본적인 책무를 규정하고, 청년의 권리와 책임을 선언하며, 청년발전을 도모하기 위한 종합계획의 수립·시행을 통해 청년정책이 체계적으로 추진되도록 함으로써 정치·경제·사회·문화 등 모든 영역에서 청년의 권리를 보장하고, 건전한 민주시민으로서의 책무를 다할 수 있도록 하는 데 기여하려는 것이다(법제처, 2020).

이러한 배경하에 청년기본법은 청년의 권리 및 책임과 국가와 지방자치단체의 청년에 대한 책무를 정하고 청년정책의 수립·조정 및 청년지원 등에 관한 기본적인 사항을 규정함을 목적(제1조)으로 2020년 2월 4일 제정되어 2020년 8월 5일부터 시행되었다. 청년기본법은 청년 관련 법의 기본법으로 청년발전, 청년지원 및 청년정책에 관하여 다른 법률에 특별한 규정이 있는 경우를 제외하고는 이 법에서 정하는 바에 따라야 하고, 청년발전, 청년지원 및 청년정책과 관련된 법률을 제정하거나 개정할 때에는 이 법의 취지에 맞도록 하여야 한다(제6조).

2) 주요 내용

(1) 기본이념

청년기본법은 청년이 인간으로서의 존엄과 가치를 실현하고 행복한 삶을 영위할 수 있는 권리를 보장받으며 건전한 민주시민으로서의 책무를 다할 수 있도록 하는 것을 기본이념으로 한다. 이러한 기본이념을 구현하기 위한 장기적·종합적 청년정책을 추진할 때에는 청년 개개인의 자질향상과 능동적 삶의 실현, 청년의 정치·경제·사회·문화 등 모든 분야에 대한 참여 촉진, 교육, 고용, 직업훈련 등에서 청년의 평등한 기회 제공, 청년이 성장할 수 있는 사회적·경제적 환경 마련 등의 사항을 고려하여야 한다(제2조).

(2) 용어 정의

청년기본법에서 사용하는 용어의 뜻은 다음과 같다(제3조).

- **청년** : 19세 이상 34세 이하인 사람을 말한다. 다만, 다른 법령과 조례에서 청년에 대한 연령을 다르게 적용하는 경우에는 그에 따를 수 있다.
- **청년발전** : 청년의 권리보호 및 신장, 정책결정과정 참여확대, 고용촉진, 능력개발, 복지향상 등을 통하여 정치·경제·사회·문화의 모든 영역에서 청년의 삶의 질을 향상시키는 것을 말한다.
- **청년지원** : 청년발전을 위하여 청년에게 제공되는 사회적·경제적 지원을 말한다.
- **청년정책** : 청년발전을 주된 목표로 하는 것으로서 국가 또는 지방자치단체가 시행하는 정책을 말한다.

(3) 국가와 지방자치단체의 책무

① 국가와 지방자치단체는 청년발전에 필요한 법적·제도적 장치를 마련하여 시행하여야 한다.

② 국가와 지방자치단체는 청년정책 수립 절차에 청년의 참여 또는 의견 수렴을 보장하는 조치를 하여야 한다.

③ 국가와 지방자치단체는 청년의 공정한 기회 보장을 위한 제도적 장치를 마련하여야 한다.

④ 국가와 지방자치단체는 이 법에 따른 업무 수행에 필요한 재원을 안정적으로 확보하기 위한 시책을 수립·실시하여야 한다.

⑤ 국가와 지방자치단체는 청년발전, 청년지원 및 청년정책과 관련된 내용을 널리 홍보하고 교육하여야 한다(제4조).

(4) 청년의 권리와 책임

① 청년의 기본권은 정치·경제·사회·문화 등 모든 영역에서 존중되어야 한다.

② 청년은 자기 의사를 자유롭게 밝히고 스스로 결정할 권리를 가진다.

③ 청년은 인종·종교·성별·나이·학력·신체조건 등에 따른 어떠한 종류의 차별도 받지 아니한다.

④ 청년은 사회의 정당한 구성원으로서 국가·사회의 의사결정에 참여할 권리를 가진다.

⑤ 청년은 자신의 능력을 개발하고 건전한 가치관을 확립하며 가정·사회 및 국가의 구성원으로서의 책임을 다하도록 노력하여야 한다(제5조).

(5) 청년의 날

청년발전 및 청년지원을 도모하고 청년문제에 대한 관심을 높이기 위하여 9월 셋째 주 토요일을 청년의 날로 지정한다(제7조, 시행령 제2조).

(6) 청년정책 기본계획의 수립

국무총리는 5년마다 청년정책에 관한 기본계획을 수립·시행하여야 하며, 기본계획에는 다음 각 호의 사항이 포함되어야 한다.

- 청년정책의 기본방향
- 청년정책의 추진목표
- 청년정책에 관한 분야별 주요 시책
- 이전의 기본계획에 관한 분석·평가
- 청년정책에 관한 기능의 조정
- 청년정책 추진에 필요한 재원의 조달방법
- 그 밖에 청년정책과 관련하여 대통령령으로 정하는 사항

기본계획에는 고용·교육·복지 등의 분야에서 취약계층에 해당하는 청년에 대한 별도의 대책이 포함되어야 한다. 기본계획의 수립 및 변경은 청년정책조정위원회의 심의를 거쳐 확정한다. 그 밖에 기본계획의 수립 및 변경 등에 필요한 사항은 대통령령으로 정한다(제8조).

국무총리는 기본계획을 수립·시행하기 위하여 필요한 때에는 관련 기관·법인·단체의 장에게 협조를 요청할 수 있다. 관계 중앙행정기관의 장이나 시·도지사는 시행계획을 수립·시행하기 위하여 필요한 때에는 관련 기관·법인·단체의 장에게 협조를 요청할 수 있다. 협조 요청을 받은 자는 특별한 사유가 없으면 이에 협조하여야 한다(제10조).

(7) 연도별 시행계획의 수립·시행 등

① 관계 중앙행정기관의 장과 특별시장·광역시장·특별자치시장·도지사 및 특별자치도지사(이하 “시·도지사”라 한다)는 기본계획에 따라 연도별 시행계획(이하 “시행계획”이라 한다)을 매년 수립·시행하여야 한다.

② 관계 중앙행정기관의 장과 시·도지사는 다음 연도 시행계획 및 전년도 시행계획에 따른 추진실적을 매년 국무총리에게 제출하여야 하며, 국무총리는 제출된 시행계획을 점검하여 관계 중앙행정기관의 장과 시·도지사에게 시행계획의 조정을 요청할 수 있다.

③ 국무총리는 제출받은 추진실적을 종합하여 분석·평가하고, 그 결과를 제13조에 따른 청년정책조정위원회에 통보하여야 한다.

④ 국무총리는 추진실적에 대한 종합적인 분석·평가를 위하여 국공립 연구기관, 국가나 지방자치단체가 출연한 연구기관 또는 민간 연구기관을 청년정책의 분석·평가지원기관(이하 “분석·평가지원기관”이라 한다)으로 지정할 수 있다.

⑤ 국무총리는 분석·평가지원기관이 지정 기준이나 지정 조건을 위반하면 그 시정을 명하거나 그 지정을 취소할 수 있다.

⑥ 국무총리, 관계 중앙행정기관의 장 및 시·도지사는 분석·평가지원기관으로부터 정책의 분석·평가에 필요한 지원을 받을 수 있고, 분석·평가지원기관에 자문할 수 있다. 이 경우 예산의 범위에서 그 지원 및 자문에 응하는 비용을 지급할 수 있다.

⑦ 시행계획의 수립·시행·제출, 추진실적의 제출 및 분석·평가 등에 필요한 사항은 대통령령으로 정한다(제9조).

(8) 청년 실태조사

정부는 기본계획 등 효율적인 청년정책을 수립하기 위하여 청년의 고용·주거·교육·문화 등에 대한 실태를 조사하여 공표하여야 한다. 정부는 실태조사를 위하여 관련 기관·법인·단체의 장에게 필요한 자료의 제출 또는 의견의 진술을 요청할 수 있다. 이 경우 요청을 받은 자는 특별한 사유가 없으면 이에 협조하여야 한다. 실태조사의 대상·내용 및 방법 등에 필요한 사항은 대통령령으로 정한다(제11조).

(9) 청년정책 연구사업

국무총리는 종합적이고 체계적인 청년정책의 수립·시행 및 지원을 위한 연구사업인 청년정책연구를 수행하여야 한다. 국무총리는 연구사업을 효율적으로 수행하기 위하여 대통령령으로 정하는 바에 따라 관련 전문기관·단체 등에 해당 사업의 수행을 위탁하거나 청년정책 연구시설을 조성할 수 있다. 국무총리는 연구사업의 수행을 위탁하는 경우 예산의 범위에서 그 사업 수행에 필요한 경비의 전부 또는 일부를 지원할 수 있다(제12조).

(10) 청년정책조정위원회

청년정책에 관한 주요 사항을 심의·조정하기 위하여 국무총리 소속으로 청년정책조정위원회를 둔다. 위원회는 다음 사항을 심의·조정한다.

- 기본계획의 수립 및 변경에 관한 사항
- 시행계획의 수립 및 추진실적 점검에 관한 사항
- 청년정책의 조정 및 협력에 관한 사항
- 청년정책의 분석·평가 및 이행상황 점검에 관한 사항
- 청년정책의 제도개선에 관한 사항
- 청년정책에 관한 국가와 지방자치단체 간 역할 조정에 관한 사항
- 그 밖에 청년정책의 수립·시행에 필요한 사항으로서 대통령령으로 정하는 사항

위원회는 위원장 1명과 부위원장 2명을 포함하여 40명 이내의 위원으로 구성한다. 위원장은 국무총리가 되고, 부위원장은 대통령령으로 정하며, 위원은 다음 각 호의 사람이 된다.

- 기획재정부장관·교육부장관·과학기술정보통신부장관·통일부장관·법무부장관·행정안전부장관·문화체육관광부장관·농림축산식품부장관·산업통상자원부장관·보건복지부장관·고용노동부장관·여성가족부장관·국토교통부장관·중소벤처기업부장관·금융위원회위원장·국무조정실장 및 그 밖에 대통령령으로 정하는 중앙행정기관의 장
- 지방자치법 제182조 제1항 제1호 및 제3호에 따른 협의체에서 각각 추천하는 지방자치단체의 장
- 청년정책에 관한 전문지식과 경험이 풍부한 사람 또는 청년단체의 대표 등 청년을 대표하는 사람 중에서 위원장이 위촉하는 사람

위원의 임기는 그 재임기간으로 하고, 위원의 임기는 2년으로 한다. 다만, 위원 중 기관·단체의 대표자 자격으로 위촉된 경우에는 그 임기는 대표의 지위를 유지하는 기간으로 한다. 위원을 위촉할 때에는 성별을 고려하여야 한다.

위원회를 효율적으로 운영하고 위원회의 심의사항을 전문적으로 검토하기 위하여 위원회에 실무위원회를 두며, 실무위원회에 분야별 전문위원회를 둘 수 있다. 위원회의 사무를 효율적으로 처리하기 위하여 국무조정실에 사무국

을 둔다. 규정한 사항 외에 위원회 · 실무위원회 · 전문위원회의 구성 및 운영, 사무국의 조직 · 운영에 필요한 사항은 대통령령으로 정한다(제13조).

(11) 지방청년정책조정위원회

시 · 도지사는 관할 지역의 청년정책에 관한 주요사항을 심의 · 조정하기 위하여 지방청년정책조정위원회를 둔다. 지방청년정책조정위원회의 위원으로 해당 지역의 청년을 대표하는 사람을 포함하여야 한다. 그 밖에 지방청년정책조정위원회의 구성 및 운영에 필요한 사항은 조례로 정한다(제14조).

(12) 정책결정과정에 청년의 참여 확대

관계 중앙행정기관의 장 및 시 · 도지사는 청년정책 결정과정의 자문 · 심의 등의 절차에 청년을 참여시키거나 그 의견을 수렴하여야 한다. 관계 중앙행정기관의 장 및 시 · 도지사는 청년정책을 주로 다루는 위원회를 구성할 때 위촉직 위원의 일정 비율 이상을 청년으로 위촉하여야 한다. 이 경우 위원회의 범위와 위원회별 청년 위촉 비율 등 구체적인 사항은 대통령령으로 정한다. 관계 중앙행정기관의 장 및 시 · 도지사는 청년 참여 현황을 국무총리에게 제출하여야 한다. 국무총리는 위원회의 청년 참여 현황을 공표하여야 하고, 필요한 경우 관계 중앙행정기관의 장 및 시 · 도지사에게 개선을 권고할 수 있다. 국무총리는 청년정책과제의 설정 · 추진 · 점검을 위하여 청년정책 전문가와 다양한 청년들의 참여를 활성화하도록 노력하여야 한다(제15조).

(13) 청년인재정보의 수집 · 관리

중앙행정기관의 장 및 시 · 도지사는 정책결정과정에 청년의 참여를 지원하기 위하여 대통령령으로 정하는 일정 자격을 갖춘 청년인재에 관한 정보를 수집 · 관리할 수 있다. 청년인재에 관한 정보의 수집 · 관리 등에 관하여는 국가공무원법 제19조의3 제2항부터 제6항까지의 규정을 준용한다. 이 경우 "인사혁신처장"은 "관계 중앙행정기관의 장 및 시 · 도지사"로, "공직후보자등"은

"청년인재"로 본다. 정보의 수집 범위·절차 및 수집된 정보의 활용·보호 등에 필요한 사항은 대통령령으로 정한다(제15조의2).

(14) 청년정책책임관의 지정

관계 중앙행정기관의 장 및 시·도지사는 그 기관의 청년정책을 효율적으로 수립·시행하기 위하여 소속 공무원 중에서 청년정책책임관을 지정하여야 하고, 필요한 경우 청년정책에 관한 전문인력을 둘 수 있다. 청년정책책임관의 지정 및 임무 등에 필요한 사항은 대통령령으로 정한다(제16조).

(15) 청년의 권익증진을 위한 시책

- 청년 고용촉진 및 일자리의 질 향상 : 국가와 지방자치단체는 청년고용을 촉진하고 청년 일자리의 질을 향상하기 위한 대책을 마련하여야 한다(제17조).
- 청년 창업지원 : 국가와 지방자치단체는 청년의 창업을 촉진하고, 창업환경을 개선하기 위한 대책을 마련하여야 한다(제18조).
- 청년 능력개발 지원 : 국가와 지방자치단체는 청년의 능력·재능·기술 등을 개발할 수 있는 교육환경을 조성하고 창의성과 전문성을 향상시킬 수 있는 대책을 마련하여야 한다(제19조).
- 청년 주거지원 : 국가와 지방자치단체는 청년의 주거 안정 및 주거 수준 향상을 위한 대책을 마련하여야 한다(제20조).
- 청년 복지증진 : 국가와 지방자치단체는 청년의 육체적·정신적 건강 증진과 삶의 질 개선 등 복지 증진을 위한 대책을 마련하여야 한다(제21조).
- 청년 금융생활 지원 : 국가와 지방자치단체는 청년의 경제적 자립과 안정적인 금융생활을 지원하기 위한 대책을 마련하여야 한다(제22조).
- 청년 문화활동 지원 : 국가와 지방자치단체는 청년의 다양하고 창의적인 문화 활동을 지원하기 위한 대책을 마련하여야 한다(제23조).
- 청년 국제협력 지원 : 국가와 지방자치단체는 청년의 국제평화증진 운동과 국제협력 활동 기회를 보장하기 위한 대책을 마련하여야 한다(제24조).

[부록 : 사회복지사 윤리강령]

- 전문 -

사회복지사는 인본주의·평등주의 사상에 기초하여, 모든 인간의 존엄성과 가치를 존중하고 천부의 자유권과 생존권의 보장활동에 헌신한다. 특히 사회적·경제적 약자들의 편에 서서 사회정의와 평등·자유와 민주주의 가치를 실현하는 데 앞장선다. 또한 도움을 필요로 하는 사람들의 사회적 지위와 기능을 향상시키기 위해 저들과 함께 일하며, 사회제도 개선과 관련된 제반 활동에 주도적으로 참여한다. 사회복지사는 개인의 주체성과 자기결정권을 보장하는 데 최선을 다하고, 어떠한 여건 에서도 개인이 부당하게 희생되는 일이 없도록 한다. 이러한 사명을 실천하기 위하여 전문적 지식과 기술을 개발하고, 사회적 가치를 실현하는 전문가로서의 능력과 품위를 유지하기 위해 노력한다. 이에 우리는 클라이언트·동료·기관 그리고, 지역사회 및 전체사회와 관련된 사회복지사의 행위와 활동을 판단·평가하며 인도하는 윤리기준을 다음과 같이 선언하고 이를 준수할 것을 다짐한다.

- 윤리 기준 -

Ⅰ. 사회복지사의 기본적 윤리기준

1. 전문가로서의 자세
   1) 사회복지사는 전문가로서의 품위와 자질을 유지하고, 자신이 맡고 있는 업무에 대해 책임을 진다.
   2) 사회복지사는 클라이언트의 종교·인종·성·연령·국적·결혼상태·성 취향·경제적 지위·정치적 신념·정신, 신체적 장애·기타 개인적 선호, 특징, 조건, 지위를 이유로 차별 대우를 하지 않는다.
   3) 사회복지사는 전문가로서 성실하고 공정하게 업무를 수행하며, 이 과정에서 어떠한 부당한 압력에도 타협하지 않는다.

4) 사회복지사는 사회정의 실현과 클라이언트의 복지 증진에 헌신하며, 이를 위한 환경 조성을 국가와 사회에 요구해야 한다.

5) 사회복지사는 전문적 가치와 판단에 따라 업무를 수행함에 있어, 기관 내외로부터 부당한 간섭이나 압력을 받지 않는다.

6) 사회복지사는 자신의 이익을 위해 사회복지 전문직의 가치와 권위를 훼손해서는 안 된다.

7) 사회복지사는 한국사회복지사협회 등 전문가단체 활동에 적극 참여하여, 사회정의 실현과 사회복지사의 권익옹호를 위해 노력해야 한다.

2. 전문성 개발을 위한 노력

1) 사회복지사는 클라이언트에게 최상의 서비스를 제공하기 위해, 지식과 기술을 개발하는 데 최선을 다하며 이를 활용하고 전파할 책임이 있다.

2) 클라이언트를 대상으로 연구하는 사회복지사는 저들의 권리를 보장하기 위해, 자발적이고 고지된 동의를 얻어야 한다.

3) 연구과정에서 얻은 정보는 비밀보장의 원칙에서 다루어져야 하고, 이 과정에서 클라이언트는 신체적, 정신적 불편이나 위험 · 위해 등으로부터 보호되어야 한다.

4) 사회복지사는 전문성을 개발하기 위해 노력하되, 이를 이유로 서비스의 제공을 소홀히 해서는 안 된다.

5) 사회복지사는 한국사회복지사협회 등이 실시하는 제반 교육에 적극 참여하여야 한다.

3. 경제적 이득에 대한 태도

1) 사회복지사는 클라이언트의 지불능력에 상관없이 서비스를 제공해야 하며, 이를 이유로 차별대우를 해서는 안 된다.

2) 사회복지사는 필요한 경우에 제공된 서비스에 대해, 공정하고 합리적으로 이용료를 책정해야 한다.

3) 사회복지사는 업무와 관련하여 정당하지 않은 방법으로 경제적 이득을 취하여서는 안 된다.

II. 사회복지사의 클라이언트에 대한 윤리기준

1. 클라이언트와의 관계

1) 사회복지사는 클라이언트의 권익옹호를 최우선의 가치로 삼고 행동한다.
2) 사회복지사는 클라이언트에 대하여 인간으로서의 존엄성을 존중해야 하며, 전문적 기술과 능력을 최대한 발휘한다.
3) 사회복지사는 클라이언트가 자기결정권을 최대한 행사할 수 있도록 도와야 하며, 저들의 이익을 최대한 대변해야 한다.
4) 사회복지사는 클라이언트의 사생활을 존중하고 보호하며, 직무 수행 과정에서 얻은 정보에 대해 철저하게 비밀을 유지해야 한다.
5) 사회복지사는 클라이언트가 받는 서비스의 범위와 내용에 대해, 정확하고 충분한 정보를 제공함으로써 알 권리를 인정하고 존중해야 한다.
6) 사회복지사는 문서·사진·컴퓨터 파일 등의 형태로 된 클라이언트의 정보에 대해 비밀보장의 한계·정보를 얻어야 하는 목적 및 활용에 대해 구체적으로 알려야 하며, 정보 공개 시에는 동의를 얻어야 한다.
7) 사회복지사는 개인적 이익을 위해 클라이언트와의 전문적 관계를 이용하여서는 안 된다.
8) 사회복지사는 어떠한 상황에서도 클라이언트와 부적절한 성적 관계를 가져서는 안 된다.
9) 사회복지사는 사회복지 증진을 위한 환경조성에 클라이언트를 동반자로 인정하고 함께 일해야 한다.

2. 동료의 클라이언트와의 관계

1) 사회복지사는 적법하고도 적절한 논의 없이 동료 혹은, 다른 기관의 클라이언트와 전문적 관계를 맺어서는 안 된다.

2) 사회복지사는 긴급한 사정으로 인해 동료의 클라이언트를 맡게 된 경우, 자신의 의뢰인처럼 관심을 갖고 서비스를 제공한다.

Ⅲ. 사회복지사의 동료에 대한 윤리기준

1. 동료

1) 사회복지사는 존중과 신뢰로서 동료를 대하며, 전문가로서의 지위와 인격을 훼손하는 언행을 하지 않는다.
2) 사회복지사는 사회복지 전문직의 이익과 권익을 증진시키기 위해 동료와 협력해야 한다.
3) 사회복지사는 동료의 윤리적이고 전문적인 행위를 촉진시켜야 하며, 이에 반하는 경우에는 제반 법률규정이나 윤리기준에 따라 대처해야 한다.
4) 사회복지사가 전문적인 판단과 실천이 미흡하여 문제를 야기시켰을 때에는, 적절한 조치를 취하여 클라이언트의 이익을 보호해야 한다.
5) 사회복지사는 전문직 내 다른 구성원이 행한 비윤리적 행위에 대해, 제반 법률규정이나 윤리기준에 따라 조치를 취해야 한다.
6) 사회복지사는 동료 및 타 전문직 동료의 직무 가치와 내용을 인정・이해하며, 상호 간에 민주적인 직무관계를 이루도록 노력해야 한다.

2. 수퍼바이저

1) 수퍼바이저는 개인적인 이익의 추구를 위해 자신의 지위를 이용해서는 안 된다.
2) 수퍼바이저는 전문적 기준에 의해 공정하게 책임을 수행하며, 사회복지사・수련생 및 실습생에 대한 평가는 저들과 공유해야 한다.
3) 사회복지사는 수퍼바이저의 전문적 지도와 조언을 존중해야 하며, 수퍼바이저는 사회복지사의 전문적 업무수행을 도와야 한다.
4) 수퍼바이저는 사회복지사・수련생 및 실습생에 대해 인격적・성적으로 수치심을 주는 행위를 해서는 안 된다.

Ⅳ. 사회복지사의 사회에 대한 윤리기준

1) 사회복지사는 인권존중과 인간평등을 위해 헌신해야 하며, 사회적 약자를 옹호하고 대변하는 일을 주도해야 한다.
2) 사회복지사는 필요한 사회서비스를 개발하기 위한 사회정책의 수립・발전・입법・집행에 적극적으로 참여하고 지원해야 한다.
3) 사회복지사는 사회환경을 개선하고 사회정의를 증진시키기 위한 사회정책의 수립・발전・입법・집행을 요구하고 옹호해야 한다.
4) 사회복지사는 자신이 일하는 지역사회의 문제를 이해하고, 그것을 해결하는 일에 적극적으로 참여해야 한다.

Ⅴ. 사회복지사의 기관에 대한 윤리기준

1) 사회복지사는 기관의 정책과 사업 목표의 달성, 서비스의 효율성과 효과성의 증진을 위해 노력함으로써, 클라이언트에게 이익이 되도록 해야 한다.
2) 사회복지사는 기관의 부당한 정책이나 요구에 대하여, 전문직의 가치와 지식을 근거로 이에 대응하고 즉시 사회복지윤리위원회에 보고해야 한다.
3) 사회복지사는 소속기관 활동에 적극 참여함으로써, 기관의 성장발전을 위해 노력해야 한다

Ⅵ. 사회복지윤리위원회의 구성과 운영

1) 한국사회복지사협회는 사회복지윤리위원회를 구성하여, 사회복지윤리실천의 질적인 향상을 도모하여야 한다.
2) 사회복지윤리위원회는 윤리강령을 위배하거나 침해하는 행위를 접수받아, 공식적인 절차를 통해 대처하여야 한다.
3) 사회복지사는 한국사회복지사협회의 윤리적 권고와 결정을 존중하여야 한다.

참고문헌

강원대학교 비교법학연구소(2005). **생활과 법률**. 서울 : 북스힐.

권영성(2000). **헌법학원론**. 경기 : 법문사.

김 구(2016). **사회복지법제론**. 서울 : 창지사.

김기원(2007). **사회복지법제론**. 서울 : 나눔의집.

김기진(2009). **법의 이해**. 경기 : 한국학술정보.

김양미(2012). 미국의 사회복지정책의 경과와 특징. **민족연구**, 51, 125-231.

______(2017). 사회서비스에 대한 제공자의 주관적 인식 유형 연구-공공성을 중심으로. 대구가톨릭대학교 대학원 박사학위논문.

김 욱(2007). **교양으로 읽는 법 이야기**. 서울 : 인물과 사상사.

김치영 · 정현태 · 오윤수(2010). **한국사회복지법제론**. 서울 : 파워북.

김 훈(2012). **사회복지법제론**. 서울 : 학지사.

남기민 · 홍성로(2016). **사회복지법제론**. 경기 : 공동체.

박병현(2005). **복지국가의 비교 : 영국, 미국, 스웨덴, 독일의 사회복지역사와 변천**. 경기 : 공동체.

______(2008). **사회복지와 문화 : 문화로 해석한 사회복지의 발달**. 서울 : 집문당.

______(2010). **사회복지의 역사**. 경기 : 공동체.

박석돈(2010). **사회보장론**. 경기 : 양서원.

박종삼 외(2002). **사회복지학 개론**. 서울 : 학지사.

법제처(2021). www.law.go.kr.

보건복지부(2017). 2016 보건복지백서.

__________(2020). 2020 사회복지법인 관리안내.

서미경 · 김영란 · 박미은(2015). **사회복지 윤리와 철학**. 경기 : 양서원.

서울대학교 교육연구소(1995). **교육학용어사전**. 서울 : 하우동설.

성정엽 · 한상수 · 강재규 · 고영남 · 박은정 · 박지현(2008). **법학입문**. 서울 : 형설출판사.

신복기 · 박경일 · 이명현(2010). **사회복지행정론**. 경기 : 공동체.

신섭중 외(1989). **한국사회복지법제개설**. 서울 : 대학출판사.

원석조(2001). **사회복지역사의 이해**. 경기 : 양서원.

______(2004). **사회복지정책의 궤적**. 경기 : 양서원.

이명남(2008). **사회복지법제론**. 서울 : 창지사.

이병태(2011). 법률용어사전. 서울 : 법문북스.

이중엽(2016). 사회복지법제론. 경기 : 양서원.

장동일(2010). 사회복지법제론. 서울 : 동문사.

정재훈(2007). 독일 복지국가와 사회복지서비스. 경기 : 집문당.

정현태 · 오윤수 · 신민정 · 이상주(2016). 사회복지법제론. 경기 : 공동체.

조원탁 · 김형수 · 이형하 · 조 준(2015). 사회복지법제론. 경기 : 양서원.

한국사회복지교육협의회(2018). 사회복지사1급 국가시험과목 교과목지침 개발 연구.

현외성(2008). 사회복지정책강론. 경기 : 양서원.

______(2013). 사회복지법제개설. 경기 : 공동체.

Aristoteles(1981). *Ethika Nikomacheia*. 정명오 역. 니코마코스 윤리학. 서울 : 대양서적.

Gilens, Martin(2012). 엄자현 역. 왜 미국인은 복지를 싫어하는가. 서울 : 영림카디널.

Jansson, Bruce, S.(1988). *The Reluctant Welfare State : A History of American Social Welfare Policies*. California Wadsworth : Publishing Company.

Katz, Michael, B.(1986). *In the Shadow of the Poorhouse : A Social History of Welfare in America*. New York : Basic Books.

찾아보기

저/자/약/력

■ 김양미
대구가톨릭대학교 사회복지학(석사, 박사)
전 대구가톨릭대학교 사회복지학과 외래교수
대구가톨릭대학교 사회통합연구소 선임연구원
현 희망나눔연구소 소장
대구한의대학교 노인복지상담학과 교수

[논문]
근로소득보전세제의 국가간 비교연구
사회서비스에 대한 제공자의 주관적 인식 유형 연구
미국사회복지정책의 경과와 특징
재활 및 복지계열 대학생의 장애인식 연구(공저)

[저서]
한부모가족지원사업에 대한 성인지적 분석(공저)
이주여성이 말하다(공저)
이주여성, 그들의 삶과 꿈(공저)
2015년 대구시 중점 지역사회서비스투자사업 공급실태조사 연구(공저)
중독 측정과 평가
(대학생을 위한)사회봉사입문
(법제와 사례로 살펴보는)다문화사회와 문화다양성

【제3판】

사회복지법제와 실천

|저자| 김양미

|1판 1쇄| 발행 2018년 1월 30일
|1판 2쇄| 발행 2018년 8월 30일
|2판 1쇄| 발행 2020년 8월 30일
|2판 2쇄| 발행 2021년 8월 30일
|3판 1쇄| 발행 2022년 1월 20일
|3판 2쇄| 발행 2023년 1월 30일
|3판 3쇄| 발행 2023년 8월 10일

|발행인| 김 동 훈
|발행처| 공 동 체

|주소| 경기도 고양시 일산동구 호수로 358-39, 동문타워 I 905호(백석동)
|전화| 031) 814-3000(대표)
|팩스| 031) 814-3100
|홈페이지| http://www.compub.co.kr
|전자우편| compub@naver.com
|출판등록| 2005년 10월 6일
|등록번호| 제396-2005-36호

|ISBN| 979-11-6725-090-2
정가 23,000원